MW01235582

La nuit de Maritzburg

Site officiel de Gilbert Sinoué :
http://www.sinoue.com

GILBERT SINOUÉ

La nuit de Maritzburg

ROMAN

Tous les faits et les personnages historiques rapportés sont authentiques et vérifiables. Les lettres citées le sont aussi.

Ce livre est dédié à l'amitié

.

Un homme qui possède un ou deux vrais amis est un homme riche. J'ai le bonheur d'être millionnaire. Ceux qui m'ont soutenu dans mes moments de tempête se reconnaîtront. Je pourrais citer leur nom, mais je ne le ferai pas, non pour offenser leur pudeur, mais de peur qu'on me les vole.

Si le monde entier vous abandonne,
je ne vous quitterais jamais,
et nous continuerons d'avancer jusqu'aux
extrémités de la terre, à la recherche de la vérité.

Hermann KALLENBACH à Gandhi.

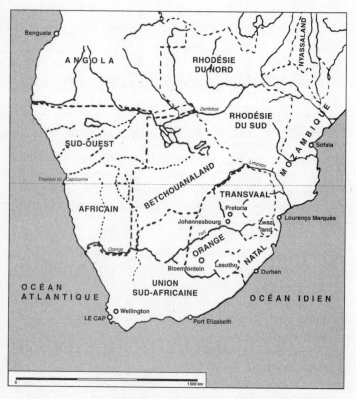

L'Afrique du Sud vers 1900

Johannesburg, Afrique du Sud, octobre 1903

La femme fit irruption dans le salon, un pot de chambre à la main et, négligeant ma présence, à moins qu'elle ne m'ait pas vu, elle se planta devant Gandhi et s'écria :

— Non ! Non ! Je ne peux plus supporter ce que vous exigez de moi. Me demander de vider les urines d'un Intouchable ? Jamais ! Jamais ! Jamais ! Votre despotisme dépasse les limites.

— Il suffit ! Tu obéiras. Je ne tolérerai pas ce genre de comportement dans ma maison.

— Votre maison ? *Votre* maison ? Gardez-la donc *votre* maison et laissez-moi m'en aller !

À peine eut-elle prononcé ces mots que Gandhi la saisit par le poignet et la traîna violemment jusqu'à la porte d'entrée.

— Dehors, puisque tel est ton souhait. Pars et ne reviens jamais plus !

— Vous n'avez pas honte ! Comment pouvez-vous vous renier à ce point ? Où voulez-vous que j'aille ? Je ne connais personne dans ce pays, ni parents ni amis, aucun proche pour me recevoir.

Elle dit encore, la voix vibrante :

— Parce que je suis votre femme, vous pensez que je dois tout supporter ? Pour l'amour du ciel, maîtrisez-vous et refermez cette porte. Que l'on ne nous voie pas en train de faire une scène pareille.

« Je suis votre femme. » C'était donc Kasturba, l'épouse de Gandhi ?

Je me rencognai dans le divan. J'aurais voulu disparaître.

Il prit une profonde inspiration, hésita un instant et referma la porte.

— Allez ! ordonna-t-il, vide ce pot, et joyeusement !

Elle pivota sur les talons et disparut.

Gandhi retourna dans le salon et vint s'asseoir près de moi. Il était blême.

— Je suis désolé pour cet incident, Hermann. J'aurais préféré que vous n'en fussiez pas témoin. C'est la première fois, en vingt ans de mariage, que Kasturba se permet un tel comportement. Jamais, jusqu'alors, elle n'eût osé me manquer de respect en public. J'en suis bouleversé. Acceptez mes excuses.

— Ne vous excusez pas. Ce genre d'accrochage se produit dans tous les couples. De plus, il ne s'agit pas tout à fait d'une scène en public. J'ai l'impression que, dans sa colère, votre épouse n'a pas remarqué ma présence.

— Ma maison, voyez-vous, est ouverte à tous. Certains visiteurs finissent par se sentir chez nous comme chez eux. Nous ne disposons que d'une salle de bains et n'avons pas encore de tout-à-l'égout. Chacun en principe est tenu de vider son vase, mais l'un de mes clercs, que nous hébergions hier soir, ignorait cette règle. C'est un chrétien, donc considéré comme un *panchama*, un Intouchable. Personnellement, je n'éprouve aucune réticence à vider les pots de chambre de qui que ce soit. Ce n'est pas le cas de Kasturba. Il est d'ailleurs probable que nombre de mes actes soient loin de recueillir son approbation. C'est ainsi. Nous ne formons pas, tant s'en faut, un couple idéal.

— Il n'existe pas de couple idéal. Seulement des compromis.

— C'est exact. Mais entre nous subsiste un abîme intellectuel. Kasturba serait incapable de vous dire si, indépendamment de moi, elle vibre pour quoi que ce soit. Elle ne sait ni lire ni écrire. Elle ne fut pas plus éduquée par ses parents que par moi à l'époque où j'aurais dû le faire. En revanche, Dieu merci, elle a une grande qualité, qu'elle partage avec la plupart des épouses hindoues : Kasturba tient pour une bénédiction de marcher dans mes pas. Cela me suffit. Vous comprenez ?

Encore sous l'émotion de l'algarade, j'acquiesçai.

Nous restâmes un long moment silencieux. J'essayais de faire le tri entre les sentiments contradictoires qui chahutaient en moi lorsque, d'un coup, Gandhi se leva, marcha vers un petit meuble, ouvrit un tiroir, en sortit un flacon et revint vers moi.

— Savez-vous masser, Hermann ?

Je crus avoir mal compris.

Il répéta sa question.

Je répondis, hésitant :

— Après mes exercices de musculation, il m'arrivait de me faire masser. J'imagine que je dois être capable de reproduire les mouvements.

Il me remit le flacon. De l'huile à base de sésame.

Avec un naturel qui me coupa le souffle, il ôta ses vêtements, et, entièrement nu, s'allongea sur le sol.

— Massez-moi, Hermann. Faites-moi retrouver la sérénité.

1

Johannesburg, 10 janvier 1945

Bien des années se sont écoulées depuis cette scène. Je n'ai rien oublié.

Je m'appelle Hermann Kallenbach.

Le 1er mars, j'aurai soixante-quatorze ans.

Pourquoi ai-je décidé d'écrire mes mémoires ? Suis-je poussé par la fausse certitude de croire ma vie plus digne d'intérêt que celle d'un inconnu qui, lui, n'écrira jamais ? Non. Ma décision puise son inspiration ailleurs.

La plupart des gens que l'on croise au cours d'une existence ne vous laissent que peu de souvenirs, sinon aucun. D'autres vous effleurent le cœur. Mais un seul être grave en vous une empreinte que rien n'effacera. Il en fut ainsi de l'homme que j'ai connu, seule raison de ces pages.

Pendant près de dix ans, j'ai pensé dans son ombre. Lorsque je parlais, ce sont ses mots que mes lèvres articulaient. Mes yeux voyaient sa vision du monde. Lorsque je dormais à ses côtés, mon corps respirait sa nuit. Lorsque nous marchions ensemble, il devenait mon pas. Pourtant, rien n'aurait dû nous unir. Il était l'Orient, moi l'Occident. Je suis juif non pratiquant et allemand. Il est hindouiste et indien. J'aimais posséder, acheter, dépenser à outrance, il préférait le dénuement. C'était un ascète ; j'appréciais le vin et la bonne chère. Son dieu m'était étranger ; le mien, il l'observait avec bienveillance. Il avait un caractère autoritaire, exigeant, impérieux, persuadé que le soleil tournait autour de lui ; je suis plutôt de nature discrète et pétri de doutes.

Malgré ces différences, *pour* ces différences, je l'ai aimé.

Il s'appelait Gandhi. Mohandas Gandhi.

Voici notre histoire.

Je suis né à Rusné, une toute petite ville de la Prusse-Orientale sur les bords de la mer Baltique. Un peu entre deux mondes, l'Est et l'Ouest, imprégné de terres, de forêts et de montagnes.

Mon père, Kalman, était négociant en bois. Ma mère s'appelait Rachel. J'appartenais à une famille nombreuse : cinq frères et une sœur. Passionné de culturisme, je m'y suis adonné avec une telle fougue que mes amis m'avaient surnommé le « juif aux muscles ». Une exagération sans doute, mais qui présentait l'avantage de tordre le cou à l'image stéréotypée du « petit juif, chétif et malingre ».

Le corps, l'apparence. Je me trompais. L'entretien de l'âme exige une discipline bien plus grande et procure des bienfaits autrement plus nobles et plus durables. À cette époque, je ne savais rien de l'âme.

Après avoir effectué mon service militaire dans les rangs de l'armée prussienne, je suis entré dans un collège technique, et j'ai passé l'été comme apprenti à Königsberg, auprès d'un maître charpentier, Mr Weiss. Un curieux bonhomme, Mr Weiss, qui m'apprit à aimer la matière, et permis de découvrir le plaisir de donner forme à l'informe. Un an plus tard, j'entamais des études d'architecture à l'université royale de Stuttgart et décrochai mon diplôme avec mention en mai 1896.

Tout me prédestinait à suivre une carrière tranquille, sur une voie tracée d'avance, dans des villes familières et des paysages connus. Le destin en décida autrement.

Cette même année, au cours du mois d'août, je reçus une lettre d'Afrique du Sud signée de l'un de mes oncles maternels, Henry Sacke. Lui et son frère Simon vivaient à Johannesburg où ils avaient fait fortune dans les mines d'or : « Viens, viens nous rejoindre, Hermann. Tu bâtiras des villes et tu marcheras dans des rues pavées de diamants ! »

Je venais d'avoir vingt-cinq ans. Un âge où, croiton, le monde n'attend que vous. Je ne connaissais rien de l'Afrique du Sud, tout me restait à découvrir.

J'ai débarqué dans la baie de la Table, à Cape Town, au cours de l'été 1896, après vingt-trois jours de traversée.

Johannesburg ! La cité de l'or ! Il ne m'a pas fallu longtemps pour comprendre pourquoi mes oncles avaient tant insisté pour que je les rejoigne. Ici, l'impossible était à portée de main. Et pour le jeune architecte que j'étais, l'Afrique du Sud tout entière représentait un chantier potentiel. Une Afrique qui, évidemment, n'avait rien en commun avec celle d'aujourd'hui. Elle se composait alors de quatre colonies, fondées deux siècles plus tôt par des émigrés néerlandais, les Boers, terme qui signifie « paysans » : l'État libre d'Orange, le Transvaal, le Natal et la Colonie du Cap. À partir de 1806, l'ogre britannique, attiré par les vastes gisements aurifères du pays, avait fait irruption sur la scène. Une première guerre éclata en 1880 entre les deux parties. Puis, une seconde, trois ans après mon arrivée, en 1899. De ces batailles, une image resta gravée dans les mémoires : celle de la petite Lizzie van Zyl, une fillette boer morte de la fièvre typhoïde dans un camp de concentration. Les Britanniques l'avaient internée parce que son père refusait de se rendre.

En 1901, soixante-dix mille morts plus tard, un traité fut signé. Le Transvaal et l'État libre d'Orange devenaient colonies britanniques, mais gérées par un gouvernement autonome.

C'est à ce moment que j'eus la joie de voir arriver l'un de mes frères, Nathan, que j'avais vivement encouragé à venir me retrouver. Je ne doutais pas qu'il réussirait brillamment dans le commerce du bois, comme naguère notre père. Ce qui ne manqua pas d'arriver.

L'Afrique me fascinait. Au début de la saison des pluies, quand les plantes fleurissaient, l'air se chargeait de senteurs si denses qu'elles vous donnaient le vertige, tandis que vers les hautes terres, les plaines semblaient s'étendre jusqu'aux confins de l'univers sous des nuits gorgées d'étoiles et pleines de sortilèges.

Le 1er mars 1903, je fêtai mon trente-deuxième anniversaire et l'inauguration de mes bureaux à Pretoria, et Durban. Débordé de travail, je décidai de prendre un associé : John Reynolds.

Située à l'angle de Joubert Street et de Commissioner Street, la première réalisation du cabinet Kallenbach & Reynolds fut la « Sacke House », du nom de mes oncles, ses commanditaires. Aux dires de tous, c'était une création révolutionnaire, unique, comme on n'en avait jamais vu en Afrique du Sud. Je m'y réservai le quatrième étage.

Nous étions à une centaine de mètres de Rissik Street.

J'ignorais alors que, dans cette rue voisine, l'homme qui allait bouleverser ma vie avait lui aussi installé ses bureaux.

J'étais devenu l'un des plus grands architectes d'Afrique du Sud. Je touchais le ciel. L'argent coulait à flots. Pourtant, je vivais seul. Entouré, sollicité, courtisé, mais seul.

Pas de femmes. En tout cas, pas de relation durable. Pour quelle raison ? Les femmes ne me laissaient pas indifférent. J'aimais bien leur parfum, leur démarche, leur allure ; mais toujours entre nous le dialogue tournait court. Il est probable que quelque chose me manquait, que je n'arrivais pas à identifier.

Un de mes grands plaisirs, en revanche, était la lecture à laquelle je consacrais énormément de temps. Je m'étais découvert une passion pour Tolstoï, en particulier pour l'un de ses ouvrages : *Le royaume des Cieux est en vous*. Contrairement à ce que la connotation religieuse du titre pourrait laisser croire, le livre est avant tout un pamphlet contre l'État, l'armée et la guerre et, plus généralement, contre tous les pouvoirs politiques ou religieux qui cautionnent la violence.

Je fréquentais Tolstoï, donc, mais aussi Bouddha. Pour quelle raison un juif, même non pratiquant, s'intéressait-il à une religion qui fait abstraction d'un dieu créateur ? Il est possible que, dans un premier temps, m'ait simplement touché le récit de sa naissance. Un être conçu en songe, par une mère effleurée au flanc par la trompe d'un éléphant blanc, et donnant naissance à un enfant né debout et déjà en marche : voilà qui posait une lumière bienveillante sur l'âpreté du monde. Sans compter que l'idée d'une souffrance qui n'existerait que du fait de l'attachement, du désir, m'était source d'espoir : celui que ma propre souffrance disparaîtrait un jour, peut-être.

Car je souffrais. Je souffrais sans que rien de tangible ne soit cause de cette souffrance. Certains êtres possèdent le don de vivre sans s'interroger sur ce qu'ils sont, ni sur le monde qui les entoure. Moi, j'étais dévoré de questionnements et ma frustration n'avait d'égal que ma soif de comprendre. En vérité, je rêvais du jour où j'arriverais à me convaincre, tâche ô combien difficile, qu'il n'existait pas de naissance sans mort, ni de mort sans renaissance. À cette double condition, vivre trouverait un sens...

Au cours des premiers jours de mai 1904, j'effectuai un déplacement dans mes bureaux de Durban, dans la province du Natal, que l'on surnommait la « colonie du jardin » en raison du nombre impressionnant de plantations de sucre et d'espaces verts. À cette époque, Durban n'était pas la jolie ville qu'elle est aujourd'hui, mais un modeste port posé sur le littoral de l'océan Indien. Nombre de tailleurs et de commerçants indiens avaient pris racine autour du marché, proche de la mosquée de Grey Street. Quant aux drapiers et aux grossistes, on les trouvait à l'ouest de la ville, vers Field Street, au cœur du quartier européen. À l'heure où j'écris, malgré toutes les tentatives de la municipalité, un nombre conséquent d'Indiens continuent d'y résider.

Durban avait le don de me mettre de bonne humeur. Du moins sa gare. Chaque fois que je passais devant la bâtisse victorienne du 160, Pine Street, je ne pouvais m'empêcher de sourire. Et pour cause. Les architectes anglais chargés de sa conception commirent l'impensable maladresse d'intervertir les plans avec ceux de la gare de... Toronto. Ainsi – canular involontaire qui me ravissait –, le toit de la gare de Durban pouvait supporter jusqu'à cinq mètres de neige, tandis que celui de Toronto s'effondrait aux premiers flocons.

Le jour même de mon arrivée, je reçus la visite de l'un de mes avocats. Un Indien du nom de Rahim Khan, petit homme maigre, flottant dans un costume toujours trop grand pour lui. Venu de Delhi cinq ans auparavant, Rahim était alors l'un des juristes les plus éminents du pays. J'appréciais l'homme pour sa rigueur et je savais qu'il respectait ma probité. Depuis bientôt trois ans qu'il travaillait pour moi, des liens amicaux s'étaient noués entre nous.

Après avoir fait le point sur les affaires en cours, je lui proposai ce matin-là de s'occuper d'un litige qui m'opposait à un mauvais payeur.

Rahim lissa sa moustache qu'il portait retroussée.

— Bien sûr, je vais lancer une procédure. Néanmoins, il faut que vous sachiez que ce mois-ci je risque d'être assez pris. J'ai été nommé depuis peu secrétaire par intérim du Congrès indien du Natal et mes journées sont bien trop courtes. Aussi, je préfère être franc avec vous : si votre affaire ne souffre aucun délai, il vaudra mieux la confier à l'un de mes confrères.

— Non. Aucune urgence. Prenez le temps qu'il faudra. Mais qu'est-ce que ce Congrès indien du Natal ? C'est bien la première fois que vous m'en parlez.

— Évidemment, mon cher Hermann, puisque c'est la première fois que nous nous voyons depuis ma désignation. Ce Congrès a pour mission de combattre la discrimination dont sont régulièrement victimes mes compatriotes.

— Discrimination ?

— Vous tombez du ciel ! Ou alors vous ne lisez pas les journaux. Savez-vous combien d'émigrés indiens vivent ici ? Plus de cent cinquante mille. Ils sont là depuis plus d'un demi-siècle. Ce sont les Britanniques et les Boers qui, pour pallier le manque de main-d'œuvre, les ont fait venir. On cherche désormais à leur imposer le *colour bar*, un code de couleur. Vous vous imaginez ? Un code de couleur !

— Pardonnez une fois de plus mon ignorance. Un code de couleur ?

— Il s'agit d'une loi coloniale qui autorise les autorités à décider du destin d'un homme en fonction de ses origines. De sa couleur très précisément.

Quelque chose m'échappait. Je pris mon paquet de Lucky Strike, lui en proposai une qu'il refusa, et fis remarquer :

— Que je sache, les Indiens ont parfaitement le droit d'acheter des terres et de les cultiver en toute liberté. Je crois même savoir que, sans être riches, ils vivent assez correctement.

— Correctement ! Voilà le problème. Cette prospérité, si modeste soit-elle, excite la jalousie de la communauté blanche. Les Blancs tremblent à l'idée de se retrouver minoritaires. En 1894 déjà, un projet de loi, la « Franchise », a été déposé devant la Chambre de législature du Natal. Elle visait à priver les Indiens du droit de vote.

— J'imagine que vous vous y êtes opposés.

— Que croyez-vous ? Bien sûr. Nous nous sommes battus.

Il rectifia :

— Enfin, quand je dis « nous », je fais preuve d'immodestie. Tout le mérite revient à un homme. Un avocat. Un être hors du commun. À peine informé du projet, il a ameuté la communauté indienne qui ne semblait pas alarmée. Une grande majorité de mes compatriotes n'était même pas au courant, puisqu'ils ne savent, pour beaucoup, ni lire ni écrire. « Réveillez-vous ! Ce n'est qu'un début, leur a-t-il expliqué. Cette loi sera le premier clou planté dans votre cercueil ! »

— Et ?

Rahim poussa un gros soupir.

— Dans un premier temps, impressionné par la campagne mise en place, le *Colonial Office* de Londres a posé son veto, estimant à juste titre que cette « Franchise » établissait une discrimination à l'égard des habitants d'une autre partie de l'Empire. Hélas, les Blancs ont reformulé leur texte en des termes qui ne pouvaient plus être qualifiés de ségrégationnistes et, deux ans plus tard, la loi fut votée. Une bataille perdue, mais pas la suivante.

Son visage s'anima soudain.

— Vous avez certainement entendu parler de l'*Immigration Law Amendment Bill*.

J'écrasai ma cigarette.

— J'avoue que non.

— Décidément, monsieur Kallenbach, vous vivez hors de cette planète. Il y a quelques années, en 1895 exactement, le...

— Et voilà ! Je ne suis arrivé en Afrique du Sud qu'en 1896. D'où mes lacunes.

— Vous êtes pardonné, concéda-t-il avec un sourire. La loi en question stipulait que tout Indien sans contrat de travail devrait s'acquitter d'une taxe annuelle de vingt-cinq livres ou bien rentrer dans son pays. Vingt-cinq livres ! Alors que cette somme représente le salaire *annuel* de quatre-vingt-dix pour cent de mes compatriotes !

Il prit une courte inspiration.

— C'est là que le Congrès indien du Natal intervient. Grâce à lui, ou devrais-je dire, grâce une fois de plus à l'homme que j'évoquais et qui a fondé ce Congrès, la taxe fut réduite à trois livres au lieu de vingt-cinq. Ce qui n'est pas négligeable.

Rahim secoua la tête à plusieurs reprises.

— La vérité, c'est que nous sommes considérés par les Boers comme une sous-race. L'homme de la rue crache sur le passage de l'Indien ou l'éjecte du trottoir. L'accès aux tramways lui est interdit. Nous représentons une offense à la vue des Blancs. Partager avec nous le même compartiment dans un train leur est une injure. Mais dans cette attitude, savez-vous le plus absurde ?

Je guettai la suite.

— Ces gens que l'on veut discriminer sont de purs sujets britanniques ! Des citoyens anglais ! L'Inde n'appartient-elle pas à l'Empire ? Nous aurions donc deux classes de *British*, les bons et les mauvais. Les supérieurs et les inférieurs. On marche sur la tête, mon ami, c'est moi qui vous le dis. On marche sur la tête !

À ma grande honte, je découvrais une situation inique dont j'ignorais tout.

Rahim jeta un coup d'œil sur sa montre à gousset et se leva précipitamment.

— Mon prochain rendez-vous doit s'impatienter.

Comme je le raccompagnais vers la porte, il se retourna brusquement.

— J'y pense ! Vous plairait-il de rencontrer mon ami ? Cet avocat.

Je souris.

— Figurez-vous qu'il se trouve à Durban en ce moment et que nous avions prévu de dîner ensemble ce soir. Joignez-vous donc à nous. Je suis sûr qu'il sera enchanté de faire votre connaissance.

Je n'avais rien de prévu. J'acceptai.

Rahim proposa :

— 19 heures chez Ziegler ?

— Le restaurant végétarien ?

— Croyez bien que ça ne m'enchante guère. Mais notre ami est un hindou pur et dur.

— Vous ne m'avez pas dit le nom de ce gentleman.

— Gandhi. Mohandas Karamchand Gandhi.

2

Le froid était mordant en ce début d'hiver. J'ai serré les pans de mon manteau contre ma poitrine, remonté le col, et je suis entré chez Ziegler.

Dans la salle presque vide, je n'eus aucun mal à apercevoir Rahim qui me faisait déjà signe. Lorsque je le rejoignis, il annonça en désignant le personnage qui s'était levé spontanément :

— Mohandas Gandhi.

Devant moi se tenait un homme d'environ trente-cinq ans. Pas plus d'un mètre soixante-dix. Mince, la peau sombre, de petits yeux de jais plantés dans une face maigre et de grandes oreilles écartées. L'allure était quelconque, mais le regard envoûtant. Un regard vif, extraordinairement lumineux, qui vous faisait déborder le cœur.

— Heureux de vous rencontrer, monsieur Kallenbach.

La voix était frêle, l'attitude gauche. L'homme portait une chemise en soie à col raide, une cravate, un gilet croisé sous la jaquette, un pantalon sombre à rayures et des souliers de cuir verni recouverts de guêtres. Un détail cependant détonnait dans cette tenue si *British* : un turban couvrait son crâne.

Geste rare pour un Indien, il me tendit la main. Je lui tendis la mienne en retour.

Aujourd'hui encore, quarante et un ans plus tard, je ne m'explique pas la curieuse sensation qui me submergea lorsque nos paumes se joignirent. Un sentiment d'évidence. La certitude intérieure que je *savais* cet homme. Ou, plutôt, que je le reconnaissais, comme on reconnaît parfois un visage parmi des dizaines d'autres, alors même qu'on le voit pour la première fois.

Je me glissai à la place que mes hôtes m'indiquaient, tandis que Rahim poursuivait les présentations.

— Mr Kallenbach est architecte. Un grand et célèbre architecte.

— Et un leveur de poids, nota Gandhi d'un air malicieux.

Je m'étonnai.

— Un leveur de poids ?

— Si j'en juge par votre musculature, vous consacrez beaucoup de temps au culturisme. Je me trompe ?

— Mettons que j'ai fait pas mal de sport dans le passé.

Il saisit une carafe d'eau posée devant lui et proposa :

— Puis-je vous servir ?

— Volontiers.

Comme je prenais le verre qu'il me tendait, un instant, juste un instant, ses doigts effleurèrent les miens. Cette fois encore, le contact me fut familier.

— À une époque, reprit-il, figurez-vous que moi aussi, je me suis adonné au sport, quoique sous une forme différente. La danse. Une danse de salon, bien entendu. La valse, la polka. C'est aussi une sacrée gymnastique !

J'essayai de masquer mon étonnement. J'imaginais mal cet homme en train de danser quoi que ce fût.

Comme s'il m'avait deviné, il remarqua :

— C'était une passade, ma crise de singerie. Je venais d'arriver en Angleterre pour étudier le droit et je voulais absolument me familiariser avec les mœurs occidentales. Ne riez pas : je pensais que la danse serait un bon moyen. J'ai même pris des cours de violon pour habituer mon oreille à la musique européenne. Des cours de français et d'élocution, aussi. Crise de singerie, vous dis-je ! Finalement, un être naît comme il est et en aucun cas il ne devrait chercher à devenir un autre. D'ailleurs, même s'il y parvenait, il ne serait jamais qu'une caricature.

Je me retins de lui faire observer que son accoutrement en était une, de caricature.

Il s'informa :

— Vous vivez en Afrique depuis longtemps ?

— Huit ans.

— Hermann est allemand, crut bon de préciser Rahim.

— Je ne connais, hélas, que Paris et Londres. J'ai visité Paris il y a une quinzaine d'années. J'avoue avoir été assez impressionné par une tour métallique qui venait d'être inaugurée. La tour Eiffel. Cela étant, et tout à fait entre nous, je trouve cet amoncellement de métal ridicule et n'en vois pas l'utilité. C'est un jouet, rien de plus. Or, pour autant que persiste en lui l'enfant, l'adulte subit toujours l'attrait des jouets.

Je protestai.

— Je ne suis pas de votre avis, monsieur Gandhi. D'un point de vue architectural, je trouve que l'on a réussi là une véritable prouesse. Je crois aussi salutaire que l'homme conserve en lui une part d'enfance. C'est elle qui lui permet de continuer à rêver.

Je sentis qu'il me scrutait avec une attention plus soutenue, un peu comme s'il tentait de déchiffrer ma réponse.

— Vous rêvez beaucoup, monsieur Kallenbach ?

— Pas suffisamment à mon gré. Depuis quelques années, hélas, l'enfant se fait grignoter par l'homme.

— Je vois. Peut-être serait-il intéressant que vous appreniez à rêver en adulte. Vous découvririez alors que la réalité est une illusion et le rêve, une réalité.

— Si nous passions la commande ? suggéra Rahim.

Il nous tendit deux menus.

Gandhi prit le sien et le posa devant lui sans me lâcher des yeux.

— Je vous laisse choisir, dis-je pour masquer la gêne que suscitait en moi ce regard. Je connais mal la nourriture végétarienne et, pour tout vous dire, je suis un carnivore invétéré.

— Oh ! se récria Gandhi, soudain confus. Vous me voyez désolé !

— Je vous en prie. De toute façon, depuis quelque temps, je mange trop. Avez-vous toujours été végétarien ?

— Oubliez-vous que je suis indien et hindouiste ? Toutes les formes de nourritures animales nous sont interdites. Bien évidemment, tout le monde ne respecte pas cette règle.

Il poussa un soupir avant d'ajouter :

— J'y ai moi-même dérogé, il y a longtemps...

Il dicta sa commande au serveur qui venait de se présenter, et reprit :

— J'ai enfreint la règle par manque de discernement. Par stupidité aussi. Ce qui, au fond, revient au même. Toutefois, je bénéficiais de circonstances atténuantes.

Rahim se mit à rire.

— *Gandhidji*[1], nous bénéficions tous de circonstances atténuantes. La chair est faible.

---

1. Suffixe indiquant le respect pour une personne plus âgée, un leader. C'est aussi un terme affectueux envers un ami ou un parent.

— Non !

La voix de Gandhi avait claqué avec une telle sécheresse que je sursautai.

— Ce que l'esprit exige, le corps l'accomplit toujours. Seulement, il faut un temps d'apprentissage. De la maturité. À l'époque de mon égarement, j'avais à peine quinze ans. Je fus trahi non seulement par mon jeune âge, mais par mon sens aigu de l'amitié. Parmi mes rares amis de lycée, deux méritèrent peut-être le nom d'intimes. Et l'un d'entre eux me poussa vers l'abîme.

— Qui donc était ce petit Méphisto ? s'enquit Rahim.

— Ne plaisante pas. Je tiens cette affaire pour une tragédie dans ma vie.

À nouveau, cette inattendue fermeté du ton.

— Il s'appelait Mehtab.

Et il se tut. J'en déduisis que ma présence lui imposait de ne pas aller plus loin dans sa confidence. Pourtant, contre toute attente, il enchaîna :

— Il était le fils du chef de la Police de Rajkot. Mon aîné de trois ans. À cet âge, cet écart faisait de lui un homme et de moi un enfant. Vous n'imaginez pas ce que, sous son influence, j'ai pu accomplir comme horreur ; des actions effroyables que je me garderai bien de vous raconter. Je l'entends encore me réciter en gujarati ce poème, alors très en vogue au lycée : « Voici le puissant Anglais qui règne sur le petit Indien car, étant un mangeur de viande, il le dépasse de cinq coudées. Maître d'une multitude, il n'est soumis qu'à lui seul. » Et il surenchérissait : « Tu sais combien je suis résistant et comme je cours bien. C'est parce que je suis carnivore. Tu devrais m'imiter ! »

Je commentai :

— Très fort, ce jeune homme. À l'en croire, si toute l'Inde devenait carnivore, l'Empire britannique plierait bagage.

— Si seulement ce pouvait être vrai, soupira Rahim. Tu as donc *vraiment* mangé de la viande ?

— À ma grande honte, oui. De la viande de chèvre apportée par Mehtab. Toute la nuit, après l'avoir goûtée, je fus hanté par un horrible cauchemar. Chaque fois que je m'assoupissais, il me semblait qu'une chèvre vivante se mettait à gémir en moi, et je sursautais, plein de remords.

— Quelle horreur ! grimaça Rahim.

Je tirai de ma poche mon paquet de Lucky Strike, m'attirant aussitôt une remarque de Gandhi :

— Vous fumez ?

— Oui. Depuis peu.

— Habitude néfaste. Pourquoi vous l'infligez-vous ?

— Comme vous dites : une habitude.

— C'est dommage. Vous avez longtemps entretenu votre corps et là, vous le détruisez.

Il ajouta sur un ton incroyablement bienveillant qui me déstabilisa :

— Protégez-vous.

Gêné, je me raclai la gorge et lançai :

— Revenons plutôt à votre mésaventure. Je présume que d'avoir mangé de cette malheureuse chèvre vous a ôté à jamais l'envie de récidiver ?

— Détrompez-vous ! Je vous ai parlé du don de persuasion de Mehtab. Je ne pourrais jamais expliquer l'emprise qu'il exerçait sur moi. Il y a quelques mois encore, je…

Gandhi s'interrompit brusquement. Son visage s'assombrit. On l'eût dit envahi d'une grande souffrance. Se ressaisissant, il reprit son récit :

— Pendant un an, encouragé par ce double néfaste, je continuai à m'enfoncer dans le péché. Jusqu'au jour où, dégoûté d'avoir à mentir à mon entourage, je pris la décision de m'abstenir de manger de la viande aussi longtemps que les miens seraient en vie. Plus tard, avant mon départ pour l'Angleterre, cette décision se transforma en serment. Je jurai alors à ma mère que, quelles que soient les circonstances, et où que je sois, jamais je ne toucherais à une nourriture animale.

— Et vous vous êtes tenu à cette promesse...

— Que croyez-vous, monsieur Kallenbach ? Bien sûr. Mes parents sont morts, et je me sens encore plus lié par mon serment. Entre-temps, j'ai lu beaucoup d'ouvrages sur le végétarisme et j'ai compris combien ce régime est salutaire à l'esprit comme au corps. Aujourd'hui, ce n'est donc plus une affaire de serment, mais de conviction profonde.

Quelque chose que je n'arrivais pas à définir me troublait chez cet homme. Était-ce le contraste entre sa tenue vestimentaire et son teint basané ? En tout cas, on devinait chez lui un caractère complexe qui oscillait entre la tolérance et l'extrême rigidité.

— Notre ami Rahim m'a laissé entendre que vous aussi apparteniez au barreau, lui demandai-je.

— Un piètre avocat ! Surtout ne faites jamais appel à moi. J'éprouve les pires difficultés à m'exprimer en public. Ce qui, reconnaissons-le, est un comble pour un avocat.

Rahim Khan observa :

— Allons, allons, tu as bien progressé depuis l'époque londonienne.

Il me prit à témoin :

— *Gandhidji* fait partie des avocats les plus en vue du pays. Il gagne une fortune, il n'aime que les voyages en première classe et vit à quelques miles d'ici dans une maison en bord de mer, Beach Grove Villa. Une maison digne d'un nabab.

Il fixa son ami.

— N'est-ce pas la vérité ?

Gandhi éluda la question.

Je restai silencieux. J'éprouvais le besoin de prendre du recul face aux sentiments confus qui, depuis le début de ce dîner, ne cessaient de m'envahir. Ce petit homme au piètre physique paraissait receler la force d'un roc. Outre qu'ils vous tenaient sous leur feu, ses yeux graves donnaient l'impression de vous sonder jusqu'au plus profond de l'âme et sa voix se frayait un chemin jusqu'à votre cœur.

Au cours de la soirée, je devais apprendre que sa venue en Afrique du Sud avait été le fruit de ces circonvolutions occultes auxquelles on prête le nom de hasard et qui bouleversent nos destinées. De retour de Londres, jeune avocat, il avait végété quelque temps à Bombay, prenant conscience que son diplôme ne lui assurait pas l'accession aux échelons suprêmes. Les cours suivis en Angleterre n'incluaient ni le droit hindou ni le droit musulman, et il eut tôt fait de constater que les *vakils*, ces avocats formés en Inde, en savaient bien plus que lui tout en se faisant payer beaucoup moins cher. Le naufrage le guettait. Il sombrait chaque jour un peu plus dans la dépression.

C'est alors que son frère aîné, Laxmidas, reçut la lettre d'un ami : Abdul Karim Jhaveri. L'homme défendait à Rajkot les intérêts d'un riche musulman, Dada Abdullah, lequel vivait à Durban et bataillait contre l'un de ses cousins. Une sombre histoire de billets à ordre pour un montant de quarante mille livres sterling... Les avocats locaux chargés de l'affaire étaient tous européens et donc incapables de déchiffrer la plupart des documents du dossier écrits en gujarati. D'où la proposition de Jhaveri : pourquoi le jeune Mohandas ne viendrait-il pas en Afrique du Sud afin d'assister Dada Abdullah dans ce litige ? Embauché pour une durée d'un an, on lui assurerait un billet aller-retour en première classe et cent cinq livres nettes de tous frais.

Gandhi n'avait pas été dupe : ce qu'on lui proposait là était un travail de greffier, non d'avocat. Mais avait-il le choix ? L'Inde ne lui offrait aucune perspective d'avenir. Sa décision prise, il plaça sa famille sous la protection de Laxmidas. Les cent cinq livres prévues dans le contrat serviraient à couvrir leurs besoins.

C'est à ce stade du récit que, pour la première fois, je l'entendis prononcer le nom de Kasturba, sa femme. Lors de leur mariage, il avait treize ans, elle quelques mois de plus. Elle lui avait donné quatre garçons dont deux étaient nés ici, en Afrique du Sud. Sur leur relation, Gandhi était demeuré dans un flou étrange, se limitant à ce constat sibyllin : « Je suis un mari plein de cruelle bonté. »

Je découvrirais plus tard combien, au regard des faits, le mot « cruel » était un euphémisme.

Ce soir-là, au moment de nous quitter, il emprisonna mon bras et proposa :

— Si vous êtes libre, pourquoi ne viendriez-vous pas dîner demain soir à la maison ? Cependant, je vous préviens : ce sera un repas végétarien !

3

*Il gagne une fortune, il n'aime que les voyages en
première classe et vit dans une demeure digne d'un
nabab.*

Comment expliquer cette contradiction entre les
propos empreints de rigueur que Gandhi développait
et son goût pour le luxe et le confort matériel ? Le
trouble ressenti chez Ziegler persistait et je m'interrogeais notamment sur les silences, les non-dits per-
çus lors de notre conversation. Sa relation avec ce
Mehtab m'intriguait particulièrement. Il était évident
qu'elle avait laissé une blessure toujours ouverte à
ce jour. Le diable et l'ange ? Le combat du mal et
du bien ? Que cachait cette phrase laissée en suspens : « Il y a quelques mois encore... »

À ces interrogations qui me trottaient encore dans
la tête le lendemain soir, tandis que je marchais vers
Beach Grove, Gandhi seul savait les réponses. Moi,
je les découvrirais plus tard, lorsque nous devien-
drions si indissociables que, en nous voyant vivre
sous le même toit, certains nous qualifieraient de
« couple ».

Ma montre indiquait 18 h 45. On m'attendait à
19 heures. Je longeais la plage déserte de Durban.
Sur ma droite, l'océan battait doucement contre de
gros rochers noirs. Des sons venus d'on ne sait où
se répondaient par intermittence, me rappelant qu'en

Afrique, la vie est encore plus vigoureuse de nuit que de jour.

Bientôt, je fus devant la fameuse villa tant louée par Rahim. Il s'agissait d'une bâtisse cossue, quoique difficilement comparable à celle d'un nabab. Il était vrai cependant que le quartier hébergeait la crème de Durban.

Ce fut Gandhi lui-même qui m'ouvrit. Il était vêtu d'un costume et d'une cravate aux couleurs affreusement criardes, mais cette fois son crâne était nu.

— Bienvenue, mon frère, dit-il en m'accueillant.

Il pointa son doigt sur mon épingle de cravate ornée d'un diamant et commenta avec un petit sourire :

— Joli bijou.

Il ajouta très vite en appuyant son sourire :

— Encore une habitude ?

Je rétorquai à ma façon, désignant les villas voisines.

— Vous habitez un quartier bien agréable.

— Et surtout très riche ! C'est la raison pour laquelle j'ai tenu à m'y installer. Je démontre ainsi que tous les Indiens qui ont réussi ne sont pas des avares, contrairement aux préjugés. Mais, venez, je vous en prie. Des amis nous attendent.

Tandis qu'il m'entraînait vers le salon, je constatai que sa coupe de cheveux était pour le moins bizarre. Sur sa nuque, des touffes apparaissaient ici et là entre des espaces vides.

Trois personnes nous accueillirent. Aucune n'avait plus de vingt-cinq ans.

— Albert West, Ada Pywell et Henry Polak. Des amis très chers. Prenez donc place.

Alors que j'obtempérais, un grand miroir appliqué au mur entre deux fenêtres me renvoya mon reflet ; celui d'un homme de trente-trois ans, moustachu, grand, charpenté, à tête carrée. Confronté à cette jeunesse, je me sentis vieux tout à coup.

Sur une table basse trônaient du jus d'orange et du lait. J'optai pour le jus d'orange.

— *Bhai*[1] Gandhi nous a dit que vous étiez architecte, lança Albert West. Métier passionnant.

— Un métier passionnant, en effet. J'imagine que le vôtre l'est aussi ?

West me regarda par-dessus ses lunettes et sourit modestement.

— Je m'occupe d'une imprimerie, ici à Durban. Celle qui met en page le journal de notre hôte : L'*Indian Opinion*.

Je me tournai vers Gandhi.

— Vous possédez un journal ?

— Un hebdomadaire, oui. Depuis environ un an. Je dirais plutôt que je possède un gouffre financier.

— Gouffre est un euphémisme, plaisanta Henry Polak en glissant machinalement ses doigts dans son imposante chevelure ondulée et noire.

— En quelle langue ? Quelle sorte d'articles publiez-vous ?

— Essentiellement ceux qui plaident en faveur des droits civiques de la communauté indienne. Les articles sont rédigés en gujarati, tamil, hindi et anglais. Seulement, comme vient de le rappeler Henry, tout ceci coûte une fortune. Presque toutes mes économies y sont passées.

Tout à coup, Ada Pywell, visiblement la compagne de West, fit remarquer avec un sourire espiègle :

— Une souris vous aurait-elle grignoté les cheveux, *Gandhidji* ?

— Pas du tout ! Il se trouve que, ce matin, un coiffeur blanc a refusé de s'occuper de moi. Alors je me

---

1. Frère.

suis acheté une tondeuse et, devant une glace, je les ai coupés moi-même.

Il passa sa main sur sa nuque.

— Derrière, ce fut moins évident. À dire vrai, je réussis beaucoup mieux avec le blanchissage et l'amidonnage de mes cols de chemise !

— Tout de même, quel imbécile que ce coiffeur ! pesta Ada. Vous auriez dû le châtier !

— Oh ! Les choses ne sont pas aussi tranchées. Chez moi, en Inde, permettons-nous à nos coiffeurs de servir nos frères intouchables ? Non, bien entendu. Et...

Il laissa sa phrase en suspens. Un Indien venait d'entrer dans le salon. Il nous salua les mains jointes devant la poitrine, et s'approcha de Gandhi.

— Puis-je servir le repas ?

— Volontiers, Jahan.

L'homme nous gratifia d'un sourire timide et se retira aussi vite qu'il était arrivé.

Aussitôt, une question traversa mon esprit : Où donc était Kasturba, l'épouse dont Gandhi nous avait parlé au restaurant ? Et leurs enfants ?

Gandhi enchaînait :

— J'évoquais il y a un instant le triste statut dans lequel nous, les hindous, avons relégué les Intouchables.

Il s'adressa à Polak et moi :

— Vous êtes juifs tous les deux. Savez-vous qu'entre vous et nous existent des points communs ? Vos ancêtres se considéraient comme le peuple élu de Dieu, à l'exclusion de tous les autres. Les conséquences furent que l'on traita leurs descendants de bien pitoyable et injuste façon. Pareillement, les hindous se considèrent comme des Aryas, des nobles, des seigneurs, tenant une partie de leurs compatriotes pour des Anaryas, des Intouchables. Aujourd'hui, si injuste soit-elle, une étrange vengeance s'acharne non seulement sur les hindous d'Afrique du Sud, mais aussi sur les musulmans et les parsis. À notre tour, nous sommes devenus des « Intouchables » aux yeux des Blancs. D'ailleurs...

La voix du serviteur indien l'interrompit.

— Le repas est servi.

Gandhi nous conduisit jusqu'à la salle à manger et nous indiqua nos sièges. Lui-même s'installa en tête de table, Ada se trouva placée entre Polak et West.

Jusque-là, je ne voyais pas très bien quel rôle jouait ce trio dans la vie de notre hôte. Mais à mesure que se déroulait le dîner, essentiellement composé d'un potage de légumes, de fruits frais et de noix, les portraits commencèrent à s'éclairer.

Ada, jolie rousse aux grands yeux noisette, était originaire de Leicester. Elle et Albert West étaient fiancés et envisageaient de se marier dans un avenir proche. Avant de faire la connaissance de Gandhi, West gérait une petite imprimerie et les deux hommes se croisaient régulièrement dans un restaurant végétarien où chacun avait ses habitudes. Dans le courant du mois de mars 1904, une épidémie de peste noire s'était abattue sur la banlieue de Johannesburg où vivait la communauté indienne. Gandhi s'était alors dépensé sans compter pour venir en aide aux victimes.

Je me permis de lui faire observer :

— Vous savez, bien sûr, que la peste noire est une maladie extrêmement contagieuse.

— La maladie n'entre que si vous lui ouvrez la porte. La mienne devait être verrouillée.

Il précisa :

— C'est à cette époque que West, inquiet de ne plus me voir au restaurant où nous avions coutume de nous retrouver, fit irruption un soir à mon domicile. Soulagé de me savoir en vie et touché par ma démarche auprès des malheureux pestiférés, il m'a proposé son aide. Sa générosité m'est allée droit au cœur. Je lui ai lancé sous forme de boutade : « Seriez-vous disposé à soigner les patients ? – Pourquoi pas ? m'a-t-il répondu spontanément. Je suis prêt ! » Je lui ai alors expliqué que l'épidémie était en passe d'être maîtrisée et que nous n'avions plus besoin d'infirmiers. En revanche, mon assistant s'apprêtant à me quitter, je lui ai proposé de prendre sa place et de diriger l'imprimerie de l'*Indian Opinion* pour un salaire de dix livres par mois. Il a accepté.

Gandhi posa un regard affectueux sur le jeune homme :

— Vous êtes un homme bien, West.

À peu de chose près, la rencontre avec Polak s'était déroulée de la même façon. Henry Polak dînait régulièrement chez Alexandra, un autre restaurant végétarien de Johannesburg. Un soir que Gandhi s'y trouvait, Henry lui avait fait passer sa carte avant de le rejoindre à sa table. Il lui expliqua qu'il travaillait au *Transvaal Critic*, tout en poursuivant des études de droit, et qu'il avait lu avec un très grand intérêt la lettre ouverte adressée aux autorités lors de l'épidémie de peste. Le courant était passé entre eux. Quelque temps plus tard, Polak démissionnait du *Critic* pour occuper le poste de rédacteur de l'*Indian Opinion*, sans pour autant abandonner ses études.

— Un bonheur, commenta Polak, même si nous sommes actuellement confrontés à de gros soucis financiers.

Je sortis mon paquet de cigarettes de ma poche, mais aussitôt Gandhi posa la main dessus.

— Non, Hermann. Je vous en prie. En vérité, ce n'est pas tant une affaire de santé que de se montrer capable de résister ou non aux diktats que veut nous imposer notre corps.

J'ai lancé un peu sèchement :

— Peut-être n'ai-je pas envie de résister, monsieur Gandhi. Peut-être suis-je en parfaite harmonie avec ce que vous appelez les « diktats » du corps.

Il répliqua avec la même bienveillance qu'au restaurant, ce qui, une fois encore, eut le don de me décontenancer :

— Nous nous connaissons depuis peu. Mais moi je vous connais, mon frère. Vous avez un Mehtab en vous. Et vous ne l'aimez pas plus que je n'ai aimé le mien. Il ne faut pas m'en vouloir, si de vous voir vous détruire, c'est un peu moi que je vois. Mais, fumez, je vous en prie, fumez...

J'ai hésité un bref instant avant d'allumer ma cigarette.

Polak ironisa :

— Prenez garde, monsieur Kallenbach. Notre ami possède un redoutable don. Sans rire, je dirais qu'il a cette faculté qui était celle du Christ de prendre ceux qu'il choisit dans ses filets, et à leur insu.

— Le Christ, s'exclama Ada, comme tu y vas, Henry !

— Le parallèle n'est pas aussi absurde, figure-toi. Lorsque *Gandhidji* et moi nous sommes connus, il occupait une petite chambre non loin de Government Square[1]. Qu'ai-je aperçu en premier en entrant chez lui ? Une grande image du Christ !

Ada fit de grands yeux.

— Est-ce vrai, *Gandhidji* ?

— Oui. J'estime que le Christ est une figure exemplaire. Après avoir lu le Sermon sur la montagne, j'aurais même pu me convertir au christianisme. Seulement, je suis arrivé assez vite à la conclusion

---

1. Aujourd'hui, Gandhi Square, à Johannesburg.

qu'il n'y avait rien dans cette religion que l'hindouisme ne possédait déjà.

— D'ailleurs, reprit Polak, il n'y avait pas que ce portrait du Christ qui m'a étonné. Une bible et un coran étaient rangés sur la même étagère.

— Parce que j'étais entouré de musulmans qui, à l'instar de mes amis chrétiens, cherchaient eux aussi à me convertir. À mes yeux, il n'existe pas une religion qui présente la subtilité et la profondeur de pensée, la vision de l'âme ou la charité de l'hindouisme. Finalement, peu d'auteurs traitant de ce sujet m'ont touché. Sauf...

Il se pencha en avant et révéla comme on confie un secret :

— Léon Tolstoï.

Je citai d'emblée :

— *Le royaume des Cieux est en vous* ?

— Vous connaissez cette œuvre, Hermann ?

— Si je la connais ? C'est mon livre de chevet.

Je vis son visage se métamorphoser.

— Ce livre m'a sauvé ! Je vais vous faire une confidence. Au moment de partir pour l'Angleterre, je considérais la violence comme une réponse cohérente à l'injustice. Ma poltronnerie, qui allait de pair avec ma timidité maladive, y trouvait une sorte de bouclier. La découverte du *Royaume des cieux* a modifié cette vision, et ma perception du monde en fut totalement changée. J'ai compris que le précepte « œil pour œil » n'avait d'autre conséquence que de rendre l'humanité aveugle, et que la vraie violence, la pire, c'était la misère.

Brusquement, il emprisonna ma main.

— Oh, Hermann ! Quel bonheur que ce partage entre nous !

J'eus l'impression que mon cœur se mettait à battre plus fort. Pourquoi me sentais-je ainsi débordé ? C'était absurde !

Vers minuit, le trio décida de se retirer. Je fis mine de me lever, mais Gandhi me suggéra :

— Pourquoi ne restez-vous pas encore un peu ? Je suis sûr que nous avons beaucoup de choses à nous dire.

Je fus à peine surpris de m'entendre répondre :

— Avec plaisir.

Après avoir accompagné ses invités, il s'installa près de moi.

— À présent que nous sommes seuls, déclara-t-il, parlez-moi de vous.

— Que vous dire que vous ne savez déjà par notre ami Rahim ? Je mène une vie plutôt banale et je gagne beaucoup d'argent.

— Un avantage non négligeable si, comme moi, vous avez une femme et des enfants à charge.

— Ni femme ni enfant.

— Alors, d'une certaine façon, vous êtes privilégié. Moi j'ai quatre enfants, une épouse, Kasturba, dont je vous ai parlé. Ils se trouvent à Bombay actuellement. J'envisage de les faire venir.

Tout à coup, il se leva.

— Je vous prie de m'excuser.

Il disparut et revint assez vite tenant un grand verre empli d'un liquide blanchâtre et gazeux qu'il but d'une seule traite.

— C'est de l'Eno. Un mélange à base de bicarbonate de sodium. Je souffre affreusement de constipation chronique et suis obligé de me faire administrer régulièrement des clystères. C'est une tragédie ! Nous parlions donc de votre vie... banale. Vous avez tort de la qualifier ainsi. Vous aimez Tolstoï, voilà qui fait déjà de vous un personnage à part. Ensuite, il n'existe pas de vie banale. Seulement des êtres vides. Et encore ! En creusant bien, on finit toujours par trouver en chacun une pépite qui sommeille.

J'ironisai.

— Alors, il faudra beaucoup creuser en moi.

— Peut-être. Peut-être. Mais l'eau qui jaillira n'en sera que plus claire. Puis-je vous conseiller un livre ? Je pense qu'il vous procurera la même joie que la lecture du *Royaume*.

Sans attendre, il se dirigea vers une étagère et récupéra un ouvrage qu'il me remit. Il s'agissait de *Unto This Last*, de John Ruskin.

— Lisez-le. C'est Henry Polak qui me l'a fait découvrir, alors que je m'apprêtais à prendre le train à Johannesburg pour Durban. Il n'imaginait pas l'impact foudroyant que cet ouvrage produirait sur moi. Impossible de m'en détacher. À peine ouvert, il m'a empoigné. Vous me direz ce que vous en pensez ?

— Par coïncidence, il se trouve que moi aussi je prends le train demain matin, mais dans le sens Durban-Johannesburg. J'aurai donc tout loisir pour le lire.

— Coïncidence, dites-vous ? Oubliez-vous que nous faisons partie d'un tout ? Quelle autre personnalité appréciez-vous, à part notre cher comte Tolstoï ?

— Vous promettez de ne pas vous moquer ? Bouddha.

— Bouddha ! Et d'où vous vient cet intérêt pour l'Éveillé ?

— Il me plaît d'imaginer que le bonheur ne peut être atteint que par soi-même, et non à travers un dieu qui juge vos actions et décide de votre sort.

Gandhi plongea ses prunelles dans les miennes avec cette intensité que je commençais à lui connaître.

— Vous me troublez, Hermann.

Je ne sus quoi dire.

Il précisa :

— Vous me troublez parce que vous parlez à mon cœur et que vous avez compris l'essentiel.

— Oh non ! Je n'ai rien compris. Et je ne comprends toujours rien à cette existence. Tout à l'heure, lorsque j'ai allumé ma cigarette, vous avez mentionné les diktats du corps. Vous aviez raison. J'ai beaucoup plus souvent subi que je n'ai fait subir. Mais où se trouve la clef ?

— Vivre dans le monde sans lui appartenir. Emprunter le chemin du milieu, celui de l'équilibre. Ni poursuite effrénée du bonheur dans la dépendance du plaisir des sens, ni excès d'austérité. Toutefois, il ne suffit pas de savoir que ce chemin existe pour l'emprunter, encore faut-il apprendre à marcher. Vous, Hermann, seriez-vous prêt à apprendre à marcher ?

J'hésitai.

— Marcher sans guide ?

Il inclina légèrement la tête sur le côté. M'examina avec attention et déclara :

— Non, vous ne marcherez pas sans guide, si vous voulez bien de moi, nous marcherons ensemble.

4

« Les hommes devraient chercher non pas une richesse plus grande, mais des plaisirs plus simples ; non pas une fortune plus haute, mais un bonheur plus profond et faire de la possession de soi-même la première des possessions. »

Une semaine venait de s'écouler depuis mon retour à Johannesburg, et les mots de John Ruskin, cri de colère contre l'injustice et l'inhumanité, continuaient de tourner dans ma tête en même temps. Ma concentration au travail en souffrait. Reynolds, mon associé, ne se privait pas de me le faire remarquer.

— Elle est blonde ? Brune ? Mariée ? Quel âge ?

Un matin, lassé, je finis par lui répondre qu'« elle » s'appelait John et le laissai sur place, bouche bée.

Au moment de refermer *Unto This Last*, ce fut comme si une lumière jaillissait du plus profond des ténèbres, de *mes* ténèbres, révélant au grand jour des vérités simples, mais essentielles : « L'intérêt individuel ne peut être compris que dans l'intérêt général ; le travail d'un barbier représente la même valeur que celui d'un avocat ; c'est dans l'équité sociale et la simplicité que repose le salut de l'humanité. »

Où trouver le sens de ma vie ? En avait-elle un ? En bâtissant des immeubles, j'avais oublié de me construire. J'amassais des shillings, alors que mon âme connaissait la banqueroute.

Nous étions le 15 mai 1904. J'avais rendez-vous pour déjeuner avec mon frère Nathan, non loin de mes bureaux de Rissik Street. Nathan ou mon exact opposé. L'expression « états d'âme » n'appartenait pas à son vocabulaire. Il vivait dans l'euphorie de ses vingt-cinq ans.

Lorsque j'arrivai au restaurant, je le vis attablé avec un homme.

— Anton Rupert, annonça Nathan. Un ami. Il est éditorialiste au *Mercury*.

— Désolé de m'imposer, s'excusa Rupert, mais votre frère a beaucoup insisté pour que je me joigne à vous.

— Il faisait peine à voir, plaisanta Nathan. Tout seul dans son coin.

Je pris place en face des deux hommes.

La discussion commença légère, mais très vite, entraînée par Rupert, elle prit une tournure politique. Il ne me fallut pas longtemps pour comprendre qu'en bon Afrikaner[1], il se rangeait farouchement dans le camp des Blancs.

Au moment du dessert, un peu par provocation, je mentionnai ma rencontre avec Gandhi. La réaction du journaliste ne se fit pas attendre.

— Méfiez-vous, Hermann, c'est un homme dangereux. Un vrai semeur de trouble. À la moindre contrariété, il fait tomber sur la presse et les autorités une pluie de pétitions et de télégrammes. Une furie ! Rien que pour une insignifiante histoire de turban, il a bombardé le *Mercury* et le *Natal Advertiser* de dizaines de lettres.

Je sourcillai.

1. Se dit des individus de race blanche, nés en Afrique du Sud et d'origine néerlandaise, parlant l'afrikaans.

— De quelle histoire parlez-vous ?

— Quelques jours après son arrivée en Afrique du Sud, il s'est présenté au tribunal de Durban le crâne recouvert d'un turban ; ce qui est formellement interdit puisque seuls les musulmans ont le droit de le porter. Le juge a donc exigé qu'il le retire. Gandhi a refusé. Comme le magistrat insistait, notre gentleman, suprême insolence, a tourné les talons et quitté la salle d'audience. Le lendemain, les journaux le rangeaient, à juste titre, dans la case des « visiteurs indésirables ». Gandhi s'est défendu, bien sûr, en expliquant que, si la coutume exigeait d'un Anglais qu'il se découvre devant une assemblée, les Indiens au contraire se devaient de conserver leur crâne couvert en signe de respect. Son explication n'eut évidemment aucun effet.

— Qu'y a-t-il d'étonnant à ce qu'il prenne fait et cause pour sa communauté ? Tous ces règlements iniques que l'on veut imposer aux Indiens ne méritent-ils pas que quelqu'un s'y oppose ?

Rupert me toisa.

— Et les Noirs ? Les Zoulous, les Sothos, les Tswana et les autres. Ne méritent-ils pas aussi que l'on défende leur cause ? Or, jamais Gandhi ne les mentionne ou alors en termes peu élégants. Lors d'un meeting à Durban, il n'a éprouvé aucune gêne à déclarer que les Européens essayaient d'abaisser les Indiens au niveau des… *kafirs*. Terme ô combien péjoratif puisqu'il signifie mécréant et qu'il n'est appliqué qu'aux Noirs. Vous trouvez cette attitude équitable ? Vous n'y percevez pas une pointe de racisme ?

— Mon cher, vous voudriez qu'il livre bataille sur tous les fronts. Personne ne le peut.

— Si vous voulez mon avis, ce type poursuit une vengeance personnelle et souffre très probablement d'un complexe d'infériorité. Il n'a jamais digéré l'humiliation de Maritzburg.

— Maritzburg ?

— L'affaire remonte à une dizaine d'années. Gandhi devait se rendre en train à Pretoria, via Charlestown, pour plaider je ne sais quelle cause...

*

4 juin 1893

Le train ralentissait.

Gandhi quitta des yeux le livre qu'il lisait, un ouvrage de Tolstoï, *Le royaume des Cieux est en vous,* et colla son front à la fenêtre du wagon. Le train s'immobilisa le long du quai désert. Dans la nuit se détachait un panneau : Pietermaritzburg. Après avoir scruté la gare pendant quelques instants, il se replongea dans sa lecture.

— Hey, le coolie[1] ! Que fais-tu ici ?

Il releva la tête, surpris. Un homme blanc, une valise à la main, venait de faire irruption dans le compartiment.

— Que voulez-vous dire, monsieur ?

— Je répète ma question : que fais-tu ici ? Tu es en première classe !

— Bien sûr, puisque j'ai un ticket de première, et...

— Fous-moi le camp !

Posément, Gandhi glissa sa main dans la poche de sa veste, récupéra un ticket, mais l'homme s'était déjà éclipsé.

Une dizaine de minutes plus tard, il réapparut accompagné d'un contrôleur.

---

1. Le terme est employé sciemment de manière péjorative. Il désignait au XIXe siècle les travailleurs ou les porteurs asiatiques.

— Tu ne peux pas rester ici, gronda celui-ci. Fais-moi le plaisir de déguerpir !

En guise de réplique, imperturbable, Gandhi brandit son ticket.

— Vous voyez bien. J'ai parfaitement le droit de voyager en première.

— Je ne sais pas comment tu as pu obtenir ce ticket, mais celui qui te l'a vendu est en infraction. Il est formellement interdit aux hommes de couleur de voyager avec les Blancs. Allez, dégage !

— Je n'en vois pas la raison.

— Je t'ordonne de quitter ce compartiment !

Gandhi persista :

— J'ai un ticket de première, je voyage donc en première.

— Veux-tu que je fasse appel aux forces de l'ordre ?

— Appelez qui vous voudrez. Je ne bougerai pas d'ici.

Le contrôleur pivota sur les talons. Il revint encadré par deux policiers.

— Alors, coolie, on sème le trouble ? Debout !

Cette fois, Gandhi n'eut pas le temps de protester. Les policiers l'empoignèrent, l'arrachèrent à son siège, le traînèrent littéralement hors du compartiment et le propulsèrent, lui et sa valise, sur le quai.

Et le train s'ébranla dans un grognement sourd.

*

J'étais interloqué.

— On l'a jeté sur le quai ? En pleine nuit ?

— Il me semble bien qu'il l'avait cherché, non ? commenta Nathan.

Je le fusillai des yeux.

— Finalement, conclut Rupert, il a passé la nuit dans la salle d'attente déserte. Maritzburg est à haute altitude et le froid devait mordre. Dès le lever du jour, à peine le guichet ouvert, cet obstiné a adressé un télégramme à son employeur, ainsi qu'au directeur général de la Compagnie des chemins de fer fustigeant l'attitude des employés et exigeant de monter en première dans le premier train pour Charlestown.

— Et ?

Le journaliste afficha un air contrarié.

— Il a obtenu gain de cause.

Je souris intérieurement, tout en imaginant les pensées qui avaient dû traverser le cerveau de Gandhi au cours de cette nuit à Maritzburg, seul, dans cette salle d'attente désolée. Quelle humiliation ! Se pourrait-il que tout ait été joué à ce moment-là ? Que la force qui l'habiterait jusqu'à sa mort germa dans son âme au cours de ces heures ? Est-ce cette nuit-là qu'il décida de ne plus jamais être victime de l'arrogance raciale et de consacrer sa vie à la lutte contre l'injustice ? J'en étais convaincu. Il arrive que le destin d'un homme bascule, un jour, quelque part, à un moment précis de son existence. Cela se passa à Maritzburg.

— En tout cas, dit encore Rupert, vous devez savoir que chez nous, au *Mercury*, nous ne sommes pas ségrégationnistes. Si vous retrouvez l'article paru le 24 mars dernier, vous constaterez que nous avons salué les services inestimables rendus par Mr Gandhi lors de l'épidémie de peste.

Je notai avec une pointe d'ironie :

— Un homme bien dangereux, en effet.

— Vous ne me croyez pas, Mr Kallenbach, je le vois bien. Il l'est pourtant. Il cherche à briser l'ordre établi. Voyez comme il se bat pour que nous abandonnions le *Black Act*, alors qu'il ne s'agit que de maîtriser le flot d'immigrés.

— Et vous croyez qu'en imposant à ces malheureux un permis de circuler, vous réglerez un problème qui d'ailleurs n'en est pas un ? L'Afrique du Sud est vaste. Chacun peut y trouver sa place.

— Hermann ! s'exclama Nathan. Là, tu me surprends. Tu ne vois donc pas le danger que ces émigrés représentent ? Ils envahissent nos commerces, s'infiltrent partout. Encore heureux qu'on leur ait interdit le droit de vote. Sinon, où irions-nous ?

Je dévisageai mon frère avec tristesse.

— À mon tour d'être surpris. Comment t'en vouloir ? Ta jeunesse ne sait pas voir et, même quand elle voit, elle ne retient rien. Dois-je te rappeler les mots qu'un certain tsar prononça un jour ? « Un tiers des juifs sera converti, un tiers émigrera, un tiers périra. » On commence par des lois discriminatoires et on se réveille un matin avec des « zones réservées », jusqu'au jour où...

Dans un mouvement d'humeur, je repoussai mon assiette.

— Désolé de vous fausser compagnie, un rendez-vous m'attend.

Je ne mentais que partiellement. La veille, j'avais reçu un pli d'Albert West qui manifestait son désir de me voir. Il devait arriver en fin d'après-midi, je n'anticipais que de quelques heures.

Un ciel mélancolique flottait sur Johannesburg. Je crus y voir mon reflet. Quel petit esprit que ce journaliste ! Et mon frère, quel aveuglement.

*

À peine de retour au bureau, je fus assailli par John Reynolds et deux de mes assistants. On voulait mon avis pour régler certaines difficultés que nous rencontrions sur un chantier dans le quartier de l'Observatory Park. Je fis de mon mieux pour me concentrer, mais n'éprouvais qu'une envie : me retrouver seul.

À 18 heures, comme prévu, ma secrétaire m'annonça l'arrivée de West. Après quelques échanges de courtoisie, il m'expliqua :

— Nous sommes à la veille d'acheter un terrain, dans le voisinage de Durban, à environ six miles de la gare de Phoenix, ce qui est bien pratique, et à cinquante miles de l'Ohlange Institute.

— L'Ohlange Institute ? Ce nom me dit quelque chose.

— C'est un centre éducatif fondé par un missionnaire noir, John Dube.

— Lorsque vous dites *nous* sommes à la veille d'acheter, demandai-je, de qui parlez-vous ?

— De *Gandhibhai*[1], bien évidemment. Il souhaite y installer l'imprimerie de l'*Indian Opinion*.

— Je ne comprends pas. Ne disposez-vous pas déjà de locaux à Durban ?

West se cala dans le fauteuil.

— Au lendemain du dîner où nous avons fait connaissance, Gandhi est venu me voir. « Albert, m'a-t-il dit, j'ai pris une importante décision. L'heure est venue de briser le cercle, de sortir de la spirale sans fin qui fait de nous les prisonniers du superflu et du vain. Nous allons déménager l'imprimerie de l'*Indian Opinion* dans un lieu à l'écart des tentations de la ville et du bruit. Ce lieu deviendra un havre de sérénité, tant pour le cœur que pour l'esprit. Un lieu d'amour et de fraternité. » Il a ajouté que nous y logerions, tous. Les ouvriers, ses neveux, Chhaganlal et Maganlal qui ont débarqué de Bombay il y a quelques jours, Ada et moi, et Polak bien sûr. Tous ceux qui souhaiteront nous rejoindre seront les bienvenus.

---

1. Frère Gandhi. Expression comparable à *Gandhidji*.

— Gandhi compte-t-il aussi y résider ?

— Non. En tout cas, pas à temps complet. Étant donné l'état piteux de nos finances, il devra continuer à s'occuper de son cabinet à Johannesburg.

— Voilà un projet bien singulier. Vous serez confrontés à d'incroyables difficultés. Notre ami en est-il conscient ?

— Il m'a prévenu : ce ne sera pas un lieu de vacances. Chacun devra travailler dur, tout en s'occupant de l'imprimerie durant ses loisirs. Il a aussi fixé une rétribution uniforme de trois livres par mois, sans distinction de couleur ni de nationalité. Chacun cultivera un potager pour pourvoir à la nourriture de tous. Il envisage aussi de créer une école afin que les enfants de Phoenix ne soient pas privés d'instruction.

J'étais partagé entre la perplexité et l'inquiétude.

— Si vous voulez mon avis, je trouve l'idée noble, mais hautement risquée. Comment se comporteront des gens amenés à cohabiter sous le même toit alors qu'ils appartiennent à des cultures, des mœurs, des religions différentes ?

— Je crois que c'est une question que *Gandhidji* ne se pose pas.

Il écarta les bras avec un large sourire.

— Vous avez devant vous l'un des premiers occupants du premier ashram d'Afrique du Sud !

Décidément... Polak, un juif, West, un protestant, des hindouistes, des musulmans, des femmes, des hommes, des enfants.

— Qu'attendez-vous exactement de moi ?

— Que vous nous accompagniez à Phoenix pour inspecter le terrain, et nous dire si le prix proposé est correct.

Je fronçai les sourcils.

— C'est que je suis assez occupé ces temps-ci.

— Je comprends, mais il y a urgence. Nous avons répondu à une annonce et, si nous tardons trop, l'affaire risque de nous passer sous le nez.

Il glissa la main dans sa poche et récupéra un billet de train qu'il posa sur mon bureau.

Je ne cachai pas ma surprise.

West expliqua :

— Gandhi m'a chargé de vous le remettre. Il m'a recommandé de vous dire : « Nous marcherons ensemble. »

5

Nous nous trouvions au cœur d'un terrain sauvage d'une quarantaine d'hectares, parsemé de quelques arbres fruitiers. Un cottage délabré se détachait sous un ciel lourd.

Les mains jointes, Gandhi s'inclina devant moi.

— Je vous remercie, Hermann. Votre présence me comble.

— Vous ne doutiez pas que je viendrais, n'est-ce pas ?

— Non. Pas un seul instant. Votre raison pouvait refuser, pas votre cœur.

Je relevai le col de mon imperméable. Autour de nous tremblaient des collines cernées par de grands espaces semi-désertiques. Au nord, on entrevoyait des champs de cannes à sucre. Vers l'ouest, de grandes vallées verdoyantes escarpées alternaient avec une végétation flamboyante se déployant dans les rouges, les bordeaux et les verts. J'aspirais à pleins poumons cet air gorgé d'une saisissante odeur de terre mouillée, enveloppante, rassurante.

— Mohan (je l'appelais ainsi pour la première fois), votre projet n'est-il pas un peu...

Je cherchais le mot.

— Utopique ?

Je lui fis la même remarque qu'à West :

— Je le trouve noble, mais risqué.

— Le risque, le vrai, réside dans l'absence de risque. Soit votre existence ressemble à un galet et, dans ce cas, l'eau glisse dessus avec indifférence. Soit elle ressemble à un caillou irrégulier que les flots feront vibrer. Si je souhaite Phoenix, c'est parce que le meilleur de l'individu ne s'épanouit que dans le meilleur de la collectivité.

— En appliquant à tous les mêmes salaires ? Certains travailleront plus dur que d'autres ; certains auront à gérer des responsabilités plus importantes ; croyez-vous que ce soit une démarche très juste ?

— Mon frère Hermann, que faites-vous de la parabole qui inspira le titre même de l'essai de Ruskin ? Celle du maître de la vigne ?

Il récita :

— « Les derniers seront les premiers, et les premiers seront les derniers. » Concernant l'uniformité des salaires, laissez-moi vous dire ceci : le bonheur réside dans l'échange, à la condition que cet échange ne se fasse jamais au détriment de l'un ou de l'autre, ou en faveur d'un seul. Vous gagnez beaucoup d'argent, n'est-ce pas ?

Je fis oui de la tête.

— Comptez-vous passer le reste de votre existence à en gagner plus ?

— J'apprécie le superflu. Le superflu a un prix.

— Très bien. Alors, imaginons ceci : Si vous ne cherchiez plus à gagner *davantage* d'argent, mais à *faire plus et mieux* avec celui que vous possédez ?

— J'ai du mal à vous suivre.

— Prenons un exemple. Si avant de faire un achat vous vous posiez simplement la question suivante : cet achat contribuera-t-il à la protection du monde qui m'entoure ou à son développement, ou risquera-t-il de l'entraver, voire de participer à sa destruction ? Vous comprenez ?

J'opinai. Aurais-je dû ? Développement du monde, protection, équité. Autant d'expressions bien éloignées de ma conception de l'existence ! D'ailleurs, voilà bien longtemps que je doutais de la capacité de l'homme à vivre « justement ».

Nous longions le cottage en ruine.

— Combien vous demande-t-on pour ce terrain ?

— Le propriétaire exige mille livres, non négociables.

— C'est à la fois beaucoup et peu. Peu, pour les quarante hectares, mais beaucoup pour un endroit envahi par les mauvaises herbes, des légions de moustiques et très probablement infesté de serpents. Disposez-vous de la somme ?

— Oui. Une partie sera financée sur mes fonds propres, l'autre par de riches Indiens disposés à me soutenir.

— Vous êtes conscient, bien sûr, qu'il vous faudra du matériel pour bâtir un hangar suffisamment grand pour abriter une Linotype, et des maisons pour accueillir vos hôtes. Où trouverez-vous la main-d'œuvre ?

— Rustomji, un très bon ami parsi[1], a promis de mettre à ma disposition des plaques de tôle ondulée, ainsi que des matériaux de construction. Quant à la main-d'œuvre, des charpentiers et des maçons indiens ayant servi à mes côtés durant la seconde guerre des Boers se sont portés volontaires.

J'eus un mouvement de recul.

— La guerre des Boers ? Vous y avez servi ? Dans quel camp ?

— Celui des Britanniques bien évidemment ! Je vous surprends, je sais. Je crois bien n'avoir jamais

---

1. Originaires de Perse, établis dans l'Inde de l'Ouest depuis la deuxième moitié du VIIIe siècle, les Parsis sont des adeptes du parsisme, une confession dérivée du zoroastrisme ; religion monothéiste à la gloire du dieu Mazda.

connu personne qui ait nourri dans son cœur autant de loyauté que moi envers l'Angleterre. Dans toutes les réunions auxquelles j'ai assisté en Inde, ou même ici au Natal, l'usage est de chanter le *God Save the King*. Aujourd'hui encore, j'estime de mon devoir de joindre ma voix à celle de l'assistance. Si me déplaît la domination britannique sur mon pays, dans l'ensemble, je la juge acceptable. Il m'arrive même de croire qu'elle peut se montrer bienfaisante à l'égard de ceux qu'elle domine. Quoi qu'il en soit, quand éclata la guerre des Boers, j'estimai qu'en ne soutenant pas l'Empire, les Indiens risquaient de souffrir plus encore.

— Vous avez donc pris les armes ?

— Oh ! non. Vous me voyez porter un fusil ? J'ai seulement proposé aux Anglais de créer un corps de brancardiers.

— Et vos brancardiers, où les avez-vous trouvés ?

— Parmi les membres de ma communauté. Notre ami Rahim, à qui nous devons d'être ensemble aujourd'hui, en tête. Trois cents Indiens au chômage se sont engagés comme volontaires. Huit cents autres furent mis en congé par leurs employeurs. Parmi eux, des musulmans, des chrétiens, des hindouistes, des bouddhistes. Brahma, Jésus, Bouddha, Mahomet réunis sans préjugés religieux !

Il fit une pause et reprit :

— Ce fut assez éprouvant, je l'avoue. Certains jours, il nous arrivait de transporter les blessés par civière sur plus de dix-huit miles. Mais quelle importance ? Lorsque la guerre cessa, tant au Natal qu'en Angleterre, la presse salua notre travail.

— C'est pourquoi, depuis, en signe de gratitude, on vous matraque de lois sectaires.

— Je sais, Hermann. Mais nous lutterons. Et nous gagnerons, peut-être.

Il me dévisagea avec une certaine ferveur.

— Pourquoi ne vous battriez-vous pas à nos côtés ?

J'esquissais un sourire.

— Une voix comme la mienne compterait pour si peu.

À peine ces mots prononcés, je le vis se métamorphoser et se raidir comme sous l'effet d'une bourrasque.

— Comment pouvez-vous proférer pareille absurdité ? Comment ?

Ses mains cherchèrent les miennes dans un élan fébrile.

— Quelle aube guettez-vous ? Cette richesse, cette richesse ensablée en vous, quand vous déciderez-vous à la déterrer pour la hisser vers la lumière ? Demain vous attend, la vie vous attend. Et la vie n'aime pas que des âmes aussi belles que la vôtre se mésestiment. Oui, oui, votre voix compte. Elle compte, parce qu'unie à la mienne, à celles de millions d'autres, elle peut former un cri si puissant qu'il assourdirait le monde.

Il se tut. Il tremblait un peu. Il lâcha mes mains et plongea dans le silence.

C'est le moment que choisirent Albert West et Henry Polak pour nous rejoindre.

— Alors, m'interrogea Henry, votre verdict ?

Il me fallut quelques secondes pour répondre.

— Comme je viens de le dire à notre ami, le prix, sans être avantageux, me paraît correct.

— Parfait ! se réjouit West. Dans ce cas, il ne nous reste plus qu'à nous lancer.

Se tournant vers moi, il suggéra en souriant :

— Pourquoi ne vous joindriez-vous pas à nous, Hermann ?

Gandhi répondit à ma place sur un ton sibyllin :

— Peut-être nous a-t-il déjà rejoints.

Il poursuivit dans la foulée :

— J'y pense ! Ma secrétaire, Miss Dick, me laisse tomber. Elle se marie et repart chez elle en Écosse. Pourriez-vous me suggérer quelqu'un qui pourrait la remplacer ?

— Je connais une jeune fille de dix-sept ans, Sonja Schlesin. Elle est d'un caractère taquin qui, parfois, frise l'insolence. Cependant, elle maîtrise parfaitement la sténo et je la sais honnête et travailleuse. Si vous arrivez à la dompter, elle pourra vous être d'une grande aide. Il faudra que je l'interroge. Quand rentrez-vous à Johannesburg ?

— Dans une semaine. Vous pourriez me retrouver lundi prochain en fin de soirée à mon bureau de Rissik Street.

J'ai acquiescé.

Nous passâmes les heures suivantes à visiter le terrain, à imaginer la place du hangar, celle des potagers, des maisons et le meilleur endroit pour forer un puits.

Alors que je montais dans le train pour Johannesburg, je réalisai soudain combien je m'étais laissé prendre au projet Phoenix, faisant mien l'engouement de ces hommes et partageant leurs fiévreuses espérances. Envoûtement ? Plus tard, beaucoup plus tard, ce seront les termes que ma famille utiliserait pour critiquer ma passion envers Gandhi. Longtemps je me suis refusé à accepter cette analyse. Je me rassurais. Je *tentais* de me rassurer en me répétant que la cosmogonie hindoue enseignait que le principe de toute vie, de tout progrès, de toute énergie, réside dans les différences et les contrastes. Mohan et moi n'en étions-nous pas l'exemple parfait ?

*

Huit jours plus tard, comme convenu, je conduisais Sonja Schlesin dans les bureaux de Gandhi.

Sonja était de père et mère juifs, tous deux originaires d'une petite cité lituanienne située à soixante miles de Rusné, mon village natal. À cette époque, nos familles se voyaient peu, mais s'appréciaient beaucoup. À l'instar de mes oncles, les Schlesin avaient émigré pour l'Afrique du Sud en 1892. Isidor, le père de Sonja, s'était installé à Oudtshoorn, à l'est de la ville du Cap. Après avoir demandé la nationalité britannique, il avait monté un bureau d'exportation de plumes d'autruche ; décision qui coulait de source, Oudtshoorn étant la capitale mondiale de l'autruche. Depuis qu'elle avait terminé ses études secondaires et décroché un diplôme de sténodactylo, Sonja tournait en rond, au grand dam de sa mère. Je connaissais bien le caractère de la jeune fille. Imprévisible. Fantasque. En arrivant devant le 4, Rissik Street, je fus pris d'un sentiment de culpabilité. N'allais-je pas faire à Gandhi un cadeau empoisonné ?

Je jetai un dernier coup d'œil sur Sonja. Petite, vêtue d'une longue jupe grisâtre lui descendant jusqu'aux chevilles et surmontée d'une chemise et d'une cravate, les cheveux noirs coupés ras : on eût juré un garçon. Drôle de tenue pour une fille de dix-sept ans !

Ce fut Gandhi qui nous ouvrit la porte.

— Bienvenue !

Sonja marmonna un « hello ! » et lança aussitôt d'une voix rogue :

— Vous êtes indien ?

— Oui, mademoiselle.

Elle me fixa d'un air de reproche :

— Tu me l'avais caché, hein ?

— Je ne voyais pas l'utilité de t'en informer !

— Tu aurais dû pourtant. Je n'apprécie pas du tout les gens de couleur.

Sitôt prononcés ces mots insensés, elle afficha un grand sourire.

— Je plaisante, monsieur Gandhi !

— Je n'en doutais pas, mademoiselle. Généralement, les gens sectaires et racistes se gardent bien de l'avouer. Suivez-moi.

Je découvrais pour la première fois le bureau de Gandhi. Meublé très succinctement, il paraissait quelque peu poussiéreux. Mais ce qui frappait le plus, c'était un grand portrait du Christ – peut-être celui que Polak avait évoqué lors du dîner – accroché sur l'un des murs.

— Prenez place, je vous prie, et parlez-moi de vous.

— Je m'appelle Sonja Schlesin. Comme mon oncle, je suis juive non pratiquante. Je parle couramment l'allemand et l'anglais, et bien sûr l'afrikaans. Je maîtrise parfaitement la sténo. Quel salaire m'offrez-vous ?

— Allons ! Sonja ! Un peu de tenue. Mr Gandhi n'a pas décidé de t'engager que je sache !

Elle dodelina de la tête avec un air espiègle.

— Bien sûr que si. N'est-ce pas, monsieur Gandhi ?

— Vous semblez si convaincue. Je vais malheureusement vous décevoir. La réponse est non.

Sonja bondit de sa chaise.

— Non ?

— Rasseyez-vous donc, mademoiselle. Moi aussi je peux plaisanter.

Sonja leva un pouce vers le plafond.

— Un partout. Je crois que nous allons bien nous entendre.

— À la condition que vous sachiez faire la différence entre la légèreté et le sérieux. Dans la vie, tout est affaire de mesure.

Elle répliqua :

— Combien ?

— Le même salaire que Miss Dick, mon ancienne secrétaire. Vingt livres par mois.

— Non.

— Pardon ?

— C'est beaucoup trop. Je me contenterai de la moitié.

Gandhi la dévisagea avec incrédulité.

— Pour quelle raison, je vous prie ?

— Parce que dix livres me suffisent amplement. Je n'ai pas de grands besoins et (elle me jeta un coup d'œil malicieux), à la différence de mon oncle, je hais le superflu. Ensuite, je me suis renseignée sur vous. J'aime ce que vous défendez. Je partage vos idéaux. Si je travaille pour vous, ce ne sera pas pour l'argent, mais parce que l'idée me plaît. *Vous* me plaisez.

— Vous venez de marquer un point, mademoiselle.

Il leva son visage vers moi :

— C'est fait, Hermann. Nous avons signé le contrat. Phoenix nous appartient.

— Félicitations. Je vous souhaite de réussir.

— Je l'espère aussi. J'ai aussi une autre bonne nouvelle : Henry Polak va se marier !

— Se marier ? Je ne le savais pas fiancé.

— Il l'était. Mais Millie Downs, sa future épouse, patientait en Angleterre en attendant le moment propice au mariage. J'ai soufflé à Henry que l'attente ne se justifiait plus. À l'heure où nous parlons, Millie navigue vers Le Cap. Ils commenceront par habiter chez moi, ici, à Johannesburg et, dès que possible, déménageront pour Phoenix. Savez-vous le plus réjouissant de cette belle histoire ? Millie est chrétienne, Henry, vous ne l'ignorez pas, est juif. Et qui ont-ils choisi comme témoin pour leur mariage civil ?

Gandhi pointa son index sur son thorax.

— Moi ! Un hindou.

— Il ne manque plus que la présence d'un Zoulou, ironisa Sonja. À propos, pourquoi ne mentionnez-vous jamais les Africains dans vos articles ? Ces gens vivent aussi dans le mépris et, après tout, vos deux communautés se ressemblent, non ?

— Non, mademoiselle. Elles ne se ressemblent pas ! D'ailleurs, je déplore la croyance générale qui prévaut dans ce pays selon laquelle nous, les Indiens, ne serions guère mieux que les Noirs. On ne compare pas un Indien à un *kafir*.

— Ah bon ? Parce que vous vous estimez supérieurs ?

— Pas supérieurs. Il n'existe pas de race supérieure à une autre. Mais les *kafirs* sont des barbares. Ils sont gênants, sales, et vivent comme des animaux. Du reste, je me demande pourquoi, de tous les quartiers de Johannesburg, c'est dans le quartier indien que la municipalité a autorisé les Noirs à s'installer.

— Vous me peinez, monsieur Gandhi, répliqua Sonja avec une audace qui me surprit. Moi, j'aime bien les Noirs et je les respecte. Toutefois, je vous pardonne.

Je repensais aux propos de ce journaliste du *Mercury* : *Il n'a éprouvé aucune gêne à déclarer que les Européens essayaient d'abaisser les Indiens au niveau des...* kafirs.

— Hermann...

— Oui ?

— Mon épouse et mes trois enfants sont arrivés avant-hier de Bombay. J'aimerais beaucoup vous les présenter.

— J'en serais ravi. Malheureusement, au cours du prochain mois, je serai souvent en déplacement. En revanche, à partir du 10 juillet, mon emploi du temps sera moins chargé.

— Dans ce cas, revenez-nous vite. Nous improvi-serons.

Il se pencha vers Sonja.

— Quant à vous, mademoiselle Schlesin, vous commencez immédiatement. Je vais vous dicter une lettre de protestation au conseil municipal. Il faut que ces messieurs sachent que cette promiscuité entre les Noirs et les Indiens est des plus contra-riantes.

6

J'ai vécu les jours suivants à un rythme d'enfer. Port Élizabeth, Pretoria, Le Cap. Tantôt en train, tantôt en diligence. Le soir, exténué, je m'allongeais sur mon lit, incapable de trouver le sommeil. Pourquoi cette agitation ? Vers quoi me menait cette débauche d'énergie ?

« Si vous ne cherchiez plus à gagner davantage d'argent, mais à faire plus et mieux avec celui que vous possédez ? » À trente-trois ans, peut-on se remettre en question ? Changer ses habitudes ? À trente-trois ans, un arbre est encore jeune, un homme déjà vieux. Gandhi avait fait naître en moi des désirs insoupçonnés. Comme si, jusqu'à cette heure, les pluies d'un interminable automne en avaient repoussé la germination. J'osais à peine me l'avouer, mais, au-delà des mots, les silences de Mohan parlaient à mon âme. Est-il possible qu'un homme attire si fortement un autre homme ? Est-il imaginable qu'un trouble indicible vous envahisse, vous submerge si violemment à son contact ? La puissance de l'intellect de Mohan me subjuguait-elle ? L'intellect relie les êtres par des nœuds complices, mais sans chaleur. Or, la chaleur était présente dans les liens qui se tissaient là. Alors ? De l'amour ? Aimer ? Pourquoi le nier ? Que je puisse éprouver pareil sentiment pour quelqu'un de mon propre sexe éveillait en moi une peur irraisonnée. Et pourtant. Au nom de quoi un si noble sentiment deviendrait restrictif, alors que le propre de l'amour est précisément d'ouvrir les voies de l'impossible ? « Méfie-toi de trop d'extase ! » dit le précautionneux, aveuglé par les usages. « Peu importe ! Vis ! Aime ! » dit l'amour. Qui croire ?

Telles étaient les pensées qui voletaient dans mon esprit en cette seconde quinzaine du mois de juillet 1904. J'ignorais encore combien ma relation avec Mohandas Karamchand Gandhi se révélerait infiniment complexe.

*

Sa maison était située au 11, Albermarle Street, à Troyeville, à la périphérie de Johannesburg. Il s'agissait d'une grande demeure de huit pièces, de style moderne, érigée sur deux étages, entourée d'un jardin. La véranda était suffisamment spacieuse pour accueillir des personnes qui auraient souhaité y dormir au moment des grandes chaleurs. Alentour, on apercevait des kopjes, ces petites collines couronnées de rochers.

Je garai ma voiture, une Mercedes Simplex, acquise une semaine auparavant. Une douce folie dont j'étais particulièrement fier. Il devait en exister quatre ou cinq, la mienne incluse, dans toute l'Afrique du Sud. Je poussai la grille. Un enfant de six ou sept ans, le bras en écharpe, arriva sur moi. Il pointa son doigt sur le véhicule et s'exclama, émerveillé :

— Qu'est-ce qu'elle est belle ! Elle va vite ?

— Assez. Elle peut monter jusqu'à 70 miles à l'heure.

— Ouah !

— Je peux la voir de plus près ?

— Bien sûr. Tu peux même t'installer au volant. Mais dis-moi ton nom ? Le mien est Hermann.

— Moi, Ramdas.

— Tu dois être l'un des fils de Mohan, je suppose ?

— Oui.

Au moment où je l'aidais à prendre place, un autre enfant, plus âgé, déboula.

— Elle est à vous, monsieur ?

Je n'eus pas le temps de lui répondre. La voix de Gandhi claqua dans mon dos.

— Qu'est-ce que c'est ? demanda-t-il, la mine sombre.

— Je...

— Non ! Je ne parle pas de cette automobile, mais de la présence de mes enfants. Allez ! Filez d'ici tous les deux !

Tandis que les garçons disparaissaient à l'autre bout du jardin, Gandhi se tourna vers moi.

— Ne refaites plus jamais une chose pareille, Hermann.

Le ton était sec, implacable.

— Je regrette, mais je n'y ai vu aucun mal.

— Combien avez-vous dépensé pour ce monstre ?

— Beaucoup.

— Trop sans doute. Pourquoi acquérir un objet aussi luxueux qu'inutile ?

J'ai répondu en souriant :

— Parce que j'aime le superflu, et peux me passer du nécessaire.

— Alors que ce devrait être l'inverse.

Il se tut un instant, comme s'il cherchait les mots justes et reprit :

— Mon frère, Hermann, la richesse est semblable à une rivière. Elle ne devrait abreuver que les terres assoiffées. Si le flot est parfaitement dirigé et maîtrisé, il devient l'eau-de-vie. Dans le cas contraire, il donne naissance à la plus mortelle des plaies : l'eau de Marah, cette eau amère, qui nourrit les racines du mal et que vous connaissez bien puisqu'elle est mentionnée dans votre Torah. Vous comprenez ?

— Je comprends surtout que vous prenez plaisir à imposer vos points de vue. Quoi qu'il en soit, il est difficile de se transformer à mon vieil âge.

— C'est faux. Promettez-moi au moins d'essayer.

J'opinai, mais sans conviction.

Comme nous nous dirigions vers la maison, j'aperçus une construction en pierre qui rappelait fortement un moulin à bras.

— Vous moulez vos grains ?

— Parfaitement. La farine du coin ne vaut rien. Nous faisons cuire notre pain sans levain, selon la recette de l'un de vos compatriotes : Mr Kuhne.

— Kuhne ?

— Ludwig Kuhne. Un naturopathe, un fervent adepte du végétarisme. Il enseigne que tous nos maux proviennent des toxines dont notre corps est surchargé. D'où l'importance de pratiquer régulièrement des bains de siège, et surtout d'éviter la constipation.

— Je ne vois pas le rapport avec les bains de siège.

— En s'asseyant dans de l'eau et en se frottant le bas-ventre et les hanches, avec un gant de crin, nous stimulons notre système nerveux, et cette stimulation aide à éliminer les toxines. Vous devriez tenter l'expérience.

— Je m'imagine mal les fesses trempées dans une bassine.

— Parce que, une fois de plus, vous êtes prisonnier de vos habitudes.

— Mon *bapou*[1] a raison.

—————————
1. Papa

C'était le garçon le plus âgé qui venait d'intervenir.

— Manilal, déclara Gandhi en ébouriffant affectueusement la chevelure de l'enfant.

— Et pourquoi ton *bapou* aurait-il raison ?

— Parce qu'il est le plus grand des médecins !

Et il fila retrouver son frère.

— Alors ? demandai-je à Gandhi. Pourquoi ?

Il éluda la question.

— Venez, entrons.

Je lui emboîtai le pas, tandis qu'il empruntait un long couloir qui menait au pied d'un escalier en bois.

— Là-haut, nous serons plus tranquilles pour parler. Comme vous pourrez le constater, je ne vis pas seul ici.

Au sommet de l'escalier se découpait une porte. Gandhi écarta le battant et m'invita à entrer dans la pièce.

— Mon antre, annonça-t-il. Mon havre.

Le seul mobilier consistait en une table qui servait de bureau, et deux tabourets. Posées par terre, j'aperçus des dizaines de livres empilés à plat en petites pyramides : Bentham, Carlyle, Charles Bradlaugh, Edwin Arnold. Aucun de ces auteurs ne m'était familier.

Gandhi s'approcha. Il me scruta longuement comme s'il cherchait la confirmation d'une intuition dans mon visage.

— L'amour, l'amitié vraie sont choses rares. L'un et l'autre ne peuvent exister que dans une identité d'âme. Et je crois que nos âmes, la vôtre et la mienne, sont de natures semblables et qu'elles se sont reconnues.

J'ai répondu, hésitant.

— J'avoue que ce sentiment me dépasse un peu.

— Mon frère, raison et sentiment appartiennent à deux mondes incompatibles. Pourquoi raisonner ?

Le silence se prolongea, tissant une toile invisible dont nous étions devenus le centre. Étrangement, cette sensation me procurait un sentiment de sécurité. Il me parut tout à coup que, près de Mohan, aucun mal ne pourrait m'atteindre puisque j'avais trouvé, non pas le prolongement, ni la continuité de mon être, mais son complémentaire. Un complémentaire aussi solide que je me sentais fragile.

Il m'indiqua un tabouret.

— Pardonnez-moi, ce n'est pas le grand confort, d'ailleurs pourquoi souhaiter plus ? Depuis mon retour ici, à Johannesburg, j'ai pris d'importantes décisions. Je veux aller vers plus de dépouillement, plus de simplicité, et me débarrasser de l'inutile. J'ai décidé, entre autres, de ne plus renouveler une assurance-vie, contractée il y a quelques années alors que je me trouvais en Inde. À cette époque, un courtier américain avait réussi à me convaincre de m'assurer en mettant en avant le fait que j'avais une épouse, des enfants et que, s'il m'arrivait malheur, ils se retrouveraient à la charge de mon frère, Laxmidas.

— À combien s'élevait cette assurance ?

— Dix mille roupies.

— C'est une coquette somme. Vous ne pensez pas que votre famille...

— Hermann, Dieu a créé ma famille et mes enfants, Dieu prendra soin d'eux. Évidemment, Laxmidas est furieux. Mais la colère lui passera.

Il hocha la tête à plusieurs reprises et dit encore :

— Le but que je me suis fixé ne sera pas facile à atteindre, j'en suis conscient.

Il m'examina à nouveau et demanda :

— Qui sait ? Peut-être un jour m'accompagnerez-vous dans cette quête ?

— M'en croyez-vous capable ?

— Autant que je le suis. Vous êtes juif, je suis hindou, mais le renoncement pourrait devenir la forme suprême de nos deux religions, de toute religion d'ailleurs.

— Encore faudrait-il se sentir, comme vous, investi du pouvoir de changer le monde.

— Changer le monde ?

Un petit rire le secoua.

— Non, mon frère, non, mon ami. La grandeur d'un être humain n'est pas de vouloir changer le monde. Ceci est un mythe. La grandeur d'un être humain est de vouloir se changer lui-même.

Adoptant un ton plus léger, il enchaîna :

— Vous vouliez savoir pourquoi Manilal a déclaré : « Mon *bapou* a raison » ? Je vais vous le dire. Cela s'est passé il y a environ deux ans. À l'époque, j'étais revenu en Inde pour tenter de m'y installer définitivement et reprendre mon métier d'avocat...

*

16 décembre 1901
Girgaon, un petit village au sud de Bombay.

Kasturba entra dans le bureau de Gandhi avec une expression tourmentée.

— *Bapou*, il faut appeler un docteur. Manilal ne va pas bien.

— Il a de la fièvre ?

— Beaucoup de fièvre. Il tremble et il tousse.

Gandhi posa son stylo et se leva immédiatement.

— Cet enfant n'a décidément pas de chance. Nous sommes ici depuis à peine trois mois et il a déjà contracté une typhoïde.

Il se glissa dans la chambre de Manilal et s'approcha du lit.

— Alors, mon petit. Que t'arrive-t-il ?

— J'ai mal... *Bapou*, j'ai mal.

Gandhi posa la main sur le front de son fils. Il était brûlant.

— Va chercher le docteur Lavesh, ordonna-t-il à Kasturba.

La femme s'éclipsa, et lui s'installa au chevet de l'enfant.

— Je vais mourir, *bapou* ?

— Mais non. Tu as neuf ans à peine. On ne meurt pas à ton âge. La mort ne s'intéresse qu'aux vieux.

Manilal fut pris d'une violente quinte de toux. Des gouttes de sueur perlaient à son front que Gandhi essuya d'un geste tendre.

— Allons, essaye de dormir. Ne t'inquiète pas.

Il devait être non loin de midi lorsque le docteur Lavesh arriva. C'était un vieux parsi, bien connu des habitants de Girgaon, qui avait une excellente réputation. Après avoir longuement examiné le malade, il annonça :

— C'est une pneumonie. Je vais vous prescrire les remèdes adéquats, cependant, je dois vous prévenir : ces remèdes n'agiront pas s'ils ne sont pas soutenus par une nourriture fortifiante.

— Quel type de nourriture ? s'alarma Kasturba.

— Des œufs, des consommés de volaille, du poulet...

— Impossible, docteur, objecta Gandhi. Manilal, comme nous tous, est végétarien. Il ne peut pas enfreindre ce régime.

— Je vous comprends. Néanmoins, il y va de sa survie. Afin de résister à une pneumonie, ou à une quelconque infection au demeurant, le corps a besoin de forces. D'ailleurs, je me permets de vous rappeler que je soigne de nombreux patients à Girgaon. Ils pratiquent tous le végétarisme. Seulement, confrontés à la maladie, ils acceptent de bonne grâce de modifier leurs habitudes.

— Je regrette, docteur. Il est hors de question que Manilal transgresse nos principes.

— Peut-être auriez-vous la bonté de nous suggérer une autre forme de traitement ? proposa Kasturba.

— Il n'en existe pas d'autre, hélas.

Gandhi ferma les yeux, en proie à un combat intérieur. Son fils n'était encore qu'un enfant. En tant que père, il avait son âme et sa vie à charge. Que faire ? Finalement, il déclara :

— Dieu me saura certainement gré d'appliquer à Manilal un traitement que, moi-même, j'aurais suivi en pareil cas.

Le vieux médecin afficha une expression résignée.

— Vous êtes seul maître de votre décision.

Et il quitta la maison.

Kasturba dévisagea son mari d'un air éploré.

— Qu'allons-nous faire, *bapou* ?

— Ce que je maîtrise le mieux.

Pendant trois jours, Gandhi entreprit de donner à Manilal des bains de siège, tout en l'abreuvant de jus d'orange coupé d'eau. Le quatrième jour, comme la fièvre persistait, il trempa un drap dans de l'eau, l'essora, en enveloppa l'enfant, le couvrit de deux couvertures et posa sur son front une serviette humide. Tout le corps de Manilal brûlait comme fer rouge et la peau était sèche, sans qu'une goutte de sueur ne perlât. Vers une heure du matin, épuisé, il abandonna Manilal à la surveillance de sa mère, et sortit.

La nuit recouvrait le village. Abîmé dans ses pensées, c'est à peine s'il prêta attention aux passants. À un moment donné, il s'arrêta, murmura le saint nom de Rama et leva son visage vers le ciel : « Seigneur, mon honneur est entre tes mains en cette heure terrible d'épreuve. » Une heure plus tard, il revint chez lui. À peine eut-il franchi le seuil de la chambre qu'il entendit la voix gémissante de Manilal :

— Vous voilà revenu, *bapou* ?

— Oui, mon enfant.

— Sortez-moi de ce drap, je vous en supplie. Je brûle.

À son tour, Kasturba adjura son époux :

— Je vous en prie, il est trempé de sueur. Il faut le sortir de ce drap.

Gandhi tâta le front de l'enfant et constata que la fièvre avait baissé.

— Merci, mon Dieu, chuchota-t-il.

Il libéra Manilal, et sécha son corps.

Quarante jours durant, il poursuivit le même traitement : bains de siège, jus d'orange coupé d'eau et enveloppement dans un drap humide. Au matin du quarantième jour, enfin, la fièvre et la toux avaient totalement disparu. Manilal était sauvé.

*

Aujourd'hui, alors que plus de quarante ans se sont écoulés depuis cette confidence, je ressens encore le profond malaise qui m'avait gagné en écoutant le récit de Gandhi. Faisant fi de la prudence la plus élémentaire, ce père avait joué la vie de son fils au nom de ses croyances, s'en remettant à une décision divine pour trancher. Mon esprit cartésien ne pouvait que se révolter devant un comportement aussi irrationnel. Qu'un homme se perde pour le seul plaisir de tester ses limites appartient à ses choix personnels, mais miser la vie d'un autre ne relève-t-il pas d'un ego démesuré ? Il me fallut beaucoup de temps pour comprendre que la décision prise ce jour-là s'inscrivait dans la logique d'un caractère de fer. Elle relevait de ces volontés seules capables de transformer l'immuable. De même, les éléments qu'il me confia de sa vie londonienne préfiguraient du personnage qu'il deviendrait. Alors que tout jeune homme – il n'avait que vingt ans – eût profité de la vie, dépensant sans se préoccuper du lendemain, lui avait compté chaque centime, calculé avec le plus grand soin ses dépenses, qu'il se fût agi de frais d'omnibus ou de timbres.

Pour épargner sur ses frais de logement, il avait loué une petite chambre hors de Londres. Pour économiser sur ses frais de déplacement, il parcourait tous les jours à pied les dix miles qui le séparaient de l'*University College*. Il avait fait l'acquisition d'un fourneau pour éviter les restaurants, se nourrissant de flocons d'avoine, de pain et de cacao. À ces contraintes financières, il en avait ajouté une autre, de loin la plus difficile à assumer : la chasteté et la fidélité à son épouse. Pourtant les occasions ne manquèrent pas, tout particulièrement lors de son séjour dans une pension de famille de Ventnor. Si j'écris que cette contrainte fut la plus dure à respecter, c'est parce qu'en d'autres circonstances et à plusieurs reprises, nous eûmes l'occasion d'aborder le thème de la sexualité. Chez Gandhi, elle brûlait, et brûlante elle le consumait. Son besoin jamais assouvi de jouissance le tourmentait jusqu'à l'obsession, jusqu'à devenir un jour cause d'un drame qui le marquerait jusqu'à la fin de sa vie et dont je parlerai plus tard. Finalement, tout ce qu'il allait accomplir dans le futur trouvait son explication dans les profondeurs de son passé.

— Qui peut dire si la guérison de Manilal fut le fait de la grâce divine, ou de l'hydrothérapie ? Que chacun décide selon ses convictions.

Il se tut, l'expression grave, comme absent.

— Tout à l'heure, vous avez dû vous apercevoir que Ramdas avait le bras en écharpe.

J'opinai.

— Il s'est blessé en jouant sur le navire qui le ramenait avec sa mère. Le médecin du bord m'a conseillé de le faire soigner par un docteur qualifié. J'ai refusé. Une fois rentré chez nous, j'ai défait le pansement, lavé la blessure. Ensuite, j'ai appliqué un cataplasme d'argile. Vous verrez que la blessure ne mettra pas plus de temps à guérir que si je la soumettais à un traitement ordinaire.

Il m'observa un instant.

— Je vous sens perplexe, Hermann. À quoi pensez-vous ?

— À ce que vous venez de me confier. Rares sont les pères qui reconnaîtraient avoir pris le risque de perdre leur enfant par leur faute. Car vous avez pris un risque terrible. En êtes-vous conscient ?

— La foi, Hermann. Tout est question de foi. La foi en Dieu, la foi en soi. La foi, c'est continuer d'avancer même si l'on ne voit pas le bout du chemin ou le sommet de la montagne. Vous verrez... Un jour, vous aussi vous serez sous l'emprise de cette force.

Il m'entraîna vers la porte.

— Allons rejoindre les autres. Je veux vous présenter mon troisième enfant, Devdas. Il a tout juste quatre ans. Et mon épouse, Kasturba. Mon aîné, Harilal, est resté à Bombay. Henry sera aussi ravi de vous revoir. Savez-vous qu'Albert West et Ada se sont mariés la semaine dernière ?

— Albert et Ada, mariés, déjà ?

— Eh oui ! Comme Henry, voilà un moment que notre ami reportait cette union. Je lui ai soufflé qu'il était temps.

Je faillis lui demander d'où lui venait ce besoin frénétique de pousser son entourage à se marier, mais je réservais ma question pour plus tard.

Nous avons franchi le seuil d'une grande pièce meublée tout aussi succinctement que le bureau, et nous installâmes sur le seul divan, côte à côte.

— Les travaux de Phoenix avancent à grands pas, poursuivit Gandhi. Nous avons réussi à transporter par chariot la majeure partie du matériel. La construction du hangar qui doit héberger l'imprimerie progresse plus vite que je ne l'espérais. Si tout va bien, d'ici trois semaines, le premier numéro de l'*Indian Opinion* sortira de notre presse. Toutefois, vous aviez raison : l'endroit est infesté de serpents !

C'est à ce moment que Kasturba fit irruption avec le pot de chambre à la main et que s'en suivit l'algarade décrite en préambule de ces mémoires, s'achevant par cette requête :

— Massez-moi, Hermann. Faites-moi retrouver la sérénité.

7

Nous avons échangé d'innombrables massages au fil des années, mais je n'ai jamais oublié l'énergie qui nous traversa la première fois. À mesure que mes mains glissaient le long de son corps, une vibration mystérieuse parcourait le mien. Le phénomène était troublant autant qu'inexplicable. Nos âmes dialoguaient et mes blessures s'apaisaient. J'ai aimé sa peau. J'ai aimé la fièvre qui émanait d'elle lorsque mes doigts l'effleuraient.

Un long moment après, il avait éprouvé ce soir-là le besoin de me reparler de Kasturba, et s'était livré à une confidence qui, sur l'instant, m'avait déconcerté. À ce stade de notre relation, je ne percevais pas encore l'âpreté du combat intérieur que cet homme avait dû livrer, déchiré entre le désir d'assumer ses origines et le besoin de se fondre dans la matrice occidentale.

— J'ai certainement commis des erreurs, m'avouat-il. C'était en 1896. Après quelques mois passés à végéter en Inde, j'avais décidé de retourner en Afrique du Sud et d'y emmener ma famille. Comme je vous l'ai expliqué, Kasturba est incapable de prendre une décision de façon autonome, aussi...

— En imaginant qu'elle en eût été capable, l'auriez-vous accepté ?

Il ne répondit pas et poursuivit :

— Aussi, avant d'embarquer, c'est moi qui dus choisir la manière dont elle et mes enfants devraient s'habiller, du régime alimentaire qu'ils devraient suivre, des manières qui conviendraient le mieux au nouveau milieu qui les attendait. Je croyais alors fermement que, pour avoir l'« air civilisé », nous devions nous rapprocher le plus possible du modèle européen. J'arrêtai donc un style de vêtement pour toute la famille. Les Parsis ayant la réputation d'être les plus civilisés des Indiens, nous adoptâmes leur tenue. Ma femme portait le sari parsi, mes deux garçons le paletot et le pantalon parsis, le tout à l'avenant, chaussures et bas inclus. Un accoutrement auquel ma femme et mes enfants eurent bien du mal à s'habituer. Les bas empestaient la transpiration, les chaussures leur donnaient des crampes aux pieds et ils avaient souvent les orteils à vif. Les malheureux gémissaient, se plaignaient, mais j'avais toujours une réponse toute prête qui les renvoyait dans leur coin. Je ne leur ai pas laissé le choix. Je leur ai aussi imposé l'usage du couteau et de la fourchette ; contrainte difficilement surmontable pour des gens habitués à manger depuis leur plus tendre enfance avec les doigts. Folie !

Plus j'écoutais les confidences de Mohan, plus elles me faisaient l'effet d'une confession. Cherchait-il à travers moi une forme d'absolution ? Fuyait-il un jugement en s'avouant coupable ? Déjà, le premier soir dans ce restaurant, alors que nous venions à peine de nous connaître, j'avais constaté chez lui une certaine impudeur. Narrer ainsi, devant un étranger, les déboires vécus auprès de son camarade, Mehtab, manquait certainement de retenue. Alors ? Pourquoi se livrait-il ainsi ? Sans masque. Comme si dans l'aveu public, il cherchait à se fustiger.

Il venait tout juste de se rhabiller lorsque Henry Polak nous rejoignit. Il s'accroupit par terre, le dos contre le mur et, tandis que Mohan s'en allait souhaiter une bonne nuit à ses enfants, il lança une conversation ponctuée de questions. Je le dis d'emblée : Polak m'agaçait. Était-ce son immaturité ? Il n'avait que vingt-deux ans. Était-ce de la jalousie ? C'est probable. Sinon, comment expliquer mon pincement au cœur lorsqu'il me semblait que Mohan lui prêtait plus d'attention qu'à moi ? Ce sentiment se trouvait d'autant plus renforcé qu'ils vivaient désormais ensemble et, selon les propres termes de Gandhi, « comme deux frères du même sang ».

En même temps, indépendamment de mes sentiments cette fois, Polak ne me paraissait pas être quelqu'un de très équilibré. Ses jugements manquaient de clairvoyance et je le devinais très sensible à la flatterie. Quelle idée loufoque que celle d'avoir fondé la « Société des mangeurs d'oignons », avec Gandhi pour président et lui-même comme trésorier d'un trésor qui n'existait pas ! Je me demandais en passant comment Kasturba prenait le fait de partager sa maison et son mari (qu'elle venait à peine de retrouver) avec un couple d'étrangers ; des Intouchables, à ses yeux. L'incident du pot de chambre n'avait-il pas révélé une frustration, voire une souffrance chez cette femme au demeurant attachante ? Quelques mois plus tard, Gandhi lui-même me fournirait la réponse : « Cette vie communautaire n'a pas été sans difficulté. Kasturba et Millie, notamment, ont connu quelques "différends." » Il avait beau s'empresser d'ajouter : « Oh, mais rassurez-vous, Hermann ! Les familles homogènes les mieux ordonnées connaissent couramment ce genre de problèmes », j'avais eu l'occasion d'observer qu'il s'agissait de bien plus que de « quelques différends ».

— Je vous ai posé une question, Hermann.

La voix de Polak me ramenait à notre conversation. Perdu dans mes réflexions, j'en avais presque oublié sa présence.

— Pardonnez-moi, vous disiez ?

— *Bhai* Gandhi vous a-t-il parlé de la manière dont il éduque ses enfants ?

— Nous n'avons jamais abordé ce sujet, pourquoi ?

— Eh bien, mon cher, figurez-vous qu'il refuse de les envoyer dans une école, sous prétexte que ce sont des établissements conçus uniquement pour des enfants européens.

— De toute façon, ne sont-ils pas interdits aux Asiatiques et aux Noirs ? Alors...

— Bien sûr, mais on aurait certainement autorisé Mohan à inscrire ses enfants à titre exceptionnel. C'est lui-même qui me l'a dit.

— Dans ce cas, pourquoi ne l'a-t-il pas fait ?

— Parce que, dans ces écoles, l'enseignement est exclusivement dispensé en langue anglaise. Gandhi s'imagine que les parents indiens qui élèvent leurs enfants dans cette langue trahissent à la fois leurs enfants et leur pays. Selon lui, le contact quotidien de ses fils avec des Européens sera largement suffisant pour qu'ils s'expriment correctement en anglais, alors que, a contrario, leur ignorance du gujarati en ferait des étrangers dans leur pays.

— Mon cher Henry, je ne vois pas ce qui vous choque dans ce raisonnement. Sans vouloir vous contredire, j'estime qu'il a raison.

Il mit de l'ordre dans sa chevelure luxuriante – c'était un tic chez lui.

— Et moi, je pense exactement le contraire. En apprenant dès maintenant une langue aussi universellement répandue que l'anglais, ses fils auraient un avantage considérable sur les autres enfants indiens.

J'insistai.

— C'est votre point de vue. Mohan a le droit d'y être opposé.

Polak afficha un air contrarié.

— Les choses ne sont pas simples. Puisqu'il les prive d'école, vous ne vous demandez pas comment il les instruit ?

— Je présume qu'il a engagé un précepteur.

— Eh bien non. C'est tout le problème. Il a décidé de se charger lui-même de leur éducation. Une mission impossible. Il est accaparé par l'*Indian Opinion*, les besoins de la communauté, son cabinet d'avocat, les affaires domestiques et maintenant Phoenix. Bien qu'il s'efforce de leur donner des leçons sur la route qui mène à son bureau, c'est un échec. Ces « leçons de rue » sont inefficaces. Un jour viendra où ses enfants lui reprocheront d'avoir négligé leur instruction. D'ailleurs, son fils aîné, Harilal, l'a bien compris, lui qui a tenu à rester en Inde pour étudier.

Polak balaya l'air de la main.

— Il faudra bien que quelqu'un parle à Mohan.

Et suggéra dans la foulée :

— Pourquoi pas vous, Hermann ? Je sais qu'il vous tient en très haute estime.

Cette discussion m'avait mis mal à l'aise. Je décidai d'y mettre fin.

— Écoutez-moi, Henry, les enfants de Gandhi sont ses enfants, pas les nôtres. Je ne vois pas au nom de quoi nous devrions nous immiscer dans les choix qu'il fait.

Manifestement vexé, Henry se leva, me salua d'un geste de la main et quitta la pièce. Au fil du temps, j'eus maintes fois l'occasion de constater que les rapports entre Gandhi et lui n'étaient pas particulièrement idylliques et ne ressemblaient en rien à ceux qu'entretient un disciple à l'égard de son maître. Polak avait un fichu caractère et ne se privait pas de critiquer vertement certaines décisions de Mohan, incompréhensibles à ses yeux.

Une fois Polak parti, je décidai de prendre congé de Mohan. Un long voyage m'attendait. Je devais me rendre à Durban où un nouveau chantier réclamait ma présence. Lorsque j'en informai Gandhi, il sourit et me chuchota d'un air mystérieux :

— Ne vous êtes-vous jamais demandé ce qui m'avait inspiré le projet de Phoenix ?

— La lecture du livre de Ruskin, bien évidemment. Ne fait-il pas l'apologie d'une vie simple faite de travaux manuels ? N'affirme-t-il pas qu'une nation ne doit pas être jugée à l'aune de la richesse qu'elle produit, mais du bonheur qu'elle engendre ?

— Bonne réponse, mais partielle. Une autre rencontre, antérieure à ma lecture de *Unto This Last*, fut un facteur déclencheur. Lorsque vous serez à Durban, profitez-en pour vous rendre à Pinetown, c'est un petit village charmant, à dix-huit miles de la ville. Une fois là-bas, je vous encourage vivement à visiter Mariannhill. Qui sait ? Peut-être serez-vous aussi conquis que je l'ai été.

— Mariannhill ?

Gandhi posa un index sur ses lèvres.

— Chut, je ne vous en dis pas plus. Ainsi la surprise demeurera intacte. Vous n'aimez pas les surprises, Hermann ?

*

Trois jours plus tard, la diligence me déposait devant l'entrée du lieu suggéré par Gandhi. Tout d'abord, croyant à une erreur, j'interrogeai le cocher :

— Vous êtes sûr que nous sommes à Mariannhill ?

— Oui, monsieur. D'ailleurs, regardez : c'est écrit noir sur blanc.

L'homme pointa son doigt sur un grand panneau rectangulaire qui dominait le porche.

— Vous cherchiez bien le monastère du père Pfanner, n'est-ce pas ?

Je restai coi. *Un monastère ?*

Je réglai la course, la diligence repartit.

Devant moi, entouré d'arbres, se dressait un bâtiment de pierres rougeâtres. Une tour surmontée d'un crucifix s'enfonçait dans le ciel. En arrière-plan, disséminées parmi les kokerbooms[1], je distinguai des cases de terre sèche et des maisonnettes. La rumeur d'une rivière couvrait par moments le cri des oiseaux. Des impalas paissaient dans le lointain, serrés les uns contre les autres comme pour décourager toute présence étrangère.

J'allais m'avancer lorsqu'une voix m'apostropha.

— Je peux vous aider ?

Un homme, vêtu d'une aube, me souriait.

— Sans doute. À quel ordre appartient ce monastère ?

— L'ordre des trappistes. Pourquoi ? Vous seriez-vous égaré ?

Mon interlocuteur s'exprimait avec un accent qui m'était familier.

— Pardonnez mon indiscrétion, vous ne seriez pas allemand ?

— Absolument. Mon nom est Emmerich Becker.

Je me présentai à mon tour, m'exprimant dans notre langue commune, ce qui eut pour effet d'illuminer son visage.

— Décidément, la vie est bien surprenante ! Deux Allemands qui se retrouvent en Afrique du Sud, et à Mariannhill. Il est vrai que Mariannhill semble nous attirer, nous autres Germains. Sur un total de quatre-vingts moines on compte ici pas moins de soixante de nos compatriotes. Mais qu'est-ce qui vous amène chez nous ?

1. De grands aloès.

— Un ami. Un ami qui m'a suggéré de visiter Mariannhill. Je n'imaginais pas une seconde tomber sur un monastère.

— Vous auriez pu faire plus mauvaise découverte, dit-il avec un sourire. Venez, suivez-moi.

Je lui emboîtai le pas. Au-dessus de nous, le soleil tremblait.

Tandis que nous avancions, Emmerich m'expliqua :

— L'endroit a été fondé en 1880 par un prieur autrichien du nom de Pfanner. Au départ, ce n'était qu'un monastère. Aujourd'hui, nous avons deux fermes, une imprimerie qui diffuse un magazine catholique à travers toute l'Afrique du Sud et trois écoles qui permettent à une centaine d'enfants zoulous d'apprendre à lire et à écrire.

— Le supérieur actuel est toujours le père Pfanner ?

— Non, il a démissionné en 1892, pour aller vivre en ermite. Je ne sais pas où il se trouve actuellement.

Nous venions d'arriver devant un grand bâtiment de bois. Becker m'invita à y entrer.

Surveillés par des religieuses, des dizaines de gamins étaient installés devant des établis.

— Vous avez devant vous de futurs ferblantiers, menuisiers, cordonniers, tanneurs, m'expliqua l'une des religieuses. Un autre local est dévolu aux apprentis forgerons. Les filles ne sont pas oubliées. Nous leur apprenons à coudre, à tricoter et à fabriquer des chapeaux de paille.

J'étais admiratif. Je le fus plus encore lorsque Emmerich me fit visiter l'imprimerie, un moulin situé sur un point de la rivière Umhlatuzana et une turbine hydraulique alimentée par l'eau d'une cascade voisine. J'eus la sensation que cette eau charriait la voix de Gandhi : « Nous allons déménager l'imprimerie de l'*Indian Opinion* dans un lieu à l'écart des tentations de la ville et du bruit. Ce lieu deviendra un havre de sérénité, tant pour le cœur que pour l'esprit. »

J'interrogeai le moine :

— Dites-moi, mon père, auriez-vous souvenance de la venue ici d'un Indien ? Il s'appelle Gandhi. Mohandas Gandhi.

— Ce nom ne me dit rien. Mais je ne vis à Mariannhill que depuis un an. Il est possible que ce monsieur soit venu avant. Vous devriez poser la question à notre supérieur, le père Gerhard Wolpert.

— Volontiers. Quelque chose m'intrigue, cependant. J'ai toujours cru que les trappistes faisaient vœu de silence. Pourtant...

— Pourtant je vous parle, car la parole est autorisée dans trois cas. Lorsqu'elle est utile au travail, lors d'échanges spirituels avec les supérieurs ou avec un frère ou une sœur, et en des occasions spéciales.

Son sourire s'accentua.

— Telle l'arrivée d'un nouveau visiteur.

Quelques minutes plus tard, il m'introduisait dans le bureau du père Wolpert. Jamais je n'avais vu de figure aussi contrastée ; l'homme avait la peau parcheminée, mais ses yeux flamboyaient de jeunesse.

— Gandhi, articula-t-il, pensif, oui. Un Indien. Un petit homme au teint très mat. Je me souviens très bien de lui : avec sa tenue il ne passait pas inaperçu. Il portait un costume trois-pièces, des chaussures à guêtres et un chapeau melon. On l'eût cru sorti tout droit d'un club anglais. Je n'occupais pas encore la fonction de supérieur. Il a eu affaire à mon prédécesseur, le père Abbot Amandus. Mais j'étais présent lors de leur rencontre, en 1894 ou 1895.

— Il a séjourné ici ?

— Quatre jours, peut-être cinq. En repartant, il avait l'air très séduit par notre expérience. Il semblait particulièrement sensible au fait que nous apprenions l'anglais aux enfants, et non l'allemand, alors que la plupart d'entre nous sommes d'origine germanique. À ses yeux, cela prouvait que nous n'avions pas un esprit « nationaliste ». Une interprétation qui nous a beaucoup fait rire. Je me rappelle aussi que, pendant son séjour, il s'est plié en tout point à notre emploi du temps, ce qui est rare. Lever à 2 heures du matin, quatre heures de prière et de méditation, petit déjeuner à 6 heures, déjeuner à midi, souper à 6 heures du soir et coucher à 8 heures. Jamais il n'a dérogé.

— Il se nourrissait de tout ?

— Parfaitement, et avec un plaisir indéniable.

Surpris, j'ai insisté :

— De *tout* ?

Le prêtre confirma, et se hâta de souligner :

— Nous sommes végétariens, monsieur Kallenbach. Nous ne mangeons aucune nourriture d'origine animale. Seules les religieuses y ont droit quatre fois par semaine, parce qu'elles sont plus fragiles que les hommes. L'alcool aussi est formellement prohibé, ainsi que l'argent, lorsqu'il est réservé à un usage personnel. Ici n'existe aucune distinction de races ou de religions. Nos frères zoulous mangent les mêmes plats que nous, dorment dans les mêmes dortoirs et boivent la même eau, dans les mêmes gobelets en émail.

Il prit une brève inspiration et leva le visage vers le plafond comme si, tout à coup, sa pensée dérivait ailleurs.

— Voyez-vous, dans ce monde en proie aux turbulences, la seule issue réside dans le partage, la foi, la générosité. Le salut de l'humanité en dépend. Il me revient une question que nous avait posée ce gentleman : il s'étonnait de notre réglementation concernant la parole. Je lui en ai expliqué la raison. Il eut l'air enchanté par ma réponse.

— Que lui avez-vous dit ?

— Que nous, les humains, sommes terriblement fragiles. Que nous parlons trop, trop souvent pour ne pas dire grand-chose. Et que ce discours incessant nous rend incapables d'entendre la petite voix qui murmure à l'intérieur de chacun. C'est pourquoi les temps de silence et de méditation nous sont si nécessaires. L'impression que m'a laissée votre ami, c'est qu'il nourrissait un étrange sentiment d'insatisfaction de sa propre vie. Je me rappelle encore le ton sur lequel il a déclaré au moment de son départ : « Un jour viendra, j'ignore quand et où, mais je créerai une communauté qui, sans être identique à la vôtre, n'en sera pas moins similaire. » C'était plutôt sibyllin, mais porté par une totale conviction.

Dans mon esprit, des pensées livraient bataille. Elles n'étaient guère plaisantes, mais j'avais la certitude que, de l'issue de leur affrontement, dépendrait ma sérénité future.

Pourquoi tergiverser encore ? Voilà si longtemps qu'une sensation d'inaccompli dominait ma vie, cette vie qui n'était finalement qu'un pli sur le sable. C'est-à-dire rien. J'avais marché tout ce temps dans un poudroiement illusoire. Et si l'heure était enfin venue d'essayer d'inverser le cours des choses ?

Je relevai finalement la tête et, prenant une grande inspiration, demandai :

— Accepteriez-vous de m'offrir l'hospitalité ?

Le père Wolpert m'observa un long moment, avant de répondre par une question :

— Combien de temps ?

— Je ne sais pas.

— Vous seriez prêt à observer notre règlement sans faillir ?

Je prononçai un oui étonnamment ferme.

Alors Wolpert se tourna vers son compagnon.

— Nous avons un nouvel hôte, frère Emmerich. Veillez bien sur lui.

8

Je quittai Mariannhill, trois semaines plus tard. Un lundi. Le 12 août 1904.

Dans le train qui me ramenait à Johannesburg, je passai le plus clair du voyage à contempler par la vitre le flamboiement des paysages. Par intermittence, le visage de Mohan s'y juxtaposait.

Un couple d'Afrikaners partageait mon compartiment, jetant des coups d'œil perplexes sur mes pieds. Sans doute trouvaient-ils mes sandales rustiques, en total décalage avec mon costume. Mais peu m'importait leur jugement : ces sandales, je les avais fabriquées de mes propres mains et j'en étais trop fier pour me priver du plaisir de les porter. J'en avais une autre paire pour Mohan.

Le plus surprenant dans mon séjour avait été la facilité avec laquelle je m'étais adapté au régime végétarien. Il m'était apparu en cohérence avec ce que me dictait mon cœur. J'avais aussi arrêté de fumer.

Trois heures après notre départ de Durban, le train a fait halte quelques minutes en gare de Maritzburg. Maritzburg. Je repensais au récit que le journaliste m'avait fait de ce tragique incident et je me demandais quelles idées avaient bien pu traverser le cerveau de Gandhi cette nuit-là. Avait-il ruminé sa seule humiliation ? Ou celle que subissaient ses frères indiens ? Leur humiliation conjuguée à la sienne ?

Ou celle de tous les hommes qui, par le monde, vivaient à genoux ?

Le lendemain matin à mon bureau, un mot de Gandhi m'attendait. Je l'ai conservé et le retranscris tel quel :

Mon frère Hermann,

Mon cœur est meurtri par l'inquiétude. Voilà plus de deux semaines que je suis sans nouvelles de vous et les idées les plus noires me traversent. J'ai prié Mlle Schlesin de partir à votre recherche, mais ses démarches sont restées vaines. Votre associé, Mr Reynolds, chez qui elle s'est rendue, lui a affirmé ne rien savoir de votre absence. Alors, comment pourrais-je ne pas m'interroger sur le comportement que j'ai pu avoir à votre égard ? Sur l'intransigeance qui me caractérise parfois ; mes enfants et mon épouse en sont témoins. Au cours de mes dernières nuits sans sommeil, je n'ai cessé de repenser aux mots que j'ai pu vous dire et tout particulièrement à la sécheresse dont j'ai fait preuve le jour où vous êtes arrivé chez moi avec cette automobile. Si je vous ai blessé, je vous demande de me pardonner. Depuis le premier jour où je vous ai rencontré, j'ai su que nous serions liés pour la vie. Je vous l'ai dit un jour, nos âmes se sont reconnues. Ne permettez pas qu'elles saignent. Car elles saignent, séparées l'une de l'autre. Aussi, je vous en conjure, mon ami, mon frère Hermann, ne me laissez pas sans nouvelles. L'existence sans vous me semble un grand désert.

Mohan.

Je repliai la lettre et la glissai dans son enveloppe. Les yeux me brûlaient, mais j'ai réussi à retenir mes larmes. Tant de lettres comme celle-ci se succéderaient au fil des années. Cent. Deux cents, peut-être.

Je n'ai pas souvenir du compte, mais j'ai chéri celle-ci plus que toutes les autres, sans doute parce qu'elle fut la première.

Ainsi, Mohan mon frère, tu es tenu toi aussi par ce lien si fort qui me relie à toi. Alors, me voilà rassuré. Je ne suis plus seul au monde. J'existe. Tu as osé mettre des mots sur un sentiment que je n'osais pas nommer. Tu as posé ton regard sur moi. J'existe. Merci mon ami. Cet amour va grandir et nous n'en verrons pas les limites.

Sans attendre, je me rendis au 4, Rissik Street en emportant dans un sac la paire de sandales que je réservais à Mohan.

Un jeune homme, un Indien, m'ouvrit la porte. Je ne l'avais jamais vu auparavant. Il se présenta comme étant Gokuldas, cousin de Gandhi. Lorsque j'eus décliné à mon tour mon identité, un sourire radieux illumina son visage et il se précipita dans le bureau en s'écriant :

— Mohan, Mr Kallenbach est revenu !

Il y eut un bruit de pas. Gandhi apparut sur le seuil. Il me fixa un long moment comme s'il cherchait à se persuader de ma présence.

— Bienvenue, mon frère, dit-il d'une voix rauque. Où étiez-vous donc tout ce temps ? Ce temps infini.

— Auriez-vous oublié que vous m'avez suggéré de visiter un certain endroit non loin de Durban.

— Vous y êtes donc allé... Mariannhill !

— Et j'en ai rapporté un présent pour vous.

Je lui remis les sandales.

— J'espère qu'elles seront à votre pied. C'est moi qui les ai faites.

Il me dévisagea, incrédule. Puis, avec un empressement d'enfant, il s'assit par terre et se déchaussa.

— Parfaites ! s'exclama-t-il en se relevant. Elles sont magnifiques. C'est certainement le plus beau cadeau que j'aie jamais reçu. Merci, Hermann.

Des voix résonnaient dans son bureau.

— Mais je vous ai dérangé en pleine réunion de travail, je crois.

— Le monde me dérangera, Hermann, jamais vous. D'ailleurs, vous tombez à pic, nous parlions de Phoenix. Je vous en prie, joignez-vous à nous. Ainsi vous pourrez nous faire part de vos avis.

Une dizaine de personnes, des Indiens, étaient réunies dans la pièce. Tous les visages m'étaient inconnus. Tous, sauf ceux d'Albert West et de Sonja Schlesin.

— Comment va le déserteur ? lança cette dernière avec ironie.

Je lui répondis par un haussement d'épaules.

Gandhi me présenta deux jeunes hommes.

— Mes neveux Chhaganlal et Maganlal. Ils sont arrivés de Bombay il y a quelques jours et s'installeront dès demain à Phoenix. Et voici Rustomji. Je vous avais parlé de lui. C'est grâce à sa générosité que nous avons pu récolter les matériaux de construction.

Il ne restait plus de chaises libres, je m'assis dans un coin, à même le sol.

La discussion reprit. À en juger par les propos que j'entendais, les travaux engagés à Phoenix avançaient rapidement, mais les difficultés rencontrées s'étaient révélées bien plus grandes que prévu, surtout lorsqu'il avait fallu transporter la Linotype, de la gare à la colonie. Haute de plus de deux mètres, la machine ne pesait pas moins de mille kilos !

J'ai manifesté mon étonnement.

— Comment avez-vous fait ?

Chhaganlal m'expliqua :

— Comme on ne pouvait imaginer que des hommes la portent à bout de bras sur une route cahoteuse et qu'ils traversent trois rivières dépourvues de pont, on a démonté les pièces, matrices, canaux, clavier, pistons, etc., et on les a placés dans deux grands wagons de ferme tirés par des chevaux. Une véritable épopée !

J'étais impressionné.

Gandhi, partisan invétéré du travail manuel, souhaitait que l'imprimerie puisse être actionnée à la main. West s'y était formellement opposé. Finalement, au terme d'un long débat, un compromis fut trouvé. Le moteur ferait tourner la machine mais, en cas de panne, un système de secours manuel serait prévu. Initiative heureuse, car plus d'une fois les ouvriers seraient obligés de recourir à cette solution.

Certains avaient appris à forger dans l'atelier d'un Chinois de Johannesburg. On avait aussi tracé deux routes et creusé un canal d'irrigation. Un agriculteur indien qui vivait non loin de la ferme fournissait le lait. De toute évidence, Mohan était en train de gagner son pari. D'une terre inhospitalière, voilà que jaillissait un lieu accueillant, avec des règles, un mode de vie en totale opposition au monde qui l'entourait.

À un moment donné, comme le groupe s'apprêtait à prendre congé, Chhaganlal posa une question :

— Mohan, qu'allons-nous faire des serpents ? Ils grouillent littéralement entre les herbes. Nous risquons nos vies à chaque pas.

— Allons, n'exagère pas. Aucun serpent ne te mordra. Ce sont de gentilles créatures. Il suffirait de désherber. Ainsi, elles n'auront plus d'endroit où se cacher.

Chhaganlal parut atterré par cette réponse. Mais il n'aurait osé contredire son oncle pour rien au monde.

Lorsque le groupe se fut retiré, Mohan m'invita à m'asseoir à ses côtés.

— Je suis inquiet, mon frère, commença-t-il, les traits tout à coup brouillés.

Après tant d'heureuses nouvelles, le changement de ton me surprit.

— Vous avez entendu parler de cette loi inique que les autorités de Pretoria ont cherché à nous imposer il y a quelques années : l'*Immigration Law Amendment Bill*.

— Absolument. Et si j'ai bien retenu les propos de notre ami Rahim, grâce à vous, la loi fut finalement amendée, n'est-ce pas ?

— C'est exact. La taxe fut réduite à trois livres.

Il se leva, fit quelques pas et revint s'asseoir.

— Aujourd'hui, une autre menace nous guette, bien plus dévastatrice. Le *Black Act*, la Loi noire. Suivant ses dispositions, tous les Indiens du Transvaal, hommes et femmes, et même les enfants au-dessus de huit ans, devront se faire enregistrer en donnant leurs empreintes digitales. Les dix doigts ! On les obligerait d'avoir sur eux un certificat et à le produire sur demande, sinon ils seraient passibles d'amendes, de peines de prison ou de déportation. Vous m'avez bien entendu ? Des empreintes digitales ! Comme de vulgaires criminels ! Un permis de circuler !

Il serra les dents.

— Mais je ne vais pas les laisser faire. Je lutterai pied à pied. Et je l'emporterai car je dispose d'une arme capable de briser toutes les résistances, une arme terrifiante : l'*ahimsa*.

J'ouvris de grands yeux.

— L'*ahimsa* ?

Gandhi fut secoué d'un petit rire.

— Parfois, je me sens si proche de vous qu'il m'arrive d'oublier que vous êtes juif et non hindou. Je vais vous faire un aveu, un de plus, Hermann. Avant de séjourner à Londres, j'ignorais tout de ma religion, et je ne savais rien des textes sacrés. Je n'avais jamais lu la Bhagavad-Gita, pourtant l'un des écrits majeurs de l'hindouisme. C'est en Angleterre que j'ai tout appris. Comblant par de longues heures de lecture des lacunes impardonnables.

Il marqua une pause, avant de reprendre :

— Je vais vous dire ce qu'est l'*ahimsa*, mais dans les grandes lignes. L'*ahimsa* consiste à ne jamais blesser, en aucune manière, une créature vivante quelle qu'elle soit. C'est le refus absolu de la violence, c'est le choix systématique de l'action non violente. J'ai bien dit « action », car il ne s'agit pas d'une renonciation à la lutte contre le mal. Bien au contraire. La non-violence, telle que je la conçois, est un mouvement.

Il se tut à nouveau, puis :

— Vous vous demandez quel type de campagne pourrait damer le pion des puissants qui nous oppriment ? C'est simple : j'émousserai l'épée du tyran, non en la croisant avec un acier mieux effilé, mais en décevant son attente, en n'offrant aucune résistance physique. À la place, l'oppresseur trouvera en nous, les Indiens, une résistance de l'âme qui échappera à son assaut. Cette résistance commencera par l'aveugler pour, ensuite, l'obliger à fléchir.

Je palpai machinalement ma poche, réflexe conditionné, pour y prendre mon paquet de cigarettes, oubliant que j'avais arrêté de fumer.

Je restai silencieux. Moi, juif allemand, architecte, homme d'argent, étranger à toutes les causes humaines, voilà qu'en peu de temps je me sentais déjà captif de ce combat à venir. Un combat auquel je n'aurais jamais songé si un homme n'avait exercé, et si vite, autant d'emprise sur mon cœur et sur mon esprit. Ne m'offrait-il pas là l'occasion de vivre autre chose qu'un quotidien banal ? De m'arracher à la torpeur, d'avancer à découvert, enfin imprudent !

Je déclarai :

— Mohan. Un jour vous m'avez dit : « Nous marcherons ensemble. » Vous continuez à le vouloir ?

— Plus que jamais.

Je me levai, arpentai un moment la pièce. Une cloche sonnait midi quelque part dans la ville.

— Alors, dis-je, me voilà. À partir d'aujourd'hui, j'avancerai dans vos pas. Où que vous alliez, quelle que soit la difficulté du parcours. Là où vous irez, j'irai. Si le monde entier vous abandonne, je ne vous quitterai jamais, et nous continuerons d'avancer jusqu'aux extrémités de la terre, à la recherche de la vérité.

Les traits de Mohan s'illuminèrent. Jusqu'à cet instant, jamais je n'avais vu son regard aussi tendre. Comme si, d'un seul coup, son inflexibilité coutumière venait de s'évanouir.

— Mon ami, mon fidèle ami.

Il me prit la main et la porta à ses lèvres.

— Voilà bien des années que l'existence ne m'a pas comblé autant qu'elle le fait aujourd'hui.

Il caressa ma joue affectueusement et enchaîna, mais sur un ton plus distant.

— Je ne veux pas vous mentir. Je ne vous mentirai jamais. Aussi, vous devez savoir que je ne suis pas un être qui s'aime, et j'en oublie d'aimer les autres comme je devrais les aimer. Je suis d'une sévérité implacable à mon encontre, et je le suis, sinon plus, à l'égard de mes proches. Lorsque je me châtie, j'attends de ceux qui m'entourent qu'ils souffrent avec moi. Lorsque je pleure, je veux que le monde ne soit qu'un océan de larmes. Me suivre, Hermann, ne sera donc pas aisé. Je tenais à vous le dire, car il vous faudra faire preuve d'une indulgence à toute épreuve.

J'ai hoché la tête.

— Ou d'un amour...

9

Au cours des mois suivants, j'ai partagé le plus clair de mon temps entre mes projets architecturaux, mes soirées avec Mohan et des visites à Phoenix dont je suivais avec passion l'évolution. Chaque chef de famille s'était vu attribuer une maison et une acre de terre à charge pour lui de la cultiver. S'il venait à partir, le terrain et la maison passaient à son successeur. À l'école, on dispensait une instruction primaire, mais le véritable enseignement était d'une autre teneur. On apprenait aux enfants à voir la beauté en toute chose, à reconnaître la présence de Dieu dans chaque parcelle de la nature. Gandhi avait aussi fait construire ce qu'il appelait une « maison de guérison » où l'on ne soignait qu'avec des produits naturels.

Sous la direction d'Albert West, six ouvriers compositeurs travaillaient désormais à plein temps. Les numéros de l'*Indian Opinion* sortaient des presses avec une parfaite régularité et voyageaient à travers l'Afrique du Sud, jusqu'en Inde et en Angleterre. L'imprimerie fabriquait aussi le journal de leur voisin, John Dube, en langue zouloue.

À la mi-septembre, la sœur d'Albert West, Élisabeth, et sa mère Georgia, âgée de quatre-vingts ans, avaient rejoint la communauté de Phoenix, s'accommodant étonnamment de la promiscuité des familles tamoules, hindoues ou gujaraties, et même du voisinage des Zoulous. Très vite, Georgia eut droit au surnom de *granny*[1], mais elle nous épata par son zèle et sa nature pleine de vie et de gaieté.

Polak et Millie s'étaient mariés aux premiers jours de janvier 1905, au cours d'une cérémonie qui avait donné lieu à un incident plutôt cocasse. Les bans ayant été publiés, tout semblait en règle. L'officier d'état civil commença par interroger le couple puis, en dépit de nos protestations, décida de différer l'enregistrement. « Différer ? Mais pour quelle raison ? » protesta Gandhi. La réponse nous laissa sans voix : « J'ai besoin de m'assurer que les deux parties contractantes sont d'origine blanche. » Et il se retira. Le lendemain était un dimanche. Le surlendemain, le Premier de l'an, fête chômée. Remettre la date d'un mariage sous un prétexte aussi futile était intolérable. Dieu merci, Mohan connaissait le magistrat qui dirigeait les services de l'état civil. Je crus comprendre qu'ils avaient appartenu quelques années auparavant à un groupe théosophique. En écoutant le récit de l'incident, le magistrat expliqua à Gandhi qu'en vertu de la loi du Transvaal, toute union entre une femme blanche et un homme de couleur était prohibée. Or, l'étroite relation de Polak avec la communauté indienne, tout comme le choix du témoin, avait convaincu l'officier que Henry pouvait être un homme de couleur ! Gandhi dut se porter garant de la « blancheur » de son ami, assurant qu'il le connaissait depuis de longues années et que pas une once de sang asiatique ou noir ne coulait dans ses veines. Et le magistrat lui-même présida au mariage.

De mon côté, je continuais à me tenir au végétarisme. Ce bouleversement dans mes habitudes alimentaires me fit perdre une dizaine de kilos, ce qui

---

1. Mamie.

ne me gênait pas outre mesure. Au contraire, d'inesthétiques bourrelets ayant fait leur apparition depuis que j'avais cessé de faire du sport, ces kilos en moins eurent un effet salutaire.

Désormais, après ma journée de travail, je dînais souvent à Johannesburg chez Mohan qui, contraint par ses obligations, y demeurait toujours, ne se rendant à Phoenix que très épisodiquement. Jamais sa carrière n'avait été aussi florissante, jamais il n'avait gagné autant d'argent qu'à cette époque, et jamais il n'avait accueilli autant de personnes dans sa villa. Certains soirs, nous nous retrouvions plus de dix à table. Indiens, musulmans, hindous, étrangers de passage, juristes, ouvriers. Tout ce monde allait et venait, mangeait, dormait, au grand dam de Kasturba. Après l'incident du pot de chambre, dont je ne sus jamais qui de lui ou d'elle avait fini par le vider, Mohan m'avait expliqué que la femme hindoue tenait l'obéissance au mari pour la plus haute des religions. Le mari hindou se considérant quant à lui comme seigneur et maître de sa femme, qui ne devait cesser de le flatter et de lui complaire en tout. C'était sans doute vrai, mais il se trompait concernant son épouse. Si la docilité de Kasturba était certaine, elle savait y poser des limites.

Il me souvient qu'un soir, deux Européens, dont la nationalité m'échappe, n'avaient eu de cesse, sur un ton qui frisait l'arrogance, de harceler Gandhi sur sa vie quotidienne, émettant des critiques, allant jusqu'à lui poser des questions intimes. Assez vite, j'avais vu le visage de Kasturba se durcir. Nous nous apprêtions à passer à table lorsque, au lieu de nous accompagner, elle avait quitté la pièce sans un mot. Le premier moment de surprise passé, Mohan s'était précipité derrière elle, et avait insisté pour qu'elle revienne, mais sans succès. Quelques jours plus tard, ayant eu l'occasion de me retrouver seul avec *Bha* (diminutif que la plupart d'entre nous employions pour nous adresser à Kasturba), je me suis permis de l'interroger sur la raison de son brusque départ le soir du dîner. Sa réponse fut sans équivoque :

— Frère Hermann, je ne supporte plus que des gens nous rendent visite juste par curiosité, pour trouver matière à se moquer de moi ou de la manière dont je vis. Le plus grave, c'est que *bapou* en est pleinement conscient. Mais il ne réagit pas. Il laisse dire et faire. Sachez-le, dorénavant mon époux pourra recevoir qui il veut, mais qu'il ne compte plus sur ma présence ! C'est fini !

Sa réaction ne m'avait pas vraiment surpris. Un autre incident l'avait précédé que Gandhi lui-même m'avait rapporté.

En octobre 1901, il avait décidé de retourner en Inde, convaincu alors que c'était là-bas et non plus en Afrique du Sud que devait se poursuivre son travail. Partout on avait organisé des réunions en l'honneur de son départ. On l'avait couvert de cadeaux, parmi lesquels, des objets de valeur, en or, en argent ou sertis de diamants. Mohan s'était interrogé : à supposer qu'il s'estimât en droit de les garder, qu'en penseraient ses enfants et sa femme à qui il enseignait que servir comportait en soi sa récompense ? Au petit matin, sa décision était prise : il ferait don à la communauté. Ses enfants s'étaient résignés, mais non Kasturba. « Peut-être, avait-elle déclaré, n'en avez-vous pas besoin, ni vos enfants qui, d'ailleurs, modèlent leur conduite sur la vôtre. Cependant, avez-vous songé un seul instant à mes brus ? Un jour, j'en suis sûre, elles seront ravies de les avoir ! » Et ça avait été l'affrontement. Un torrent de mots, bientôt suivis d'un torrent de larmes. « Les enfants ne sont pas encore mariés, rétorqua-t-il.

Pour ce qui est de leurs futures épouses, je ne les imagine pas faisant partie de ces petites écervelées éprises de bijoux. Et puis, ce collier est-il le prix de vos services ou des miens ? »

Kasturba ne se démonta pas : « Mais *vos* services ne sont-ils pas aussi *un peu* les miens ? J'ai peiné jour et nuit. J'ai été et je suis votre esclave. Quel nom donnez-vous à cela ? N'aurais-je pas assez versé de larmes d'amertume par votre faute ? N'ai-je pas suffisamment été l'humble servante des autres ? »

Mais rien ne put émouvoir Mohan.

En écoutant ce récit, dévoilé avec une sincérité rare, je devais reconnaître que *Bha* n'avait pas tort. Mais Mohan était ainsi fait. D'une pièce. Sans nuance. J'en veux pour autre exemple ce matin où il vint me trouver, l'air renfrogné, une enveloppe à la main.

— Une lettre de mon fils aîné, Harilal, annonça-t-il.

— Quelque chose ne va pas ?

— Il est tombé amoureux.

— Voilà qui est plaisant, non ?

— Pas du tout, Hermann ! Il songe à se marier alors qu'il vient tout juste d'avoir dix-sept ans. Et la jeune fille, Gulab, n'est guère plus âgée.

Il plia la lettre avec nervosité.

— Folie ! Folie ! Ce sont des gamins !

— Mais, objectai-je, vous-même, ne vous êtes-vous pas marié à treize ans ?

— Précisément ! Mon mariage fut une absurdité ! Je ne tiens pas à ce que mes enfants réitèrent la même erreur. De plus, voilà un moment que Harilal s'oppose à moi. Il a refusé de nous suivre sa mère et moi en Afrique, sous prétexte qu'il tenait à continuer ses études. J'ai dû le confier à la garde de mon frère aîné, avec tous les frais que ce genre de situation implique. Harilal est une forte tête. Voilà des

mois que je l'adjure de nous retrouver, d'œuvrer à
mes côtés pour le bien-être de notre communauté.
Rien à faire ! Et maintenant, ce mariage ! Et mon
frère aîné semble l'approuver.

Il pivota sur les talons en grommelant :

— Je vais de ce pas répondre à cette lettre.

— Prenez garde tout de même de ne blesser personne. Comme vous venez de le préciser, Harilal a à
peine dix-sept ans.

— C'est pourquoi je ne vais pas lui écrire directement, mais à mon frère qui en a la responsabilité.
Ma missive sera brève : Si Harilal veut se marier,
c'est bien, s'il change d'avis, c'est bien aussi. En ce
qui me concerne, j'ai cessé de le considérer comme
étant mon fils.

Et il quitta la chambre.

10

Lorsque je m'éveillai, ce matin-là, les premières lueurs du jour commençaient à se diffuser à travers la toile de la tente. Mohan dormait encore ; ce qui était exceptionnel. Depuis une semaine que nous étions à Mountain View, c'était la première fois que j'ouvrais les yeux avant lui. Je me faufilai discrètement à l'extérieur.

L'aube rougeoyait comme une lame, recouvrant progressivement les rochers, les arbres, la crête des collines, jetant ici et là des pointes de couleurs qui s'interpénétraient, donnant naissance à un spectacle magique comme seule l'Afrique peut en offrir. J'aimais cette heure où tout semble encore possible.

Quelques années auparavant, j'avais fait l'acquisition de ce terrain à flanc de colline pour y bâtir une grande maison qui serait un havre loin tout. Elle s'appellerait « Mountain View[1] ». Le jour où j'avais décrit l'endroit à Mohan, il s'était aussitôt enthousiasmé : « Emmenez-moi avec vous, Hermann. Partons ! Rien que nous deux. J'ai besoin de prendre du recul. » Et il avait ajouté avec lassitude : « Si vous saviez le sentiment d'échec que j'éprouve. »

L'affirmation n'était pas exagérée. Il gagnait beaucoup d'argent, vivait comme un patriarche, mais n'en

---

1. Aujourd'hui, proche de Kallenbach Drive.

tirait guère de satisfaction. Il accablait les autorités de pétitions et de lettres, mais ne s'attirait en réponse qu'un silence dédaigneux. Les éditoriaux qu'il publiait chaque semaine à la une de l'*Indian Opinion* ne recueillaient aucun écho. Il donnait des conférences auxquelles on venait assister en nombre, mais qui n'avaient pas de lendemain. Il souhaitait de l'action, mais l'inaction dominait. Il voulait que changent les lois sectaires, mais les législateurs demeuraient de marbre. Il espérait que, dans leurs habitudes quotidiennes, ses frères appliquent les règles les plus ordinaires d'hygiène, mais ceux-ci continuaient obstinément à les négliger et à vivre dans des conditions insalubres. Il cherchait à démontrer au maître anglais que les Indiens étaient des patriotes, respectueux des lois, de sincères serviteurs de la Couronne et qui, de ce fait, méritaient de se voir intégrés et de bénéficier des mêmes droits que les Blancs. En vain. L'avocat connaissait la réussite ; la figure politique était un échec. Ce qui expliquait peut-être ses désirs de « dépouillement », exprimés lorsque nous étions chez lui à Troyeville : « Je veux aller vers plus de simplicité, et me débarrasser de l'inutile. »

À ces contrariétés s'ajoutait la menace de la Loi noire qui pesait sur la population asiatique. Certains Indiens et des Chinois avaient même commencé à s'inscrire auprès des autorités. Gandhi réprouvait formellement ce comportement, considérant qu'il aurait l'effet contraire à celui escompté. Sa crainte était d'autant plus justifiée que, depuis quelque temps, à l'instigation de deux généraux afrikaners, Louis Botha et Jan Smuts, un nouveau parti politique, *Het Volk* (Le peuple), avait vu le jour. Son but : la constitution d'un État sud-africain. Très vite, Jan Smuts, que ses amis surnommaient *Slim Janny* à cause de sa maigreur, en était devenu la figure de proue. Il se trouvait d'ailleurs à Londres, en ce mois de février 1906, où il tentait de négocier l'autonomie de la colonie du Transvaal et celle d'Orange. S'il réussissait, plus rien n'empêcherait que soit promulguée et appliquée la Loi noire.

Face au soleil qui montait lentement à l'horizon, je me livrais à quelques exercices respiratoires, suivis d'étirements, avant de commencer mes trente minutes de gymnastique quotidienne. Mon corps avait beaucoup perdu de sa souplesse au cours des dernières années. Mes séances de patinage sur les eaux gelées de la Russ me manquaient. Un an après mon arrivée à Johannesburg, j'avais fait construire une patinoire. J'avais très vite abandonné, ne trouvant aucun charme à évoluer dans un lieu clos et impersonnel. Je ne pratiquais même plus, ou rarement, la natation dans laquelle pourtant j'excellais. Dans des instants comme celui-là, je réalisais combien la vie m'avait dévoré.

— Bonjour, Hermann.

Gandhi venait de sortir de la tente.

— Jamais je n'ai dormi aussi bien. Ce lieu est tout simplement magique. Mais pourquoi tenez-vous absolument à le défigurer en y construisant une maison ?

— Parce que la vue est magnifique. Parce que j'en ai toujours rêvé.

— Parce que vous ne pouvez pas vous empêcher de dépenser, de dépenser, de dépenser... Cette villa que vous êtes en train de bâtir dans le quartier d'Orchards ne vous suffit donc pas ?

— Le Kraal ? C'est autre chose. Il...

— D'ailleurs, pourquoi l'avez-vous surnommée le Kraal ? N'est-ce pas un nom plutôt bizarre ?

— Parce que je me suis inspiré des cabanes zouloues – les kraals – qui, comme vous le savez, sont rondes. Les toits seront aussi dans le style « otassé », c'est-à-dire constitués d'une charpente de branches et recouverts d'un mélange de terre et de bouse. À cette apparence africaine, j'ai mêlé tout le confort intérieur européen. Vous verrez. Elle sera magnifique.

Gandhi secoua la tête.

— Vous êtes fou, mon frère. Et incorrigible.

Il s'assit sur un rocher et fixa le paysage.

— Puis-je vous poser une question indiscrète ? dit-il brusquement.

J'opinai.

— Pourquoi ne vous êtes-vous jamais marié ? Pourquoi n'y a-t-il pas de femme dans votre vie ?

— Parce que je suis profondément égoïste.

— Absurde ! Vous êtes la générosité même. Trouvez-moi une autre explication.

— Je n'en sais rien. L'ennui sans doute. Je m'ennuie très vite auprès d'une femme. J'ai chaque fois l'impression d'avoir lu le livre avant même d'en avoir commencé la lecture.

Gandhi médita quelques instants, puis :

— Que faites-vous du désir ?

— Le désir ?

— Je parle des diktats de nos misérables corps.

— Disons que je les ai gérés tant bien que mal. Et la culture physique fut un bel exutoire.

— Je n'ai pas eu la même chance que vous. Vous savez mieux que personne combien ma libido me consume. La pauvre Kasturba l'a su avant vous. Je m'en veux. Non seulement elle a dû subir mes crises de jalousie, car je me suis montré d'une jalousie maladive à son égard, mais aussi mes exigences sexuelles.

Comme je me taisais, il poursuivit en continuant de fixer le paysage.

— Je vous l'ai dit, j'avais environ treize ans lorsque je me suis marié. Dès le lendemain, j'ai cherché à exercer mon autorité d'époux. Lorsque *Bha* désirait aller jouer avec ses amies, j'ai exigé d'elle qu'elle me demande la permission. Cette interdiction, je le reconnais aujourd'hui, équivalait à un emprisonnement. Et Kasturba, vous l'avez remarqué, n'est pas femme à supporter pareille chose. Elle mettait un point d'honneur à aller partout où elle voulait, quand elle voulait. Ce qui fit de moi un garçon irascible. Il m'arrivait parfois de rester plusieurs jours sans lui adresser la parole.

— Caprice d'enfant.

— Et puis, il y avait ce besoin sexuel qui ne me quittait pas et que j'ai appelé « les chaînes du désir ». Car oui, j'étais, je suis enchaîné, Hermann. Même lorsque *Bha* tomba enceinte, même lorsqu'elle se trouva près d'accoucher, dans ces moments où la religion, la science médicale et le sens commun interdisaient tout rapport sexuel, je lui ai imposé d'assouvir mon désir. Certains soirs, lorsque je vivais à Londres, privé de relation, j'étais sujet à des émissions nocturnes et, à l'aube, je me réveillais désespéré. C'est une malédiction, Hermann...

J'aurais pu lui demander comment il avait vécu cette sexualité débordante pendant les années où il fut séparé de son épouse. Je suis sûr qu'avec la franchise qui le caractérisait il m'aurait répondu. Peut-être appréhendais-je la réponse ? Je me suis contenté de dire :

— Allons, vous exagérez...

— Non, vous dis-je ! Une malédiction m'a frappé.

Je voulus protester, il ne m'en laissa pas le loisir.

— Ne dites rien. Vous comprendrez mieux ma désespérance lorsque vous saurez la suite. Vous comprendrez mieux aussi pourquoi toute forme d'absolution m'est interdite. J'avais seize ans...

*

Gandhi posa son cartable sur le sol et se précipita au chevet de son père.

— Comment vous sentez-vous aujourd'hui ? Un peu mieux ?

Karamchand grimaça un sourire.

— Un peu mieux, mon fils. Ne te fais pas de souci. Un peu mieux.

Gandhi observa son père et se dit que Kaba ressemblait à un vieillard. Un vieillard de cinquante-six ans. Qu'était donc devenu le très respecté membre de la Rajasthanik Court, le Premier ministre de Rajkot et de Vankaner ? En vérité, le pauvre homme ne s'était jamais remis de la terrible chute qu'il avait faite le jour même du mariage de Mohan, trois ans auparavant. Trois ans de souffrance. Immobilisé la plupart du temps dans ce lit. Aucun remède ne parvenait à soulager les crampes qui torturaient ses jambes. Rien, sinon les massages que lui prodiguaient tour à tour Putlibai, son épouse, et Gandhi. Parfois, un vieux serviteur prenait la relève.

L'adolescent prit le flacon d'huile essentielle, fit glisser avec précaution le drap qui couvrait le corps de Kaba, dénuda les jambes et commença à les masser. C'était long, fastidieux, mais à aucun moment, au cours de ces trois années, il ne s'était dérobé devant ce qu'il considérait comme un devoir sacré. Il était 10 heures du soir. Soudain, sans raison apparente, l'image de sa jeune épouse, Kasturba, jaillit dans son esprit. Elle dormait à quelques mètres de là. Il l'imagina allongée, cuisses nues. D'autres visions l'envahirent, plus brûlantes ; celles d'hommes et de femmes, de corps entremêlés sous l'égide de Kama Manmatha, dieu de l'amour et des plaisirs charnels. Et encore Kasturba. Il aimait passionnément son corps d'enfant, ses seins naissants, les senteurs de sa peau, les petits cris de plaisir qu'elle poussait lorsqu'il entrait en elle. Une onde de chaleur dévasta son bas-ventre, et il sentit son sexe se raidir. Mon Dieu ! Parviendrait-il jamais à maîtriser ce désir impérieux qui prenait constamment possession de lui ? Cet élan vital, ce besoin de jouir encore et encore et de sonder jusqu'à l'épuisement l'extase d'aimer. Ce manque, toujours ce manque, jamais comblé.

— Comment va-t-il ?

La voix de Rajeev, son oncle, arracha violemment Gandhi à son délire. Il bafouilla :

— Il dort.

— Je lui trouve une bien mauvaise mine ce soir. J'ai bien fait de rester un jour de plus.

— Oui, approuva Gandhi.

Il avait répondu machinalement. Ses pensées ne lui appartenaient plus. Le désir le taraudait.

Dans une sorte d'état second, il s'entendit demander à son oncle :

— Vous voulez bien me remplacer ? Je tombe de sommeil.

— Bien sûr, mon petit.

Gandhi lui confia le flacon d'huile. Remercia en s'inclinant respectueusement, mains jointes devant sa poitrine et fila vers sa chambre.

Il se déshabilla dans le noir et murmura :

— Kasturba…

Elle ne répondit pas. Allongée sur le dos, elle dormait profondément. Alors, il se glissa près d'elle, déposa un baiser sur ses lèvres, son cou et commença à lui caresser le sexe. Lentement d'abord, puis avec plus d'empressement. Kasturba poussa un soupir, non de plaisir, mais de lassitude et se tourna sur le côté.

— J'ai envie de toi, protesta Gandhi.

— Je veux dormir. Laisse-moi tranquille.

— Tu n'as pas le droit de dormir alors que je suis près de toi ! Viens !

Elle ne broncha pas.

Il pétrit ses fesses, elle gémit.

— Je t'en prie, Mohan, j'ai sommeil.

— N'es-tu pas ma femme ? Ton devoir est de me satisfaire ! Obéis !

Sans plus attendre, il la renversa de force sur le dos. Alors, résignée, elle souleva sa chemise, écarta ses cuisses et guida en elle le sexe de Gandhi.

Il ne mit pas longtemps à atteindre l'orgasme.

Repu, il se coucha près d'elle, tandis qu'elle se tournait à nouveau sur le côté.

Il allait s'endormir lorsqu'il entendit que l'on frappait à la porte.

Il bondit hors du lit, envahi par un pressentiment effroyable.

Sur le seuil, il vit le vieux serviteur, les yeux pleins de larmes.

— Votre père...

Il était inutile d'attendre la fin de la phrase. Gandhi avait compris. Il se rua vers la chambre de Kaba. Putlibai sanglotait, la tête posée sur la poitrine de son époux. L'oncle Rajeev, les traits défigurés par le chagrin, avait emprisonné la main du défunt comme s'il cherchait à le ramener dans le monde des vivants. Et la pluie, une pluie diluvienne s'était mise à tomber. Les dieux sans doute avaient décidé de poser leur signature sur ce que Gandhi appellerait plus tard « l'horrible nuit ».

Fou de douleur, il se précipita hors de la chambre.

La honte ! Il se sentait couvert de honte.

Il pensa : « Si la passion bestiale ne m'avait aveuglé, la torture d'avoir été loin de mon père à ses derniers moments m'eût été épargnée, et la mort l'eût trouvé dans mes bras pendant que je le massais encore. Mais non, c'est mon oncle qui a eu ce privilège. » La quête du plaisir, encore et toujours, cette obsession maladive lui ferait-elle perdre un jour la raison ?

*

Brusquement, comme s'ils avaient reçu un ordre secret, les nuages qui, depuis un moment, planaient au-dessus de Mountain View, éclatèrent, déversant sur nous leur chargement de pluie. Et je me dis : « Comme sur Rajkot, vingt ans plus tôt, lors de cette "horrible nuit". »

J'invitai Mohan à se réfugier sous la tente, il refusa.

— Hermann, dit-il la voix vacillante. J'ai aussi perdu mon enfant...

Je l'interrogeai du regard, incrédule.

— Votre enfant ?

— À cette époque, *Bha* était enceinte. Le bébé qu'elle a mis au monde une semaine plus tard n'a pas vécu plus de trois jours. Vous comprenez maintenant pourquoi je parlais de malédiction ?

Nous étions là, tous les deux. Trempés sous la pluie qui avait redoublé de violence. Je ne trouvais aucune réponse, trop ému par ces nouvelles confidences. Plus de vingt années s'étaient écoulées et l'« horrible nuit » continuait de le torturer. Se guérirait-il jamais de la honte d'avoir manqué à ses devoirs filiaux afin d'assouvir ses désirs de chair ?

Il conclut froidement :

— Il faudra bien qu'un jour je dompte ce corps. Et vous aussi, Hermann. Ce corps qui n'est qu'une masse d'os, de chair et de sang, et qui n'exsude que du poison... La tâche me semble surhumaine. Je suis faible, si faible. Il n'est qu'à voir comment je tremble lorsque vos mains parcourent mon corps. À quel point je sombre.

— Et vous le regrettez...

— Non. La réponse est plus complexe.

Nous étions transis. Je lui tendis la main.

— Rentrons. Je vous en prie.

Cette fois, il obtempéra.

Sous la tente, il s'assit comme il le faisait souvent, les jambes repliées sous ses cuisses et me fixa. Pourtant, il me semblait qu'il regardait à travers moi.

— Je vous déçois ?

— Oui. Je vous trouve beaucoup trop dur avec vous-même.

— Bien au contraire. Je ne le suis pas assez. Je vous rappelle ce qu'a écrit notre ami Tolstoï : « L'homme survit aux tremblements de terre, aux épidémies, à toutes les souffrances. La tragédie la plus terrible est et restera celle du lit. »

Je fis observer, non sans une pointe d'ironie :

— Il a écrit aussi que l'amour de Dieu et du prochain était incompatible avec l'amour charnel et le mariage qui, à ses yeux, n'était rien d'autre que le service rendu à soi-même.

— N'a-t-il pas raison ?

— Tenir ce genre de propos lorsque l'on a été marié et que l'on a eu treize enfants est facile.

Gandhi ne put retenir un éclat de rire. Enfin, il se déridait.

— Une vie consacrée à Dieu et au prochain ne peut être atteinte par le seul effort humain : il y faut la grâce divine.

— L'avez-vous reçue ?

Il fit non de la tête.

— Mais lorsqu'elle me viendra, je saurai l'accueillir. Depuis la mort de mon père, j'ai toujours vu dans l'acte sexuel un dommage physique et un péché lorsqu'il n'a pas pour seul but la procréation.

Il chuchota presque en baissant les yeux :

— Et nous péchons tous les deux.

— Je constate que vous tenez un langage de catholique pratiquant.

— Je l'ai souvent dit : un bon chrétien est un bon hindou et inversement.

Changeant de sujet, il enchaîna :

— Il faudra qu'un jour nous écrivions au comte Tolstoï. Qu'en pensez-vous ?

— « Nous » me paraît excessif. Vous, certainement.

— Lira-t-il seulement ma lettre ? La recevra-t-il ?

Se redressant, il s'enquit :

— Quel jour sommes-nous ?

— Le 10 mai.

Et j'ajoutai en souriant :

— 1906.

— Harilal et son épouse débarquent demain.

Je sourcillai.

— Harilal ? Il s'est donc marié contre votre gré ?

— Oui. Et je n'ai pas mis ma menace à exécution ; il reste mon fils. En revanche, il a accepté de venir nous retrouver en Afrique du Sud et de vivre à Phoenix. Peut-être l'amènerai-je à me seconder au cabinet.

Récupérant ses affaires, il proposa :

— La pluie s'est arrêtée. Retournons à Troyeville. Il me revient l'envie d'écrire.

*

Mohan ne supportait pas l'idée de monter à bord de ma Mercedes, ce « monstre », comme il l'appelait, alors nous sommes repartis comme nous étions venus : à pied. C'est à l'entrée de Rissik Street, à une centaine de mètres du cabinet de Gandhi, que nous avons croisé Sonja Schlesin. Toujours aussi mal fagotée, elle marchait en mangeant une *boereworst*, une de ces saucisses épicées glissées dans un petit pain dégoulinant de sauce tomate et de moutarde.

Elle salua Mohan et, la bouche pleine, annonça :

— Vous arrivez à pic. Vous connaissez la nouvelle ? C'est la guerre.

— Qu'est-ce que tu racontes ?

— Un certain Bambatha, chef zoulou de la tribu Zondi, a déclenché une révolte dans la colonie du Natal. Il y a trois jours, lui et ses partisans ont traversé la rivière Tugela et tué un fermier ainsi que deux officiers anglais.

— Sous quel prétexte ?

— La mise en place par les Britanniques d'une nouvelle taxe que Bambatha et sa tribu refusent d'acquitter. Ils exigent aussi la libération de leur roi qui a été condamné à dix ans d'emprisonnement.

Mohan commenta avec gravité :

— Je les comprends. Depuis que la peste bovine a décimé quatre-vingt-dix pour cent de leurs troupeaux, les populations noires sont asphyxiées. Leur imposer de nouveaux impôts est terriblement injuste.

Il questionna, soudain fébrile :

— Sonja, où alliez-vous ?

— Il est 5 heures. Je rentrais chez moi, il...

— Non, je vous en prie, j'ai besoin de vous. Il faut que je vous dicte de toute urgence une lettre pour le gouverneur britannique et un article pour l'*Indian Opinion*.

Je notai :

— Vous comptez de nouveau offrir vos services aux Anglais...

— Plus de quatre-vingt mille Indiens résident au Natal. S'ils ne prennent pas fait et cause pour l'Angleterre, ils en paieront le prix une fois la rébellion matée.

— N'avez-vous pas été suffisamment déçu par l'attitude anglaise après la guerre contre les Boers ? Que vous faut-il pour comprendre que, quoi que vous fassiez, ils prendront de vous sans jamais rien vous donner en échange. Ils vous utiliseront comme ils l'ont déjà fait et, dès que les événements se seront calmés, ils vous asséneront un nouveau coup.

— Et que faites-vous de la cause des Zoulous ? renchérit Sonja. Vous venez de reconnaître qu'il était naturel qu'ils se révoltent et que leur cause est juste.

— Elle l'est, mademoiselle. Elle l'est. C'est un service de brancardiers que je propose, pas une action guerrière. J'ai la ferme intention de m'occuper *aussi* des Zoulous blessés.

Il poursuivit à mon intention et avec une grande fermeté :

— Voulez-vous que je vous dise le fond de ma pensée ? Je n'ai rien contre cette rébellion et peu m'importe qu'elle soit ou non fondée. Mais je suis persuadé que l'Empire britannique existe pour le bien du monde. Je lui suis loyal. L'idée qu'il puisse lui arriver malheur m'insupporte. Suis-je clair ?

Sonja, aussi abasourdie que moi, répéta, incrédule :

— *L'Empire britannique existe pour le bien du monde ?* C'est bien ce que vous venez de dire ?

— Parfaitement, mademoiselle. Allons, venez. Je vais vous dicter un article pour l'*Indian Opinion*.

11

Phoenix
14 mai 1906

Est-il logique qu'un gouvernement néglige une force qui se trouve pourtant à portée de sa main ? Notre confrère du *Natal Witness* a récemment rédigé un article dans lequel il fait observer que la question du statut des Indiens devra tôt ou tard être prise en considération par les colons. Nous ne pouvons que partager ce point de vue, bien que les Indiens n'aspirent à jouer aucun rôle politique. Tout ce qu'ils souhaitent, c'est que l'on garantisse leurs droits civils comme il est fait pour tout sujet de naissance britannique vivant sur un territoire britannique. Bien que la question des droits civils de la communauté indienne soit très importante, nous considérons tout aussi importante la question de son volontariat. Il existe des domaines (celui des ambulanciers) où les Indiens peuvent se révéler très utiles, sans pour autant devoir porter un fusil. Par conséquent, si au lieu de passer outre, le gouvernement acceptait l'aide que nous lui offrons, l'efficacité de ses militaires s'en trouverait grandement renforcée. Il aurait ainsi la confirmation que les Indiens peuvent se révéler d'une grande utilité en tout temps et que l'on peut compter sur eux. Le gouvernement, n'en doutons pas, sait parfaitement qu'il est impossible de nous chasser de ce pays. Alors, pourquoi ne pas faire le meilleur usage d'une ressource humaine qui est omniprésente au lieu d'en faire abstraction ?

M. K. Gandhi.

La réponse des Anglais à la proposition de Gandhi fut celle que j'imaginais : ils acceptèrent.

J'accompagnai Mohan à Durban, puis à Phoenix, où il forma un groupe de vingt-quatre hommes, parmi lesquels on comptait quatre gujaratis ; le reste étant composé de gens du sud de l'Inde, et d'un volontaire originaire du Nord-Est.

« Où se trouve notre devoir ? écrivit-il encore pour faire taire les réticences de certains de ses frères. Il ne nous appartient pas de dire si la rébellion est justifiée ou non. Nous nous trouvons au Natal grâce au pouvoir britannique. Il est donc de notre devoir d'offrir assistance à l'Angleterre dans la mesure de nos moyens. »

Ensuite, comme il l'avait envisagé, il donna son congé à son propriétaire avec un mois d'avance, expédia une partie de ses meubles à Phoenix, et pria Kasturba d'aller vivre là-bas avec les enfants.

Afin de se doter d'un statut et se conformer aux conventions en vigueur, les Anglais nommèrent Mohan sergent-major, à titre temporaire. Il en profita pour élever trois hommes de son choix au grade de sergent et un quatrième à celui de caporal. Je ne savais que penser en voyant ces hommes engoncés dans des uniformes bien trop grands pour eux, les pieds chaussés dans des bottes trop lourdes. Je les trouvais à la fois pathétiques et touchants. Tout ce monde prêta solennellement serment d'allégeance au roi Édouard VII et approuva les conditions proposées : des rations, un équipement et une solde de six pence par jour. Détail qui ne manqua pas de me surprendre : les brancards avaient été fabriqués... au Japon.

Le 22 juin, un train emmena le petit groupe jusqu'à Stanger, à cinquante miles de Durban. Pas de Zoulou à l'horizon, uniquement des soldats britanniques dont la plupart souffraient de la malaria. En l'absence de tentes pour les ambulanciers, ces derniers furent obligés de coucher à la belle étoile, sous un froid glacial.

Dans les notes écrites pour l'*Indian Opinion* et signées : « Notre envoyé spécial au front », Gandhi donna la quantité exacte de pain, de sucre, de thé reçue par ses hommes. Soit une livre de pain ou de biscuits, cinq onces de sucre, un quart d'once de thé. En parcourant l'article, je me dis que s'il écrivait de telles banalités, c'est que le front devait être bien calme. En réalité, il n'y avait pas de front. Aucune résistance visible, aucune armée digne de ce nom.

Le lendemain, dès l'aurore, le groupe s'ébranla pour parcourir les trente miles qui le séparaient de Mapumulo. Une journée de plus sans histoire, avec pour seule action militaire un raid lancé sur un verger.

La première vraie confrontation se déroula trois jours plus tard. Aux dires de tous les témoins, ce ne fut pas une bataille, mais une chasse à courre ; les Zoulous étant le gibier. Mohan ne put qu'assister impuissant au massacre de ces hommes armés d'arcs et de flèches, opposés à la meilleure armée du monde. Une fois le combat terminé, on fouetta les survivants, non pour les punir, mais pour les dissuader de participer à de futures rébellions. Évidemment, aucun médecin anglais ne se montra disposé à soigner leurs plaies. La tâche incomba à Gandhi et aux siens.

À l'aube, le corps d'ambulanciers reçut l'ordre de faire demi-tour et de partir pour Otimati, distant d'une centaine de miles. Un autre engagement paraissait imminent. Fausse alerte. Au bout du compte, les seuls blessés furent un soldat dont l'orteil avait été écrasé sous la roue d'une charrette, et un autre, touché à la cuisse par une balle accidentellement tirée par l'un de ses camarades.

Alors qu'ils se remettaient à peine de leur longue marche, on demanda aux Indiens d'accompagner une colonne de cavalerie, tout en les privant de wagon ambulance pour transporter le matériel lourd. Ralentis par le poids de leur charge, ils eurent un mal fou à suivre la colonne et finirent par perdre le contact au cours de la nuit. L'aube les trouva épuisés, errants dans les collines.

Lorsque, enfin, ils retrouvèrent la colonne, un spectacle effroyable les attendait. Des centaines de cadavres gisaient sur le sol. Parmi eux des Zoulous dits « fidèles », appellation qui signifiait qu'ils avaient opté pour le camp britannique. Bien qu'on leur eût distribué des insignes pour les distinguer des « infidèles », ils étaient tombés pareillement sous les balles anglaises.

« Fâcheuse erreur », expliqua l'un des généraux, qui ajouta : « Allez donc différencier un Noir d'un autre Noir ! »

Le corps d'ambulanciers resta en service actif tout le temps que dura la « guerre ». Soit près de six semaines. Six semaines dans le partage de l'horreur et de la cruauté.

Très vite, il fut évident pour Gandhi que le terme de « révolte » avait été très exagéré. Il se résumait au refus de Bambatha de payer le nouvel impôt dont on avait frappé ses gens, et au coup de sagaie qui avait tué le sergent venu percevoir cet impôt.

Parallèlement aux soins qu'il devait prodiguer aux blessés zoulous, Mohan avait eu aussi pour obligation de préparer et de dispenser les remèdes prescrits aux soldats blancs.

Lorsque les combats s'achevèrent, on compta plus de trois mille cinq cents morts dans les rangs zoulous. Bambatha était l'un d'eux. Bien qu'on eût retrouvé sa dépouille dans la Mpanza Valley, longtemps ses compagnons refusèrent de croire à son décès. Une nouvelle fois, le guerrier blanc avait prouvé sa supériorité sur les « sauvages » noirs.

*

Cette tragédie devait marquer Gandhi au-delà de tout ce que j'aurais pu imaginer.

À son retour, il n'était plus la même personne. Avoir entendu tous les matins l'écho des fusils monter du cœur de petits villages peuplés d'innocents, avoir vu tant de frères humains martyrisés, laissait en lui une trace indélébile. Il avait bien tenté de vider sa coupe d'amertume en songeant que son corps d'ambulanciers avait soulagé les souffrances de certains de ces malheureux, mais il était terriblement marqué au point qu'il prit une décision radicale.

La nuit qui succéda à son retour, en effet, alors que nous étions assis devant un feu, à Phoenix, il m'annonça :

— C'est fini, Hermann. J'ai décidé d'abandonner la vie de famille et tout rapport sexuel.

Je restai coi.

Il enchaîna :

— Vous devez comprendre, Hermann. Ce sperme que nous perdons est une saignée aux dépens d'une vitalité plus élevée. Alors que je pataugeais là-bas, dans cet infâme bourbier, marchant dans des flaques de sang, une idée s'est imposée à moi : l'accomplissement de mon être ne sera possible que dans la pratique de la chasteté. J'ai donc l'intention de prononcer le vœu de *brahmacharya*. Oui, je sais. Vous ignorez ce qu'est le *brahmacharya*. En bref, il s'agit du vœu de célibat et de l'abandon des plaisirs de la chair.

Il se tut brièvement, puis :

— Comment un homme peut-il aller vers le divin s'il dissipe son énergie vitale ?

Cette fois, j'explosai.

— Ce langage est insensé ! Comment concevoir une existence sans sexualité ?

— Ai-je dit que la démarche serait simple ? Je pressens les difficultés qui se dresseront sur mon chemin. Mais je n'en vois pas moins clairement que, pour un homme qui aspire de toute son âme à servir l'humanité, il est difficile d'agir autrement.

Il ferma les yeux. Les flammes projetaient sur ses traits des lueurs ocre qui leur conféraient une apparence irréelle. Ce n'était plus Mohan que j'avais devant moi, mais un autre. Un inconnu.

Il s'enquit avec une certaine tension :

— Vous sentez-vous capable de me suivre sur ce chemin-là ?

Je restai silencieux.

— Oui, reprit-il avec fièvre, je suis conscient de l'effort que représente un tel sacrifice. Pourtant, il est impossible de vivre à la fois selon la chair et selon l'esprit. Un choix s'impose.

Je ne trouvais plus les mots.

— Si vous m'aimez, Hermann, si vous m'aimez autant que je le crois, accompagnez-moi sur cette voie.

— Mohan, votre démarche va contre nature ! Un corps privé de plaisir finit à la longue par se dessécher, s'éteindre. Comment une âme pourrait-elle s'épanouir dans une enveloppe sans vie ?

— Une âme possède sa propre vie. Elle se meut, évolue, s'enrichit au contact d'autres âmes.

Son ton se fit suppliant :

— Je vous en prie, Hermann, partageons ce voyage. Vous verrez qu'il nous réservera de sublimes instants.

J'ai médité un long moment avant d'acquiescer mollement, je l'avoue :

— D'accord. Après tout, il doit exister d'autres manières de vivre un amour.

— Oui. En le sublimant. En transformant le feu en une lumière sacrée. En faisant de nos corps les réceptacles de l'énergie universelle. Je sais que c'est possible.

Il reprit d'une voix lente :

— J'ai aussi fait part de ma décision à mes neveux, et à mon fils aîné, Harilal.

— Comment ont-ils réagi ?

— Mes neveux semblent adhérer. Pas Harilal. Il veut un enfant. J'ai eu beau insister, il n'a rien voulu entendre.

— Et il a raison. Lui et son épouse sont dans la fleur de l'âge. Que vous prononciez le vœu de chasteté, c'est votre droit. Que vous cherchiez à l'imposer à votre entourage me semble injuste.

— Il ne s'agit pas d'injustice mais d'idéal. Avec le temps, je persuaderai ceux que j'aime que la vie sexuelle est un dommage physique. Que le célibat vaut mieux que le mariage. Et qu'au sein du mariage, mieux vaut s'abstenir de toute relation charnelle à moins que ce ne soit pour avoir des enfants. Je les convaincrai. En tout cas, d'ores et déjà, je veillerai à ce qu'il n'y ait aucun rapport physique entre les hommes et les femmes célibataires qui vivent à

Phoenix. En cultivant l'espérance et la foi, ils réussiront à maîtriser leurs instincts.

Je levai les bras au ciel.

— L'espérance et la foi ? Mohan, mon frère, la plupart de ces hommes et de ces femmes sont en pleine jeunesse. Comment pouvez-vous imaginer freiner leurs ardeurs ?

— S'ils se révèlent incapables d'y parvenir, eh bien, ils partiront.

— Et que direz-vous aux couples mariés ?

— Je leur conseillerai la continence. Tolstoï y est bien parvenu.

Je poussai un cri d'exaspération.

— Encore Tolstoï ! Dois-je vous rappeler que ce n'est qu'à l'âge de quatre-vingt-un ans, un an avant sa mort, qu'il s'est senti, paraît-il, délivré de tout appétit charnel ? Sa lutte épuisa sa femme qui en devint folle. Leur vie conjugale se résuma à un enchaînement de doléances et de réconciliations. C'est ce genre d'existence que vous souhaitez ?

— Bien sûr que non. Je vous le répète : l'observance du simple *brahmacharya* physique n'ira pas sans peine. Néanmoins, je suis absolument certain qu'il existe une clef qui permet de fermer la porte à nos pensées indésirables. Il appartient à chacun de la trouver par lui-même. Sans reddition totale à la grâce divine, aucune maîtrise entière de la pensée n'est possible.

— Je vous l'ai promis, je vous suivrai dans cette nouvelle voie. Mais, faisant abstraction de ma propre frustration, vous ne m'empêcherez pas de penser que vous nous entraînez là dans une expérience dont je ne vois ni l'utilité ni le bénéfice que vous pourriez en tirer.

— Détrompez-vous. Si je réussis à vaincre ma sexualité, je tirerai de cette victoire une force insoupçonnable. En me débarrassant des biens matériels et des plaisirs, ma puissance sera telle que peu de gens pourront y résister. Car ceux qui m'affronteront devront se conduire avec une extrême prudence à l'égard d'un homme, pour qui ni le plaisir sexuel, ni les richesses, ni le confort, ni les louanges, ni la promotion personnelle ne représentent quoi que ce soit, mais qui, en revanche, est déterminé à faire ce qu'il croit être juste. Cet homme est un ennemi dangereux.

Il conclut d'une voix sereine :

— Et je serai cet ennemi.

12

Je demeure convaincu que Gandhi n'avait pas bien cerné la complexité de la conversion qui l'attendait.

Il s'est mis à essayer toutes sortes de régimes alimentaires, dans l'espoir de trouver celui qui à la fois lui conserverait la santé et apaiserait ses pulsions sexuelles. Il supprima le sel, puis les légumineuses, testant les combinaisons les plus improbables. Finalement, il fut forcé de constater que bâillonner le corps ne suffisait pas : la racine de sa sensualité résidait aussi dans son esprit. Pour réussir à respecter son vœu, il devait chasser le désir de son inconscient. Nul autre que moi, au cours des dix années que nous avons partagées ensemble, ne sait combien le combat fut ardu.

En tout cas, comme il l'avait décidé, il informa les résidents de Phoenix de la nouvelle règle. Après un long exposé sur les bienfaits de la chasteté, il conclut par ces mots :

— Dieu se bat pour la maîtrise du corps, mais Satan aussi. Les deux sont donc engagés dans une lutte désespérée. Quand il est sous le contrôle de Dieu, le corps est comme un bijou. Quand il passe sous l'emprise du diable, il se transforme en une fosse à ordures. S'il se complaît dans le plaisir, et se gave toute la journée de nourritures malsaines, exsudant des odeurs puantes, sa langue prononçant des paroles indignes, ses yeux voyant ce qu'ils ne devraient pas, alors le corps est pire que l'enfer !

Je ne sais pas quel effet eurent ses propos sur l'assistance, puisque personne n'émit d'objection. Mais l'avenir me prouva que je n'avais pas eu tort de considérer que le *Brahmacharya* serait difficile, voire impossible à imposer à la jeunesse.

Pendant des mois, je me suis interrogé sur l'opportunité de prononcer à mon tour ce vœu de chasteté qui, j'en restais persuadé, allait à l'encontre de la nature. Et ma souffrance fut grande. Une part de moi rejetait ce sacrifice ; une autre me criait que je devais respecter ma promesse.

Finalement, j'ai fait un choix, et j'en admets l'incroyable folie. Parce que je l'aimais. Par fidélité. Parce qu'il me souvenait qu'il m'avait dit un jour : « Un lâche est incapable de prouver son amour, c'est l'apanage des braves. »

*

Fin juin, les travaux de ma nouvelle maison d'Orchards étaient achevés. Je m'empressai d'y emménager. J'étais vraiment fier de cette construction, mi-africaine, mi-occidentale. Le Kraal figurait la vision que j'avais d'une Afrique où les différences n'existeraient plus, où l'expression *colour bar* ne s'appliquerait que pour définir la graduation des arcs-en-ciel et les nuances du couchant sur la Montagne de la Table. Deux cultures unies pour le meilleur de deux peuples. Une utopie sans doute. Lorsque Mohan visita la maison, il ne cacha pas son admiration et me congratula[1].

1. La maison est toujours visible au 15, Pine Road, Orchards, à Johannesburg.

— Voici une demeure où il me plairait vivre, commenta-t-il.

— Vous serez toujours le bienvenu.

*

Ce fut le 22 août 1906 que la nouvelle éclata dans le ciel de Johannesburg.

Ce jour-là, le *Government Gazette* publia officiellement la mouture définitive de la tant redoutée Loi noire et annonça qu'elle ne tarderait pas à être votée. Non seulement les modalités que l'on connaissait déjà étaient confirmées, mais on y avait inséré de nouveaux articles encore plus humiliants : les policiers auraient tout pouvoir d'opérer des descentes surprises aux domiciles des familles indiennes, violant ainsi l'intimité des femmes, offense inacceptable aux yeux de leurs époux. Si un Indien désirait acquérir une licence commerciale, acheter un quelconque bien, ne fût-ce qu'un vélo, s'il voulait déposer une plainte auprès des autorités, personne ne donnerait suite à sa démarche sans la présentation du fameux certificat.

Sonja Schlesin et moi-même étions présents dans le bureau de Mohan à Johannesburg lorsqu'il prit connaissance de l'information. Après avoir relu l'article, il posa calmement la gazette sur ses cuisses.

— Nous y voilà. Ce ne sont pas les quinze mille Indiens du Transvaal que l'on veut briser, c'est l'ensemble de la communauté à travers tout le pays.

Je lui fis observer :

— Pour l'heure, seule la colonie du Transvaal est concernée.

— Mon cher ami, vous pensez bien que si cette loi est appliquée, toutes les autres colonies s'engouffreront dans la brèche et l'adopteront à leur tour.

Ce qui se prépare n'est que la première étape d'un processus qui aboutira tôt ou tard à la disparition des Indiens d'Afrique du Sud.

— Il existe aussi une communauté chinoise, rappela Sonja. Moins importante, mais elle existe.

— Bien sûr, elle ne sera pas épargnée.

Il se leva, et alla se camper devant la fenêtre. On sentait qu'une énergie mystérieuse avait pris possession de son être. Une force où ne transparaissaient ni violence ni colère. Juste une détermination implacable.

— Très bien, annonça-t-il tout à coup. Au fond, je suis content. L'adversaire a de nouveau un visage. Le combat peut commencer. Je vais lancer un appel à la mobilisation. Il faut qu'à travers tout le pays les Indiens se dressent et manifestent leur désapprobation. Nous organiserons partout des piquets de grève, des marches, nous submergerons les généraux Botha et Smuts de pétitions. Un jour, dix jours, des mois, tant que cela sera nécessaire.

Il se tourna vers Sonja.

— Préparez-vous. Je vais vous dicter un courrier à l'intention des autorités, et un autre pour lord Elgin.

— Lord Elgin ? Qui est ce type ? questionna la jeune fille.

— Ce « type », mademoiselle Schlesin, c'est Victor Alexander Bruce, comte de Elgin et de Kincardine, neuvième du nom, et ex-vice-roi des Indes. Il occupe depuis un an le poste de secrétaire d'État aux Colonies.

S'adressant à moi, il ajouta :

— Hermann, je vais avoir besoin de votre aide. Nous devons organiser un meeting géant et je crains qu'aucune salle n'accepte de nous accueillir. Vous connaissez, je crois, Leonard Rayne, le propriétaire du Théâtre impérial. Il est juif, comme vous. Pensez-vous pouvoir intercéder en notre faveur ?

— Je m'en occupe. Et je prendrai à ma charge la location de la salle.

— Je n'en attendais pas moins de vous. Merci, mon frère. Le soutien de certaines personnalités respectées par notre communauté, va nous être indispensable. Je pense à Abdul Gani, l'actuel président de la British Indian Association[1], à Haji Ojer Ali, qui possède une grande connaissance des affaires publiques, et à sheth[2] Haji Habib.

Il revint s'asseoir à son bureau.

— Vous rappelez-vous, Hermann, de ce que je vous ai dit lorsque nous étions à Mountain View à propos du refus de la violence face à l'agression, l'*ahimsa* ?

— Parfaitement.

— C'est l'attitude que mes frères doivent adopter. Plier sans rompre. La réussite dépendra de leur capacité à refuser d'appliquer la loi du talion, à se convaincre qu'ils sont porteurs de la vérité et que la vérité est indestructible. Immuable. Rester ferme *dans* la vérité. Vous me suivez ? D'ailleurs, il faudrait que nous inventions un mot neuf pour qualifier notre stratégie. C'est important, les mots. Ils s'incrustent en nous. On peut s'y appuyer.

Il poursuivit d'une voix posée :

— En gujarati, nous utilisons l'expression anglaise « résistance passive ». Elle ne me satisfait pas.

Il ajouta dans la foulée :

— Je vais lancer un concours.

---

1. L'association avait été fondée en 1903, par Gandhi, en signe de protestation contre la législation qui lésait les droits de la communauté indienne.
2. Titre que l'on donne habituellement à un grand homme d'affaires, ou plus généralement à une personne très riche.

— Un concours ? s'exclama Sonja.

— Oui. Dès demain, j'offrirai une prime, pour la forme, bien sûr, au lecteur de l'*Indian Opinion* qui formulera la meilleure proposition. Elle devra absolument contenir le mot « vérité ».

*

Quelques jours plus tard, alors que nous étions réunis à Phoenix et que les suggestions fusaient, Maganlal, l'un des neveux de Gandhi, proposa le terme *sadagraha*. Vérité et fermeté.

— C'est bien, approuva Mohan. Néanmoins, je pense qu'on pourrait l'améliorer.

Il réfléchit quelques instants puis :

— Que dites-vous de *satyagraha* ?

— *Satyagraha* ? fit Maganlal.

— Oui. *Satya*, la vérité et *graha*, force. Ce sera « Le combat pour la vérité ». Ce que nous allons opposer aux autorités n'a rien à voir avec de la passivité. Ni avec de la résistance passive. Mais avec la vérité et la fermeté. La vérité est une force agissante. L'arme absolue.

Sur le moment, la transcription de ces deux mots ne me parut pas évidente et, à ce jour, elle me semble toujours aussi floue. Il n'en demeure pas moins que nous nous sommes mis à répéter en chœur : *satyagraha, satyagraha, satyagraha*... Et l'expression fit l'unanimité.

Ce fut aussi à cette occasion que je rencontrais Harilal, le fils « rebelle » de Mohan. Il devait avoir dix-huit ou dix-neuf ans et je lui trouvai une forte ressemblance avec son père. À l'opposé de sa jeune épouse, Gulab, pleine de vie, Harilal me fit l'effet d'un être taciturne, voire éteint. Mais derrière cette apparence je le soupçonnais capable de grandes colères. Au fil des mois, lorsque j'eus l'opportunité de me rapprocher de lui, j'ai pu mesurer le fossé qui le séparait de Mohan. Un fossé qui jamais ne se combla. Il ne s'agissait pas seulement du choc de deux personnalités différentes, mais d'une opposition idéologique. Gandhi a toujours considéré Harilal comme étant « spirituellement malade ». Sans voir que l'homme se débattait comme il pouvait pour tenter de s'incarner, ne plus être seulement le « fils du Mahatma ». En tout cas, sa venue à Phoenix démontrait qu'il était disposé à « rentrer dans le rang » et à se mettre au service de la cause, du moins pour un temps.

*

Il faisait nuit sur la petite colonie. Des myriades d'étoiles couvraient le ciel. Mon avenir y était-il inscrit ? Voilà que mon existence s'était engagée sur un chemin inattendu, dans les pas de Gandhi. Je voyais bien ses outrances et je n'étais pas dupe. Mais rencontre-t-on tous les jours un homme qui accepte d'être livré en pâture pour que triomphe la justice ? Un homme capable de rendre possible l'impossible. Ses comportements pouvaient être critiquables. Ils l'étaient. Mais je savais aussi qu'il existait un autre Gandhi. Celui avec lequel je partageais des émotions sublimes et des instants d'une intensité rare. Comme je savais aussi combien ses premières années dans ce pays l'avaient blessé.

Un événement tel que cette nuit à Maritzburg avait dû lui laisser une marque indélébile, mais que dire alors de la nouvelle humiliation subie quarante-huit heures plus tard ? Jamais je n'oublierai le récit qu'il m'en a fait, un soir où nous étions tous les deux à

l'écart du monde. Cela s'était passé le lendemain de
la nuit de Maritzburg.

*

Charlestown, 5 juin 1893

Gandhi se présenta devant la diligence et remit
son billet à l'agent responsable, un individu au visage
émacié. Sans même s'en assurer, l'homme déclara :

— Ton billet n'est plus valide.

— Impossible. Vérifiez, je vous prie.

— De toute façon, il n'y a plus de place à l'intérieur !

Gandhi jeta un coup d'œil dans la berline.

— Vous vous trompez. Il en reste une. La mienne.

— Écoute-moi, soit tu restes ici, soit tu t'assois à
l'extérieur.

Il désigna un petit siège métallique saillant situé
à la droite du cocher.

— Il me semble, fit observer Gandhi, que cette
place vous est habituellement destinée.

— Tu commences à me fatiguer ! Tu poses tes
fesses là ou tu couches à Charleston.

Gandhi serra les dents. Une nouvelle fois, il se
retrouvait victime de cette odieuse ségrégation.

Que faire ? Sinon obéir.

Sur le coup de 3 heures, la diligence arriva à
Pardekop.

Aussitôt, prétextant qu'il avait envie de fumer et
de prendre l'air, l'agent exigea de Gandhi qu'il cède
la place, emprunta au cocher un vieux morceau crasseux de toile de sac, l'étendit sur le marchepied et
ordonna :

— Pose tes fesses là, *sami* !

Cette fois, Gandhi estima que l'affront dépassait les bornes. Tremblant de colère, il répliqua :

— Tout à l'heure, c'est vous qui m'avez imposé ce siège, alors que j'aurais dû m'asseoir à l'intérieur. Je n'ai pas relevé l'insulte. Et voilà que, parce qu'il vous a pris l'envie de vous asseoir à l'extérieur pour fumer, vous voudriez que je m'installe à vos pieds ? Je n'en ferai rien !

Comme s'il n'avait attendu que cet instant, l'homme bondit sur Gandhi et le gifla. Il l'empoigna ensuite par le bras et essaya de l'arracher à son siège. Sans succès. Avec la rage au cœur, Gandhi se cramponnait à la rampe en cuivre qui servait d'accoudoir.

— Descends d'ici, *sami* ! Sinon il va vraiment t'en coûter !

Et il se remit à cogner sur sa victime. Plus les coups redoublaient, plus Gandhi s'accrochait.

Finalement, certains voyageurs finirent par s'apitoyer.

— Allons, laissez-le tranquille ! implora une femme. Ne le frappez plus !

Un homme intervint à son tour.

— Après tout, il n'est pas dans son tort. S'il ne peut pas rester où il est, il n'a qu'à venir s'asseoir avec nous.

— Il ne manquerait plus que ça ! aboya l'agent.

Mais devant les protestations, il finit par capituler. Il ordonna à un serviteur noir assis à côté du postillon de se mettre sur le marchepied, tandis que lui prenait la place sur le siège laissé libre.

La diligence repartit. Mais tout au long du trajet, l'agent n'eut de cesse de jeter des regards irrités à Gandhi en marmonnant : « Attends seulement que nous soyons arrivés et je te montrerai de quel bois je me chauffe. »

En fin de compte, la diligence entra dans Standerton. Épuisé, mais aussi terrorisé, Gandhi décida de s'arrêter pour la nuit. Une ultime humiliation l'attendait. Il prit un fiacre et pria le cocher de le mener au Grand National Hotel. Le seul établissement confortable de la ville. Une fois là, il demanda au réceptionniste une chambre. L'homme l'examina un instant avant de lui répondre : « À mon grand regret, nous sommes au complet », et lui signifia son congé. La stupidité raciste s'était encore exprimée. Heureusement, Dada Abdullah, l'employeur de Gandhi, lui avait communiqué l'adresse d'amis indiens. Ce fut l'un d'entre eux qui l'hébergea.

*

En concluant son récit, il m'avait dit :
— Le plus ironique dans cette affaire, c'est l'usage du mot *sami*. Comme la majorité des Indiens appartiennent à la catégorie des travailleurs manuels, aux yeux des Anglais les Indiens ne peuvent être que des coolies, ou des *samis*. Or – et c'est risible –, ces gentlemen ignorent qu'en vérité le mot *sami* signifie maître en sanskrit.

Et il m'avait fixé en murmurant :
— Il est possible de changer le monde. Je le ferai changer.

*

Théâtre impérial, Johannesburg 11 septembre 1906

Un frisson m'envahit, tandis que je parcourais du regard cette salle saturée, chauffée à blanc. Les appels lancés par Mohan durant toutes ces semaines, les éditoriaux, les lettres ouvertes avaient porté leurs fruits. Jamais de mémoire d'Indiens on n'avait vu pareille foule réunie. Trois mille personnes !

La salle vibrait du fracas des voix tamiles, guja-raties, hindies. Les quelques femmes présentes étaient drapées de saris. Jaillissement de couleurs éclatées. Les hommes étaient vêtus à l'européenne ou portaient des dhotis[1] ; quelques-uns arboraient le turban ; d'autres étaient crânes nus. Parmi eux, se trouvaient de riches marchands, des mineurs, des avocats, des travailleurs manuels, des conducteurs de pousse-pousse, ou de pauvres boutiquiers.

Sonja Schlesin et moi-même étions assis au dernier rang. Polak et Millie avaient trouvé des places sur une autre rangée. West était absent. Quelques semaines auparavant, lui et son épouse avaient décidé de partir visiter leur famille en Angleterre.

Sur la scène, on apercevait Sheth Haji Habib, le richissime homme d'affaires, Mr Abdul Gani, le président de la *British Association*, Gandhi, ainsi que des délégués représentant les dix-huit mille Indiens du Transvaal.

Le premier à prendre la parole fut Abdul Gani.

Il discourut pendant une trentaine de minutes et, dans ses propos, j'identifiai sans peine la plupart des principes défendus par Gandhi. Il était question d'honneur et d'une série de résolutions à prendre sans tarder. Une fois son discours terminé, ce fut autour de sheth Haji Habib de s'exprimer. Il usa, à quelque chose près, des mêmes expressions que son compagnon et termina son exposé par ces mots :

— Le gouvernement a pris congé de toute décence. Nous serions indignes et lâches si, devant l'agression dont nous sommes victimes, nous restions immobiles, les bras croisés. Au nom de Dieu, je ne me soumettrai pas à cette loi !

---

1. Vêtement traditionnel composé d'une longue bande de coton rectangulaire que l'on noue autour de la taille et dont le drapé forme un pantalon.

Ce serment inattendu, prononcé sans doute sous le coup de l'émotion, allait occuper une place déterminante dans les propos que Gandhi s'apprêtait à tenir. Le soir, alors que nous nous sommes retrouvés tous les deux, il m'avoua avoir été pris totalement de court en écoutant Haji Habib, ensuite, très vite l'idée de faire prêter serment à toute l'assemblée s'imposa à son esprit.

Tout au long de l'après-midi, plusieurs discours furent ainsi prononcés par les délégués dans une variété de dialectes indiens puis, finalement, Abdul Gani annonça :

— À présent, il est l'heure de donner la parole à l'homme à qui nous devons d'être rassemblés en ce jour, celui qui s'est battu contre l'*Immigration Law Amendment Bill* et a permis que cette taxe inique soit réduite de manière conséquente. Le fondateur du Congrès indien du Natal. L'homme qui, depuis des années, lutte pour que nos droits soient respectés. Notre frère, Mohandas Karamchand Gandhi !

Il était 17 h 06.

Mohan se leva et marcha jusqu'à l'avant-scène.

Lorsqu'il mit ses mains jointes devant sa poitrine pour saluer, je vis qu'elles tremblaient un peu.

D'abord un peu frêle, un peu vacillante, sa voix s'affermit à mesure qu'il parlait. Il exposa les raisons majeures du combat que la communauté se devait d'entreprendre, les rapports avec le gouvernement du Transvaal et l'Angleterre. Brusquement se produisit un changement de ton, une vibration nouvelle.

— Tout à l'heure, Haji Habib a déclaré qu'au nom de Dieu il ne se soumettrait pas. Non seulement j'approuve cette idée, mais je souhaite qu'à la fin de cette réunion, nous prêtions tous serment. Toutefois, je dois vous prévenir. Musulmans ou hindous, nous croyons tous en un seul et même Dieu. Prêter serment n'est pas quelque chose à prendre à la légère.

Car si nous violons notre engagement, nous serions non seulement coupables devant les hommes, mais aussi devant Dieu.

Il prit une courte inspiration.

— C'est pourquoi je vous demande ardemment de bien réfléchir. Si vous prêtez ce serment, préparez-vous au pire. Nous pourrions être jetés en prison, insultés. Nous pourrions être fouettés par des geôliers sans cœur. Nous pourrions avoir à souffrir de la faim, de la chaleur ou du froid. Le travail forcé peut nous être imposé. On pourrait nous infliger de lourdes amendes et nos biens pourraient être saisis. Ceux qui sont opulents parmi vous aujourd'hui seraient réduits à une pauvreté abjecte demain. Nous pourrions même être expulsés d'Afrique du Sud.

Alors qu'il s'exprimait, je repensais à l'anecdote dont il m'avait fait part un jour, qui remontait au temps de son séjour à Londres. « Un soir, je devais prendre position en faveur du végétarisme. J'avais rédigé un bref discours. Je me levais pour le lire, j'en fus incapable. Tout se brouillait devant mes yeux, la tête me tournait et je tremblais comme une feuille. Finalement, un collègue se dévoua pour lire mon texte. »

Était-ce bien le même personnage qui, en ce moment, haranguait une foule de trois mille personnes sans faillir ?

— Au cas où l'on me demande quand et comment la lutte s'achèvera, je répondrai que, si l'ensemble de la communauté résiste vaillamment, la victoire sera proche. En revanche, si nos rangs se disloquent sous la tempête, la lutte ne pourra que se prolonger. C'est la raison pour laquelle je vous conjure de ne prêter serment que fermement décidés à aller au bout du combat.

Quelques gouttes de sueur perlèrent à son front qu'il fit disparaître du bout de l'index.

— Avant de conclure, il me reste un point de la plus haute importance à vous préciser : Une victoire remportée grâce à la violence équivaudrait à une défaite, car elle serait provisoire. Si nous pratiquions la loi du Talion, nous ne serions guère différents de nos oppresseurs ; bien plus grave encore : nous trahirions la raison même de notre combat qui est l'affirmation de la vérité. La vérité est la seule voie. Ne vous méprenez pas. Je n'attends pas de vous de la soumission, mais de la fermeté. La fermeté dans la vérité.

Il fixa la foule.

— *Satyagraha !*

Il y eut quelques secondes de flottement, avant que, debout comme un seul homme, les trois mille personnes ne se dressent en reprenant :

— *Satyagraha ! Satyagraha !*

Je promenais mon regard autour de moi. Ce public n'était plus composé de personnages, mais d'âmes embrasées.

— Êtes-vous d'accord pour que nous prêtions serment ?

Un grand cri lui répondit. Un oui unanime. Trois mille mains dressées vers la voûte du théâtre.

Alors, les rares personnes encore assises se levèrent pour entonner le *God Save the King*...

Je jetai un coup d'œil vers Sonja et constatai qu'elle avait les larmes aux yeux. Je n'en fus pas surpris. Pourquoi l'aurais-je été ? Ce à quoi nous venions d'assister n'était pas le simple discours d'un homme.

Nous venions d'assister à la naissance du Mahatma.

13

— Le Théâtre impérial a brûlé !

Je dévisageais Reynolds avec incrédulité.

— Qu'est-ce que tu me racontes ?

Il répéta :

— Le théâtre où vous étiez réunis hier a brûlé. Il ne reste que des décombres calcinés. Il s'agit peut-être d'un acte malveillant.

Si Reynolds avait raison, cela voulait dire que les Afrikaners avaient déclaré la guerre à la communauté asiatique.

— Il faut que j'aille voir Mohan, dis-je en me levant.

— Stop, Hermann !

Il s'interposa entre la porte et moi.

— Nous devons parler. C'est important.

— Je t'écoute.

— Voilà des mois et des mois que tu te désintéresses de nos affaires. Qu'espères-tu ? Un dépôt de bilan ?

— Nous ne sommes pas en faillite que je sache. Nous avons un chantier en cours. Où est le problème ?

— Le problème, mon cher Hermann, c'est que tu es obsédé par ton Gandhi. Une fois l'immeuble de la *Beit Trust* achevé, le grand vide nous attend. Pour tout te dire, je suis fatigué de porter le poids de cette boîte tout seul. J'envisage de vendre mes parts.

— Parfait. Je te les rachète.

Alors que je l'écartais pour aller vers la porte, il me retint par le bras.

— Une question : j'aimerais que tu m'expliques la raison de cet envoûtement. Car tu es envoûté, Hermann, je le vois bien. Que t'apporte cette relation avec cet Indien ?

— La jubilation de servir à quelque chose.

Je mis fin à notre échange et je fonçais au 4, Rissik Street.

Sonja m'ouvrit la porte.

— Vous êtes au courant, je suppose ?

La jeune fille opina avec tristesse.

— Il paraît que l'incendie s'est déclenché dans les heures qui ont suivi le meeting. Vous croyez qu'il s'agit d'un accident ?

— Je ne sais pas, Sonja. Je préférerais.

Comme j'allais me diriger vers le bureau de Mohan, elle m'arrêta dans mon élan :

— Il n'est pas là. Il est sorti dès qu'il a pris connaissance de la nouvelle dans le *Mercury* de ce matin.

— Savez-vous où il a pu aller ?

— Il m'a seulement dit qu'il avait besoin de marcher. Il semblait très choqué.

Je suis ressorti et j'ai pris la direction du sud. Je connaissais un petit parc où Mohan aimait se promener après déjeuner. Il s'y rendait souvent avec Albert West. Lorsque j'ai fini par le trouver, il était assis au pied d'un arbre, les yeux fermés. Les jambes repliées sous ses cuisses. Il paraissait somnoler.

— Mohan.

Il ne broncha pas et, les yeux toujours clos, murmura :

— Un temps magnifique.

Je me laissai choir à ses côtés.

C'est vrai, il faisait un temps splendide. J'imaginais la floraison qui reprenait ses droits au pied des

Montagnes du Dragon. Les rivières dégelées poursuivant leur course et la steppe capturant le soleil. Ma tension retomba. Je gardais le silence. Ce fut Mohan qui le rompit.

— J'ai repensé au meeting, Hermann. Une grande réussite.

— Sûrement. Hélas, les générations futures ne pourront plus identifier le lieu où il s'est déroulé.

— Quelle importance ? Est-ce les lieux qui comptent ou l'événement qui s'y produit ?

Il ouvrit les yeux.

— J'ai beaucoup réfléchi. Comme vous le savez, le Transvaal n'est toujours pas autonome, il demeure sous la tutelle de l'Angleterre. Vous comprenez ?

— Parfaitement.

— Or, tout porte à croire que les généraux Smuts et Botha sont à la veille d'arracher cette autonomie aux autorités britanniques. C'est une affaire de mois, voire de semaines. Une fois qu'ils l'auront obtenue, alors plus rien ne les empêchera d'appliquer le *Black Act*. Par conséquent, avant qu'il ne soit trop tard, c'est à Londres que nous devons maintenant agir en priorité. La clef se trouve auprès de ce... « type », comme dit notre Sonja. Lord Elgin. Le secrétaire d'État aux Colonies.

— Vous songez donc à vous rendre en Angleterre.

— Ai-je le choix ? Lord Elgin est le dernier rempart.

Il tourna son visage vers le ciel.

— Entre-temps, rien ne nous empêche d'agir ici. Je vais demander une audience à sir Patrick Duncan. Il est le représentant des Anglais dans le Transvaal et occupe la fonction de ministre.

— Croyez-vous qu'il acceptera de vous recevoir ?

— Je vous l'ai dit un jour, Hermann : le risque, le vrai, réside dans l'absence de risque.

Il se leva.

— Mon train pour Phoenix part dans une heure. Quand je pense à la tâche qui m'attend, je suis pris de vertige. Mais c'est un délicieux vertige.

Je me levai à mon tour.

— Je vous rejoindrai à la fin de la semaine.

Son visage s'illumina.

— Je n'osais vous le demander.

— Vous auriez dû...

Et j'affichai un sourire en coin.

— Le risque, le vrai, réside dans l'absence de risque.

*

Phoenix avait encore évolué. À présent, ils étaient une centaine d'Indiens, musulmans et hindous, à vivre ici, parmi lesquels une quinzaine d'enfants entre cinq et dix-sept ans, et quelques Européens en mal d'idéalisme. Mais dans le même temps que la colonie avait crû, les maux s'étaient multipliés ; celui de l'eau potable n'étant pas le moindre. Au départ, on avait envisagé de creuser un puits. Mais, faute de moyens, le projet fit long feu. Les colons ne disposaient donc que de l'eau de pluie pour seule ressource, recueillie dans des citernes posées sur le toit des bâtiments. Cette réserve aurait pu suffire, si un élément imprévu n'était venu perturber cet équilibre. À quelques centaines de mètres vivait une tribu zouloue. Avant notre arrivée, ses membres se contentaient de boire de l'eau insalubre sans trop se soucier des maladies. Or, depuis la fondation de Phoenix, ils avaient pris l'habitude de venir se désaltérer auprès des colons, ce qui diminuait d'autant la quantité d'eau dévolue à chacun. Et lorsque la pénurie sévissait pendant les mois de sécheresse, ce partage devenait un véritable souci. Évidemment, personne n'eut imaginé opposer un refus à ces gens. Gandhi ne l'aurait jamais pardonné.

L'eau, mais aussi la protection des potagers.

Aucune maison ne disposait de clôture. Aucun champ non plus. Chaque résident connaissait les limites du territoire qui lui avait été attribué. Non loin de là, quelques fermes étaient disséminées. Elles aussi ne disposaient d'aucune enceinte. Ânes et mulets évoluaient en toute liberté. Dès que germaient les carottes et autres légumes, les quadrupèdes, qui avaient repéré les plantations, déboulaient la nuit dans Phoenix et s'en donnaient à cœur joie. Les colons protestèrent auprès des fermiers, on essaya d'ériger des piquets, mais sans grand résultat.

Et les serpents.

Dès le premier jour, j'avais fait observer qu'ils pullulaient, Chhaganlal s'en était plaint, mais Mohan n'eut jamais l'air de s'en préoccuper. Il s'arc-boutait à l'idée qu'il y avait largement de la place pour qu'hommes et animaux cohabitent pacifiquement. À vrai dire, je me demande encore aujourd'hui par quel miracle personne n'a été mordu mortellement, car, si dans leur très grande majorité les reptiles n'étaient pas venimeux, certains pouvaient vous tuer un homme en deux minutes. Parmi eux, le redoutable mamba noir. C'était le serpent le plus grand après le cobra, le plus rapide du monde et surtout le plus agressif. Régulièrement, la présence de ces reptiles donnait lieu à des débats enflammés entre Millie, l'épouse de Polak, qui estimait que l'on avait le droit de les tuer pour se défendre, et Mohan, qui s'y opposait au nom du droit à la vie pour tous.

— Pourquoi estimez-vous qu'une vie humaine a plus d'importance aux yeux du Créateur qu'un animal ? s'était récrié un jour Mohan.

— Parce que l'homme est au sommet de l'échelle de la création, avait rétorqué Millie.

— Pourquoi le placez-vous au sommet ?

— Parce qu'il a la faculté de se poser la question de l'existence de Dieu, ce qui n'est pas possible pour un animal.

— Et dans l'échelle de la violence, n'estimez-vous pas que l'être humain se positionne largement au premier rang ? Un animal tue parce qu'il a faim. L'homme tue et torture car il est inspiré par la cruauté. Il n'a pas plus le droit de vivre qu'un serpent.

— Un être humain n'a pas à se laisser tuer par un animal sans tenter de se défendre pour survivre.

— Mais pourquoi doit-on tuer ? La terre n'est-elle pas assez grande pour les hommes et les animaux ?

Et la discussion s'éternisait jusqu'à l'aube, Mohan invoquant des légendes indiennes qui parlaient d'humains vivant en parfaite harmonie auprès des bêtes les plus féroces.

On aurait pu croire que les principes qu'il défendait appartenaient à la théorie, jusqu'au jour où j'eus la preuve que ce n'était pas le cas.

Un matin, alors qu'il venait d'entrer dans la remise pour récupérer sa bicyclette, il tomba nez à nez avec deux énormes mambas. Dès qu'ils l'aperçurent, les reptiles ondulèrent avec une lenteur menaçante, levant la tête, comme prêts à attaquer. La remise était bien trop petite pour permettre à Gandhi de battre en retraite. Il pouvait essayer de ressortir, mais cela signifiait abandonner la bicyclette qu'il était venu chercher. Or, ayant un rendez-vous important à Durban, il n'envisageait pas de parcourir à pied les six miles. C'est du moins ce qu'il m'expliqua. De même, il me confia que son premier réflexe fut de chercher un outil quelconque pour essayer de tuer les deux mambas. Mais à peine cette idée eut-elle traversé son esprit, qu'il s'était dit tenir l'occasion de mettre ses convictions à l'épreuve. « L'amour

145

vaincra toutes choses, se répéta-t-il, et l'homme ne doit rien craindre des créatures que Dieu a créées. »

Alors, il s'est efforcé de rester calme et d'éradiquer non seulement le sentiment d'effroi qui l'avait envahi, mais son aversion. Il commença lentement à se déplacer vers la porte. Lentement, il s'en approchait.

C'est à ce moment que je suis arrivé et que j'ai découvert la scène.

Dans les yeux de Mohan, j'ai lu qu'en aucun cas je ne devais tenter quoi que ce soit. D'ailleurs, étant donné la promiscuité entre les mambas et lui, qu'aurais-je pu faire ?

Il fit un petit pas de plus. Encore un, et se retrouva à l'extérieur de la remise.

C'est le moment que choisirent les serpents pour ramper à sa suite. Je restais pétrifié. Gandhi, lui, s'était tranquillement adossé à la porte pour leur libérer le passage. Le premier mamba frôla sa jambe, le second aussi, et ils s'évanouirent dans les broussailles.

— Alors, Hermann, me lança-t-il amusé. Vous voyez que les animaux que l'homme n'agresse pas, ne l'agressent pas non plus ? Vous raconterez la scène à Mrs Polak, j'espère !

Inutile de dire que je me suis empressé de rapporter l'histoire non seulement à Millie, mais à toute la colonie. Elle fit grande impression, mais je n'ai jamais entendu parler de quelqu'un d'autre qui prit le risque de répéter l'expérience.

Fidèle à son vœu de *brahmacharya*, il ne dormait plus avec sa femme, mais partageait la même maison que ses neveux, Chhaganlal et Maganlal. Lorsque je suis venu le retrouver à Phoenix, il quitta ces derniers pour s'installer avec moi. Ainsi, nous pouvions profiter de la nuit pour débattre in extenso des thèmes qui nous tenaient à cœur. La vie, la mort, l'amour, l'avenir, nous. C'était là des moments précieux qui nous permettaient de nourrir nos liens et, je crois, de nous enrichir mutuellement.

Je résidais à Phoenix depuis trois jours, lorsque je me suis aperçu que quelque chose ne tournait pas rond entre Polak et Gandhi. C'est à peine si les deux hommes s'adressaient la parole et l'ambiance, habituellement joviale et décontractée, avait cédé la place à une atmosphère lourde, pour ne pas dire désagréable, que seule la présence des enfants allégeait un peu. Je faillis questionner Mohan, mais j'estimais que s'il ne m'en avait pas parlé, c'est qu'il ne le souhaitait pas.

Au matin du quatrième jour, profitant d'un moment où je me retrouvais en tête à tête avec Millie Polak, je décidais de m'enquérir de la situation.

— Tout est parti d'un article paru dans le *New Observer*, qui est comme vous le savez, un magazine à grand tirage. Son auteur, un journaliste sud-africain bien connu, a rédigé un édito sur l'immigration indienne qui n'est qu'un tissu de mensonges et d'inexactitudes. Henry l'a fait remarquer à *bapou*, et l'a adjuré de répondre à ces déclarations qui mettaient à mal l'image de la communauté indienne. Henry estimait aussi que cet article qui serait lu en Angleterre, aurait de graves répercussions au sein de la population. *Bapou* a refusé. Henry s'est mis en colère. Et la discussion a tourné court. Mais ce qui me chagrine le plus à présent, c'est la réaction de Kasturba.

— Kasturba ? Qu'a-t-elle à voir dans cette histoire ?

— Hier après-midi, elle m'a abordée et, tout comme vous, elle voulut savoir ce qui se passait. Je lui ai expliqué que Henry en voulait à *bapou*. « Pour quelle raison ? m'a-t-elle demandé. Qu'a fait mon mari ? » Je lui ai répondu : « Justement, il n'a rien fait. » Et je lui ai raconté toute l'histoire.

— Et ?

— Oh, oh…

— Pardon ?

— Oh, oh… Ce fut son seul commentaire. Ensuite, elle m'a tourné le dos et m'a plantée là. En vérité Hermann, ce n'est pas cette attitude qui m'a causé du chagrin, mais la déduction que j'en ai retirée.

— C'est-à-dire ?

Millie mit un temps avant de déclarer :

— Je suis convaincue que Kasturba n'était pas du tout désolée que Henry et *bapou* soient brouillés. Je dirais même qu'elle était contente.

J'ai tenté de rassurer Millie comme j'ai pu. Mais au tréfonds de moi, je n'étais pas étonné de la réaction de *Bha*. Si la plupart du temps elle faisait preuve d'abnégation face à ce que lui imposait Gandhi, il lui arrivait d'être saturée, lassée par la promiscuité de tous ces gens qui violaient son intimité. Il se peut aussi, mais ce n'est que mon sentiment, qu'elle n'ait pas apprécié qu'un jour, Mohan déclare ouvertement : « Polak a deux épouses, Millie et moi. »

Le 28 septembre, une lettre informa Gandhi que sir Patrick Duncan voulait bien lui accorder une audience dans ses bureaux de Pretoria. Une fois de plus, la tactique qui consistait à submerger l'adversaire de lettres et de pétitions avait porté ses fruits. Il y avait trois cent quatre-vingts miles de Durban à Pretoria. Un voyage long et fastidieux. Sheth Haji Habib décida de s'y rendre avec Mohan. Je fis de même.

Le 30 septembre, le secrétaire de sir Patrick introduisit les deux hommes dans le cabinet du ministre.

Lorsqu'ils ressortirent une heure trente plus tard, ils paraissaient refroidis.

— Alors ?

— Nous lui avons longuement exposé la situation, m'expliqua Mohan. Nous lui avons fait part de nos récriminations. Il semble...

Sheth Haji Habib le coupa :

— Je lui ai dit, entre autres, que je ne répondais de rien si un policier débarquait à mon domicile pour prendre les empreintes digitales de ma femme. Je serais capable de le tuer et ensuite de me suicider !

Gandhi se mit à rire.

— Tu ne tueras personne mon ami. Il existe plusieurs causes pour lesquelles je suis prêt à mourir, mais aucune pour laquelle je suis prêt à tuer. Mais tu as bien fait de t'exprimer puisque sir Patrick a paru comprendre. Nous avons marqué un point. Un tout petit point, c'est un début.

— Que voulez-vous dire ?

— Il nous a assuré qu'il exigerait des autorités du Transvaal qu'elles retirent de la loi l'article qui concerne les femmes.

— Quant à la loi elle-même ?

Sheth Haji Habib m'expliqua avec amertume :

— Duncan est resté inflexible. Selon lui, ni Botha ni Smuts ne peuvent faire marche arrière sous peine de voir se soulever toute la population blanche. Au mieux, nous pourrions obtenir l'adoucissement de certaines ordonnances.

— C'est donc l'impasse.

— L'impasse ? se récria Gandhi, oh que non ! Je suis persuadé que si nous poursuivons le combat, nous aurons des chances de l'emporter.

Une lueur farouche éclaira son regard.

— Londres. L'antre du lion. Ce sera la prochaine étape.

14

À bord du *S.S Armada Castle*,
6 octobre 1906

Mon très cher ami,

Je m'empresse de vous écrire, alors que voici trois jours à peine nous nous sommes dit au revoir sur le quai de Port Elizabeth.

Je souffre le martyre depuis que je suis sur ce navire. Une rage de dents me provoque des élancements jusqu'au sommet du crâne. Il faudra que je me précipite chez un dentiste dès que nous serons à Londres. Mais ce ne sera pas avant trois semaines. Haji Ojer Ali n'est guère mieux loti. Il souffre d'une épouvantable crise de rhumatismes. Malgré ma souffrance, je lui sers de nurse. Je lui conseille les plats qu'il doit manger et ceux qu'il doit éviter, et – vous vous en doutez – je lui applique le régime de ce cher Dr Kuhne. Bains de siège et douche chaude et froide tous les matins. Je pense qu'il sera vite remis sur pied. Je suis heureux qu'il ait accepté de me soutenir dans ma démarche. Il connaît parfaitement le milieu parlementaire britannique, il est riche, il parle couramment l'anglais et le néerlandais, et je me suis laissé dire que certains députés le tiennent en haute estime.

Sheth Haji Habib, lui, semble s'accommoder parfaitement de cette traversée.

Il faut reconnaître que les cabines de première classe sont d'un grand confort et le bateau est aussi grand qu'une petite ville. Il doit bien y avoir un millier de personnes à bord, mais il n'y a aucun bruit, aucun désordre.

Je lis beaucoup. Je lis et j'observe la vie autour de moi ; celle de l'équipage anglais et des passagers essentiellement. Je suis très impressionné par l'efficacité des officiers et leur sens de la discipline, au point que j'ai rédigé ce petit texte que je vous soumets :

« *Quand il décide de profiter de la richesse et du pouvoir, l'Anglais excelle et tire aussi le meilleur de la pauvreté. Lui seul possède le sens du commandement et celui de l'obéissance. Dans son comportement, il sait se montrer grand avec les grands et modeste avec les petits. Il sait comment gagner de l'argent, et comment le dépenser. Il sait comment converser et se mouvoir dans la société. Les Anglais que j'ai observés pendant la guerre semblaient bien différents. Ils accomplissaient eux-mêmes leur travail, parcouraient de longues distances et se nourrissaient de bien peu. Ici, sur ce navire, le citoyen anglais ne fait rien. Il se contente d'appuyer sur un bouton, et aussitôt un préposé apparaît devant lui prêt à exaucer tous ses désirs. Il exige des plats variés, mange dans des assiettes de porcelaine. Tous les jours, il change de tenue. Et tout ceci se déroule dans une parfaite harmonie. Comment ce peuple pourrait-il ne pas régner ?* »

Je vous laisse méditer, mon ami et vous quitte avec ma tendre affection. Vous me manquez déjà.

Mohan.

P.-S. : J'espère que vous veillez bien sur Phoenix et je vous remercie du fond du cœur d'avoir accepté d'y résider pendant mon absence. Que serais-je sans vous, mon ami ?

Je me suis souvent posé des questions sur cette admiration que Mohan exprimait ouvertement pour l'Angleterre. Un temps, j'ai cru qu'il s'agissait d'une fascination malsaine ; celle que le dominé éprouve pour le dominant, la proie pour son prédateur. Mais non. Il souhaitait faire passer un message à ses frères indiens qu'il jugeait trop laxistes : « Prenez exemple sur les Anglais ! »

Cela étant, depuis quelques mois, les choses avaient beaucoup changé. Le mimétisme des premières années semblait s'estomper. Il ne portait plus qu'en de très rares occasions le costume trois-pièces, lui préférant le dhoti et les sandales (qu'il se fabriquait lui-même comme je le lui avais enseigné). Et le temps était révolu où il cherchait à imposer à sa famille des mœurs qui heurtaient leurs habitudes ancestrales.

Londres, Hôtel Cecil,
29 octobre 1906

Mon très cher Hermann,

Après plus de quinze ans, je vis étrangement ce retour à Londres. Il éveille en moi des sentiments mitigés. Mélange de nostalgie et de dépit. Il me semble parfois croiser au détour d'une rue un jeune étudiant qui me ressemble, silhouette frêle et timide, s'efforçant de jouer au dandy, persuadé qu'une vie réussie se résume à l'obtention d'un diplôme et à une intégration irréprochable au sein de la société des « gens bien ». Comment peut-il savoir ce qu'il m'a fallu des années à comprendre ? Le plus important ne consiste pas à se rapprocher des autres, mais de soi-même. Hasard extraordinaire, alors que nous débarquions à Southampton, quelle ne fut pas ma surprise de tomber nez à nez avec Albert West et son épouse Ada, qui s'apprêtaient à embarquer pour Durban. Ce fut un joli moment de retrouvailles. Albert m'a fait promettre de rendre visite à sa famille qui habite Louth près de Leicester. Je ne manquerai pas de le faire dès que mon emploi du temps me le permettra.

Nous sommes descendus à l'hôtel Cecil, entre les quais de la Tamise et le Strand. C'est une véritable splendeur. Un palace éblouissant. Si j'avais eu la possibilité, j'aurais opté pour un lieu beaucoup plus modeste, mais une bonne adresse est essentielle pour qui veut représenter dignement une communauté et lorsque l'on doit traiter avec de hautes personnalités. Nous avons transformé deux grandes suites en bureaux. Machines à écrire, secrétaires, rien ne manque. Deux étudiants indiens, ayant eu vent de notre arrivée à Londres, se sont proposés pour nous prêter main-forte. Leur aide est plus que bienvenue étant donné le travail auquel nous sommes confrontés. J'ai aussi retrouvé Louis Ritch (que vous avez bien connu à l'époque où vous fréquentiez la *Lodge Theosophical Society*). Il étudie actuellement le droit à l'université de Londres. Informé de notre présence, il nous a spontanément offert son aide. Figurez-vous que, depuis que nous sommes là, nous avons rédigé plus de cinq cents lettres à l'intention des députés, du Premier ministre, du secrétaire d'État et, bien évidemment, de la presse. J'ai grand espoir que tout ceci portera ses fruits et que lord Elgin acceptera de nous recevoir.

Sachez que malgré ce tourbillon dans lequel je suis plongé, pas un seul instant mes pensées ne vous quittent.

Avec mon affection,

Mohan.

P.-S. : Je n'ai toujours pas trouvé une minute pour aller consulter un dentiste.

Pas un seul instant mes pensées ne vous quittent. J'ai relu cette phrase plusieurs fois comme on se rassure d'entendre dans la maison les bruits de pas de ceux qu'on aime.

C'était la première fois que Mohan et moi étions séparés et tous les matins je m'éveillais avec une douleur sournoise au creux du ventre qui me rappelait combien j'étais lié à lui, et j'ai appris que la douleur pouvait être source de bonheur. Souffrir parce que l'autre vous manque vous confirme dans votre état de « vivant ». Souffrir de lui, aussi. Tant de personnes autour de moi traînaient une existence fade et stérile. Morne et repliée. Des vies gaspillées à gagner de l'argent, toujours encore plus, et à l'entasser. Comme Mohan me l'avait fait remarquer un jour : « Soit votre existence ressemble à un galet, et dans ce cas, l'eau glisse par-dessus avec indifférence. Soit elle ressemble à un caillou irrégulier que les flots feront vibrer. » Et, grâce à Mohan, je vibrais et j'avais appris quelque chose de fondamental : à quoi nous sert de vivre si l'on n'est vécu par personne ?

J'ai rangé la lettre et je suis sorti. La Linotype était tombée en panne et ne fonctionnait plus qu'avec la force des bras. Le mécanicien m'avait prié de lui ramener une pièce de Durban. Il était 9 heures, j'avais largement le temps de me rendre à la gare. Il avait plu toute la nuit, et de la terre gorgée d'eau montaient des odeurs enivrantes. J'ai récupéré une bicyclette de la remise et je m'apprêtais à m'engager sur la route lorsque Millie Polak m'a interpellé. Après avoir échangé quelques banalités, elle m'a confié :

— Nous avons trouvé une petite villa à Durban. Nous y emménagerons dès que *Gandhidji* sera revenu de Londres. D'ailleurs, à l'heure où je vous parle, Henry est en train de signer le bail.

— Vous quittez Phoenix ?

— Absolument. Vous comprenez, Hermann, ce style de vie est agréable, original, mais pas pour une longue durée. J'ai fait de mon mieux pour transformer en *home sweet home* la petite baraque qui nous sert de maison, mais je n'ai pas de baguette magique. Je suis une citadine. J'ai grandi dans les villes. Les serpents, les araignées et autres bestioles (elle fit une moue dégoûtée), ce n'est vraiment pas ma tasse de thé. Me croirez-vous si je vous disais que, depuis que je suis ici, pas une seule nuit je n'ai fermé l'œil ?

— J'imagine que ce n'est pas à cause du bruit.

— Ne vous moquez pas. Je passe le plus clair de mon temps à me battre contre les insectes, à guetter des créatures poilues et répugnantes, et il me semble entendre des coups de fusil.

— Des coups de fusil ?

— C'est sûrement mon imagination. Je n'y peux rien. Avec ces Zoulous qui vivent à quelques pas, et les Blancs qui rêvent de leur faire la peau, je ne suis pas tranquille.

— Je vous fais remarquer que voilà des semaines que la guerre est finie.

— Pas pour tout le monde. Il y a quelques jours, dans le train, j'étais assise en face d'un bonhomme, un molosse habillé tout en kaki. Il tenait à ses pieds un gros sac de toile. Nous avons bavardé de tout et de rien, jusqu'au moment où il a pointé son doigt

sur le sac et m'a dit d'un air parfaitement naturel :
« Vous ne devinerez jamais ce qu'il y a là-dedans. »
Et comme je gardais le silence, il a ajouté : « La tête
de Bambatha. »

— Vous n'êtes pas sérieuse !

— Je vous jure, Hermann.

— Allons, il plaisantait. Comment...

— Pas du tout, il a même fait mine d'ouvrir le
sac. Seulement, j'ai poussé un tel cri d'horreur, qu'il
s'est arrêté net. Non, vraiment, tout ceci n'est pas
pour moi.

Elle se tut avant d'annoncer :

— J'attends un bébé.

— Voilà une merveilleuse nouvelle. Toutes mes
félicitations !

— Je vous remercie. Vous voyez maintenant pourquoi nous devons partir d'ici ?

Je lui donnais raison, tout en souriant intérieurement. Comment réagirait Mohan en apprenant que
le couple avait enfreint allègrement ses recommandations de chasteté ?

J'observai :

— Henry démissionne donc de son poste de
rédacteur de l'*Indian Opinion*.

— Pas du tout ! Il viendra tous les matins et
repartira le soir. Et puis, Albert West prendra la
relève pendant le laps de temps où Henry sera
occupé par le déménagement.

Elle enchaîna :

— Avez-vous des nouvelles de *Gandhidji* ?

— Il m'a écrit. Mais sa dernière lettre est datée
du 29 octobre et je l'ai reçue le 15, c'est-à-dire hier.
Il semblait assez débordé et confiant. Je suppose
qu'entre ces deux dates, il a dû se passer bien des
choses là-bas. Patientons.

J'enfourchai ma bicyclette.

— Je suis désolé, Millie, mais je dois prendre le prochain train pour Durban. Encore toutes mes félicitations pour le futur bébé.

La route était hérissée de cailloux, crevassée, mais je trouvais quand même de la jubilation à l'emprunter. Son ruban se déroulait à travers une magnifique forêt de marulas, serpentait entre les fougères, avant de plonger vers de vastes champs de canne à sucre. Six miles de vrai bonheur.

Arrivé à la gare, j'ai rangé la bicyclette, et je me suis dirigé vers le quai. Il était 9 heures 45. Je me suis assis sur un banc près d'un homme, un Indien au visage orné d'une fine moustache relevée en pointes. À peine étais-je installé qu'il me dévisagea avec insistance, pour ensuite me demander timidement :

— Vous êtes Mr Kallenbach ? L'ami de *bapou* ?

J'ai fait oui.

Il joignit les mains devant sa poitrine.

— Mon nom est Virji. Mon cousin travaille à Phoenix, à l'imprimerie. Il traduit les articles et les annonces nécrologiques en tamoul. Je viens de lui rendre visite.

— Enchanté.

Il a repris.

— Vous vous rendez à Durban, je suppose ? Moi aussi.

J'opinais à nouveau.

— Mon cousin m'a dit que vous étiez très attaché à *bapou*. Je l'étais aussi dans le temps. Hélas.

Il exhala un profond soupir.

— Pourquoi dites-vous : hélas ?

— Parce qu'un triste malentendu nous a séparés.

— Pouvez-vous m'expliquer ?

Si j'avais pu imaginer les propos qu'il allait tenir, j'aurais préféré mille fois, ce jour-là, que cet homme garde le silence.

— Il y a quelques années, je travaillais comme cuisinier chez *bapou* dans sa villa de Beach Grove, à Durban. Je lui étais totalement dévoué. Or, un matin, voilà que *bapou* me présenta un jeune homme en me précisant qu'il vivrait désormais avec nous et qu'il occuperait la fonction de cuisinier. Tout de suite, le personnage ne m'inspira pas confiance. Il s'agissait d'un bel homme, musclé, un peu comme vous d'ailleurs, mais il avait le regard fuyant et émanait de lui quelque chose de malsain. Pourtant *bapou* semblait beaucoup l'apprécier. Quelques jours plus tard, je me suis rendu compte que ce personnage se comportait de mauvaise façon. Il se permettait de fouiller dans les papiers de *bapou* lorsque celui-ci partait en ville. Il buvait beaucoup, mais s'arrangeait pour faire disparaître les bouteilles, et faisait bien d'autres choses plus graves encore que je préfère taire. Lorsque je me suis décidé à mettre en garde Gandhi contre cet individu, ça l'a rendu furieux : « On ne médit pas de la sorte, gronda-t-il. Vous devriez avoir honte ! » En fait, dans sa pureté d'âme, *bapou* refusait de me croire, ce qui m'a profondément blessé. Le pire est que cet homme a si bien manigancé que *Gandhidji* commençait à me suspecter de malversations. Enfin arriva le jour où ce mécréant se piégea lui-même.

Le cuisinier soupira une nouvelle fois.

— Il me croyait sans doute en congé, sinon jamais il ne se serait permis d'agir comme il le fit. Vous allez comprendre tout de suite quelle odieuse action il a commise. Je me suis précipité au bureau de *bapou* pour le prévenir et je l'ai supplié de rentrer immédiatement à la maison. Évidemment, il a commencé par refuser. « Dites-moi de quoi il s'agit. Je ne peux pas quitter ainsi mon travail ! » J'ai dû faire preuve de tellement d'insistance qu'il a fini par céder. À peine avions-nous franchi le seuil de la maison que je l'ai conduit au premier étage, et lui ai montré du doigt la chambre du misérable : « Vous n'avez qu'à ouvrir, ai-je déclaré et vous verrez par vous-même. » Il frappa à la porte. Silence. Il frappa encore et encore, si violemment qu'il en ébranla presque les murs. La porte s'ouvrit enfin : l'homme était nu, avec dans son lit une prostituée.

J'étais abasourdi.

— Et comment a réagi Mohan ?

— Son visage est devenu blanc. Il a commandé à la prostituée de sortir de sa maison et de ne plus y remettre les pieds. Et à l'homme il a dit : « À dater de cet instant, tout est fini entre nous. Je me suis terriblement trompé et couvert de ridicule. Est-ce ainsi que tu me remercies de la confiance que j'avais mise en toi ? » Seulement au lieu de faire amende honorable et de reconnaître ses torts, le sinistre individu s'est mis à menacer Gandhi d'un scandale en criant : « Je n'ai rien à cacher ! Criez sur les toits ce que j'ai bien pu faire ; j'en aurais autant à dire sur vous ! C'est moi qui vous ordonne de partir à l'instant ! » À court d'arguments, *bapou* m'ordonna : « Allez prévenir le surintendant de police, Alexander. C'est un ami. Expliquez-lui qu'un intrus est sous mon toit et qu'il refuse de partir. Je serais très reconnaissant aux forces de l'ordre de bien vouloir me prêter main-forte. » Alors, le misérable, sans doute pris de panique, se confondit en excuses, sanglota, supplia mais, heureusement, *bapou* demeura inébranlable.

L'Indien baissa la tête avec une expression affligée.

— Ce fut un moment terrible. Après cette scène, j'ai préféré démissionner. Je trouvais que *Gandhidji* avait été très injuste à mon égard en ne m'accordant pas sa confiance.

Je pensais, mon Dieu ! Quelle tristesse dut être celle de Mohan ! C'est alors que le cuisinier assena le coup de grâce :

— Peut-être connaissez-vous ce jeune homme ?

— Comment le connaîtrais-je ?

— Il s'appelle Mehtab.

— Mehtab ?

— Oui, Mehtab. *Bapou* m'avait expliqué qu'il s'agissait de l'un de ses amis d'enfance. Son ami le plus cher. Ils se seraient connus en Inde.

Il s'appelait Mehtab. Pendant un an, encouragé par ce double néfaste, je continuai à m'enfoncer dans le péché.

Ainsi, ce double l'avait suivi jusqu'en Afrique du Sud !

— C'est Gandhi en personne qui l'a invité à venir le rejoindre. Il disait qu'il avait de la peine pour lui. Il le savait démoralisé, sans but, et pensait qu'en Afrique il trouverait enfin sa voie.

Je suis resté silencieux. Le souffle court. Après cette révélation, mille fois je fus tenté d'aborder le sujet avec Mohan, mais de quel droit ? Pour satisfaire ma curiosité ? Je lui aurais certainement fait une peine immense ; pire même, il se serait senti humilié. Je comprenais mieux pourquoi, ce fameux soir au restaurant, ses traits étaient si torturés alors qu'il nous confiait : « Je ne pourrais jamais expliquer l'emprise que Mehtab exerça sur moi. Une emprise si brûlante qu'il y a quelques mois encore... » Et il avait laissé sa phrase en suspens. Pourquoi aurais-je réveillé une douleur dormante ? Finalement, tout ce que je retins de cette affaire se résuma à une réflexion, puérile je l'admets : « Mohan avait pu s'attacher à un autre être que moi. »

J'ai salué le dénommé Virji. Le train venait d'entrer en gare.

Quelques mois plus tard, lorsque le nom de Mehtab revint dans une conversation, Mohan m'avoua que ce démon ne l'avait pas seulement entraîné à manger de la viande. Il l'avait aussi rendu mortellement jaloux de Kasturba, attisant le vieux désir passionné de posséder un être entièrement et il l'encouragea à l'infidélité. Il l'attira dans une maison de tolérance et lui mit une prostituée dans les bras. Mohan me confessa qu'il fut incapable d'aller au bout de l'acte. « La femme perdit patience, m'expliqua-t-il pudiquement. Elle me montra la porte en me couvrant d'injures. Sur le moment j'ai cru mourir, offensé dans ma virilité. »

Et malgré cet affront que lui avait fait subir cet affreux personnage, il l'avait invité à le rejoindre...

Bien des années ont passé depuis le récit de Virji.

Ce soir, au moment même où j'écris ces mots, un papillon de nuit vient de se glisser dans la pièce. Il virevolte, affolé, et je sais qu'inévitablement, dans quelques minutes, attiré par la lampe à huile posée sur mon bureau, il viendra se brûler au globe de verre et mourra. À l'époque, je devais ressembler à ce papillon de nuit, mais aussi à un voyageur qui avance en silence, bercé par ses émotions, hypnotisé par des visions incandescentes, porté par une envie de se consumer quel que fût le prix à payer.

15

Mon très cher ami,

Notre mission touche à sa fin. Rien n'est gagné, mais notre cause a été entendue. Au cours de ces derniers jours, nous avons expédié près de cinq mille lettres à tous les organismes officiels susceptibles de peser en notre faveur. J'ai fait le siège du Parlement, interpellé les lords de la chambre haute et les députés de la chambre basse. J'ai même réussi à convaincre certains d'entre eux, et non des moindres, à se joindre à notre délégation. Une centaine de députés travaillistes a reconnu le bien-fondé de notre démarche et même le prestigieux *Times* a publié un article dans ce sens.

Avant-hier, nous avons été reçus à Whitehall par lord Elgin et son sous-secrétaire, un jeune homme d'environ trente ans, Winston Churchill. Personnage peu sympathique, je l'avoue. Elgin, lui, nous a accueillis avec une très grande courtoisie. Nous étions accompagnés par sir Lepel Griffith, l'un de ses amis proches, fidèle défenseur de la cause indienne. Il a décrit avec passion les conditions dans lesquelles vivait la communauté indienne du Transvaal et les a même comparées avec celles des juifs en Russie. Après l'intervention des députés qui nous soutenaient, j'ai à mon tour exposé la situation, développant toute une série d'arguments auxquels j'avais mûrement réfléchi au cours de ces dernières semaines. Churchill a fait ce commentaire : « En supposant que le gouvernement de Sa Majesté n'avalise pas la loi, tôt ou tard, les autorités du Natal en imagineront une autre qui sera peut-être encore plus restrictive que le *Black Act*. » Je lui ai rétorqué qu'il ne pouvait y en avoir de pire.

Au moment de nous séparer, lord Elgin nous a déclaré : « Vous avez toute ma sympathie. » Et il nous souhaita bonne chance, en nous assurant qu'il ferait de son mieux pour intercéder en notre faveur. Je lui fais confiance. Je suis sûr qu'il tiendra parole.

Toutefois, nous ne devions pas nous satisfaire de cette rencontre, parce qu'il existait d'autres personnalités tout aussi puissantes que lord Elgin, sinon plus. John Morley, le secrétaire d'État pour l'Inde, était de ceux-là. Il a bien voulu nous recevoir. Je me suis rendu au ministère, toujours accompagné par sir Lepel. Après avoir fait état de la situation, j'ai suggéré à Morley que soit créée une commission royale afin qu'elle enquête sur les avanies subies par les Indiens en Afrique du Sud. Morley a souri et nous a fait observer : « Je suis membre du parlement depuis de nombreuses années, et je n'ai pas souvenir qu'une commission ait jamais pu résoudre quoi que ce soit. » Coupant court à nos objections, il nous a fait observer, et à juste titre : « Messieurs, dans quelques mois le Transvaal aura à sa tête un gouvernement responsable. » Ce qui sous-entendait que l'application ou non de la Loi noire ne dépendrait plus des autorités britanniques. Toutefois,

malgré cette perspective, il a promis qu'il plaide-
rait en notre faveur.

Parmi les gens qui nous soutiennent ardemment, je
dois citer lord Ampthill. Il appartient à cette race
de dignitaires victoriens qui possèdent une vraie
conscience morale. Il y a cinq ans, il avait été
promu vice-roi des Indes par intérim et depuis un
an qu'il est rentré en Angleterre, il a pris fait et
cause pour notre combat en Afrique du Sud. C'est
quelqu'un d'admirable qui mérite tout notre respect.
L'Angleterre ainsi que d'autres pays occidentaux
ont en commun cette coutume, barbare de mon
point de vue, qui consiste à la moindre occasion
à organiser des banquets et à porter des toasts.
C'est ainsi que notre comité s'est retrouvé hier
soir, à Mansion House[1], la résidence de Henry
Campbell-Bannerman, le Premier Ministre
britannique.

Nous avons eu droit à un interminable discours
au cours duquel il nous a présenté le programme
qu'il comptait mettre en œuvre dans les mois à
venir. Fastidieux !

Tout au long du repas, nous fûmes évidemment
invités à boire à la santé de notre hôte. Ensuite,
quelqu'un proposa de lever son verre pour saluer
la présence du lord-maire de Londres, et ainsi de
suite durant toute la soirée. Vous ne serez pas
surpris si je vous dis que j'ai compté pas moins
d'une vingtaine de toasts ! J'en ai eu le vertige !
Inutile de vous préciser que mes amis et moi
n'avons touché ni à la viande ni à l'alcool. Mais
ce dîner ne fut pas aussi stérile que je le décris. Il
nous a permis de nous faire connaître par l'élite
de la politique britannique, et le lendemain notre
nom s'étalait dans toute la presse.

---

1. Le 10, Downing Street.

Il y a quelques jours, j'ai mis en place un comité permanent qui sera chargé de protéger les intérêts des Indiens en Afrique du Sud : le *South Africa British India Committee*. Son président n'est autre que lord Ampthill, ancien gouverneur et vice-roi des Indes. Notre ami Louis Ritch en sera le secrétaire.

Oui, Hermann, je suis très confiant. Nous récolterons, j'en suis sûr, les fruits de tous nos efforts. Notre cause est juste, et les circonstances nous sont favorables. Je quitte Londres le cœur léger, optimiste, mais avec mesure, conscient qu'il reste encore un long chemin à parcourir.

J'oubliais ! Figurez-vous que j'ai rencontré avant-hier Mrs Millicent Fawcett, la présidente de la principale organisation du mouvement des Suffragettes. Une femme exceptionnelle. Voilà des années qu'elle et ses compagnes – de vraies *satyagrahi* ! – militent avec une extraordinaire détermination pour obtenir le droit de vote des femmes. Il y a un an, elles ont eu l'audace de forcer l'entrée du parlement pour faire entendre leur voix. Condamnées à payer une amende, elles ont formellement refusé de s'en acquitter préférant aller en prison. Croyez-moi, nous avons beaucoup à apprendre d'elles.

Dans quelques jours, je prends le bateau pour Port Elizabeth. Je ne sais pas si ma lettre vous parviendra avant mon arrivée. Peu importe. L'essentiel était de vous écrire. J'ai hâte de vous revoir.

Affectueusement,

Mohan.

Je n'ai pas pu m'empêcher de sourire en relisant la remarque de Mohan concernant Churchill : « Peu sympathique. » Ce jour-là, avait-il pressenti que, bien des années plus tard, le futur ministre aux Colonies parlerait de lui en ces termes : « Il est alarmant et nauséabond de voir Mr Gandhi, ce fakir séditieux, gravir à grandes enjambées et à moitié nu les marches du palais du vice-roi, pour y négocier sur un pied d'égalité. »

Je me trouvais à Port Elizabeth, lorsque, à l'aube du 18 décembre 1906, l'*Armada Castle* se rangea le long du quai.

À ma grande surprise, sitôt que Gandhi et Haji Ojer Ali mirent pied à terre, un comité d'accueil formé d'Indiens en délire se précipita vers eux pour les congratuler. On les couvrit de fleurs, de louanges. Finalement, Gandhi vint me retrouver. Il était rayonnant.

— Hermann, mon frère, nous avons gagné !

— Comment ?

— Un télégramme nous attendait à l'escale de Madère, signé de Louis Ritch. Ouvrez bien vos oreilles : lord Elgin a annoncé officiellement que, dans l'état actuel des choses, il ne pouvait conseiller au roi d'approuver la promulgation de la Loi noire. N'est-ce pas merveilleux ?

— Surtout que lors de votre entrevue il n'a pas donné l'impression d'être acquis à la cause. C'est magnifique, Mohan. Je vous félicite.

Il me serra dans ses bras en répétant :

— C'est merveilleux !

Lorsque Haji Ojer Ali nous a rejoints, il s'est empressé de confirmer les propos de Mohan avec plus d'enthousiasme encore.

— C'est un grand jour, monsieur Kallenbach. Un grand jour.

— *Bhai* Ojer nous accompagnera à la gare, expliqua Mohan. Il prendra le train pour Johannesburg et nous pour Durban.

— Très bien. Suivez-moi, ma voiture n'est pas loin.

Gandhi me décocha un regard furibond.

— Vous ne vous êtes toujours pas débarrassé de cet engin ?

— Non. Pour quelle raison le devrais-je ?

— Ah ! Hermann. Vous me désespérez ! Je ne monterai pas dans cette voiture.

— Sincèrement, je trouve que vous exagérez. Quelle importance si, exceptionnellement, vous optiez pour un mode de transport plus moderne ?

— La réponse est simple mon ami : ces biens matériels sont créés pour faire des hommes des esclaves. Je veux conserver ma liberté. Je vous le dis avec toute mon affection : vous devriez mettre fin à ces errements !

Plusieurs cabriolets et leurs cochers étaient alignés au bout du quai. Il héla l'un d'eux.

Je fis observer :

— Je ne peux pas abandonner la Mercedes ici. Je vous rejoindrai à la gare.

Au moment de partir, j'ai fixé Mohan.

— J'aimerais vous rappeler une phrase que vous avez prononcée un jour. Vous m'avez dit : « À quoi sert la liberté, si elle n'inclut pas la liberté de commettre des erreurs ? »

*

Gandhi dormait, la tête appuyée contre la fenêtre du compartiment, les mains croisées sur son ventre. Son thorax se soulevait et s'abaissait lentement au rythme de son souffle. Il semblait épuisé.

S'était-il senti observé ? Il a ouvert les yeux et m'a fixé.

— Je vous fais mes excuses.

Je l'ai laissé poursuivre.

— Oui, je vous ai mal parlé tout à l'heure, au port, devant *Bhai* Ojer. Je vous demande pardon. Après tout, quel droit ai-je de vouloir à tout prix imposer aux autres mon mode d'existence ?

— Aucun. Je vous le dis comme je le pense, cette attitude porte un nom : despotisme. Et vous en êtes conscient.

Il baissa les yeux.

— Que voulez-vous, Hermann, je ne peux pas vivre autrement qu'en essayant d'aller vers le divin et de vouloir entraîner les autres dans mon sillage. C'est tellement important. Et la plupart des gens ne savent pas que le divin est en nous.

Il se cala contre le dossier de la banquette et enchaîna, le regard soudain brillant :

— Permettez-moi de vous conter cette vieille légende hindoue. Il y eut un temps où tous les hommes étaient des dieux. Mais ils abusèrent tellement de leur divinité, que Brahma, le maître de tous les dieux, décida de leur ôter le pouvoir divin et de le cacher à un endroit sûr où il leur serait impossible de le retrouver. La difficulté fut donc d'imaginer une cachette. Lorsque les dieux mineurs furent convoqués à un conseil pour résoudre ce problème, ils proposèrent ceci : « Enterrons la divinité de l'homme dans la terre. » Mais Brahma répondit : « Non, cela ne suffit pas, car l'homme creusera et la trouvera. » Alors, les dieux mineurs répliquèrent : « Dans ce cas, jetons la divinité dans le plus profond des océans. » Mais Brahma répondit à nouveau : « Non, car tôt ou tard, l'homme explorera les profondeurs de tous les océans, et il est certain qu'un jour, il la remontera à la surface. » Alors, les dieux mineurs conclurent : « Nous ne savons pas où la cacher, car il ne semble pas exister sur terre ou dans la mer d'endroit que l'homme ne puisse atteindre un jour. » Alors,

Brahma décréta : « Voici ce que nous ferons de la divinité de l'homme : nous la cacherons au plus profond de lui-même, car c'est le seul endroit où il ne pensera jamais la chercher. »

Il marqua une pause.

— Si je veux que vous vous débarrassiez de cette voiture, c'est parce qu'on ne peut parvenir au divin qu'en se débarrassant du superflu, de tous ces poids inutiles. Vous ne m'en voulez pas, j'espère ?

Il me tendit la main, je la saisis, et nous sommes restés ainsi pendant de longues minutes, liés, indissociables.

Lorsque, seize heures plus tard, le train entra en gare de Durban, l'aube se levait sur la ville.

Alors que nous remontions le long du quai, des cris de joie retentirent, tandis qu'une dizaine de personnes, tous des colons de Phoenix, se précipitèrent vers nous et formèrent un cercle autour de Gandhi. Parmi les visages, je reconnus ceux de Polak et de Harilal.

— Sois loué *Gandhidji* ! Tu as sauvé notre honneur !

— Félicitations !

— Tu as toute notre gratitude ! Pour l'éternité !

Harilal fit un pas devant son père et s'inclina respectueusement.

— Grâce à vous, *bapou*, le lion est devenu indien et l'agneau est britannique. Ils pourront dormir côte à côte...

Adoptant un air malicieux, il précisa :

— Mais l'un des deux aura un sommeil agité.

— Bravo, *Gandhibhai* ! s'exclama à son tour Polak. Vous avez accompli un miracle.

Je demandais :

— Comment avez-vous été prévenus ?

— Par un télégramme de Louis Ritch. Il tenait absolument à nous informer afin que la nouvelle soit imprimée en une de l'*Indian Opinion* dès ce matin.

Suivis par ce cortège, nous avons pris la direction de Phoenix.

Alors que nous n'étions plus qu'à un mile de l'ashram, prenant tout le monde de court, Gandhi s'arrêta. Il avait le visage blême. Il haletait. Sans doute payait-il le contrecoup de ces heures éprouvantes pendant lesquelles il avait dépensé tant d'énergie.

— Poursuivez, dit-il, j'ai besoin de souffler.

Les autres protestèrent, mais il insista.

— Je vous en prie. Je vous rejoindrai tout à l'heure. Hermann restera avec moi.

Il s'assit, le dos appuyé contre un arbre.

Je me glissais près de lui et passais ma paume sur sa tempe où perlaient des gouttes de sueur.

Il murmura :

— Dans des moments comme celui-ci, je me demande lequel de nous deux est le plus fragile.

Baissant la voix, comme se parlant à lui-même :

— La vie est bien mystérieuse. Aujourd'hui, je reçois à Durban un accueil triomphal, alors qu'il y a dix ans, presque jour pour jour, dans cette même ville, j'ai failli être lynché.

— Lynché ? Par qui ?

— Par quelques gens sans âme. C'est une bien triste histoire. Je rentrais d'un voyage à Bombay où j'étais allé chercher Kasturba et mes deux garçons...

*

Durban, 30 novembre 1896

Le vent rugissait avec fureur, soulevant des paquets de mer qui battaient en brèche la coque du S.S *Courland*. Non loin, un autre bateau, le S.S *Naderi*, subissait le même sort. Les deux bâtiments appartenaient à une compagnie dont Dada Abdullah, l'employeur de Gandhi, était l'agent.

Milne, le capitaine du S.S *Courland*, secondé par Gandhi, qui manifestement avait le pied marin, faisait de son mieux pour rassurer les passagers, répétant à qui voulait l'entendre que le bateau était d'une solidité à toute épreuve, capable de résister à n'importe quel temps, mais personne ne l'écoutait. Il faut dire que des structures, malmenées par la houle, montaient des bruits inquiétants, des craquements annonciateurs de brèches et de voies d'eau. Si Gandhi avait le pied marin, il n'en était pas de même de Kasturba. Recluse dans sa cabine, enceinte de deux mois, Harilal et Manilal serrés contre elle, c'est à peine si elle trouvait la force de prier Dieu.

Finalement, au bout de vingt-quatre heures, le vent retomba et le calme revint. Mais une tempête d'une autre sorte se profilait qui, cette fois, visait uniquement Gandhi.

Le 10 décembre au matin, le S.S *Courland* entra dans le port de Durban. Déjà les passagers, bagages à la main, affluaient sur les ponts, pressés de retrouver la terre ferme. C'est alors que le capitaine Milne annonça :

— Je suis désolé, tout le monde reste à bord. Ordre des autorités portuaires. Nous sommes placés en quarantaine pour une durée de cinq jours.

Comme il fallait s'y attendre, la nouvelle provoqua un furieux mouvement de protestation, des larmes de frustration envahirent les yeux des plus fragiles. Comment ? Après toutes ces journées de navigation, après avoir connu l'effroi, la quarantaine ? Cinq journées encore, enfermés sur ce navire ! La décision était d'autant plus incompréhensible qu'aucune maladie contagieuse n'avait été recensée à bord depuis le départ de Bombay.

Gandhi alla aussitôt trouver le capitaine. Il n'était pas seul. Un homme, élégant, belle allure, se tenait à ses côtés.

— Je m'appelle John Laughton, déclara-t-il. Je suis l'un des avocats de Dada Abdullah, votre employeur. J'ai pour mission de m'occuper de vous et de votre famille.

— Je vous remercie, monsieur. Mais pour l'heure, il semble que nous soyons prisonniers.

Se tournant vers le capitaine, Gandhi enchaîna :

— Pouvez-vous me dire ce qui se trame derrière cette histoire de quarantaine ? Il doit certainement y avoir une autre raison pour nous empêcher de débarquer.

— C'est vrai, il en existe une : vous. M. Laughton vient de m'informer que, pendant votre séjour en Inde, vous auriez publié un opuscule, *Le Pamphlet vert*, qui a déclenché la fureur des Blancs.

Laughton confirma.

— Votre pamphlet a fait l'effet d'une bombe dans toute l'Afrique du Sud. Un certain Harry Sparks, capitaine de cavalerie, a même constitué un comité, le *Colonial Patriotic Union*, et ses membres sont décidés à vous faire la peau. De plus, Sparks a raconté partout que, sous votre houlette, huit cents Indiens, sans contrat de travail, s'apprêtaient à « envahir » le Natal.

— C'est totalement faux, et vous le savez !

— Moi, je le sais, bien sûr, répliqua le capitaine. Nous le savons tous. D'abord il n'y a pas huit cents passagers, mais cinq cents, et la plupart d'entre eux sont en transit pour d'autres destinations. Mais allez donc convaincre ces enragés qui font les cent pas sur le quai, matraque et couteau à la main ! Bon sang, qu'avez-vous écrit pour soulever une telle colère ?

— La stricte vérité. Je me suis borné à dresser la liste de tous les griefs que subissent mes frères dans ce pays. Vous voulez des exemples ?

Il énuméra sur ses doigts :

— Interdiction formelle à un fonctionnaire indien qui accompagne son supérieur lors de ses déplacements de loger dans le même hôtel que lui. Dans *aucun* hôtel en vérité. À lui de se débrouiller pour trouver un endroit où dormir. En général, il passe sa nuit sur un banc. Un Indien n'a pas le droit de sortir de chez lui après 9 heures du soir, à moins de posséder un laissez-passer dûment signé par un Blanc qui témoigne de sa probité. Aucun Indien ne peut acquérir une licence d'exploitation minière, et il ne peut ni vendre ni acheter de l'or sous peine d'emprisonnement. Voulez-vous que je poursuive ?

— Et vous vous étonnez que l'on vous considère indésirable ?

— Peu importe ! Je connais les lois. Il n'en existe aucune qui autorise que nous soyons refoulés !

— C'est exact, admit Laughton. Mais que vous soyez mis en quarantaine, si.

— C'est absurde !

Le capitaine expliqua :

— Vous vous souvenez qu'une épidémie de peste a frappé Bombay il y a quelques semaines ? C'est le prétexte que ce comité a choisi pour exiger des autorités portuaires qu'elles nous immobilisent au large de Durban.

— C'est monstrueux ! Nous sommes avant tout des citoyens britanniques et, en tant que tels, nous avons parfaitement le droit de nous déplacer où bon nous semble !

— À condition de n'être pas menacés de mort. Car c'est le cas. Jugez par vous-même...

Le capitaine récupéra plusieurs télégrammes, anonymes bien entendu, qui disaient tous la même chose : si les occupants du navire se risquaient à mettre pied à terre, ils le paieraient de leur vie, Gandhi le premier.

— Vous n'avez malheureusement pas d'autre choix que de patienter, déclara Laughton. Après tout, cinq jours ce n'est pas la fin du monde. Je n'ai aucun doute que le compte rendu du médecin chargé du contrôle sanitaire sera en votre faveur.

Laughton avait raison. Malheureusement, le médecin n'eut jamais l'occasion de remettre son rapport. Le quatrième jour, il fut suspendu sans explication et remplacé par un de ses collègues qui s'empressa de décréter onze jours de quarantaine supplémentaires. Excès de zèle, ou volonté consciente d'exaspérer les occupants des navires ? Il ordonna que tous les vêtements soient trempés dans de l'acide phénique et que tous les passagers se lavent avec le même produit, heureusement adouci d'eau. Le 19 décembre, les cabines et les soutes furent désinfectées et blanchies à la chaux et la literie brûlée dans les fourneaux du navire.

Kasturba était au bord de la crise de nerfs. Elle n'était pas la seule.

Le 26 décembre, la quarantaine fut à nouveau prolongée de vingt jours.

Le 11 janvier 1897, à midi, soit un mois après leur arrivée, les cinq cents passagers furent autorisés à quitter le navire. On aurait pu croire que le cauchemar s'achevait. C'était sans compter sur la détermination implacable de Harry Sparks et de son comité. Faisant fi de l'accord des autorités, il informa le capitaine que toute tentative de débarquement aurait des conséquences extrêmement graves, et lui conseillait fortement de repartir pour Bombay. Seule une personnalité gouvernementale pouvait éviter un bain de sang. Elle se manifesta le 13 janvier en la personne du procureur général, Harry Escombe. L'homme n'était pas n'importe qui. Avocat reconnu, président du conseil législatif du Natal, adjoint du Premier ministre et, depuis 1896, ministre de l'Éducation et de la Défense.

Vers 11 heures du matin, Escombe monta à bord du S.S *Courland* et après une brève concertation avec le capitaine, annonça aux passagers qu'ils étaient désormais sous la protection du gouvernement du Natal et pouvaient descendre à terre sans crainte. En revanche, interpellant Gandhi, il le mit en garde :

— À votre place, j'attendrais la tombée de la nuit. Vous êtes la cible principale. Je ne réponds de rien.

Et il repartit.

— Je pense qu'il a raison, approuva le capitaine. Ce serait plus prudent. N'oubliez pas que vous n'êtes pas seul. Il y a votre femme et vos deux enfants.

Sur le quai, Escombe avait commencé à s'adresser à la foule.

— Mes amis, à présent il est l'heure de rentrer chez vous. Nous avons fait tout ce qui était en notre pouvoir pour empêcher les Indiens de débarquer. À partir de maintenant, ce sera au gouvernement de gérer la situation. Sachez aussi qu'en cherchant à retenir ces gens plus longtemps, vous seriez dans l'illégalité et donc passible de sanctions. Aussi, au nom de la Reine, je vous demande de vous disperser.

Des cris confus s'élevèrent. On entendit quelques injures, mais Harry Escombe n'était pas homme à qui l'on manque de respect. Lentement, l'attroupement se disloqua et, à contrecœur, les gens se dispersèrent.

Accoudé au bastingage, près du capitaine, entouré de Kasturba et des enfants, Gandhi observait la scène l'esprit en proie à des sentiments confus. Ces gens le haïssaient parce qu'à leurs yeux il avait commis une offense. Il n'avait rien à se faire pardonner. À supposer que ce fût le cas, l'humain serait-il si faible qu'il soit incapable de pardon ? Probablement, puisque le pardon est l'attribut du fort.

— Dites-vous bien, commenta Milne, que ces individus reflètent la majorité de ce pays, qu'ils soient boers ou anglais.

Gandhi esquissa un sourire.

— Capitaine Milne, sachez qu'en matière de conscience, la loi de la majorité n'a pas sa place.

— Monsieur Gandhi.

Il se retourna. C'était John Laughton.

Il montra le port du doigt.

— La foule s'est retirée, mais vous n'êtes pas à l'abri de quelques irréductibles.

— Mr Escombe m'a déjà prévenu. Il m'a suggéré d'attendre la nuit.

— Ce serait plus prudent. Ensuite, Mr Tatum, le surintendant du port, qui est un ami, vous escortera, vous et votre famille, jusqu'à votre domicile. C'est la meilleure solution.

— Peut-être, mais je ne crois pas qu'elle soit la plus digne.

— Que voulez-vous dire ? s'étonna le capitaine.

— Que je ne rentrerai pas en ville comme un voleur.

— Mais vous risquez d'être lynché !

— Dieu en décidera. Croyez qu'une part de moi conseille fortement de ne pas y aller. Cependant, à tort ou à raison, j'estime que le sens de la dignité grandit avec la capacité de savoir se dire non à soi-même.

Il poursuivit à l'intention de l'avocat :

— Ma femme est enceinte. Aussi, je vous saurais gré de bien vouloir l'accompagner jusqu'au domicile d'un ami, Mr Rustomji. Il habite au 6, Black Road. Ensuite seulement, je quitterai le navire et les rejoindrai.

— Je t'en prie, ne fais pas ça ! implora Kasturba. C'est beaucoup trop dangereux. Pitié. Attends la tombée de la nuit et nous partirons tous ensemble.

Gandhi secoua la tête.

— Non, *Bha*, fais ce que je te dis.

La femme n'insista pas. Elle savait que lorsque son époux prenait une décision, celle-ci était irrévocable. Saisissant Manilal et Harilal par la main, elle se dirigea vers le pont inférieur.

Il s'écoula environ une heure avant que Laughton ne fût de retour sur le navire.

— Tout va bien. Ils sont à l'abri.

— Je vous remercie, monsieur Laughton.

— Êtes-vous toujours décidé ?

— Absolument.

Il salua le capitaine et s'engagea sur la passerelle. Le quai était désert.

Quelques mouettes éparses criaient dans le ciel.

Les deux hommes longèrent une série de petits hangars et se retrouvèrent dans Maydon Road.

— Je crois qu'ils ont compris, dit Laughton. Apparemment le discours de Harry Escombe leur a ouvert les yeux.

Il avait parlé trop vite. Alors qu'ils passaient devant Albert Park, une bande de jeunes Blancs arriva dans leur direction. Ils semblaient dépourvus d'animosité, mais au moment où ils ne furent plus qu'à quelques pas, une fille cria :

— Gandhi ! C'est ce salopard d'Indien. C'est Gandhi !

Aussitôt, comme un seul homme, le groupe se mit à scander en sautillant :

— Gandhi, Gandhi, Gandhi !

Et leurs cris montaient, brisaient le silence des rues.

— Gandhi, Gandhi, Gandhi !

Un passant, puis deux, puis dix se greffèrent aux jeunes gens. Bientôt, ils furent près d'une trentaine.

— Gandhi, Gandhi, Gandhi !

Et les bouches criaient des paroles de mort et des obscénités. Des rires nerveux secouaient certains comme pour se donner du courage.

Par chance, un rickshaw apparut au détour de la rue. Laughton le héla. Et, en quelques coups de reins, le conducteur amena son tricycle devant les deux hommes.

— Montez ! ordonna Laughton. Montez !

Gandhi fixa le véhicule.

— Non. Je regrette, monsieur Laughton. Impossible. J'ai toujours haï l'idée d'être tracté par un être humain.

Autour d'eux, le cercle avait grossi. Ils étaient plus de cinquante à présent.

— Je vous en conjure ! implora l'avocat. Faites une exception !

Gandhi jeta un regard circulaire et ne vit que des individus au visage défiguré par la haine et des poings levés. Il céda.

— D'accord. Allons-y...

Mais le rickshaw s'était volatilisé. Le conducteur avait sans doute jugé plus prudent de s'enfuir.

— Repartons, grommela Laughton. Nous ne sommes plus très loin. Vous tenez le coup ?

De la sueur plein les yeux, le cœur battant à rompre, Gandhi opina et ils reprirent leur marche vers Black Road.

À présent, le crépuscule glissait sur le décor, lui conférant des airs fantomatiques. Tout Durban semblait une menace.

Alors qu'ils n'étaient plus qu'à environ deux cents mètres de la villa de Rustomji, un homme agrippa soudain Laughton et le poussa avec une telle violence que l'avocat perdit l'équilibre et s'écroula sur le trottoir.

Ce fut comme si on avait ouvert les vannes d'un invisible torrent.

La meute – comment qualifier autrement cette foule enragée ? – se jeta sur Gandhi. On lui arracha son turban. On le frappa du poing, du pied, on lui jeta des pierres. Au bord de l'évanouissement, il réussit malgré tout à se traîner jusqu'à la grille de la maison la plus proche et s'y cramponna. Laughton voulut le secourir, mais deux individus lui barrèrent le passage.

Le visage ensanglanté, à bout de force, Gandhi se laissa glisser sur la chaussée en gémissant : *Hé Rama*, Mon Dieu.

— Arrêtez ! hurla Laughton ! Vous allez le tuer !

— Oui ! Arrêtez ! Seriez-vous tous fous ?

La meute se figea. La voix qui avait fait écho à celle de l'avocat était une voix de femme.

— C'est Mrs Alexander, chuchota craintivement quelqu'un.

— Oui, confirma un autre, l'épouse du chef de la police.

C'était bien Mrs Alexander en effet. Une femme de quarante ans, replète, le visage rond et lumineux. Elle tenait un parapluie à la main. Elle l'ouvrit, et, s'en servant comme d'un bouclier, se fraya vaillamment un chemin à travers les émeutiers sans que nul n'osât s'opposer.

— Pouvez-vous marcher ? demanda-t-elle en se penchant sur Gandhi.

Il fit oui de la tête et, prenant appui sur la grille, se releva péniblement.

À son tour, Laughton, libéré, vint à la rescousse. Il s'empressa de passer son bras autour de la taille du blessé et l'aida à avancer.

— Courage, la maison de votre ami n'est plus très loin.

Quelque dix minutes plus tard, le trio entrait chez l'Indien. Sa résidence ne pouvait être décrite comme une maison à proprement parler. On eut dit plutôt un grand entrepôt, composé d'un bureau, d'un très grand salon, plusieurs chambres, une salle de bains et une salle à manger. Curieusement, la cuisine se trouvait au fond d'une cour.

En découvrant son époux ensanglanté, le visage couvert d'ecchymoses, Kasturba poussa un cri d'horreur.

— Mon Dieu, gémit-elle, que vous ont-ils fait ?

On éloigna Harilal et Manilal, ainsi que les trois enfants du couple Rustomji, et on allongea le malheureux sur un divan pour lui prodiguer les premiers soins.

Dehors, les gens hurlaient furieusement : « Nous voulons Gandhi ! Nous voulons Gandhi ! »

— Il faudrait que quelqu'un prévienne mon mari, suggéra Mrs Alexander. Pouvez-vous y aller, monsieur Laughton ? Vous le trouverez au poste de police. C'est à quelques minutes d'ici.

Laughton acquiesça et fonça à l'extérieur, accueilli par une salve d'injures et de quolibets.

— Le monde ne tourne plus rond, grommela Mrs. Alexander. Il mérite de disparaître !

Samali, l'épouse de Rustomji, surenchérit :

— Oui. Le monde est malade.

— Non, articula Gandhi d'une voix faible. Vous ne devez pas perdre foi en l'humanité. L'humanité est un océan. Quelques gouttes d'impureté ne pourront jamais le souiller tout entier.

— Dieu vous entende ! Dieu vous entende.

Dix minutes plus tard, Kasturba observa d'une voix tremblante :

— On frappe à la porte.

— C'est certainement mon mari, dit Mrs Alexander.

Rustomji entrebâilla prudemment le battant.

C'était bien le surintendant. Il était accompagné de trois policiers et de Laughton. Avant de franchir le seuil, il toisa la foule qui continuait de vociférer, mais jugea inutile d'essayer de la raisonner.

— Décidément, Mr Gandhi, déclara-t-il avec un sourire crispé, vous ne nous facilitez pas la tâche !

— Nous devons le sortir d'ici, dit Rustomji. Ces fous risquent de mettre le feu à la maison.

— Y a-t-il une autre issue ?

— Oui, une porte ouvre sur une ruelle à l'arrière.

Le surintendant réfléchit un bref instant puis, se tournant vers l'un des trois policiers, lui demanda de se rendre dans la chambre à coucher et de retirer son uniforme. Il s'adressa ensuite à Gandhi :

— Vous allez rejoindre mon collègue, endosser ses habits et vous couvrir le crâne avec sa casquette. L'uniforme ne sera pas à votre taille, mais l'heure n'est pas à l'élégance.

— Moi ? Me déguiser en policier ?

— Si vous souhaitez rester en vie et éviter que vos amis ne voient leur domicile dévasté, c'est la seule solution.

Il ordonna au second policier.

— Vous l'accompagnerez au poste de police et vous n'en bougerez pas jusqu'à ce que j'arrive.

Il s'enquit auprès de Samali :

— Auriez-vous un châle ou une écharpe ?

La femme opina.

— Très bien, nous couvrirons partiellement le visage de Mr Gandhi.

7 heures du soir. La ville était plongée dans les ténèbres. Gandhi se faufila à l'extérieur. Il pouvait entendre dans son dos la foule qui s'était mise à chanter :

*Hang old Gandhi
on the sour apple tree*[1] *!*

— Qu'est-ce que cette chanson ? s'étonna Kasturba.
— C'est un vieil air qui remonte à une trentaine d'années, expliqua Laughton. Il fut composé lors de la guerre de Sécession.

Il fredonna :

*The Yankee boys have caught him,
The traitor, old Jeff D !
I wonder if they'll hang him
To the sour apple tree*[2] *!*

— Apparemment, elle sous-entend que pendre un homme à un pommier aigre serait pire que la potence. Ne me demandez pas de vous expliquer pourquoi. Je n'en sais rien.
— Je crois que nous pouvons y aller, annonça Alexander.

Il ouvrit la porte et se campa devant les émeutiers.
— À présent, je vous écoute. Que voulez-vous ?
— Gandhi ! hurla la foule. Nous voulons Gandhi !
— Pourquoi ? Quel mal vous a-t-il fait ?

Un homme au premier rang s'écria :

---

1. « Pendez le vieux Gandhi au pommier aigre. »
2. La chanson visait Jeffrey Davis, l'unique Président des États confédérés, arrêté et condamné pour haute trahison. « Les Yankees ont attrapé ce vieux traître de Jeff D (Davis). Je me demande s'ils le pendront au pommier aigre. »

— Non seulement il nous a humiliés lorsqu'il était en Inde, mais il veut submerger le Natal d'Indiens. C'est un salaud !

— Très bien. Et si je refuse de vous le livrer ?

— Nous mettrons le feu à la maison !

— Au cas où vous ne le sauriez pas, sa femme et ses enfants sont à l'intérieur. Il y a aussi un autre couple. Vous n'imaginez tout de même pas tuer des innocents ?

— C'est votre problème, pas le nôtre ! Remettez-nous Gandhi et l'affaire sera réglée.

Alexander vérifia l'heure sur sa montre de gousset. 7 heures 30. Gandhi avait dû arriver au poste de police.

— Je veux bien vous remettre votre homme, lança-t-il, mais je ne peux pas. Il n'est plus dans cette maison.

— Mensonges ! Mensonges !

— Puisque vous ne me croyez pas, j'autorise l'un de vos hommes à fouiller les lieux.

— J'y vais ! se proposa un individu.

Il disparut à l'intérieur. S'attarda une dizaine de minutes et revint, la mine déconfite, pour confirmer les propos d'Alexander.

— C'est vrai. Ce bâtard a fui !

*

— Cette histoire est incroyable, Mohan. Ils auraient pu vous tuer !

— Dieu en a décidé autrement.

— Finalement, comment les choses se sont-elles arrangées ?

— J'ai donné une interview au *Natal Advertiser* dans laquelle j'ai réfuté point par point toutes les accusations portées contre moi et, surtout, j'ai refusé de porter plainte contre mes assaillants. Ce geste fut, je crois, déterminant. Depuis Londres, Joseph Chamberlain, alors secrétaire d'État aux Colonies, avait câblé au gouvernement du Natal pour que mes agresseurs soient poursuivis en justice, mais j'ai informé Harry Escombe que je m'y opposais. Finalement, cette tragédie tourna à mon avantage. Jamais mon cabinet ne connut autant de succès.

Gandhi se leva.

Le ciel s'était paré d'un dégradé de couleurs somptueuses. On eût dit que toute l'Afrique s'embrasait.

Je me levai à mon tour.

— Hermann...

— Oui ?

— Seriez-vous d'accord pour que nous vivions ensemble ? Rien que vous et moi. Sous le même toit.

J'ai eu l'impression d'un coup de poing en pleine poitrine. J'ai bredouillé :

— Ensemble... À Orchards ?

— Oui.

J'ai insisté, incrédule :

— Vous quitteriez Phoenix, vos enfants, Kasturba ?

Il acquiesça une fois encore.

Mon cœur bondissait. Sans doute parce que l'émotion était trop forte, parce que trop longtemps torturé et angoissé, jamais ce cœur n'avait connu la faveur d'un amour pur et noble, qui se situait désormais bien au-delà des sens. Inconsciemment, j'avais espéré cet instant, je l'avais attendu. Comme j'avais attendu Mohan toute ma vie.

Viens... approche-toi... je suis un autre depuis que tu existes à mes côtés... Depuis que la clarté règne entre nous. Approche-toi... je ne puis pas dire ces choses à voix haute... Je t'aime. Je t'aime comme il convient à deux hommes de s'aimer...

J'ai gardé le silence, mais je sais qu'il a tout lu dans ce silence.

16

Le Kraal, 15, Pine Street,
1er janvier 1907

Mon cher frère Simon,

Je trouve enfin le temps de te donner des nouvelles après ces deux ans de silence. Ainsi que je t'en avais informé dans ma précédente lettre, ma vie n'est plus la même depuis qu'elle a croisé celle de Gandhi, un être hors du commun, à qui je suis infiniment redevable. Tu connais mes goûts pour le luxe, et ma propension à me lancer dans des dépenses extravagantes. Je n'en suis pas tout à fait guéri, mais j'ai fait d'énormes progrès. À titre d'exemple, alors que j'avais un train de vie de soixante-quinze livres par mois, je l'ai réduit à huit. Une prouesse !

Voilà maintenant deux semaines que nous partageons le même toit lui et moi, à six miles du centre de Johannesburg, dans la maison que j'ai baptisée le Kraal. Sous pli séparé, je te posterai des croquis de la propriété. Moi qui me sentais incapable de vivre avec qui que ce soit, j'éprouve un grand plaisir à m'éveiller auprès de mon ami. Il est midi. Lui et moi sommes assis dans la cuisine, à la même table. Il écrit. Il travaille depuis quelque temps à la traduction d'un livre qui nous a énormément marqués, *Unto This Last*, de John

Ruskin. Si tu as l'occasion de le trouver, je te
conseille vivement de le lire.

Nous n'avons pas de serviteur indigène et, par
conséquent, c'est nous-mêmes qui nous occupons
de toutes les tâches ménagères. Nous récurons,
nous frottons, nous nettoyons la maison et la
cour, nous cirons nos chaussures et nous entre-
tenons le jardin. Nous avons même planté un
potager. Notre façon de vivre peut paraître inso-
lite, mais elle permet à l'être de se développer,
de grandir, de chaque jour s'améliorer. Je ne sais
pas si je te l'ai déjà dit, mais, par fidélité à l'hindouisme (qui est sa religion), Mr Gandhi est végétarien. Voilà bientôt deux ans que j'ai moi-même
cessé de manger de la viande ou du poisson. Nous
nous nourrissons essentiellement de noix, de
bananes, de citrons et d'olives.

Au risque de t'étonner, j'ai aussi renoncé à ma
vie sexuelle. Oui, tu as bien lu. Depuis que j'ai
pris cette décision, j'ai gagné en force de caractère, en résistance mentale et en vitalité. Je me
sens tellement mieux, Simon. Mon esprit et mon
corps sont enfin en harmonie.

Je sais que la famille me qualifie d'excentrique.
Je ne l'ai jamais été et je ne le suis pas plus maintenant. Je ne suis pas dupe. J'imagine, lorsque je
ne les surprends pas, les nombreux ragots qui
courent sur l'amitié qui m'unit à Mohan. En
amour, il faut voir et posséder celui ou celle qu'on
aime à quelque prix que ce soit ; parce que le
principal désir est dans les sens et le sentiment
n'est qu'un accessoire. Alors que l'amitié résiste
dans l'absence, ni les lieux ni le temps ne peuvent
altérer sa durée. En vérité, Simon, l'amitié, c'est
de l'amour anobli.

Beaucoup de gens aussi ne comprennent pas
pourquoi je me sens si proche de la cause

indienne. Que ces bavards réfléchissent à la discrimination dont sont victimes les Indiens, ici, en Afrique du Sud, comme celle que les juifs subissent en Russie. C'est précisément, parce que je suis juif que je comprends si bien le sentiment d'injustice qui habite la communauté indienne. Mais je dois être un des rares juifs à penser de la sorte. À l'instar des Blancs, la majorité de mes coreligionnaires considèrent les Asiatiques comme des êtres inférieurs, des créatures primitives, tout juste bonnes à travailler et vivre dans la servitude.

Depuis peu, sous la férule de mon ami, j'ai commencé à apprendre le gujarati, l'un des nombreux dialectes parlés en Inde, et l'hindi. Je compte plus tard me mettre à l'hébreu.

Si j'ai changé ma vie quotidienne, c'est pour aller vers plus de vérité, plus de naturel aussi et moins d'artifices. Cette transformation me fait énormément de bien, et j'espère la poursuivre. Néanmoins, si demain je m'apercevais que ce mode d'existence ne me convenait plus, je n'hésiterais pas un instant à le changer.

Ton frère, Hermann.

P.-S. : Je te souhaite une bonne année.

J'ai plié la lettre sans la relire et l'ai glissée dans une enveloppe.

— Vous écriviez à votre frère ? questionna Mohan.

J'ai confirmé, alors il a saisi un rond de serviette qui se trouvait sur la table et me l'a tendu.

— Il est en argent ?

— Massif, oui.

— Quelle est l'utilité de posséder des ronds de serviette d'une telle valeur ?

— Vous recommencez à me fustiger ?

— Non. Je pose juste une question.

— Satisfaire le plaisir des yeux sans doute.

— Il n'existe pas d'autres moyens moins artificiels et moins onéreux ?

— Je n'y ai pas réfléchi.

— Vous devriez, Hermann. En tout cas, puisque nous vivons ensemble, dorénavant, je vous en prie, épargnez-moi de tels objets. Cachez-les, vendez-les. Je vous jure qu'ils blessent ma vue.

Et il enchaîna sur un ton plus léger :

— Vous ne me parlez presque jamais de votre famille. Je ne sais rien, sinon que l'un de vos frères, Nathan, vit et travaille à Johannesburg.

— Que vous dire ? Nous sommes six garçons : Samuel, Jeremiah, Simon, Max, Nathan et moi-même. Et une sœur, Janet. Que le frère de mon père, Yosef Kalmanowitz, a émigré en Palestine avec sa fille, Sara, laquelle a épousé une grande figure du sionisme, Michael Halpern. Voilà. Vous savez tout.

— Le sionisme... Je vous avoue que je ne comprends pas très bien cette attirance vers un symbole biblique. Pourtant je devrais ! Ne suis-je pas déjà un peu juif à travers Polak, Ritch, Schlesin, Ziegler, le propriétaire du restaurant végétarien, et vous bien sûr ! À ce propos, je me suis souvent demandé pourquoi la communauté juive apportait un soutien inconditionnel à la Loi noire. Entre minorités, nous devrions nous soutenir, ne croyez-vous pas ?

— Évidemment, mais lorsqu'il est question d'intérêts, l'homme est frappé de cécité. Tout comme les Blancs, les juifs estiment probablement que les commerçants indiens leur font de l'ombre.

— C'est bien malheureux.

Il changea de sujet :

188

— Votre famille ne vous manque-t-elle pas ?

— Par moments, oui. Je songe d'ailleurs à aller lui rendre visite en Allemagne dans les prochaines semaines. Je...

— Non ! Vous n'allez pas me quitter. Pas maintenant, Hermann. J'ai besoin de vous. Pas maintenant...

— Mais...

— Plus tard, plus tard vous pourrez partir. Je ne vous retiendrai pas, je vous le promets. Plus tard.

Il avait l'air soudain tellement désespéré.

— D'accord. Nous en reparlerons. Et vous, Mohan ? Voilà deux semaines que nous vivons ensemble. Kasturba et les enfants sont toujours à Phoenix et j'ai l'impression que cette séparation vous semble naturelle.

— Elle l'est. Dans l'une de ses dernières lettres, mon frère aîné, Laxmidas, me reprochait de manquer à mes obligations familiales, tant en Inde qu'ici, en Afrique. Savez-vous ce que je lui ai répondu ? « Je t'informe, sans arrogance, que désormais ma famille ce sont tous les êtres humains. » Il m'en a voulu. Il m'en veut encore. Je n'y peux rien.

Il saisit un pot de miel, porta une cuillerée à sa bouche, et demanda à brûle-pourpoint :

— Si un jour vous aviez à choisir entre ceux de votre sang et moi, que feriez-vous ?

— La question ne se pose pas, Mohan. Je n'ai ni femme, ni enfants, et ma famille est à des milliers de miles d'ici. Elle n'a pas besoin de moi.

Il insista :

— Oui. Mais dans le cas où vous devriez choisir ?

— Depuis que je vous ai rencontré, j'ai compris que la famille est un accessoire non essentiel dans l'évolution d'un être. Elle peut même se révéler un handicap, voire vous tuer. Par conséquent, je choisirais ce qui me fait exister et me rend vivant. Vous.

Une expression émue envahit son visage. Il avait presque les larmes aux yeux.

— J'ai toujours cru que la pire des souffrances était celle de l'amour non partagé. C'est faux. Il en existe une bien plus terrible : être aimé contre sa volonté. Voir à côté de soi un être humain se consumer au feu de son désir, assister impuissant à ses tourments, sans avoir la possibilité de l'arracher aux flammes qui le dévorent.

— Pourquoi me dites-vous ces choses ?

— Parce que c'est l'horrible pensée qui vient de me transpercer le cœur. Un instant, un instant seulement, je me suis dit : Et s'il ne m'aimait pas autant que je l'aime ? Et si je l'aimais et qu'il ne m'aimait pas. Et j'ai cru mourir.

— Vous aimez donc vous faire peur, Mohan ?

— Vous ne me quitterez jamais, n'est-ce pas ?

J'ai mis quelques secondes avant de répondre, la gorge nouée :

— Moi, je ne vous quitterai pas. Mais la vie... La vie nous forcera peut-être un jour à nous séparer et nous n'y pourrons rien.

— Non ! Je me refuse à l'imaginer. Dieu ne le permettra pas.

— Alors que Dieu nous garde.

Je jetais un coup d'œil à ma montre.

— C'est jour férié, mais je dois malheureusement me rendre à Johannesburg. J'ai rendez-vous avec un architecte, Eliot Kennedy, mon futur associé. Reynolds m'a lâché.

— C'est fâcheux. Pour quelle raison ?

— Jalousie sans doute. Il me trouve trop proche de vous et de la cause indienne en général. Il considère aussi que je néglige notre bureau d'études. Aucune importance.

J'ai repoussé mon tabouret et me suis levé.

Il se leva à son tour.

Dans un mouvement irrépressible, j'attirai Mohan vers moi. Je connaissais ces instants où plus rien ne compte, ni la mesure, ni le temps, ni la raison, ni l'espace. Submergés par un torrent de tendresse, nous sommes restés ainsi, enlacés, silencieux. Jusqu'au moment où quelqu'un frappa à la porte. Je me détachai de Mohandas et j'allai ouvrir.

*

Dans le contre-jour, il me fallut quelques secondes pour identifier le visiteur. C'était Haji Ojer Ali, le riche commerçant qui avait accompagné Gandhi à Londres. Il tenait un exemplaire du *Mercury* à la main.

— Pardonnez mon intrusion, monsieur Kallenbach. Je me suis rendu au bureau de *Gandhidji*, et son assistante m'a dit que...

— Je vous en prie, entrez.

Je n'eus pas besoin d'appeler Gandhi, il m'avait emboîté le pas.

— Quelle surprise, *bhai* Ojer ! Soyez le bienvenu.

— Je suis malheureusement porteur de mauvaises nouvelles.

Les traits de Gandhi ne laissèrent apparaître aucune surprise.

— Venez, fut son seul commentaire. Allons nous asseoir.

Une fois installé dans le salon, Haji Ojer annonça :

— L'information que nous redoutions est tombée : Les Anglais viennent d'accorder au Transvaal l'autonomie.

— Ce qui signifie ? questionna Mohan.

Mais il connaissait la réponse.

— Que plus rien ne s'oppose désormais à la promulgation du *Black Act*. Smuts et Botha ont les mains libres. Ils n'ont plus besoin de l'aval de la couronne. Nous voilà dos au mur.

Aussitôt je crus entendre les propos de John Morley, cités dans la dernière lettre de Mohan : « Messieurs, dans quelques mois le Transvaal aura à sa tête un gouvernement responsable. » Le secrétaire d'État pour l'Inde s'était trompé : sept semaines avaient suffi.

— Mais qu'en est-il de l'engagement de lord Elgin ? se récria Gandhi. N'a-t-il pas pris position en déclarant que, dans l'état actuel des choses, il ne conseillerait pas au roi d'approuver l'application de la loi ? Ce sont bien ses propres termes ?

— Oui. Tant que le Transvaal était une colonie de la Couronne. Depuis ce matin, ce n'est plus le cas.

Il remit à Gandhi le *Mercury*.

— Lisez.

L'article reprenait point par point les propos de Haji Ojer.

Il hocha la tête à plusieurs reprises.

— Très bien, déclara-t-il. C'est donc l'heure de nous montrer dignes du serment que nous avons prononcé au Théâtre impérial.

Je lui fis observer :

— Pour l'heure, la loi n'a pas encore été décrétée. Ne serait-il pas plus sage d'attendre avant de déclencher des mouvements de protestation ?

Ojer Ali rétorqua :

— Monsieur Kallenbach, à présent que le général Smuts détient les pleins pouvoirs, pouvez-vous croire un instant qu'il fera demi-tour ? Le *Black Act* sera promulgué et dûment appliqué. N'en doutez pas.

— Notre frère a raison, confirma Mohan. Nous devons nous préparer. Avec confiance, mes amis. N'oubliez pas que nous détenons une arme imparable.

Il ne prononça pas le mot, mais on pouvait tout de même l'entendre : *satyagraha*.

Il enchaîna :

— Entre-temps, nous allons devoir fonder une association totalement séparée de toutes celles qui existent déjà et qui bénéficient de fonds propres, de manière à ce qu'elles ne subissent pas les foudres gouvernementales. Nous l'appellerons « Association de Résistance passive ». C'est à travers elle que nous organiserons le combat. C'est elle qui recueillera les dons, car, vous vous en doutez, cette campagne exigera beaucoup d'argent. Nous nommerons à sa tête un homme d'affaires en qui j'ai grande confiance : sheth Yousouf Mian. Ensuite, je vais demander au général Smuts de m'accorder une audience. Je n'ai probablement aucune chance de lui faire entendre raison, mais je dois essayer.

Il nous invita à nous lever.

— Allons, mes frères ! Une grande et magnifique tâche nous attend !

*

Comme l'avait pressenti Ojer Ali, le *Black Act* fut adopté en procédure accélérée le 22 mars 1907 et son application annoncée pour le 1er juillet.

Le 4 avril, j'accompagnais Gandhi à Pretoria.

À 9 heures, il fut reçu par le général Smuts.

Lorsqu'il est ressorti quarante-cinq minutes plus tard, il avait le visage étonnamment serein.

— Alors, Mohan ? Les nouvelles ?

Il resta muet. Ce fut seulement lorsque nous sommes arrivés à la gare qu'il m'expliqua...

*

Les murs de la pièce étaient couverts de boiseries. Sur l'un des pans se détachait un grand tableau qui

193

représentait Paulus Kruger, l'ex-président de la République sud-africaine du Transvaal, le crâne couvert d'un haut-de-forme, la poitrine bardée de décorations. Ventripotente et replète, son allure était à l'opposée de celle de Jan Christiaan Smuts, longiligne, sèche, visage émacié et regard bleu glacial, sans concession.

Tout en écoutant attentivement son visiteur, Smuts passa lentement sa paume le long de sa moustache et de sa barbe taillée en pointe. L'homme avait à peine trente-sept ans, mais en paraissait dix de plus. Sans doute son crâne partiellement dégarni y était-il pour quelque chose.

Voilà peu qu'il avait accédé au poste de secrétaire colonial ; promotion qui venait couronner le cursus exceptionnel d'un personnage brillant et doué d'une intelligence que tous qualifiaient de supérieure. Diplômé avec mention en littérature et en science, il avait obtenu à vingt et un ans une bourse pour étudier le droit au *Christ's College* de l'Université de Cambridge. À son retour au Cap, il fut reçu avec les honneurs par l'intelligentsia locale. Saisi par le virus de la politique, il se lança dans la carrière, et sut gravir avec finesse les marches du pouvoir.

Gandhi venait d'achever son exposé.

Smuts laissa s'installer un long silence, avant de prendre la parole.

— Il faudrait bien comprendre la situation, Mr Gandhi. Il ne s'agit pas de ségrégationnisme, mais d'une incompatibilité insurmontable entre deux cultures. L'Afrique du Sud représente la civilisation occidentale, tandis que votre pays, l'Inde, est le centre de la culture orientale. Tous les penseurs de notre génération, tous les intellectuels sont unanimes pour reconnaître que ces deux civilisations ne peuvent pas évoluer ensemble. Dois-je vous rappeler les propos de Kipling ? *East is East and West is West, and never the twain shall meet*[1]. Ce sont deux mondes antagoniques. Dès qu'ils viennent à se mélanger, même par petits groupes, c'est l'explosion. La complexité de la philosophie occidentale sera toujours en opposition avec la... (Il chercha le mot) simplicité des Orientaux. Comment peut-on concilier deux points de vue si contraires ?

— En ne les opposant pas, mais en cherchant à ce qu'ils s'enrichissent mutuellement. Vous ne voyez qu'antagonisme, là où je ne vois que complémentarité. J'aimerais vous poser une question, général Smuts : savez-vous comment est née la musique ?

Déstabilisé, le ministre répondit par un regard interrogateur.

— Je vais vous le dire : pour nous les Indiens, la musique a une origine divine, car c'est par le son que le dieu Brahma a créé l'univers. Le son primordial...

Sous l'œil interloqué du général, Gandhi exhala à plusieurs reprises, lèvres serrées :

— *Ôm... Ôm... Ôm...* Shiva jouait du tambour, son fils aussi d'ailleurs. La déesse Sarasvati, elle, jouait de la vina, qui est une sorte de cithare. A priori, ce devait être une belle cacophonie. Pourtant, non. Au contraire. Leur union musicale fut de toute beauté. Pourquoi ? Parce qu'au lieu que chacun joue égoïstement sa partition dans son coin, ils se sont unis, l'un a accompagné l'autre. Chacun avec sa qualité et sa virtuosité propre. Il pourrait en être ainsi des humains, général Smuts.

Smuts se racla la gorge.

— Le problème n'est pas d'énumérer les mérites respectifs de l'un ou de l'autre. Mais d'accepter un fait incontournable : les Occidentaux souhaitent se tenir à ce qui leur ressemble, ce dans quoi ils ont

---

1. L'Est est l'Est, l'Ouest est l'Ouest et jamais ils ne se rencontreront.

été élevés. Ils ont fait d'infatigables efforts pour sauvegarder leur civilisation. Ils ont versé des fleuves de sang par amour pour elle. Tout au long des siècles, ils se sont battus pour défendre sa cause.

Smuts caressa à nouveau sa barbe et poursuivit :

— Il est donc trop tard et inimaginable que, d'un simple coup de craie, on raye tout cet acquis. Vous saisissez, Mr Gandhi ? Inimaginable.

— Inimaginable, général Smuts, parce que vous persistez à croire que la question ne peut être mesurée qu'à l'aune de la jalousie, du conflit ou de la haine raciale.

— Vous simplifiez. Je ne vous parle pas de haine, mais de différence. Les Indiens sont appréciés en Afrique du Sud pour leur simplicité, leur patience, leur persévérance, leur frugalité et, force est de l'admettre, un certain angélisme. Alors que les Occidentaux aiment la bonne chère, ils sont entreprenants, impatients, toujours à la poursuite de plus de besoins matériels et consacrant leur existence à les satisfaire. Ils ont peur de voir leur monde bouleversé et leurs coutumes remises en question. Le *Black Act* sera leur rempart.

Il prit appui sur ses avant-bras et se pencha en avant légèrement.

— Comprenez-moi bien : d'une part, les Occidentaux de ce pays ne sont pas prêts à se suicider ; de l'autre leurs dirigeants ne permettront pas de les voir progressivement engloutis par des vagues d'immigrés. Jamais, Mr Gandhi. Jamais.

— Général Smuts, aucun être au monde, aucune personne impartiale ne peut accepter vos conclusions. Aucun réformateur ne placerait sa civilisation dans une position d'immobilisme. Car, ce que vous prêchez, c'est l'immobilisme, et donc le repli sur soi, alors que c'est tout le contraire qui fait la gloire des hommes. Vous parlez de remparts. Une nation qui érige des murs et vit en recluse est comparable à une mer que plus aucun fleuve ne vient alimenter. Que vous l'admettiez ou non, sachez que, à mes yeux en tout cas, les différences sont sources de progrès et non de décadence. D'un point de vue philosophique, je ne saurais vous convaincre. Alors, il me reste le point de vue légal. Un Indien est citoyen britannique. En tant que tel, il possède des droits ; les mêmes que ceux dont se prévalent les Blancs. Tout ce que nous exigeons c'est que ces droits soient respectés.

— Vous êtes conscient, j'imagine, des peines encourues si vous tentiez de vous opposer à la loi ? À partir du 1er juillet, tous les Indiens surpris sans laissez-passer devront en subir les conséquences.

— Autant dire que vous allez nous mettre une laisse autour du cou.

— Je vous laisse la responsabilité de cette métaphore. De toute façon, vous n'avez pas le choix.

— Oh si !

— Des manifestations ? Elles seront, sachez-le, durement réprimées. Nous n'hésiterons pas, soyez-en convaincu, à user de la force face aux émeutiers.

— Libre à vous. Mais vous auriez tort.

— Tort ?

Gandhi fixa intensément son interlocuteur.

— Oui, général. Vous auriez tort. Parce que le bénéfice qui résulte de l'usage de la force est provisoire, mais le mal qu'il cause est définitif.

*

Mohan conclut son récit par ces mots laconiques :

— Un désaccord honnête peut devenir source de progrès.

— Vous qualifiez d'honnête l'attitude de Smuts ?

— Bien entendu. Il est convaincu. Il ne triche pas. Comme je ne triche pas non plus, nous finirons un jour par nous entendre.

Je trouvais le raisonnement plutôt singulier.

— Néanmoins, ajouta-t-il, pour y parvenir nous devons nous affronter à armes égales, ce qui, aujourd'hui, n'est pas le cas. Nous avons six mois pour nous préparer.

Nous sommes arrivés chez nous, au Kraal, vers 1 heure de l'après-midi.

Le froid était piquant. J'ai allumé la cheminée. Mohan a fait du thé et nous nous sommes assis devant l'âtre, plongés dans nos pensées.

— Merci, dit-il brisant le silence.

— Merci ?

— D'être là.

— Et pourtant, je me sens inutile.

— Absurde. Vous êtes mon lien avec un monde meilleur et vous me rappelez que ce monde peut être doux.

— Je veux quand même agir aussi. Concrètement.

J'ai été chercher une plume et une feuille de papier et je me suis rassis près du feu.

— Que faites-vous, Hermann ?

— Vous verrez bien.

Quelques instants plus tard, je lui ai remis mon texte. Il s'agissait d'une lettre ouverte au *Star*, un quotidien à grand tirage.

Johannesburg,
4 avril 1907

Messieurs,

Bien que détaché des choses de la politique, voilà quelque temps que je suis avec intérêt la lutte que livrent les Indiens du Transvaal pour défendre leurs droits légitimes. J'estime que l'ordonnance qu'on veut leur imposer est non seulement profondément injuste, mais qu'elle ne fait pas honneur à ses auteurs. De même, est-il infamant de qualifier d'« agitateurs » des hommes qui travaillent dans ce pays et gagnent leur vie en toute honnêteté.

Je veux croire que cette peur de la concurrence ressentie par les commerçants blancs à l'égard des Asiatiques n'a pas totalement occulté leur sens de la justice, et que, dans leur très grande majorité, ils conservent dans leur cœur un minimum de bon sens et d'humanité. Car ces Indiens méritent notre admiration et notre respect, au lieu du mépris que certains leur opposent. Je ne suis pas dupe des différences qui existent entre les races, mais je suis convaincu qu'au lieu de les stigmatiser, il serait plus sain de les considérer pour ce qu'elles devraient être : une richesse. Un apport.

En conclusion, l'homme blanc que je suis tient à affirmer ici qu'il considérera comme un privilège et un honneur de rendre visite à ses amis indiens s'ils venaient à être arrêtés, et qu'il se battra à leurs côtés quitte à les rejoindre dans leurs geôles.

Hermann Kallenbach.

Il me rendit la lettre.

— Vous êtes sérieux ? Vous seriez prêt à aller en prison pour nous ?

— Et vous, Mohan, seriez-vous prêt à aller en prison pour moi ?

Il sourit :

— Jusqu'aux extrémités de la terre...

*

Trois jours plus tard, une réunion eut lieu dans la maison de Rustomji avec les soutiens les plus fidèles de Mohan. Il y avait là Polak, West, Harilal, qui semblait plus que jamais déterminé à se battre aux côtés de son père, et des membres du Congrès indien du Natal, parmi lesquels mon ami Rahim Khan (à qui je devais d'avoir connu Gandhi), Haji Ojer Ali, sheth Haji Habib et d'autres dont j'ai oublié les noms. L'ambiance était fébrile. De cette fébrilité qui précède les jours de combat.

Dans un brûle-encens, Rustomji avait placé des grains de santal qui dégageaient une odeur boisée et conféraient à notre réunion une atmosphère quasi religieuse.

À travers les volutes, je crus voir danser le mot : *satyagraha*.

17

Rêve ou réalité ?

Pas un nuage aujourd'hui. Ce 1er juillet 1907, je me tenais au milieu d'un océan de turbans massés sur le parvis de la grande mosquée bleue et blanche de Pretoria. Musulmans, hindous, Parsis, femmes, hommes, commerçants, mineurs, maçons, gens de toutes conditions, modestes, pauvres, riches, tous étaient venus crier leur rejet de la Loi noire. Deux mille personnes, sur une population indienne que l'on estimait à quinze mille. Un nombre inespéré.

Assis par terre, la foule ne quittait pas des yeux la petite estrade de fortune où venaient d'apparaître Gandhi, Haji Ojer Ali, sheth Haji Habib et Mr Youssouf Ismail Mian, le nouveau président de la British Indian Association. Dans ces visages burinés, ciselés par la lumière, se lisaient l'espoir, la fierté et l'humilité. Sans doute attendaient-ils les mots qui panseraient leur dignité meurtrie et qui, peut-être, les rassureraient.

Au cours des six derniers mois, les événements s'étaient extraordinairement précipités. Le 1er mars, Botha et Smuts avaient reçu des Anglais l'autorisation de former leur propre gouvernement. Le 4 du même mois, le parti *Het Volk* remportait les élections du Transvaal et Louis Botha était promu Premier ministre. Le 1er juin, ce fut au tour de l'État d'Orange d'accéder à l'autonomie. Dorénavant, il n'existait plus de pare-feu qui empêcherait les Boers d'appliquer la politique ségrégationniste de leur choix.

Gandhi saisit un porte-voix et s'avança jusqu'au bord de l'estrade. Il était vêtu d'un dhoti d'une blancheur immaculée, et portait les sandales que j'avais ramenées pour lui de Mariannhill.

Il scruta un moment la foule, et annonça :

— Mes frères, il y a ici une personne qui désire nous transmettre un message de la part du général Botha. Il s'agit du député William Hosken. C'est un Européen libéral, un sympathisant de notre cause. Je vous demanderai de l'écouter avec dignité.

Sans tenir compte du brouhaha que son annonce avait déclenché, il proposa à Hosken de le rejoindre.

— Nous vous écoutons, mon frère.

Hosken salua la foule selon la coutume indienne, puis :

— Messieurs, je ne vais pas être long. Comme vient de vous le dire *Bhai* Gandhi, je suis avant tout votre ami et, en tant que tel, soyez convaincus que je partage vos idées, que je suis solidaire de votre cause. Si j'avais le pouvoir de faire entendre raison à vos adversaires, rien ne m'eût autant comblé. Hélas, je ne suis qu'un intermédiaire. Le général Botha m'a chargé de vous dire qu'il vous respecte et respecte vos sentiments. Malheureusement, il ne peut rien faire pour vous. Les Blancs sont largement majoritaires dans le Transvaal, et tous, sans exception, exigent que cette loi soit appliquée sans délai. Le général Botha, désormais Premier ministre de cet État, est fermement décidé à répondre à leur vœu. Vous savez quelle est la puissance du nouveau gouvernement. Résister serait aller droit au mur. C'est pourquoi, le général espère que votre communauté comprendra que toute opposition sera vaine et fatale et qu'en vous pliant vous éviterez d'attirer sur vos têtes d'inutiles souffrances.

Il se tut. Promena son regard sur la foule et conclut :

— Voilà. C'était le message que j'avais à vous transmettre. Je vous remercie.

Il n'y eut qu'un léger flottement. Hosken s'était exprimé en anglais et, de toute évidence, rares étaient ceux qui avaient compris.

Alors le député se tourna vers Gandhi.

— Pouvez-vous traduire, je vous prie ?

Gandhi opina, restituant aussi fidèlement que possible les propos de Hosken en gujarati, ensuite il invita Sheth Habib à faire de même en hindi. Alors seulement la foule s'embrasa. Hosken ne put rien ajouter et quitta l'estrade.

Le silence revenu, Gandhi récupéra le porte-voix et, comme au Théâtre impérial, il commença à s'exprimer avec une certaine retenue, puis le ton alla s'affermissant.

— Mes frères, j'ai le privilège aujourd'hui de vous voir rassemblés ici, à Pretoria, capitale du Transvaal et je suis très touché de constater que vous avez répondu nombreux à notre appel. Le 31 juillet 1907, cette date tant redoutée, est là. Il y a environ dix mois, lors d'une réunion au Théâtre impérial, deux mille d'entre vous ont juré solennellement de ne jamais accepter l'*Asiatic Law Amendment* s'il venait à être voté. Il l'a été. Je ne vais pas énumérer pour vous tous les arguments qui font de cette loi, une loi inique ; il me suffirait de vous dire que, hors des frontières de l'Afrique du Sud, elle a été universellement condamnée. J'ai souhaité que notre réunion se tienne, ici, à Pretoria pour une raison évidente : c'est dans cette ville que le gouvernement a choisi d'ouvrir le premier bureau d'enregistrement. Dans une semaine, d'autres bureaux seront ouverts et vous aurez un mois pour vous inscrire, sous peine de devoir acquitter une amende de cent livres, d'être condamnés à la prison, ou pire, chassés du Transvaal.

Il fixa l'assemblée longuement.

— Mais vous ne le ferez pas.

Un nouveau temps de silence. Il reprit :

— Vous ne le ferez pas. Car nous ne pouvons accepter d'être réduits à de simples numéros, traités comme de tristes criminels. Toutefois, et c'est très important, notre désobéissance se fera dans l'ordre et dans la non-violence. Ce que j'ai appelé le *satyagraha*. Pourquoi ? Parce que résister de manière passive permet de défendre ses droits en n'imposant qu'à soi la souffrance et pas à nos ennemis. Or, le sacrifice de soi est infiniment supérieur au sacrifice des autres. Le *satyagraha* souffre, mais ne fait pas souffrir les autres.

Une brise chaude s'était mise à souffler qui souleva légèrement les pans de son dhoti. J'observais les visages autour de moi et je me demandais si ces gens, incultes pour la plupart, ne sachant ni lire ni écrire, étaient capables de percevoir la subtilité du message que Gandhi tentait de leur faire passer.

— Mes frères, voici comment nous agirons. Dès demain, des bénévoles, portant des badges, se placeront le long des routes qui mènent aux bureaux d'enregistrement. Ces personnes auront pour mission de dissuader ceux d'entre nous qui, par peur ou par faiblesse, voudront s'enregistrer. Elles leur expliqueront les dangers que représente le *Black Act* et tenteront de les convaincre de ne pas tomber dans le piège que le gouvernement nous tend. Cependant, à aucun moment ces bénévoles ne feront montre de discourtoisie ou de rudesse à l'égard de ceux qui persisteront dans leur volonté de se faire enregistrer. Par ailleurs, chaque équipe aura à sa tête un chef et les ordres qu'il donnera devront être respectés.

Sans le lâcher, il laissa retomber le porte-voix un bref instant le long de son corps avant de le porter à nouveau à ses lèvres.

— Vis-à-vis de la police, ces mêmes bénévoles devront se comporter avec un grand respect. S'ils sont battus, je leur demande de souffrir paisiblement et de ne jamais rendre coup pour coup. Dans le cas où les traitements qu'on leur inflige deviendraient insupportables, alors qu'ils quittent les lieux, et s'ils sont arrêtés, qu'ils n'offrent aucune résistance.

Pourquoi, tout à coup, cette silhouette frêle, terriblement amaigrie, me fit l'effet d'un géant ?

— Tous ceux qui ont plus de douze ans pourront faire partie des piquets de grève. Mais aucun inconnu ne sera admis ; ceci afin d'éviter que des provocateurs s'immiscent dans nos rangs. Comme je l'ai souvent répété au cours de diverses réunions, on vous emprisonnera, on vous maltraitera, vous serez injuriés. Certains commerçants parmi vous risquent de voir leur licence confisquée, ou non renouvelée. Peu importe, ils devront continuer de vendre et d'acheter quitte à subir amendes ou emprisonnement. Et si le propriétaire est arrêté, ses employés continueront d'entretenir son négoce, sans faillir. Mes frères, j'ai conscience que le sacrifice que j'exige de vous est immense. Vous avez une famille, des enfants, vous leur devez la sécurité. Mais sachez que, si nous acceptons de nous plier à cette loi, cette sécurité même ne leur sera plus garantie.

Il marqua une courte pause, tandis qu'un sourire éclairait ses traits.

— Voilà une semaine, une foire consacrée à l'agriculture fut inaugurée à Johannesburg. Aucun Indien n'était autorisé à la visiter, à moins de prouver qu'il travaillait au service d'un Blanc.

Son sourire s'accentua.

— Pourtant, les chiens eux étaient admis. Bien mieux, il y eut un concours canin et fut offert un prix à la plus jolie bête. J'en conclus, mes frères, qu'aux yeux des organisateurs de cette foire, un Indien vaut moins qu'un chien.

À peine ces mots prononcés, des acclamations furieuses vibrèrent au-dessus de l'esplanade.

Soudain, un homme se dressa parmi la foule. Il devait avoir cinquante ans, peut-être plus. Le visage mince et hâlé, il en imposait par sa stature : près d'un mètre quatre-vingt-cinq.

C'était Mohammad Kachalia, un commerçant connu de tous. Bien que musulman orthodoxe, il considérait que, quelle que soit son appartenance religieuse, un Indien était avant tout un Indien. Mohan avait pour lui le plus grand respect, et, plus d'une fois je l'ai entendu dire à son propos : « Je n'ai pas connu dans toute l'Afrique du Sud un homme qui surpassa Mohammad Kachalia en courage. »

La figure rouge, le sang battant à ses tempes, Mohammad porta les doigts de sa main droite sur sa gorge et tonna :

— Je connais la puissance du gouverneur du Transvaal ! Je ne me fais aucune illusion. Il peut appliquer la loi. Il nous jettera en prison, confisquera nos biens, nous déportera. Tout cela nous le supporterons allègrement, mais jamais nous n'accepterons cette loi ! Plutôt être pendu !

Un tonnerre d'applaudissements lui fit un écho et le ciel entier parut submergé.

Gandhi s'inclina pour saluer Kachalia, attendit que le tumulte s'apaise et poursuivit son discours. Il parla pendant près de quarante minutes, rappela encore et encore l'importance de s'abstenir de toute violence. Quand il se tut, il fut applaudi à tout rompre et, naturellement, les mots qu'il m'avait dits à Mountain View rejaillirent dans mon esprit : « Mon oppresseur trouvera en moi une résistance de l'âme qui échappera à son assaut... »

Au cours des jours suivants, on vit apparaître des panneaux sur lesquels était écrit :

BOYCOTT !
BOYCOTT PERMIT OFFICE !

Ou encore :

LOYALTY TO THE KING
DEMANDS LOYALTY
TO THE KING OF KINGS
INDIANS, BE FREE[1] *!*

Des centaines de bénévoles se postèrent comme convenu devant la porte des bureaux d'enregistrement, remettant à tous les Indiens qui se présentaient une brochure qui détaillait le *Black Act* et ses implications.

Parallèlement, Gandhi fit passer un nouveau mot d'ordre : tous les marchands ambulants, tous les colporteurs devront refuser de montrer leur licence au cas où un policier la réclamerait. Et, puisqu'elle aussi était visée par le *Black Act*, la communauté chinoise, entraînée par leur chef, Mr Leung Quinn, se joignit au mouvement ; elle ne comptait guère plus de quatre cents membres, mais Quinn estima que la loi les lésait tout autant que les quinze mille Indiens du Transvaal.

Bien entendu, il y eut quelques « moutons noirs ». Des travailleurs, effrayés à l'idée de devoir payer l'amende de cent livres ou d'être jetés en prison,

_____

1. La loyauté au roi, exige la loyauté au Roi des rois. Indiens, soyez libres !

s'inscrivirent soit en bravant les piquets de grève, soit en demandant aux autorités la permission de se faire enregistrer en toute discrétion à leur domicile. Aussitôt leurs noms connus, Gandhi n'hésita pas. Il les publia dans les pages de l'*Indian Opinion*, les livrant ainsi en pâture à leurs coreligionnaires.

Le 1er août 1907, en fin de soirée, nous étions réunis dans le bureau de Mohan, Polak, West et moi, ainsi que Mohammad Kachalia. Après son intervention retentissante devant la mosquée Hamidia, nous avions pu craindre que le « héros » ne soit pas à la hauteur des propos qu'il avait tenus. Nos doutes étaient infondés. Jamais, tout le temps que dura le *satyagraha*, nous ne le vîmes faillir à ses engagements.

En dépit du brasero que Sonja avait allumé, je frissonnais. La tension nerveuse y était sûrement pour quelque chose. De nous quatre, c'est Henry qui paraissait le moins tendu. Sans doute savourait-il sa récente inscription au barreau du Transvaal. Je pense qu'il était surtout heureux de pouvoir défendre les Indiens qui seraient traînés devant un tribunal.

Un mois s'était écoulé depuis que le gouvernement avait promulgué sa loi. Passé ce délai, ceux qui ne s'étaient pas inscrits seraient emprisonnés ou reconduits à la frontière de l'État. Or, aux dernières nouvelles, humiliation absolue pour Botha et Smuts, sur les quinze mille Indiens présents au Transvaal, trois cents seulement avaient cédé à la peur et franchi le seuil des bureaux d'enregistrement.

Kachalia examina sa montre en grommelant :

— Il est 6 heures. Et ils n'ont toujours procédé à aucune arrestation. Ce n'est pas normal.

Albert West suggéra :

— Peut-être ont-ils l'intention d'abandonner le projet ?

— Tu veux rire, rétorqua Polak. Ni Smuts ni Botha ne sont hommes à battre en retraite. Souvenons-nous de quelle façon Smuts s'est comporté lors de la seconde guerre des Boers. Il a prouvé à tous quel fin stratège il est. Non. Nous n'avons aucune illusion à entretenir. Le *Black Act* ne sera pas abandonné de sitôt.

Mohan confirma.

— Henry a raison. Aucun gouvernement ne plierait aussi vite.

— Mais alors ? se récria Kachalia. Que préparent-ils ?

La réponse à sa question nous fut apportée par Sonja Schlesin. Aux alentours de 8 heures du soir, elle débaula dans le bureau, un câble à la main.

— Un à zéro ! s'écria-t-elle. On leur a botté les fesses !

Mohan fronça les sourcils.

— Mademoiselle Schlesin, surveillez votre langage...

Faisant fi de la remontrance, elle lut d'une voix distincte :

— « Le gouvernement du Transvaal, défenseur des droits et de la paix, accorde aux Asiatiques un délai supplémentaire d'un mois. Les personnes qui n'ont pas encore retiré leur permis pourront le faire jusqu'au 31 août 1907, à minuit. Au-delà de cette date, ceux qui ne se seront pas fait dûment enregistrer encourront les peines prévues par la loi. Signé Général Botha et Smuts. » Pas mal non ?

Je fis remarquer :

— Mettons que pour l'instant le gouvernement recule cherchant à éviter l'affrontement frontal. Combien de temps ?

— La durée du combat importe peu, Hermann. Plus il durera, plus il nous purifiera et la victoire pointera au bout. Mais attention, la décision de

Smuts n'est qu'un sursis. Nous devons continuer à mobiliser les gens, jour et nuit, sans relâche. Dès ce soir, j'écrirai un article en ce sens dans l'*Indian Opinion*.

— Ce qui veut dire, nota Sonja, que je ne suis pas près de rentrer chez moi. Rassurez-vous, *bapou*, cela ne me dérange absolument pas ! Au contraire ! Je...

Elle s'arrêta net. Un homme en soutane venait d'apparaître à l'entrée du bureau. Filiforme, cheveux châtains, les joues parsemées de taches de rousseur.

— Pardonnez-moi, gentlemen, je suis le révérend Joseph Doke et...

— Mais comment diable êtes-vous entré ? s'exclama Sonja.

Le pasteur pencha légèrement la tête sur le côté, un sourire indulgent sur les lèvres.

— Mon enfant, le diable n'y est pour rien. La porte était ouverte.

Il reprit sur un ton jovial :

— Je suis le nouveau pasteur de l'église baptiste de Johannesburg.

Gandhi le salua.

— Enchanté, monsieur le pasteur. Mais je vous préviens tout de suite : si vous avez l'intention de me convertir au christianisme, sachez que c'est peine perdue. D'autres s'y sont essayés et tous ont échoué.

— Vous convertir ?

Le pasteur partit d'un rire tonitruant.

— J'ose dire : Dieu m'en garde !

Il désigna le grand portrait du Christ accroché au mur et ajouta :

— D'ailleurs, vous êtes peut-être déjà chrétien sans le savoir.

— Je ne vous contredirai pas, mon révérend.

Il fit un geste circulaire.

— Je vous aurais bien proposé de vous asseoir, mais malheureusement tous les sièges sont pris.

West proposa aussitôt de céder sa place à l'ecclésiastique qui refusa aimablement.

— Je ne vais pas vous déranger longtemps, monsieur Gandhi. Je suis venu vous dire que je suis en Afrique du Sud depuis quelques semaines et que je n'ai rien manqué de votre lutte. J'ai lu vos lettres ouvertes, vos articles et j'étais présent lors de votre discours devant la mosquée à Pretoria. Si j'ai tenu à vous rencontrer, c'est pour vous exprimer toute mon admiration. Vous êtes un grand homme, monsieur Gandhi. Un homme de courage.

— Je vous remercie, mon révérend. Mais je ne crois pas mériter ces compliments.

Il nous désigna du doigt.

— D'autant que je ne suis pas tout seul dans cette aventure.

— Votre cause, reprit le pasteur, fut, toutes proportions gardées, un peu la mienne. Alors qu'il y a quelques années je séjournais en Nouvelle-Zélande, j'ai dû plus d'une fois me rendre à la cour du magistrat à Christchurch pour défendre les immigrants chinois menacés d'expulsion. Ces malheureux n'avaient rien fait de mal sinon qu'ils cherchaient à gagner honnêtement leur vie. La manière dont on les traitait était pure barbarie. Vous comprenez pourquoi je me sens si solidaire de votre combat ?

Avant que Mohan n'ait eu le temps de lui répondre, il s'enquit :

— Ma question va vous paraître étrange : êtes-vous *réellement* préparé à mourir en martyr ? Car vous risquez la mort, vous le savez.

— Étrange question en effet. Puisque vous suivez mes actions et lisez mes écrits, il me semble que vous devriez connaître la réponse ?

— Sincèrement, je crois la connaître, mais je souhaite l'entendre de votre bouche.

— Très bien. Alors, sachez que je suis disposé à donner ma vie à tout moment. Pourquoi cette certitude ? Parce que je ne suis rien, ne suis attaché à rien, et n'existe que dans l'abandon.

Joseph Doke opina.

— C'est bien ce que je pensais. Je me suis même souvent demandé si, plus tard, vous ne joueriez pas un rôle dans votre pays. L'avenir nous le dira.

Il balaya l'air de la main.

— Ce que je souhaite actuellement, c'est que vous m'accordiez une faveur.

— Je vous écoute.

— J'aimerais beaucoup rédiger votre biographie. Je souhaite être le premier.

— Ma biographie ? Mais frère Joseph, elle sera plus mince qu'une feuille de papier ! Je n'ai rien fait, rien accompli.

— Oh ! si. Vous avez déjà beaucoup fait et vous ferez encore. Je vous en prie. Je saurai me montrer discret et ne vous interrogerai que lorsque vous m'en donnerez la possibilité.

Gandhi nous lança un coup d'œil perplexe, puis haussa les épaules.

— Si tel est votre plaisir, pourquoi pas ?

Un sourire lumineux illumina le visage du pasteur.

— Dieu vous bénisse, je vous remercie infiniment !

Il se tourna vers nous.

— Au revoir, gentlemen. Nous nous reverrons sûrement.

Et il s'éclipsa.

— En voilà un original ! commenta Sonja.

— Pour le moins fantasque ! surenchérit West.

— Curieux bonhomme, murmura Mohammad Kachalia.

Tous les trois se trompaient. Joseph Doke se révéla être exactement à l'opposé de ces qualificatifs.

18

Depuis près de deux heures, dans le clair-obscur de notre chambre, mes mains imprégnées d'huile remontaient lentement, infiniment lentement, le long du corps de Mohan. En partant de la plante des pieds, elles allaient vers les mollets, les cuisses, entre le rectum et les organes génitaux, les fesses. Elles naviguaient ensuite vers les hanches, le long du dos, jusqu'à la nuque, jusqu'au sommet du crâne, dans un va-et-vient régulier. Par moments, comme il me l'avait enseigné, mes doigts se posaient sur les chakras, ces fenêtres invisibles à travers lesquelles circule l'énergie de l'univers, et je les stimulais par de petits mouvements circulaires. Mohan respirait, je respirais avec lui, yeux clos pour mieux absorber les éclairs de couleur qui, par intermittence, éclataient dans ma tête.

Ces séances, auxquelles nous nous adonnions régulièrement, ne nous procuraient pas uniquement un bien-être physique, ou mental. Pendant ces heures où nous ne faisions qu'un, toute la sensualité tenue en laisse trouvait dans ces instants l'occasion de s'épanouir, sans que pour autant se produise une perte de semence. L'énergie sexuelle roulait, remontait en nous par vagues incandescentes, du périnée, jusqu'au chakra du cosmos, au sommet du crâne, avant de ne faire qu'un avec l'univers. Qui aurait pu comprendre que, dès lors, l'acte physique devenait banal, et l'éjaculation stérile, qui ? Sinon les initiés.

Je me suis allongé près de Mohan et nous sommes restés un long moment à méditer, immobiles, silencieux, jusqu'à ce que nous retrouvions l'ancrage à la terre.

— Je suis admiratif, Hermann, je n'imaginais que vous auriez pu faire vôtre mon vœu de chasteté. Pas aussi rapidement.

— C'est une nouvelle forme d'existence. Se prolongera-t-elle ? Je ne peux pas l'affirmer.

— Il faudra, pourtant. Ni vous ni moi n'avons le choix.

Je me suis redressé, j'ai soufflé les bougies qui éclairaient la chambre.

— Je suppose que vous savez quel jour nous sommes.

— Dimanche 10 novembre 1907. C'est aujourd'hui que le nouvel ultimatum du gouvernement prend fin. C'est la seconde fois qu'il reporte le moment fatidique.

— À moins de vouloir perdre la face, il n'y aura pas d'autres sursis. Cette fois nous allons à l'affrontement direct.

— J'aime lorsque vous dites « nous ». L'Allemand serait donc devenu Indien ?

Il quitta le matelas.

— Vous voudrez bien m'administrer un clystère ? Le dernier remonte à plus de cinq jours. Vous savez combien est important un lavage régulier de l'intestin.

— Bien sûr. Je vais faire chauffer de l'eau.

— Et si vous le souhaitez, je vous en administrerai un à mon tour.

— Malheureusement, mon nouvel associé m'attend pour discuter de la création de notre nouveau cabinet : Kallenbach & Kennedy.

— Ah ! Vous allez devenir encore plus riche !

Je n'ai pas répondu.

— Et vous achèterez une plus grosse voiture.

— Pas nécessairement. J'échangerai peut-être la mienne pour un modèle plus récent.

— De nombreuses maladies se guérissent, Hermann, mais la vôtre semble incurable.

— Mais comme vous l'avez dit un jour : « Il faut du temps pour que se forment nos convictions. » Soyez indulgent, Mohan. Il me semble avoir beaucoup changé en quatre ans. Il vous a fallu bien plus que cela pour devenir celui que vous êtes aujourd'hui. Auriez-vous oublié le gentleman britannique qui prenait des cours de danse, jouait du violon, portait des chaussures à guêtres et imposait à sa famille les couteaux et les fourchettes ?

Je m'attendais à l'une de ses répliques dont Gandhi avait le secret, mais il n'en fut rien. Il posa sa main sur ma joue, et dit avec un petit sourire :

— Le buffle est lent. Mais la terre est patiente.

*

Je suis arrivé au cabinet de mon nouvel associé vers midi.

À la différence de Reynolds, Eliot Kennedy était un personnage tout en rondeur. Au sens propre (il ne pesait pas loin de cent dix kilos) comme au sens figuré. Né à Londres quarante ans plus tôt, il avait fait ses études à la célèbre Westminster School of Art. Farouche opposant du style néogothique victorien (que j'exécrais tout autant), lui préférant plutôt le néo-classicisme, il semblait promis à un bel avenir, surtout après avoir été admis à l'Institut royal des architectes britanniques. Mais, pour des raisons que j'ignore, il décida en 1896, l'année de ma venue en Afrique du Sud, de tourner le dos à l'Angleterre pour venir s'installer à Johannesburg avec son épouse Alex, sa cadette de quinze ans. Une femme d'une incroyable beauté. Élancée, un visage de madone, lorsque Kennedy me l'a présentée, je me suis immédiatement posé la question que tout leur entourage devait se poser : comment pareille union était-elle possible ?

En quelques années, Eliot s'était taillé une solide réputation dans le milieu architectural et son cabinet occupait depuis bientôt quinze ans une place prépondérante aux côtés du mien.

Installé confortablement dans un canapé Chesterfield fortement patiné, il me tendit un cigare que je refusai courtoisement.

— Je ne vous comprends pas, Hermann. Quelle sorte d'homme êtes-vous ? Vous ne buvez pas, ne fumez pas, vous n'êtes pas marié, vous n'avez pas de maîtresse – je me suis renseigné figurez-vous – et, pour couronner le tout, vous êtes végétarien ! Quelle vie, mon cher !

J'écartai les bras dans une posture fataliste.

— C'est ainsi. Et je ne m'en porte pas plus mal que nombre de mes connaissances.

Eliot tapota sur sa panse.

— Remarquez, je parle, je parle, mais j'aurais intérêt à prendre exemple sur vous, pour ce qui est de la nourriture, j'entends ! On dit aussi que vous êtes un fervent défenseur de la cause indienne. J'ai lu votre lettre ouverte dans le *Star*. Chapeau ! Je partage votre point de vue, cependant jamais je n'aurais le courage de l'assumer en public.

— Pour quelle raison ?

— La clientèle évidemment. Les Boers sont des types très particuliers et les magnats du diamant le sont plus encore. Or, ce sont eux qui nous passent des commandes, ne l'oublions pas. Je n'ai aucune envie de me brouiller avec des clients potentiels. À ce propos...

Il s'arracha à son Chesterfield et alla récupérer un document et un stylo-plume.

— Notre contrat. Il ne manque plus que votre signature.

Je me suis exécuté.

— Merveilleux ! s'exclama-t-il. Il ne nous reste plus qu'à fêter l'événement. Accepteriez-vous de venir dîner à la maison la semaine prochaine ? Alex sera enchantée.

— Vous connaissez mes habitudes culinaires...

— Bien sûr ! Fruits et légumes à volonté !

Nous avons continué à discuter de nos projets futurs. L'un d'entre eux me tenait particulièrement à cœur : il s'agissait d'une école, la Wolmarans Street School que j'imaginais selon des critères innovateurs, bien différents de ceux que l'on appliquait jusque-là à ce type de bâtiment. J'en avais soufflé un mot à Albert, qui s'était montré ravi.

Lorsqu'il me raccompagna jusqu'au seuil de son bureau, l'horloge de l'hôtel de Ville sonnait 6 heures. Je décidai de ne pas rentrer tout de suite au Kraal et d'aller faire un tour dans Joubert Park. Un tramway fut à deux doigts de m'écraser au moment où je traversais la rue. Pourtant, j'aurais dû l'entendre venir. Depuis deux mois, les tramways, hippomobiles jusque-là, roulaient à l'électricité.

Joubert Park était à environ neuf miles de Market Street, mais je ne devais jamais y arriver. Alors que je passais devant le bureau de poste, une voix cria :

— INDIEN ARRÊTÉ À GERMISTON ! INDIEN ARRÊTÉ !

Un marchand de journaux brandissait le *Mercury*. Je me suis précipité pour lui acheter un exemplaire.

L'article expliquait que la police avait effectivement appréhendé un dénommé Ram Sundara, un « bel homme, fier, excellent orateur », selon les propres termes du journaliste. Il était accusé d'avoir incité à la désobéissance la communauté indienne de Germiston et (sans doute l'accusation la plus grave) de n'avoir pas été en mesure de présenter le laissez-passer exigé par le *Black Act*.

Après trois mois de statu quo, Smuts et Botha avaient donc ouvert les hostilités.

Je suis allé récupérer ma voiture et j'ai foncé au bureau de Mohan, au 4, Rissik Street. Il y régnait un brouhaha assourdissant. Une quinzaine de personnes étaient réunies, parmi lesquelles Mohammad Kachalia, Rustomji et un nouveau venu du nom de Thambi Naidoo. Originaire de Madras, personnalité brillante, il s'était rallié spontanément à la cause. Tout comme Kachalia, Thambi se révéla être une précieuse recrue. Tout ce monde débattait ferme.

Mohan m'invita à prendre place près de lui. À la différence de tous les autres, il semblait parfaitement calme, détendu. Je crois ne l'avoir jamais vu aussi serein.

— Vous êtes au courant, je suppose.

J'acquiesçai.

— Nos amis, ici présents, sont partagés sur la marche à suivre. Mohammad suggère que nous installions des piquets de grève devant les ministères, Rustomji voudrait organiser une manifestation monstre devant le poste de police où notre frère est incarcéré, bref, les avis divergent.

— Je vois. Mais avant tout, quelqu'un ici en sait-il plus sur ce Sundara ?

— Oui, me répondit un homme. Je l'ai connu il y a deux ans quand je travaillais à Germiston. C'est un Pandit[1]. Il a trente ans, marié, deux enfants. Il

---

1. Le mot « Pandit » désigne un homme lettré, cultivé. Mais aussi, un expert en sciences traditionnelles : rituel védique, etc. Il s'agit donc là d'un titre honorifique.

est prêtre hindou et son temple est fréquenté par de nombreux fidèles. Comme la très grande majorité des Indiens de Germiston, il a refusé de s'enregistrer.

— Pourquoi lui, et pas un autre ?

Mohammad Kachalia me répondit :

— N'avions-nous pas décidé que tous les grévistes auraient un chef à leur tête ? Pandit Sundara était l'un d'entre eux. La police a donc visé la tête.

Il s'empressa d'enchaîner avec passion :

— Nous devons réagir avec force et accomplir une action d'éclat. Se limiter à barrer la route qui mène aux bureaux d'enregistrement ne suffit plus.

Il me prit à témoin :

— Expliquez à *Gandhidji*, monsieur Kallenbach. Il ne veut rien savoir.

Mohan posa les mains à plat sur la surface de son bureau.

— Me ferez-vous la faveur de m'écouter avec sérénité ? Prenez un peu de recul. Smuts vient de nous offrir un cadeau, allons-nous gâcher notre plaisir en semant le désordre devant son ministère ? Non.

— Un cadeau ? se récria Rustomji.

— Bien sûr, réfléchissez. Dans les jours qui viennent, le nom de Rama Sundara sera sur toutes les lèvres. Hier encore inconnu, demain, il sera célèbre à travers toute l'Afrique du Sud, synonyme de résistance. Il y aura foule à son procès. Et je compte bien m'y rendre pour assurer sa défense. Ainsi, il me sera donné l'occasion d'expliquer une fois encore et face à la justice, les raisons de notre combat. Faites-moi confiance, mes amis. Le seul espoir que je caresse, c'est que d'autres arrestations s'ensuivent et que les cellules des prisons débordent.

Il répéta avec ferveur :

— Faites-moi confiance. Ne modifions en rien notre stratégie et attendons sagement la convocation au tribunal.

*

Rama Sundara fut appelé à être jugé le 14 novembre 1907.

Ainsi que Mohan l'avait prévu, la salle du tribunal était noire de monde ; emplie essentiellement par les membres de la communauté indienne.

Lorsque l'avocat général acheva son réquisitoire, on invita la défense à plaider. Mais en vérité, personne ne doutait que les jeux étaient faits. La seule question qui se posait concernait la forme que prendrait la sentence : amende ? Emprisonnement ? ou reconduite à la frontière du Transvaal ? Mohan se leva, posa sa main sur l'épaule de Sundara assis à sa gauche.

C'était la première fois que je le voyais drapé dans sa robe noire de magistrat, la tête couverte de la sacro-sainte perruque propre à tous les *barristers*[1]. Je constatai que celle qui couvrait le crâne de Mohan avait conservé un peu de sa blancheur, bien différente de la perruque horriblement sale que j'avais pu apercevoir un jour sur la tête de l'un de ses confrères. M'étant permis de le lui faire remarquer, l'homme m'avait répondu, choqué : « Oh ! Monsieur Kallenbach, ignorez-vous que les avocats anglais se font un point d'honneur de ne *jamais* nettoyer leur perruque, même lorsqu'elles sont transmises de génération en génération ! » Apparemment, une perruque râpée et d'aspect douteux était le comble du snobisme.

Gandhi venait d'entamer sa plaidoirie.

---

1. Terme anglais que l'on peut traduire par « avocat-plaidant ».

— Permettez-moi de vous rappeler, monsieur le Président, la raison pour laquelle mon client, Pandit Sundara, a été interpellé. Il est accusé d'avoir enfreint l'*Asiatic Law Amendment*. Par charité, je ne me permettrai pas de développer ici les articles qui constituent cette loi raciste, ségrégationniste et porteuse de souffrances...

— Nous ne sommes pas ici pour discuter l'*Asiatic Law Amendment*, coupa le procureur. La loi existe. Ce n'est pas elle, mais ceux qui l'enfreignent que nous jugeons aujourd'hui.

Gandhi poursuivit imperturbable :

— ... et d'humiliation.

Cette fois, ce fut le juge qui intervint sèchement :

— Pas de discours politique ! Quelle que soit la place que vous tenez dans le cœur de vos partisans, que la loi soit juste ou non, le tribunal n'a pas d'autre mission que de la faire respecter !

— Très bien, monsieur le juge. Dans ce cas, j'aimerais attirer votre attention sur un élément fondamental : mon client est prêtre, et en tant que tel, à l'instar de la plupart de mes frères indiens, il a juré solennellement devant Dieu de ne jamais se plier à cette loi. Par conséquent, se renier eût été commettre un acte sacrilège. Entre la loi des hommes et celle de Dieu, Pandit Sundara n'a pas eu d'autre choix que d'obéir à sa conscience. Et il a eu raison car, si un individu, parmi les sujets d'un gouvernement, considère que l'action de celui-ci est immorale, il a pour devoir de refuser de l'accompagner dans cette voie.

Il continua de développer son argument, insistant, malgré les objections frénétiques du procureur, sur l'iniquité du *Black Act*, tout en étant parfaitement conscient que sa plaidoirie n'aurait aucun effet sur le tribunal. Ce qu'il voulait, c'était profiter de l'occasion pour expliquer en public, et devant les représentants de la presse venus des quatre coins du pays, les raisons de son combat. Lorsque le juge prononça la sentence – un mois d'emprisonnement ferme –, un grand sourire éclaira ses traits, alors que l'assemblée applaudissait à tout rompre.

À la sortie du tribunal, il fut assailli par des journalistes à qui il se fit un plaisir de répondre, réitérant encore et encore le thème principal abordé lors de sa plaidoirie : la Loi noire et ses conséquences. Il conclut par une mise en garde qui avait quelque chose de prémonitoire : « La couronne britannique soumet la loyauté des sujets indiens à une épreuve qu'ils ne méritent pas. Aussi, je dis : Attention ! Que le gouvernement impérial réfléchisse s'il veut garder la population de l'Inde autrement qu'à la pointe des baïonnettes. Il pourrait arriver que, dans un avenir proche, l'Angleterre ait un jour à choisir entre l'Inde et les colonies ! »

— Alors, me demanda-t-il, lorsque nous fûmes seuls. N'est-ce pas un beau jour ?

— Il est rare qu'un avocat trouve jubilatoire la condamnation de son client. En effet, c'est un beau jour. Je suppose que, dès demain, tous les journaux ne parleront que du cas Sundara.

— Les journaux, mais aussi les milieux politiques, ici, en Angleterre, et dans le monde ! Voici une campagne de propagande qui ne coûtera pas un sou à notre nouvelle Association de Résistance passive. Dieu bénisse le général Smuts ! Grâce à lui, Rama Sundara est devenu un symbole pour tous les Indiens.

Comme l'avait pressenti Mohan, la condamnation du prêtre fut accueillie par des cris de joie à travers la communauté du Transvaal, mais aussi celle du Natal. Au lieu de provoquer un sentiment d'abattement, elle suscita au contraire un regain de combativité. Devenir à son tour un Sundara, voilà à quoi se plurent à rêver les cent cinquante mille Indiens d'Afrique du Sud.

Hélas, l'avenir nous réservait une amère déception.

Durant tout le mois qu'il passa en prison, le héros fut choyé. Placé dans une cellule indépendante, il ne se passa pas un jour sans que quelqu'un lui apportât de la nourriture, des friandises préparées avec amour par les épouses indiennes.

Le 15 décembre, sa peine purgée, Sundara fut libéré. À sa sortie de prison, il fut acclamé par une foule immense. De retour à Germiston, il fut porté en procession à travers la ville et on le couvrit de guirlandes de fleurs.

Mais bientôt, la ferveur se transforma en une immense amertume. Le grand danger de la gloire, c'est qu'elle éclaire de tous ses feux les vertus, mais aussi les aspects les plus sombres de celui qui la rencontre.

Deux semaines après la libération de Sundara, Mohan et moi étions en route pour Phoenix, lorsqu'il m'annonça la voix brisée :

— Notre grand homme n'était qu'une fausse pièce de monnaie.

Et comme je m'étonnais, il laissa tomber :

— Il s'est enfui. Comme un voleur.

— Enfui ? Mais n'était-il pas libre ? Je ne comprends pas.

— Une fausse pièce de monnaie, répéta Gandhi. Nous avons découvert qu'avant son arrestation, il avait déserté son emploi et menait une vie oisive. Son titre de Pandit était totalement usurpé. Il savait certes réciter quelques vers de Tulsidas, un de nos grands poètes, en sanskrit mais ses connaissances s'arrêtaient là, et il ne fut jamais prêtre. Le héros est devenu un fugitif de droit commun.

J'étais abasourdi.

— Comment expliquez-vous cette fuite ?

— C'est le propre des individus qui se retrouvent du jour au lendemain affublés du titre de héros, alors qu'au tréfonds d'eux-mêmes ils ont tout du lâche. Non seulement Sundara était un lâche, mais un hypocrite. Il fanfaronnait, il pérorait, n'imaginant pas un instant qu'on viendrait un jour l'arrêter. Et quand cela est arrivé, constatant l'émoi et l'élan que son arrestation avait soulevé, il s'est rapidement glissé dans la peau du héros. Le rôle était trop beau.

Les premières maisons de Phoenix venaient d'apparaître au bout du chemin.

— Je ne me fais pas d'illusion, Hermann, il y aura d'autres Rama Sundara. Qu'y pouvons-nous ? L'homme peut parfois masquer ses tares, mais non les éradiquer. Dieu ne lui a pas donné cette capacité.

Il serra les dents, ses traits se durcirent.

— Quand je pense à tous ceux qu'il a déçus ! À tous ceux pour lesquels il représentait l'exemple à suivre ! Dès ce soir, j'écrirai un article dans l'*Indian Opinion*. Le nom de Sundara sera maudit à jamais !

*

Allongé sur le sol, à quelques mètres du hangar qui hébergeait l'imprimerie, je comptais les étoiles au-dessus de Phoenix, comme je le faisais certains soirs, enfant, à Rusné.

Albert West et son épouse étaient allés se coucher, Kasturba jouait avec Devdas qui, la veille, avait fêté ses sept ans. Mohan écrivait, retiré dans l'une des maisons.

— Bonsoir, Hermann.

— Harilal ?

— Puis-je vous parler ?

— Bien sûr.

Dans la pénombre, les traits habituellement taciturnes du jeune homme semblaient plus noirs encore. Dix-neuf ans. Il était déjà vieux.

— Gulab attend un bébé, annonça-t-il.

— C'est merveilleux !

Il opina sans conviction.

— Vous souhaitiez cet enfant, n'est-ce pas ?

— Absolument.

— Mais alors ?

Harilal hésita.

— Je sais combien vous êtes proche de *bapou*, puis-je me confier en espérant votre impartialité ?

— N'en doute pas.

— Vous n'êtes pas sans savoir que mon père et moi n'avons pas toujours partagé les mêmes points de vue. Depuis que je suis né, tout nous oppose. Qu'il se fût agi de mon désir de rester en Inde pour poursuivre mes études ou de mon mariage, tout ce qui me paraissait bon pour moi lui était détestable. *Bapou* ne juge la vie des autres qu'à l'aune de la sienne. Je l'aime, je le respecte. C'est mon père. C'est aussi un grand homme. Je ne suis rien. Mais même ce rien, j'ai du mal à le conserver. Afin de lui être agréable, je me suis résigné à abréger mes études pour le rejoindre ici et je me suis installé à Phoenix. Pourtant, lorsque je l'ai prié de m'inscrire dans un collège de Johannesburg, il a refusé, m'assurant qu'il était parfaitement apte à m'instruire. Comment aurait-il trouvé le temps ? Il n'a pas fait plus pour moi que pour Manilal et Ramdas. Heureusement, je possède un acquis. Ce qui n'est pas le cas de mes frères. Que feront-ils de leur vie, alors qu'ils sont pratiquement illettrés ? Et maintenant, il y a cet enfant qui va naître...

— Je ne te suis pas très bien, Harilal. Tu parles de cet enfant comme d'un souci. Alors que tu devrais être dans la joie.

— Je devrais, en effet. Comment annoncer la nouvelle à *bapou* ? Vous n'avez pas oublié ses sermons sur la chasteté. Une fois de plus, je vais devoir subir ses remontrances, et je ne m'en sens pas le courage. Gulab non plus. La pauvre Gulab n'a que dix-sept ans. Elle est encore fragile. Le jour même de son arrivée en Afrique du Sud, il lui a tenu tout un discours sur le sujet, et l'a adjurée « de se comporter en héroïne » (ce sont ses propres mots), en refusant tout rapport sexuel, en ne se plaignant jamais, et en considérant mes éventuelles absences du domicile comme un triomphe ! Il lui a même dicté la tenue qu'elle devait porter. Il lui a raconté que de nombreuses femmes hindoues, des êtres de légende, avaient eu le courage de quitter leurs époux afin de permettre à ceux-ci de sauver leur âme. Vous imaginez les effets que produit ce genre de discours sur une jeune fille, presque une enfant ?

Je restais silencieux. Harilal n'avait pas tort. Il était probable qu'en apprenant la grossesse de sa belle-fille, Mohan répondrait avec sa rigueur coutumière.

Harilal ajouta :

— Dès notre arrivée en Afrique du Sud, il a mis en garde Gulab contre ce qu'il appelle la « déchéance de la chair » et a cherché à la convaincre de ne plus jamais avoir de rapports sexuels avec moi, de faire chambre à part, ainsi qu'il pratique avec ma mère. Selon lui, ce sperme que nous perdons serait une saignée aux dépens d'une vitalité plus élevée. Personnellement, je ne partage pas cet avis.

Je connaissais ces mots.

Finalement, le désarroi de Harilal démontrait une fois de plus la complexité des rapports de Mohan avec son entourage. Depuis l'expérience vécue lors de la guerre des Zoulous, il avait gagné en sérénité et en maîtrise. Mais son besoin viscéral de gérer le destin des autres, et ce qu'il considérait être *son* territoire, demeurait inchangé.

J'ai suggéré :

— Veux-tu que je lui parle ?

— Je n'osais vous le demander.

— Tu peux compter sur moi. Je le ferai, et ce soir même.

Harilal me remercia et pivota sur les talons.

Aussitôt, j'allai retrouver Mohan dans la maisonnette où il s'était installé, loin de Kasturba et des enfants. Il m'accueillit avec un grand sourire.

— Bonsoir, Hermann, vous tombez bien. Je viens de terminer l'article sur Sundara. Dès demain, je demanderai à West de le publier en première page de l'*Indian Opinion*. Puis-je vous soumettre ma conclusion ?

J'opinai.

— À partir de ce jour, Sundara est mort. Il n'existe plus aux yeux de notre communauté. Il a vécu dans le mensonge et empoisonné son existence de ses propres mains. La mort physique est de loin préférable à la mort sociale. Il a non seulement trahi ses frères de Germiston, mais tous les Indiens d'Afrique du Sud. Il aurait pu jouir d'une gloire éternelle si, après sa sortie de prison, il avait été victime d'une mort accidentelle. Elle lui eut épargné de connaître la déchéance. Hélas, Sundara est mort, assassiné par sa lâcheté.

— Ce sont des mots durs, mais mérités.

— Son nom sera à jamais synonyme d'ignominie.

J'ai pensé qu'il exagérait, jusqu'au jour où j'ai entendu une mère qui, pour forcer ses enfants à obéir, leur a lancé : « Attention ! Ram Sundara arrive ! » Ou encore : « Ô Dieu, préserve-nous du destin de Ram Sundara. »

— À présent, Mohan, j'aimerais aborder un autre sujet. Votre fils, Harilal.

Gandhi plissa le front.

— Il a un problème ?

— Je pense.

En quelques mots, je lui ai rapporté la conversation que je venais d'avoir et, du mieux que j'ai pu, j'ai plaidé la cause du couple. Il m'écouta sans sourciller, et prit le temps de ranger son stylo-plume dans son étui.

— Je vous remercie, Hermann pour votre... médiation. Je veux bien vous accorder qu'ils sont jeunes et que bouillonne en eux le désir charnel. Néanmoins, le comble de l'ignorance serait de croire que l'acte sexuel est une fonction indépendante et nécessaire, comme dormir ou manger.

Je voulus l'interrompre, mais il m'arrêta d'un geste de la main.

— Le monde, pour exister, dépend de l'acte de procréation, et comme le monde est le champ d'action de Dieu et le reflet de sa gloire, l'acte de la procréation doit être contrôlé en vue d'une croissance ordonnée de la race humaine. En conclusion, ceux qui, à l'instar de mon fils, procréent à tort et à travers sans avoir cette pensée à l'esprit participent au désordre du monde.

— Non, Mohan, vous ne pouvez assimiler Harilal à cette sorte d'individus que vous décrivez. C'est son premier enfant. Le premier.

— Il y en aura d'autres, puisque ni lui ni Gulab n'auront appris à maîtriser leurs pulsions. Mais à quoi bon débattre sur ce sujet, mon ami ? Si Harilal craint ma colère ou mes remontrances, vous pouvez le rassurer. J'accueillerai son enfant en digne grand-père.

*

L'aube se lève. J'ai mal aux yeux.

À soixante-quatorze ans, le corps vous déserte, alors que le cerveau, lui, vous reste fidèle. Quelle injustice ! Lorsqu'il m'arrive de me croiser dans une glace, je m'interroge sur l'inconnu qui s'y reflète. Mes biceps ont fondu, mes pectoraux ressemblent à de la pâte molle. Je ne peux plus parcourir d'un pas leste les miles que mes jambes dévoraient si allègrement jadis, et mes articulations grincent. Quelle injustice !

En relisant mes feuillets, je m'aperçois que, par moments, j'ai dressé un portrait sans concession de Mohan, et celui ou celle qui me lira se posera peut-être la question que je me suis moi-même posée : Comment a-t-il pu aimer si passionnément un homme si peu attachant ?

Parce que l'on peut aimer celui qui vous ressemble tout aussi intensément que son contraire. On aime la souffrance que vous inflige l'autre, comme le bien qu'il vous procure. Le sentiment d'aimer est monolithique. J'ai été irrésistiblement attiré par Mohan dès le premier jour, et j'en fus le premier surpris. D'autant plus surpris que je n'ai jamais été troublé par les hommes. Mais il y avait autre chose qui m'attirait chez lui : la prescience d'être en face d'un géant en devenir.

La plupart des gens trichent, Gandhi ne trichait pas. Tout ce qu'il disait de son engagement l'a prouvé. Jamais il n'a refusé d'aller, quel que soit le prix à payer, là où son destin l'appelait, que cela se traduisit pour lui par une affirmation active ou par une négation obstinée. Les violences qu'il s'est infligées, l'extrême dureté des sacrifices qu'il s'est imposés, les combats qu'il a livrés tout au long de sa vie contre son pire adversaire, c'est-à-dire lui-même, tout cet ensemble de ciel et d'enfer a fait de Mohan ce qu'il est devenu : un de ces personnages qui, surgissant au milieu d'un siècle, vient vous dire que l'impossible n'existe pas et que rien n'est immuable. En affirmant – ce qui peut paraître a priori absurde

– que seul celui qui ne procrée ni ne tue peut comprendre la mort et les obligations envers la vie, il n'a fait que fourbir les armes lui permettant de ne plus craindre ni la vie ni la mort. Un tel homme ne pouvait que susciter mon admiration et l'admiration est indissociable de l'amour.

*

Nous sommes repartis ensemble pour Johannesburg et notre vie commune.

Le 23 décembre, vingt-six personnes furent interpellées, parmi lesquelles Mr Quinn, le chef de la communauté chinoise, et l'homme d'affaires Thambi Naidoo. Comme pour Sundara, Mohan prit la défense des accusés et expliqua une fois encore les raisons légitimes pour lesquelles ces hommes refusaient de s'enregistrer. Peine perdue. La sentence tomba : on leur donna quinze jours pour quitter le pays. Ils refusèrent d'obtempérer. Le 9 janvier, ils furent arrêtés à nouveau et cette fois condamnés à trois mois de travaux forcés.

Le 10 janvier 1908, à l'aube, on frappa à la porte du Kraal. Gandhi alla ouvrir.

Plusieurs officiers de police attendaient sur le seuil.

— Monsieur Mohandas Karamchand Gandhi ?

— Oui ?

— Vous êtes en état d'arrestation.

19

Je me suis glissé sur l'un des bancs du tribunal.
Henry Polak et Millie m'avaient rejoint. J'avais le
cœur serré et triste. Je ne craignais pas la dureté de
la sentence ; connaissant Mohan, plus elle serait
impitoyable, plus il serait heureux. Non, je n'éprouvais aucune crainte. J'étais seulement malheureux de
voir ainsi humilié mon ami. Que n'aurais-je donné
pour être à sa place.

La nouvelle de son arrestation s'était répandue à
travers le Natal comme une traînée de poudre et il
y avait encore plus de monde rassemblé que lors du
procès de Sundara. Ceux qui n'avaient pas pu entrer
s'étaient massés à l'extérieur.

Lorsque vint le tour de Mohan, je me suis dit qu'il
songeait au paradoxe de se trouver dans la peau d'un
accusé, dans une salle où il avait souvent joué le rôle
d'avocat.

Avant que le procureur ne s'exprime, il demanda
l'autorisation de faire une brève déclaration.

— Pas de discours politique ! gronda le juge.

Et s'adressant à l'auditoire, il ajouta :

— Quelle que soit la place que tient Mr Gandhi
dans le cœur de ses partisans, quelles que soient ses
motivations, que la Loi noire soit juste ou non, la
cour n'a pas d'autre mission que de faire respecter

cette loi ! Et sachez qu'en cas de manifestation, je n'hésiterai pas à faire évacuer la salle.

— Voilà qui n'augure rien de bon, chuchota Polak.

Il avait raison. Par ces paroles, le magistrat venait de donner le ton qui serait celui de tous les procès futurs.

Lorsque l'avocat général acheva son réquisitoire, le juge annonça :

— Mohandas Karamchand Gandhi, la cour vous condamne à deux mois d'emprisonnement.

— Non, monsieur le juge. Cette condamnation est injuste ! Je la rejette.

— Injuste, Mr Gandhi ?

— Vous avez condamné mes frères à trois mois de travaux forcés. S'ils ont commis une offense, j'en ai commis une plus grave encore. Par conséquent, je revendique une peine plus lourde.

— Il a perdu la tête, s'affola Millie Polak.

— Non, jamais il n'a été si conscient, corrigea Henry.

— Mr Gandhi, reprit le juge, l'avocat que vous êtes devrait savoir que l'on ne discute pas une décision de justice. Je répète donc : la cour vous condamne à deux mois d'emprisonnement.

Alors que les policiers l'emmenaient, nos regards se sont croisés. Et je crus lire dans ses yeux une pointe d'appréhension. Je ne me trompais pas. Un jour qu'il me rappelait cette journée, il m'avoua : « Lorsque le verdict est tombé, j'ai pensé : "Quelle vanité que la mienne !" Dire que j'avais passé mon temps à convaincre mes frères de ne pas craindre l'emprisonnement. Qu'aller en prison ce serait résider dans les hôtels de Sa Majesté. Que nous devions considérer cette épreuve comme une bénédiction. Et voilà que mon tour était venu et que je me trouvais face à la réalité. Qu'allait-il se passer durant ces deux mois ? Allais-je endurer ma peine jusqu'à son terme ?

Je m'étais laissé dire que si le nombre de condamnés venait à croître, les autorités pénitentiaires seraient contraintes de raccourcir le séjour des détenus. Mais, si tel n'était pas le cas, alors mes deux mois d'enfermement me paraîtraient aussi longs qu'un siècle. Cependant, très rapidement, je me suis mis à rire de mes propres angoisses et elles se traduisirent par un regain d'énergie. »

Je l'ai suivi jusqu'au moment où on le fit monter dans un fourgon en compagnie des vingt-six autres condamnés. Le véhicule s'est ébranlé et je suis resté là, au milieu de la rue, désemparé.

Orphelin.

Ce n'est que plus tard, une fois libéré qu'il me raconta les détails de son enfermement... J'entends encore sa voix.

*

Le voyage s'éternisait. Il régnait une chaleur insupportable. Finalement, nous sommes arrivés vers 3 heures de l'après-midi à la prison de Johannesburg. Je fus tout de suite frappé par l'aspect gris et lugubre de l'établissement et par la vision des barreaux aux fenêtres.

On m'a emmené dans une pièce, et ordonné de troquer mes vêtements contre la tenue imposée à tous les prisonniers. Je me suis exécuté sans un murmure, fidèle aux consignes que j'avais moi-même transmises à tous les *satyagrahi* : se conformer à tous les règlements de la prison, sauf s'ils s'avéraient humiliants ou incompatibles avec nos convictions religieuses Les vêtements que l'on m'a donnés me soulevèrent le cœur tant ils étaient crasseux et j'ai dû les porter, moi qui suis un amoureux de la propreté.

Après que les policiers eurent enregistré mon nom et mon adresse, j'ai été emmené dans une grande cellule où, assez rapidement, je fus rejoint par treize de mes compatriotes, mon ami Thambi Naidoo en tête.

C'était une cellule avec de hauts murs et une petite ouverture à travers laquelle se devinait un coin de ciel. J'avais l'impression d'être enfermé dans un coffre-fort.

Le couvre-feu fut décrété à 6 heures du soir.

Je me suis allongé sur ma paillasse, nous avons discuté avec mes camarades et le sommeil est venu.

À partir du troisième jour, à mon grand soulagement de nouveaux *satyagrahi* arrivèrent. La plupart, sinon tous, étaient des colporteurs ou des marchands ambulants. Appliquant mes consignes à la lettre, ils avaient refusé de répondre à la demande des policiers qui réclamaient leur licence. Par eux, j'ai appris que l'ensemble de la communauté indienne du Natal avait décidé de mettre tout en œuvre pour saturer les prisons de l'État.

C'est ainsi que, au cours de la semaine, nous avons vu arriver plus d'une centaine d'Indiens. Plus le flot grandissait, plus les condamnations étaient sévères. J'en ai conclu que les magistrats perdaient patience, ou qu'ils avaient reçu des instructions du gouvernement. Mon bonheur était total.

Les détenus qui n'étaient pas condamnés aux travaux forcés, dont nous faisions partie, avaient droit au petit déjeuner à du *mealie pap*, une sorte de porridge dont sont friands les Noirs ; les Bantous en particulier. Il convient peut-être à un estomac africain, mais pour celui d'un Indien, c'est l'indigestion assurée. À midi, on nous servait du riz, du pain, quelques grammes de *ghi*, du beurre clarifié, et un peu de sel. Le soir, encore du *mealie pap*, mais accompagné cette fois de pommes de terre ; deux, si elles étaient de petite taille, sinon une seule. Bien entendu, aucun d'entre nous n'appréciait ce régime fade et totalement incompatible avec nos habitudes. Lorsque nous avons réclamé au médecin de la prison certaines épices en lui expliquant qu'elles étaient admises dans les geôles indiennes, il nous a répondu sèchement : « Ici, nous ne sommes pas en Inde. » Finalement, le directeur nous a permis de faire notre propre cuisine et nous avons élu Thambi Naidoo comme chef. Dès lors, les repas furent acceptables.

Le manque d'exercice physique se faisant sentir cruellement, nous avons adressé une requête au directeur : « Si votre gardien veut bien vous accorder un peu de temps, a-t-il aimablement répondu, je ne m'y oppose pas. Je sais néanmoins qu'il est débordé par le nombre de prisonniers qui ne cessent de débarquer. »

Le gardien, un brave homme, accepta de bon cœur. Ainsi, tous les matins, nous avons pu accomplir un peu de marche dans la petite cour de la prison (nous tournions en rond) et quelques étirements. Au bout d'une vingtaine de minutes, le gardien nous quittait et l'un des nôtres, un nommé Nawabkhan prenait la relève. Le pauvre tenait absolument à nous donner ses consignes en anglais avec un accent épouvantable qui nous faisait mourir de rire : « *Sundlies !* ordonnait-il, *sundlies !* » Il fallait comprendre *stand at ease*[1]. Nous avons fini par décréter que notre camarade avait inventé une nouvelle forme de langage que nous nous sommes empressés de baptiser « English Nawabkhani ».

Cela faisait un peu plus de dix jours que j'étais en prison lorsque, le 21 janvier, un journaliste du *Transvaal Leader*, vint me rendre visite. Il s'agissait de

---

1. Repos.

Mr Albert Cartwright. Je le connaissais et je savais qu'il soutenait la cause indienne. Après s'être informé sur mes conditions de détention, il m'a annoncé :

— J'ai une bonne nouvelle pour vous, Mr Gandhi. J'ai rencontré le général Smuts. Je me suis rendu chez lui de mon propre gré et je lui ai proposé ma médiation. Il a accepté.

J'ai conservé le silence et guetté la suite.

— Nous avons longuement discuté de la situation, reprit Cartwright. Il vous propose un compromis.

— Un compromis...

— Oui. Et il me semble parfait. Les Indiens ne seraient plus dans l'obligation de s'enregistrer auprès des autorités, mais ils le feraient seulement de manière volontaire. Dès lors qu'une majorité d'entre eux aura accompli la démarche, le général s'engage à annuler le *Black Act*.

Cartwright exhiba un document.

— Tout est là. Il ne manque plus que votre signature.

J'ai parcouru le texte.

— D'emblée je peux vous dire que le point crucial qui est l'abrogation de la loi est pour le moins imprécis. Les conditions doivent être impérativement clarifiées. Je me propose d'en rectifier certains termes.

— Impossible. Le général m'a indiqué que cette proposition est à prendre ou à laisser. Pas une virgule n'en sera modifiée. Croyez-moi, Mr Gandhi, c'est un bon accord. Je suis sûr que si vous l'acceptez, ils invalideront la loi.

— Frère Albert, sachez que vous avez toute ma gratitude pour le mal que vous vous donnez. Toutefois, lorsque vous me dites que le général Smuts déclare que cette proposition est « à prendre ou à laisser », c'est un langage que je ne peux tolérer. Dès lors qu'une partie soumet une proposition à l'autre, celle-ci n'a-t-elle pas légitimement le droit d'exposer son point de vue et de proposer de modifier les passages qui ne lui conviennent pas ? Par conséquent, nous sommes donc devant un ultimatum et non un projet d'accord à l'amiable. En voulant imposer cette loi, le général a déjà plaqué un revolver sur notre tempe. Il me semble que c'est suffisant, vous ne croyez pas ?

— Très bien. Que suggérez-vous ?

— Je vais soumettre le document à mes camarades. Nous y apporterons les modifications que nous jugeons indispensables et vous les remettrez au général. Ce sera à lui de décider.

Bien que profondément déçu, Cartwright accepta.

Neuf jours plus tard, le 30 janvier, le directeur de la prison me convoqua dans son bureau. Un policier m'y attendait.

— Mon nom est Vernon, je suis le superintendant de la police de Johannesburg. Je suis chargé de vous accompagner chez le général Smuts.

Il devait être aux alentours de 6 heures du soir lorsque l'on m'introduisit dans le bureau de Smuts. Il m'invita à m'asseoir, prit aimablement des nouvelles de ma santé et de celle de ma famille et, se calant dans son fauteuil, il enchaîna :

— Je tiens avant tout à vous exprimer toute mon admiration pour la manière dont vos frères indiens ont résisté malgré les sanctions qu'ils encouraient. Ce fut un bel exemple de courage.

— Je vous remercie, général. Disons que vous ne leur avez pas laissé le choix. Croire en quelque chose et ne pas tenter de le vivre, c'est malhonnête. Mes frères ont refusé de l'être.

— Bien sûr, bien sûr. Croyez-moi, Mr Gandhi, je suis incapable du moindre ressentiment à l'égard de la communauté indienne.

Il effleura lentement sa moustache et reprit sur un ton léger :

— À propos, vous ai-je jamais dit que du temps où j'enseignais le droit j'ai eu dans ma classe des étudiants indiens ? Des élèves brillants ! À présent, venons-en à la raison de votre présence ici. Vous et moi sommes avocats. Nous connaissons les méandres juridiques, aussi ne nous laissons pas piéger.

Il arbora un sourire pour annoncer :

— J'accepte ! J'accepte sans condition les modifications que vous avez apportées au texte initial. Le général Botha à qui je les ai soumises les approuve lui aussi. Dès l'instant où les Indiens commenceront à se rendre volontairement dans les bureaux d'enregistrement, la loi sera annulée et une fois ces inscriptions légalisées, je vous ferai parvenir notre accord dûment signé. Êtes-vous satisfait ?

Comment ne l'aurais-je pas été ?

Quelque peu déstabilisé par la rapidité de cet épilogue, j'ai demandé :

— Et maintenant ? Où dois-je aller ?

Smuts se mit à rire.

— Mais chez vous, Mr Gandhi. Vous êtes libre.

— Et mes camarades ?

— Libres aussi. Je ferai le nécessaire pour qu'ils quittent la prison aujourd'hui même. Mais attention ! Je pose tout de même une condition.

Je me suis raidi, m'attendant au pire.

— Je vous demande de ne plus vous exprimer en public et de mettre fin à la sédition. Dans le cas contraire, vous imaginez bien que vous mettriez le gouvernement dans une situation extrêmement embarrassante, et on nous reprocherait très vite notre indulgence.

— Je vous en fais la promesse. Néanmoins, je serai obligé d'organiser un certain nombre de réunions pour expliquer aux miens les clauses de notre accord. Cette démarche me paraît indispensable, sinon personne ne comprendrait que le combat s'arrête.

— Bien entendu. Vous avez toute la liberté d'agir dans ce sens, à condition que ces meetings ne se transforment pas en procès contre l'État.

Une pendule sonna 7 heures.

Smuts quitta son fauteuil et m'accompagna jusqu'au seuil de son bureau, c'est à ce moment que je me suis rendu compte que je n'avais pas le moindre argent sur moi. J'ai fait part de mon embarras au général qui m'a aussitôt rassuré.

— Ne vous inquiétez pas. Mon secrétaire va s'occuper de vous prendre un billet pour Johannesburg. Le dernier train est à 8 heures, vous avez donc amplement le temps de l'attraper.

Je suis arrivé à Johannesburg à 9 heures. Sans attendre, je me suis rendu chez celui que j'avais nommé à la tête de l'Association de Résistance passive : sheth Youssouf Mian. Il habitait non loin de la mosquée où s'était déroulé le rassemblement du 31 juillet. J'eus le plaisir de découvrir que d'autres amis l'entouraient. Après leur avoir fait part de l'accord conclu avec Smuts, j'ai proposé que nous organisions sans délai un meeting pour transmettre l'information aux membres de notre communauté. Et j'ai précisé : « Ce soir même. » Youssouf et les autres approuvèrent. Et malgré la brièveté du délai, et l'heure tardive, près d'un millier de personnes nous ont retrouvés sur l'esplanade de la mosquée. Comme il fallait s'y attendre, de nombreuses questions fusèrent : « Et si le général reniait sa parole ? Nous nous serions enregistrés pour rien et il aurait triomphé sur toute la ligne. » D'autres voix s'élevèrent pour réclamer en préalable l'annulation de la Loi noire avant toute inscription. La seule réponse que j'avais à leur offrir se résumait en peu de mots : « Un compromis signifie que chacune des parties s'engage à faire des concessions. Si l'une ou l'autre cherche à le remettre en cause, le compromis n'existe plus. » On me demanda aussi : « Est-il indispensable que nous donnions nos empreintes digitales ? — Oui et non. Ceux qui estimeront ce geste humiliant, ou lésant leur intégrité morale, ne seront pas obligés de l'accomplir. »

Mais la plus inattendue des réactions et la plus blessante vint de l'un de mes anciens clients : Mir Alam. Un Pathan, originaire du Cachemire. Musulman comme tous les siens. Il me lança : « On raconte que Smuts vous a donné quinze mille livres pour trahir notre communauté. Il n'est donc pas question que je donne mes empreintes digitales, et je jure par Allah que je n'autoriserai aucun de nous à le faire. Je le tuerai de mes propres mains ! » Ce n'était ni plus ni moins qu'une menace de mort à mon encontre. Je connaissais bien la race des Pathans. C'est une race simpliste et crédule qui n'a aucun respect pour la vie humaine ; tuer et se faire tuer est à leurs yeux la seule solution à tout litige. J'ai souvent eu l'occasion d'intervenir pour éviter que le sang ne coule entre eux. Ce jour-là, j'ai gardé mon calme et répondu : « Cette accusation est indigne et ne mérite pas que je m'en défende. Je comprends vos sentiments, mais, ainsi que je viens de le dire, nul ne sera obligé de donner ses empreintes contre sa volonté. Je m'engage personnellement à ce qu'aucune pression d'aucune sorte ne soit exercée sur les Pathans. »

Lorsque la réunion s'est achevée, il était 2 heures du matin.

*

Je regardai ma montre. Les aiguilles indiquaient 3 heures. J'avais écouté le récit de Mohan sans l'interrompre, à la fois émerveillé par son courage et terriblement inquiet. La réaction de ce Mir Alam n'était pas à prendre à la légère et je doutais fortement de la sincérité du général. Pour certains politiciens, il n'existe que deux méthodes pour gouverner : la force ou la ruse. Tout le parcours de Smuts dénotait que la seconde méthode n'avait aucun secret pour lui.

20

Les jours suivants, Mohan n'eut de cesse de s'exprimer au cours de réunions publiques, s'efforçant de convaincre son auditoire des avantages de l'accord conclu avec Smuts. Mais le message passait difficilement. Quelle différence existait-il entre un enregistrement volontaire et un enregistrement sous contrainte ? La nuance était ténue et la plupart des Indiens considéraient la finalité identique. De plus, la rumeur selon laquelle Gandhi avait été acheté par Smuts se répandait de plus en plus largement.

Le 10 février au matin, je fus réveillé par les premiers feux de l'aube qui se glissaient dans la chambre. En vérité, je n'avais pas fermé l'œil. Rien n'est plus terrible que la nuit lorsque l'esprit se tourmente. La nuit possède le pouvoir inexpliqué de démultiplier nos peurs, de transformer un grain de sable en montagne, une crainte en terreur.

Mohan était déjà levé. Je le retrouvai dans le salon, prêt à partir.

— Où allez-vous de si bonne heure ?

— M'enregistrer. Je m'y suis engagé auprès de Smuts, je dois donner l'exemple.

— Qu'en est-il des autres leaders ?

— Il est prévu que nous nous retrouvions devant mon cabinet afin de nous rendre ensemble au bureau des enregistrements.

— Je ne pourrai pas vous accompagner. Nous avons rendez-vous, Kennedy et moi, pour élaborer les plans d'une église grecque orthodoxe prévue dans Woburn Avenue. C'est un projet très important.

— Allez en paix, Hermann. Vous êtes un grand inquiet. Il ne faut pas.

— Soyez prudent. Je vous en prie.

— Mon ami, la mort est le rendez-vous incontournable de la vie. Mourir de la main de l'un de mes frères, de maladie ou d'une autre façon n'éveille en moi aucune tristesse. Et, si un jour, je devais tomber sous les coups d'un assassin, croyez que je n'éprouverai pas une once de haine à son égard. Je sais que la mort me conduira vers mon salut éternel, comme je sais que, plus tard, mon agresseur prendra conscience d'avoir tué un innocent.

J'ai accompagné Mohan à la porte. Il m'a serré dans ses bras avant de disparaître.

*

Youssouf Mian, le président de la British Indian Association, Haji Ojer Ali et Thambi Naidoo l'attendaient devant son cabinet. Tous les quatre prirent la direction de Von Brandis Square où était situé le bureau des enregistrements. Au moment où ils allaient en franchir le seuil, une voix claqua dans leur dos :

— Où allez-vous comme ça ?

Mohan fit volte-face et reconnut Mir Alam entouré d'une dizaine d'individus menaçants.

— Je vais m'enregistrer, mon frère, comme je m'y suis engagé.

— Et vous avez aussi l'intention de donner l'empreinte de vos dix doigts ?

— Absolument. Si vous voulez bien m'accompagner, j'intercéderai pour que vous vous inscriviez sans avoir à faire de même. Vous venez ?

En guise de réponse, Mir Alam dévoila un bâton qu'il avait conservé jusque-là caché derrière son dos. Avant que personne n'ait eu le temps de réagir, il se jeta sur Gandhi, et le frappa avec une violence inouïe, visant surtout le crâne.

— *Hé Rama*, gémit Mohan en s'affaissant sur le sol.

Tandis qu'il gisait à terre, les complices d'Alam continuèrent de le rouer de coups. Heureusement, témoins du spectacle, des Blancs horrifiés décidèrent d'intervenir et, non sans mal, réussirent à maîtriser les agresseurs.

Attiré par les cris, le directeur du bureau d'enregistrement, un dénommé Chamney, surgit à son tour et fit transporter le blessé à l'intérieur des locaux. On l'allongea sur le sol et on fit appeler un médecin.

Lorsque Mohan reprit conscience, il découvrit à sa grande surprise le visage du pasteur, Joseph Doke, penché sur lui.

— Que... faites-vous ici ?

— Le hasard ou un signe de Dieu. Je me rendais à l'église, lorsque j'ai aperçu la scène. Comment vous sentez-vous ?

— Je crois que je suis vivant. Où est Mir Alam ?

— Lui et ses collègues ont été embarqués par les forces de l'ordre.

— Non. Il faut qu'on les libère !

— Nous en reparlerons, Mr Gandhi. Pour l'heure, il faut vous soigner. Vous avez la lèvre et les joues fendues. Le médecin ne va pas tarder.

Se soulevant légèrement sur un coude, il interpella le directeur du bureau des enregistrements.

— Mr Chamney, voudriez-vous avoir l'amabilité de m'apporter les documents nécessaires. Je veux m'enregistrer.

— Maintenant ?

— Maintenant. Et n'autorisez personne à le faire avant moi.

— Mr Gandhi, ce n'est pas raisonnable. Vous signerez plus tard, lorsque vous serez sur pieds, et je vous promets que je placerai votre nom en tête de liste. Il...

— Non ! Si je suis vivant, c'est par la grâce de Dieu. Par conséquent, Dieu veut que je m'enregistre sans tarder. Faites le nécessaire, je vous en prie.

À court d'arguments, le directeur s'exécuta.

S'adressant à Joseph Doke, Mohan poursuivit :

— Je veux aussi envoyer un télégramme au procureur général pour le prévenir que je ne porterai pas plainte et que, par conséquent, il doit libérer Mir Alam et ses amis.

Le pasteur protesta, en vain.

— Je ferai le nécessaire.

— Voici le docteur Twaites, annonça quelqu'un.

Le médecin s'agenouilla près de Gandhi et, après l'avoir examiné, décréta :

— Vous êtes salement amoché, mais vous n'avez rien de cassé. Néanmoins, je vais être obligé de suturer votre joue et votre lèvre. Mais rassurez-vous, une application d'éther en préalable vous évitera de souffrir. Ensuite, nous devrons vous hospitaliser.

— Je regrette docteur. Il n'en est pas question que je me rende dans un hôpital.

— Il le faut pourtant.

— Il n'en est pas question, vous dis-je.

— Dans ce cas, intervint le pasteur, vous êtes le bienvenu dans ma maison où mon épouse se fera un honneur de veiller sur vous.

— Je vous remercie.

Résigné, le médecin se mit en devoir de suturer les blessures. Une fois l'intervention achevée, il rédigea une ordonnance.

— Votre alimentation se limitera à des liquides. En principe, vous devriez être capable de reprendre vos activités d'ici une semaine, mais je vous déconseille formellement tout effort intense pendant au moins deux mois.

Entre-temps, le directeur était revenu avec les formulaires officiels. Gandhi les signa et apposa ses empreintes.

— Tout est en règle, déclara Mr Chamney.

Il avait les yeux humides.

Une trentaine de minutes plus tard, Mohan était transporté en calèche au domicile du pasteur. Décidément infatigable, il demanda qu'on lui apporte de quoi écrire.

— Vous devriez vous reposer, protesta Doke. Vous avez entendu ce que le médecin a dit ?

— Il a dit : « Pas d'effort intense. » Écrire n'en exige aucun.

On lui présenta donc un stylo-plume et du papier.

Mes frères,

Je suis actuellement entre les mains fraternelles de Mr et Mrs Doke. Je reprendrai mes obligations très prochainement. Ceux qui ont commis cette agression ne savaient pas ce qu'ils faisaient. Ils estimaient, en toute bonne foi, que j'avais eu tort de m'engager avec le général Smuts, et ils m'ont châtié de la seule manière qu'ils connaissaient. C'est pourquoi je demande qu'aucune mesure ne soit prise à leur encontre. En apprenant que cet acte fut commis par des musulmans, les hindous pourraient en tenir rigueur à cette communauté et se sentir visés à leur tour. Si c'est le cas, ils auraient tort et seraient fautifs aux yeux du monde et de leur Créateur. Au contraire, je souhaite ardemment que le sang qui a coulé devienne le ciment qui unira nos deux communautés de manière indissociable. C'est en tout cas mon vœu le plus cher. Puisse Dieu m'accorder qu'il se réalise.

Pour ce qui est de la suite des événements, mes directives demeurent inchangées. La grande majorité de nos frères devra s'inscrire. Ceux qui estiment que donner ses empreintes digitales heurte leur conscience seront exemptés par le gouvernement. Exiger plus serait non seulement absurde, mais infantile.

L'esprit du *satyagraha* bien intégré et parfaitement compris devrait vous faire prendre conscience qu'il ne faut avoir peur de rien ni de personne, mais uniquement de Dieu. Aucune crainte ne doit donc empêcher notre communauté d'accomplir son devoir. La promesse de l'abrogation de la loi en échange de l'inscription volontaire m'a été faite par les autorités. Par conséquent, tout bon Indien a pour obligation d'aider le gouvernement du mieux qu'il pourra.

M. K. Gandhi.

Il confia le pli au pasteur le priant de le remettre à Youssouf Mian, le président de la British Indian Association.

— À présent, vous allez dormir, suggéra l'épouse de Doke. Et pour vous bercer, notre petite Olivia se fera un plaisir de vous chanter une chanson.

Elle invita une fillette de dix ans à les rejoindre dans la chambre.

Gandhi demanda :

— Il y a un air que j'aimerais beaucoup entendre, peut-être connais-tu *Lead, Kindly Light* ? C'est l'un de mes chants préférés.

— Bien sûr, je l'aime aussi, beaucoup.

Et elle entonna d'une voix infiniment douce :

Lead, kindly Light, amid th'encircling gloom,
lead Thou me on !
The night is dark, and I am far from home ;
lead Thou me on !
Keep Thou my feet ; I do not ask to see
The distant scene ; one step enough for me[1].

Quand elle eut fini de chanter, Gandhi s'était endormi.

*

— Vous dormiez profondément lorsque je suis arrivé.

— Je sais, Hermann. Je ne vous ai pas entendu venir. Mais quel bonheur de vous trouver à mon chevet au réveil. Et durant toute la semaine. Vous m'avez veillé comme on veille un enfant.

La berline dans laquelle nous étions installés venait d'entrer dans Ivy Road. Nous n'étions plus très loin du Kraal.

— Quand je repense aux événements passés, je me dis que jamais je n'aurais dû vous laisser vous rendre seul à Von Brandis Square. Si j'avais été à vos côtés, il ne vous serait rien arrivé.

— Vous vous trompez. Quand la flèche de la destinée a été lancée, aucun bouclier ne peut l'arrêter. Au fond, ce qui me chagrine le plus dans cette affaire, c'est que Mir Alam soit toujours en prison alors que je n'ai pas porté plainte.

---

1. « Conduis-moi, douce lumière, au milieu des ténèbres qui m'encerclent, conduis-moi. La nuit est sombre, et je suis loin de ma maison. Conduis-moi. Protège et guide mes pas, je garde les yeux clos. Je ne demande pas à voir au loin ; un pas est suffisant pour moi. » Il s'agit d'un hymne composé en 1833 par John Henry Newman, un jeune prêtre tombé malade alors qu'il se trouvait en déplacement en Italie.

— Le juge n'a fait qu'appliquer la loi, considérant qu'il s'agissait d'une atteinte à l'ordre public ; d'ailleurs, plusieurs personnes ont exercé des pressions pour que Alam soit condamné.

— Trois mois de travaux forcés ? La peine est bien trop lourde.

— Mohan ! Vous n'allez tout de même pas vous tourmenter pour votre agresseur ? Il a commis une faute grave, il doit payer.

— Vous avez donc oublié ?

Il cita :

— « À quoi sert la liberté, si elle n'inclut pas la liberté de commettre des erreurs ? » C'est vous-même qui citiez mes propos, lorsque je vous ai reproché de continuer à posséder cette voiture. Vous vous souvenez ? À propos, notre présence dans ce cab signifie-t-elle que vous vous êtes enfin débarrassé de ce monstre ?

— Non. Je l'ai rangée dans un garage.

Il loucha sur mon poignet et nota :

— Une nouvelle montre ?

— Une Lange & Söhne. Une pure merveille, vous ne trouvez pas ? C'est une création de la plus prestigieuse manufacture horlogère d'Allemagne.

— Elle a dû vous coûter une fortune !

— Le prix d'une œuvre d'art.

— Je ne vous comprends pas, Hermann. Vraiment. Vous marchez en sandales, des sandales que vous fabriquez vous-même ; vous êtes acquis au végétarisme ; vous pratiquez l'abstinence sexuelle avec la même rigueur que moi et, dans le même temps, vous vous construisez une demeure royale à Mountain View, vous roulez dans une Mercedes, avec au poignet une montre hors de prix et vous collectionnez les ronds de serviette en argent. Non, je ne vous comprends pas.

— Parce que vous cherchez à comprendre ce qui ne s'explique pas. Croyez-vous que mon âme souffre de se déplacer en Mercedes ou de savoir que je consulte l'heure sur une montre en or ? Mon âme se moque bien de ces futilités et je vous jure qu'elle ne s'est jamais aussi bien portée.

— Dans ce cas, autorisez-moi une question : si demain vous étiez obligé de vous priver de ces objets, si vous deviez annuler la construction de votre maison de Mountain View, est-ce que vous en souffririez ?

— Évidemment.

— Voilà tout le problème. Pourquoi conserver des biens susceptibles de devenir pour nous une source de souffrance ? Plus nous possédons, plus nous souffrons, puisque l'idée même de perte est inhérente à toute possession. En réalité, Hermann, vous ne possédez ni voiture ni maison ni montre, ce sont eux qui vous possèdent.

Je n'ai pas jugé utile de poursuivre le débat. J'aurais été perdant.

Une fois de retour au Kraal, Mohan, épuisé, s'allongea sur le divan du salon. Il ferma les yeux et sombra très vite dans le sommeil. Je savais qu'il se réveillerait au bout de cinq ou dix minutes, frais et dispos. Il avait toujours eu cette faculté. Il pouvait s'endormir brusquement et reprendre ensuite le fil d'une conversation comme si elle ne s'était jamais interrompue. Je l'observais un instant. Sa joue était encore toute tuméfiée, et sa lèvre inférieure avait doublé de volume. Il avait dû avoir très peur au moment où Alam s'était jeté sur lui. Pourtant, cette peur n'avait altéré en rien sa détermination. À un moment donné, j'ai émis l'hypothèse que Smuts pouvait renier son engagement. La réponse de Mohan fut laconique : « Je ne veux pas préjuger de l'avenir.

Je ne suis préoccupé que par le présent, Dieu ne m'ayant donné aucune maîtrise sur le futur. »

Cette fois, son sommeil se prolongea une demi-heure. J'en déduisis qu'il n'était pas encore tout à fait remis.

Une fois éveillé, il m'annonça :

— Je vais rentrer à Phoenix. Voilà un bout de temps que je n'ai pas vu Kasturba et les enfants. Ils doivent se faire un sang d'encre. Je profiterai de ma présence là-bas pour organiser un meeting à Durban.

— C'est de la folie ! Si Mir Alam est sous les verrous, ses amis, eux, sont toujours en liberté, et n'hésiteront pas à vous tomber dessus. Cette fois, vous n'aurez peut-être pas autant de chance.

— Mon frère, si un serviteur interpellé par son maître ne répond pas à son appel parce qu'il craint d'être châtié, alors il ne mérite pas le nom de serviteur. Je suis le serviteur de ma communauté. Il n'est pas question que je me dérobe à mon devoir.

— Dans ce cas, je serai votre garde du corps.

— Mon garde du corps ? Ah ! Hermann, vous m'attendrissez. Je suis le gardien de mon corps, et je me suffis.

— Non ! Je veux que vous acceptiez : j'exige de vous accompagner partout. Nous sommes d'accord ?

Il accepta.

21

Nous sommes arrivés à Phoenix le 15 février 1908, à 10 heures du matin. Une petite pluie fine, serrée, tombait lentement sur l'ashram. Hormis de nouveaux potagers et une route empierrée, le lieu n'avait guère changé depuis mon dernier passage. Informés de notre arrivée, Albert West et Ada se précipitèrent à notre rencontre. Ils étaient maintenant parents de deux enfants, une fille, Hilda, et un garçon, Harry.

Albert, ému, prit Mohan dans ses bras.

— Vous nous avez manqués, *bapou*.

— Nous avons eu surtout très peur lorsqu'on nous a appris la nouvelle de votre agression, déclara Ada.

Avisant les cicatrices encore violacées qui marquaient la joue et la lèvre de Mohan, elle poussa un petit cri.

— Mon Dieu ! Vous avez dû terriblement souffrir.

— Tout va bien, ma sœur, tout va bien.

Un à un, les résidents de Phoenix vinrent à leur tour saluer Gandhi et lui exprimer leur révolte devant ce qui s'était passé à Von Brandis Square et leur mépris à l'égard de Mir Alam.

— Un homme n'est que le produit de ses pensées, expliqua Mohan. Ce qu'il pense inspire ce qu'il fait. Ce n'est pas de sa faute. À présent, si vous me le permettez, j'aimerais saluer mon épouse et mes enfants.

Kasturba l'attendait sur le seuil de maison, vêtue d'un sari écru, la chevelure tirée en arrière, recouverte d'un voile. Elle était entourée de leurs trois enfants, Manilal, Ramdas et Devdas. Dès qu'ils virent leur père, ils se précipitèrent en criant vers lui. Mohan les embrassa tendrement, visiblement ému de les revoir.

Alors, seulement, Kasturba s'avança vers son mari. Je l'observais de loin et je fus frappé par l'indicible langueur qui se dégageait de ses traits.

Quand elle fut toute proche de son époux, elle joignit les paumes de ses mains devant son visage et murmura :

— *Namasté*[1]...

Mohan lui rendit son salut.

— Je suis heureux de vous revoir.

Et il la serra contre lui brièvement.

— Harilal et moi avons pensé faire le voyage pour être auprès de vous, mais les billets pour Johannesburg coûtent si cher.

— Non, *Bha*, même si nous en avions les moyens, c'eût été des dépenses inutiles. J'étais admirablement soigné chez le révérend Doke. Vous allez bien ?

Elle fit oui de la tête.

— Où est Harilal ?

— À l'imprimerie.

— À l'imprimerie ? Comment se fait-il ?

— Il a décidé de seconder Albert. Il y prend même du plaisir. Allez-vous rester quelques jours parmi nous ?

— Le temps d'écrire certaines lettres et d'organiser une réunion à Durban.

— Encore ? se récria Manilal, affolé.

— Il le faut, mon fils.

— Alors, tu vas retourner en prison ? dit Devdas.

1. Je m'incline devant toi.

— Je t'assure que ce n'est pas si désagréable. C'est comme un hôtel, et l'on y côtoie de nombreux amis.

— Ce que vous avez vécu ne vous a donc pas servi de leçon ? objecta Kasturba. Vous tenez absolument à nous priver de vous ?

— Non, *Bha*, je veux juste poursuivre ma tâche.

Il se tourna vers moi.

— Si nous allions jeter un coup d'œil à l'imprimerie ?

Alors que nous remontions le chemin qui menait au hangar, j'ai dit :

— Vous avez une épouse admirable.

— Bien sûr.

— En êtes-vous conscient ?

— Me croyez-vous aveugle ? Elle est une digne représentante de l'épouse hindoue. Et je la vénère pour cela.

Je trouvais la réponse ambiguë si je devais la juger à l'aune des propos qu'il m'avait tenus après la triste scène du pot de chambre : « Elle a une grande qualité, qualité que possèdent dans une certaine mesure toutes les épouses hindoues : Kasturba considère que c'est une bénédiction pour elle que de marcher dans mes pas et cela me suffit. »

Dans le hangar nous fûmes envahis par des senteurs légères de papier, de relents d'encre et de métal gras.

— Bienvenu à la maison, *bapou*, dit Harilal en accourant vers son père.

— Heureux de te voir, mon fils.

— Comme j'ai craint pour votre vie ! *Bha* et moi étions si malheureux de ne pouvoir faire le voyage de Johannesburg. Nous...

— Oui, je sais, ta maman me l'a dit. N'aie pas de regret.

Je suis intervenu.

— Pourquoi n'as-tu pas fait appel à moi ? Tu sais bien que tu peux tout me demander.

— Allons ! gronda Mohan. Depuis que j'ai fermé mon cabinet, je suis totalement à votre charge, de même que ma famille. Vous êtes devenu en quelque sorte notre mécène. Ne croyez-vous pas que c'est suffisant ? Faudrait-il encore que vous assumiez nos frais de déplacement ? Non, Hermann, je connais votre extrême générosité, et surtout votre folie dépensière, mais il est important d'en fixer les limites.

S'adressant à nouveau à Harilal, il s'informa :

— Ainsi, tu as décidé de travailler avec Albert ?

— Je me suis lassé des travaux des champs. Je me trouve bien plus utile ici. De plus...

Il montra les ouvriers.

— Nous avons une nouvelle équipe. Nous imprimons désormais de petits livres, des faire-part de mariage. Nous avons aussi créé une rubrique consacrée aux offres d'emploi. Un ensemble de petites choses qui s'est révélé lucratif.

— C'est bien, Harilal. Tu pourras bientôt y ajouter la traduction que j'ai faite en gujarati de *Unto This Last*, l'ouvrage de Ruskin. J'aimerais qu'elle soit publiée dans l'*Indian Opinion*. Je l'ai intitulée *Sarvodaya*.

J'ai répété, surpris :

— *Sarvodaya* ?

— C'est encore un terme de mon invention. En fait, il est composé de deux mots sanskrits : *Sarva* que nous pourrions traduire par « tout un chacun » et *Uday*, bien-être[1]. Le bien-être pour tous. Je pense

---

1. Sarvodaya est le plus important mouvement social introduit par Gandhi. Après l'indépendance de l'Inde, il fut transformé en mouvement politique dont le but était l'éradication de la pauvreté et la disparition progressive des disparités entre les classes sociales.

qu'il reflète bien le contenu du livre, vous ne trouvez pas ?

Brusquement, Harilal saisit la main de son père et demanda :

— *Bapou*, il y a une question qui m'a beaucoup tracassé lorsque l'on m'a raconté votre agression. Si j'avais été à vos côtés, quelle attitude aurais-je dû adopter ? Appliquer l'*ahimsa*, et ne pas broncher ou cogner sur ce Mir Alam ?

Mohan parut un instant déstabilisé, mais se ressaisit très vite :

— Là où il n'y a le choix qu'entre lâcheté et violence, je conseillerais la violence.

Je suis resté à Phoenix environ deux semaines auprès de Mohan. Je l'ai aidé à rédiger les innombrables lettres adressées tant aux membres importants de la communauté indienne qu'à la presse. Leur contenu était invariable : expliquer encore et encore les raisons de l'accord conclu avec le général Smuts et pourquoi les Indiens avaient avantage à le respecter.

Le 5 mars, à 8 heures du soir, nous nous sommes rendus à Durban dans une salle louée par le Congrès indien du Natal. Un peu moins de cinq cents personnes avaient fait le déplacement. Je n'avais pas souvenir d'une journée d'été aussi chaude depuis de nombreuses années. Ni l'orage de la veille, ni le vent qui s'était levé n'avaient réussi à rafraîchir l'atmosphère.

À mesure que se rapprochait le moment où Mohan prononcerait son discours, je sentais les battements de mon cœur qui s'accéléraient. Je craignais le pire, puisque pour monter sur l'estrade de fortune, il allait devoir se frayer un chemin à travers un public hostile dans sa majorité. Du haut de la galerie où nous nous trouvions, je voyais s'agiter cette foule que j'imaginais, à tort peut-être, prête à s'enflammer, à exploser en mille éclats par la suite d'un seul mot, d'une seule protestation, de sorte que l'on ne puisse plus rien faire pour la maîtriser.

À 8 heures 45, Haji Ojer Ali et Rustomji invitèrent Gandhi à prendre la parole.

— Souhaitez-moi bonne chance, mon ami.

— Je ne vous quitte pas.

Je lui ai emboîté le pas. Quelques cris saluèrent son arrivée, auxquels il répondit par des sourires et de petits signes de la main. Alors que les rangs s'écartaient sur son passage, une image totalement incongrue me traversa l'esprit : celle de Moïse traversant la mer Rouge entre deux murs liquides.

Mohan se hissa sur l'estrade. Je m'installai non loin, aux aguets.

Son discours dura près d'une heure et fut régulièrement interrompu par des sifflets et des remarques désobligeantes. De toute évidence, le message ne passait pas. L'accord conclu avec Smuts demeurait incompréhensible aux yeux de ces gens qui avaient fondé tant d'espoir et accepté tant de sacrifices.

Le visage fermé, Mohan salua l'assemblée et descendit de l'estrade.

Et ce fut le black-out.

La salle fut plongée dans le noir.

Ensuite, tout se passa très vite. Dans la pénombre, j'ai entrevu une silhouette armée d'un bâton qui avançait vers lui. J'ai tout juste eu le temps de m'interposer, et de dégainer le pistolet Browning que j'avais gardé tout ce temps dans une poche de ma veste. Pris de court, l'agresseur stoppa net. J'eus l'impression qu'il me jaugeait. Je crus entendre la voix de Mohan qui criait : « Non ! »

Les lumières se rallumèrent.

L'homme avait disparu.

— Hermann, êtes-vous devenu fou ?

J'ai rengainé mon arme en silence.

— Vous m'entendez, Hermann ?

J'ai fait oui de la tête.

Mohan répéta :

— Êtes-vous devenu fou ?

— Si je n'étais pas intervenu...

— Avec un revolver ? Prêt à tuer ?

Haji Ojer Ali et Rustomji nous avaient rejoints.

— *Gandhidji*, je vous avais prévenu, dit ce dernier. Cette réunion n'aurait jamais dû avoir lieu.

— Rustomji a raison, approuva Ojer Ali. Ce n'était pas raisonnable.

— Mes frères, la raison n'a pas sa place lorsque l'on doit répondre à la déraison. Jamais je ne me déroberai devant la nécessité de convaincre. Jamais !

Une voix cria :

— Traître !

Une autre lui fit écho :

— Smuts vous a dupé !

— Combien vous a-t-il donné ?

— Non, répliqua Mohan avec fermeté. Vous vous trompez. Le général est un homme intègre et courageux. Il...

— Traître !

J'ai chuchoté :

— Partons.

*

Deux semaines s'écoulèrent, pendant lesquelles Mohan n'eut de cesse de me reprocher d'avoir été en possession de ce revolver : « Croyez-vous que Ruskin ou Tolstoï aurait préconisé le port d'une arme ? »

— À ma connaissance, ni Ruskin ni Tolstoï ne furent menacés de mort. Et je vous rappelle que nous avions conclu un traité. Mon rôle est de vous protéger.

— Avec un pistolet ? Vous seriez prêt à tuer ?

— « Là où il n'y a le choix qu'entre lâcheté et violence, je conseillerais la violence. » Ce sont vos propres mots !

— Non, non, Hermann. La lâcheté n'est pas en cause. Je refuse que l'on verse le sang. Vous êtes suffisamment bien bâti pour mettre en déroute n'importe quel agresseur, mais sans arme ! Je refuse !

J'ai cédé.

Les réunions reprirent. Sans relâche, Mohan continua de sillonner le pays, poursuivant sa campagne d'explication, cherchant désespérément à convaincre les récalcitrants. J'ai dû écouter des discours en gujarati, en hindi, en tamoul, parfois jusqu'à six heures d'affilée, debout et sans nourriture. Ce ne fut pas facile, mais j'avais fait une promesse. En vérité, à mesure que le temps passait, je me sentais plus envahi par le doute que par la fatigue. Quatre mois nous séparaient de la rencontre avec Smuts, tous les jours de nouveaux Indiens se rendaient dans les bureaux d'enregistrement, et l'on ne percevait toujours aucun signe laissant entrevoir l'abrogation du sinistre *Black Act*.

Le 6 avril 1908, plus de dix mille Indiens avaient donné leurs empreintes suivant en cela les recommandations de Mohan.

Et toujours rien du côté des autorités.

Ce fut le 10 mai qu'un communiqué officiel mit un terme à tous les espoirs.

Il stipulait que, à partir de ce jour, les Indiens n'avaient plus le choix, mais *l'obligation* de s'enregistrer. Comme si le coup n'était pas assez sévère, une nouvelle loi, la *Transvaal Immigration Restriction* (Tara), interdisait dorénavant l'accès à tout nouvel émigrant, qu'il vienne du Natal ou des autres États, et quel que soit son niveau d'éducation.

Dans la communauté indienne, l'annonce fit l'effet d'une gifle, et les premières voix s'élevèrent qui disaient toutes la même chose :

— Bravo, Mr Gandhi ! Nous vous avions prévenu ! Smuts s'est joué de vous comme on se joue d'un enfant. Bravo, Mr Gandhi !

22

Lorsque le 21 janvier, l'émissaire du général
Smuts, Albert Cartwright, avait assuré à Mohan :
« Croyez-moi, Mr Gandhi, c'est un bon accord. Je
suis sûr que si vous l'acceptez, ils invalideront la
loi », jamais il n'eût imaginé un tel revirement.

— Je suis atterré, *Gandhidji*, et profondément
humilié. Comment un homme digne de ce nom a-t-il
pu ainsi se renier à la face du monde ?

— Parce que le général appartient à cette race
d'individus pour qui la trahison n'est qu'une question
de date.

— Je lui ai écrit, votre ami William Hosken aussi,
et même le révérend Joseph Doke. Il s'est contenté
de répondre : « J'ai dû plier devant la volonté de la
majorité. »

— S'il reconnaît avoir plié, alors il pliera une fois
encore, mais sous l'effet d'une autre force.

Je suis intervenu :

— Reconnaissons que vous avez été trop crédule,
Mohan.

— Ce que vous appelez crédulité fait partie inté-
grante de ma personnalité. Mais dans ce cas, il ne
s'agit pas de crédulité, mais de confiance et j'estime
que c'est le devoir de tous, le vôtre comme le mien,
d'accorder confiance à l'être humain.

— Peut-être avez-vous raison. Mais il ne nous reste plus beaucoup de choix. Qu'allez-vous exiger des dix mille Indiens qui se sont volontairement inscrits ? Quant à installer de nouveaux piquets de grève...

— Détrompez-vous, Hermann, jamais nous n'avons eu autant de choix. J'ai d'ailleurs quelques idées très précises. J'en ai même une qui risque de beaucoup vous surprendre.

Il refusa de m'en dire plus.

Le lendemain, il écrivait dans l'*Indian Opinion* ces phrases où, pour la première fois, il utilisa une terminologie raciale :

> Lorsque les braves soldats japonais ont fait mordre la poussière aux Russes sur les champs de bataille, le soleil s'est levé sur l'Est[1].
> Depuis, il brille sur toutes les nations d'Asie. Les peuples de l'Orient ne laisseront jamais plus sans réponse les injures proférées par des Blancs arrogants.

De retour à Johannesburg, il convoqua les leaders les plus importants et leur annonça :

— Je propose que nous engagions de nouvelles discussions avec Smuts, mais cette fois, c'est nous qui lui adresserons un ultimatum. S'il persiste dans sa décision, alors j'aviserai. Ceux qui rejetaient l'idée d'acquérir un certificat, et qui représentent la majorité, se maintiendront dans leur refus. Par ailleurs, tous les marchands ambulants qui ne possèdent pas de licence, et qui, jusqu'aujourd'hui, n'osaient pas circuler dans les rues, s'afficheront au grand jour et reprendront leur commerce sous le nez des policiers. Et puisque cette nouvelle ordonnance, la Tara,

---

1. Gandhi fait allusion à la guerre russo-japonaise qui s'est déroulée entre février 1904 et septembre 1905.

interdit l'accès à tout émigrant, aussi instruit soit-il, les personnes visées ignoreront cette interdiction et continueront de franchir la frontière qui sépare le Natal du Transvaal.

— Ce plan signifie que les arrestations vont reprendre, observa Kachalia.

— Espérons-le. Emplir les prisons de Sa Majesté, les saturer jusqu'à l'asphyxie représente notre arme la plus redoutable. Je m'empresse de vous dire que je refuse d'avance que quiconque discute mes directives. Ceux qui ne sont pas d'accord pourront se retirer du mouvement.

Il ajouta d'une voix sèche :

— J'ai commis l'erreur de surestimer le général Smuts. Il vient à son tour d'en commettre une autre : il m'a sous-estimé.

Le combat a repris, et bientôt la prison de Johannesburg, « l'hôtel du roi Édouard », comme se plaisait à l'appeler Mohan, retrouva son flot de prisonniers et l'on vit même arriver des adolescents.

Thambi Naidoo, qui avait organisé un piquet de grève devant l'un des bureaux de Pretoria, fut interpellé et placé sous les verrous. Une semaine plus tard, on apprenait que son épouse, enceinte de quatre mois, était victime d'une fausse-couche.

— Le général Smuts n'est qu'un assassin, commenta Gandhi d'une voix sombre.

La terrible accusation se répandit à travers le pays. Certains reprochèrent à Mohan d'être allé trop loin, mais il balaya les critiques d'un revers de la main, et n'hésitait plus à qualifier le gouvernement de filou lorsqu'un Indien se voyait imposer une amende.

Le 10 avril, de cette année 1908, Gulab accoucha d'une petite fille. Comme ce jour-là on célébrait la naissance du dieu Rama, Harilal appela l'enfant Rami.

Le 2 juillet, Sonja Schlesin, effondrée, déboula dans le bureau de Mohan :

— *Bapou*, votre fils, Harilal...

— Oui ?

— Il a été arrêté pour avoir franchi la frontière du Transvaal et s'être livré à du colportage sans licence.

Interloqué, Mohan demanda à la jeune femme de répéter l'information. Ce qu'elle fit.

— Où est-il à présent ?

— Ici, au commissariat de Johannesburg. Il devrait passer demain en jugement.

Elle posa sur le bureau le télégramme qu'elle venait de recevoir, signé d'Albert Cartwright.

Mohan repoussa son siège.

— J'y vais.

Quelques minutes plus tard, le superintendant Alexander l'autorisa à s'entretenir quelques minutes avec Harilal. Les premiers mots qu'il prononça furent :

— Tu as enfin décidé de m'obéir.

— Oui. Et d'exaucer votre vœu le plus cher.

— C'est bien.

— Avez-vous l'intention de me défendre ?

— Absolument. Cependant, je te préviens, ma stratégie risque de ne pas te plaire. Tu appartiens désormais aux *satyagrahi*, alors je te défendrai comme tel.

À ce stade du récit, je n'avais pas compris le sous-entendu masqué par la dernière phrase. C'est le lendemain seulement, alors que j'assistais au procès, qu'il s'éclaira dans toute son âpreté.

Après avoir écouté le réquisitoire, Gandhi déclara au juge :

— L'accusé m'a chargé de vous transmettre le message suivant : si vous lui infligez une peine légère, sachez qu'à peine libéré, il a la ferme intention de récidiver. On l'arrêtera donc à nouveau et, en toute logique, la justice devra le condamner plus durement. Par conséquent, l'accusé suggère que l'on gagne du temps et exige que lui soit appliquée d'emblée la sentence la plus sévère.

— Je rejette cet argument, Mr Gandhi, répliqua le magistrat. Personne ne dicte à la cour son verdict. Je condamne l'accusé à une livre d'amende. S'il refuse de s'en acquitter, il accomplira une semaine de travaux forcés.

Harilal jeta un coup d'œil vers son père et, comme celui-ci demeurait impassible, il opta pour l'emprisonnement.

Le soir même, alors que nous marchions vers le Kraal, j'ai interrogé Mohan :

— Harilal a-t-il vraiment tenu les propos que vous avez rapportés au juge ?

— Non.

— Mais alors...

— J'estime que tout ce que fait mon fils à mon instigation peut et doit être considéré comme ayant été fait par moi-même. Et pour moi-même je n'aurais réclamé aucune indulgence. De même, je pense que l'expérience de la prison lui sera très bénéfique.

— Pardonnez-moi, Mohan, je vous trouve très dur à l'égard d'un jeune homme de vingt ans qui, de surcroît, vient tout juste d'être père.

— Nous ne parlons pas de n'importe quel jeune homme, Hermann, mais de mon fils.

— Vous êtes conscient, n'est-ce pas, que, pour vous plaire, il recommencera à défier les autorités.

— Je l'espère. J'espère qu'il aura ce courage.

Il eut ce courage.

Libéré le 3 août, Harilal fut arrêté sept jours plus tard, toujours pour non-présentation du certificat d'enregistrement.

Cette fois, Mohan souhaita que la cour lui accorde vingt-quatre heures pour quitter le Transvaal et rentrer à Phoenix. Le juge accéda à sa demande et donna une semaine à Harilal pour obtempérer.

Il n'en fit rien et fut de nouveau appréhendé le 15 août et condamné cette fois-ci à un mois de travaux forcés.

— Je suis fier de lui, fut le seul commentaire de Mohan. Il a choisi la bonne attitude. Encore que, pour se consacrer entièrement à sa mission, l'idéal serait qu'il se sépare quelque temps de son épouse. Je viens d'ailleurs d'écrire dans ce sens à Gulab. Voulez-vous lire la lettre ?

J'ai craint le pire.

Mon enfant,

Sois convaincue que si tu acceptais de t'éloigner de Harilal, ce serait parfait pour vous deux. Ainsi, il pourra mûrir et mieux accomplir ses devoirs de *satyagrahi*.

L'amour qu'il éprouve à ton égard ne se limite pas à vivre à tes côtés. Il est des moments dans la vie d'un couple où une séparation devient bénéfique, mais ne peut le devenir qu'à la condition de ne pas vivre cette séparation dans le tourment et l'inquiétude.

— Qu'en pensez-vous ?

— Je ne partage pas votre point de vue. Cette lettre est très dure à l'égard de cette pauvre fille. Et je suis certain que vous méjugez Harilal. Son engagement à vos côtés n'est rien d'autre qu'une fuite en avant, inspirée par le désir, conscient ou non, de se rehausser à vos yeux. Par ailleurs, et j'espère que vous ne m'en voudrez pas de ma franchise, en l'envoyant en prison, je me demande si vous ne cherchez pas plutôt à mater l'enfant rebelle qu'il a toujours été.

Emporté dans mon élan, j'ai failli ajouter : « Vous avez été contre son mariage et n'ayant pu l'empêcher, vous vous échinez à le défaire », mais j'ai préféré en rester là.

Mohan m'écouta sans m'interrompre, sans pour autant se rallier à mes arguments. Il eut cette réponse laconique :

— C'est votre vision, Hermann. Je la respecte.

À sa décharge, je dois admettre que le moment était mal choisi. Nous étions à la veille d'un rassemblement crucial qui devait avoir lieu sur l'esplanade de la mosquée Hamidia et la tension était à son comble.

Vingt-quatre heures plus tôt, Mohan avait fait parvenir cette lettre au général Smuts :

Johannesburg,
14 août 1908

Cher Monsieur,

J'estime qu'il est de mon devoir de vous approcher à la veille d'une action déterminante que les Indiens ont décidé d'entreprendre. Une action qui s'inscrit dans une lutte interminable. Près de soixante de mes frères sont actuellement sous les verrous et condamnés aux travaux forcés. Sachez que ce dimanche 16 août, nous nous réunissons pour jeter au feu nos certificats. Nous avons maintes fois repoussé cette décision dans l'attente d'un message apaisant de votre part que vous auriez confié à Albert Cartwright. Rien n'est venu. Cette fois, nous ne reculerons pas. Je vous demande donc de revenir sur l'entretien que nous avons eu avant que l'enregistrement volontaire ne soit engagé, et de vous souvenir des propos que vous m'avez tenus. Sachez que ni moi, ni mes compagnons ne souhaitons autre chose que le respect de nos droits et mettre un terme à une situation douloureuse qui n'a que trop duré.

En cas de refus de votre part, le 16 août à 6 heures du soir, nous nous résoudrons à brûler les certificats et vous endosserez seul les conséquences de cette action.

Votre dévoué,

M. K. Gandhi.

*

On avait disposé un grand chaudron au milieu de l'esplanade autour duquel plusieurs centaines d'Indiens s'étaient rassemblés.

Au-dessus de nous, un aigle royal battait les nuages.

Je ne lâchais pas Mohan des yeux. Comme il l'avait exigé, je m'étais débarrassé de mon Browning pour le remplacer par une matraque glissée sous ma veste.

— Que décidons-nous ? s'impatientèrent Haji Ojer Ali et les autres leaders.

— Quelle heure est-il ?

— 5 heures 35, répondit sheth Haji Habib.

— Patientons, dit Mohan.

À 6 heures précises, un commissionnaire à bicyclette traversa l'esplanade et pila devant nous.

— À l'intention de Mr Gandhi, déclara-t-il en présentant un télégramme.

Mohan s'en saisit.

— Alors ? s'exclama Kachalia.

— C'est la réponse du général.

— Que dit-il ?

— Vous allez le savoir.

Il s'empara d'un porte-voix et se hissa sur une estrade de fortune.

— Mes frères ! Écoutez-moi ! Je viens de recevoir la réponse du général Smuts à nos récriminations. Elle est on ne peut plus brève.

Il prit une courte inspiration, et lut d'une voix ferme :

— « Monsieur Gandhi, j'ai bien pris note de votre requête, mais il est hors de question pour le gouvernement d'abroger la loi. »

La foule attendit une suite qui ne vint pas. Mohan conclut laconiquement :

— C'est tout, mes frères.

Alors un grand cri s'éleva, pas de colère, mais un cri d'allégresse, et l'on vit d'un seul coup, cent, deux cents, un millier de certificats levés vers le ciel.

— Je ne suis pas sorti de prison, enchaîna Mohan, avant que mon temps ne soit écoulé pour chercher ensuite à me dérober à mes responsabilités ou fuir les difficultés qui m'attendaient. Je refuse de me soumettre à l'indignité ou de voir piétiner les droits d'un seul d'entre vous. Je préfère passer toute ma vie en prison, oui, je répète, toute ma vie en prison, plutôt que d'être un simple témoin de la souffrance de mes compatriotes. Si c'était le prix à payer, je ne me déroberai pas. Non, messieurs, contrairement à ce que certains ont pu croire, le serviteur qui se tient devant vous aujourd'hui n'est pas fait du bois des traîtres. Nous avons été nourris des traditions britanniques. On nous a affirmé qu'au sein de l'Empire, même un agneau est libre.

Il marqua une pause pour faire remarquer :

— « L'agneau peut marcher avec le lion », est la traduction littérale d'un verset que l'on m'a enseigné quand j'étais à l'école et que j'ai toujours conservé en mémoire. Aujourd'hui, je vous dis qu'une telle chose n'est pas possible. Parce que, à l'image de l'agneau, les Indiens sont dociles, les Indiens sont humbles, et c'est pour cette raison qu'ils sont maltraités, pour cette raison qu'on leur crache dessus et qu'on veut leur imposer aujourd'hui cette Loi noire. Une loi qui est une injure à notre dignité. Mais, je vous l'affirme, mes frères, en toute solennité, un jour viendra où nous recouvrerons notre pleine liberté, et l'intégralité des droits inhérents à la citoyenneté britannique. Un jour viendra, où l'on nous respectera, même ici, dans le Transvaal, et nous ne serons plus traités comme des chiens ! J'attends maintenant de vous d'être fidèles à Dieu, et je vous demande à tous de brûler vos certificats !

Alors, Youssouf Mian, qui se tenait près du chaudron, y versa du kérosène et mit le feu. De grandes flammes jaillirent aussitôt, projetant sur les visages des lueurs ocre.

On criait, on dansait, on rugissait. Au dernier moment, on vit accourir quelques retardataires qui, torse bombé, imitèrent leurs compagnons en balançant leur certificat dans le chaudron.

À quel moment Mir Alam apparut devant nous ? Je suis incapable de le dire. Je sais que lorsqu'il fit mine de s'approcher de Mohan, je me suis immédiatement interposé, prêt à frapper.

— Non, se récria Alam, je viens en homme de paix.

Mohan m'ordonna :

— Laissez-le passer, Hermann.

Le Pathan fit un pas en avant, et je l'entendis murmurer :

— Pardonnez-moi, *Gandhibhai*, j'ai eu tort. Pardonnez-moi.

Mohan lui tendit spontanément la main.

— Je ne me souviens de rien, mon frère, par conséquent, je ne te garde aucune rancune.

Les feux continuaient de brûler dans le chaudron, alors que les premières étoiles apparaissaient dans le ciel.

23

Hélas, le feu de joie allumé sur l'esplanade de la mosquée Hamidia n'eut aucune retombée. Smuts demeura inflexible, soutenu en cela par son Premier ministre, Louis Botha, tout aussi intraitable. Apparemment, les deux mille certificats réduits en cendre ne les avaient pas impressionnés outre mesure, sans doute parce qu'ils représentaient une partie négligeable comparés aux dix mille inscriptions. Le correspondant du *Daily Mail* alla jusqu'à évoquer une similitude entre la manifestation du 16 août et la fameuse « Boston Tea-Party[1] » qui s'était déroulée en Amérique cent trente-cinq ans plus tôt, mais son article fit long feu.

De son côté, Smuts avait lancé une campagne dont le but était de jeter le discrédit sur Mohan auprès de la communauté indienne : « Méfiez-vous de votre leader. On lui donne le pouce, c'est une aune qu'il lui faut. » Et d'ajouter : « Ceux qui ont adressé un ultimatum au gouvernement n'imaginent pas son pouvoir. Je suis désolé de voir que ces agitateurs enflamment l'imagination de leurs compatriotes. Les malheureux Indiens courent à la ruine s'ils succombent à leurs flatteries. »

---

1. En 1773, la ville de Boston se révolta contre le Parlement britannique en réaction à l'avalanche de taxes imposées par l'Angleterre.

Pourtant, Dieu sait que Gandhi tenait à limiter ses objectifs et ce n'est pas sans difficulté qu'il avait persuadé ses frères des autres colonies d'éviter de déclencher des mouvements parallèles.

Je suivais ces événements avec passion, j'y apportais tout mon soutien, admiratif du courage des Indiens. Rien ne semblait ébranler leur détermination. Nombre d'entre eux, qui possédaient un ancien permis de séjour pour le Transvaal, passaient tous les jours la frontière séparant la colonie de l'État voisin uniquement dans le but de défier la Tara, la *Transvaal Immigration Restriction*, et se laissaient emmener docilement en prison. Des marchands ambulants refusaient d'exhiber leur licence, alors qu'ils étaient parfaitement en règle. Au fil des semaines, on vit surgir une nouvelle race de colporteurs non licenciés : des commerçants aisés et des avocats s'étaient mis à vendre des primeurs dans le seul dessein d'être envoyés en prison. Toutefois, à mesure que la résistance se développait, les condamnations aux travaux forcés devenaient plus fréquentes et le régime pénitentiaire plus rigoureux. Il n'était plus rare de trouver de jeunes garçons cassant des cailloux, balayant les rues ou creusant des puits. Un jour, on nous informa que l'un d'entre eux, du nom de Nagappa, avait pris froid et était mort d'une pneumonie.

En marge de ces tragédies, Mohan et moi poursuivions notre vie commune. Nous n'avions toujours pas de personnel à notre service. Couchés vers 10 heures du soir, nous étions debout à 5 heures. Seul le dimanche nous nous autorisions à nous lever vers 7 heures, et allions faire un peu de marche jusqu'à Orchards. La cuisine, le ménage, l'entretien du potager, les échanges épistolaires nous laissaient peu de temps libre. Mais nous n'étions guère différents en cela de nombreux couples. Ainsi que l'écrivit Mohan à l'un de nos amis, John Cordes, récemment installé à Phoenix comme instituteur :

Nous imaginer, Hermann et moi, avec nos tabliers noués autour de la taille aurait de quoi vous faire sourire. À ce propos, il faut que je vous dise qu'il a eu un véritable coup de foudre pour un tablier de menuisier. Il l'a acheté et tenait absolument à vous en offrir un également. Mais je l'en ai empêché. Depuis que j'ai fermé mon cabinet, chaque centime nous est compté. En conclusion, nous menons une vie « raisonnable », mais une vie raisonnable n'est pas toujours une vie populaire.

Lorsque le 16 septembre 1908, à 8 heures du soir, Mohan rentra au Kraal, il affichait un air rayonnant.

— Que se passe-t-il ? Smuts a cédé ?

— Oh ! Non. Il est encore trop tôt, mais ne vous inquiétez pas, il cédera. J'en suis convaincu. Il s'agit de Harilal. Il sera libéré demain. J'ai tenté de me renseigner sur l'heure précise de sa sortie, mais on a refusé de me la communiquer. Je me rendrai donc devant la prison et je l'attendrai aussi longtemps qu'il le faudra.

— Je vous accompagnerai.

Mohan sourit.

— Vous prenez vraiment au sérieux votre rôle d'ange gardien. N'avez-vous pas rendez-vous ce matin avec votre associé et le représentant de l'église grecque orthodoxe de Johannesburg ?

— Aucune importance. Kennedy se débrouillera parfaitement sans moi. Mes plans ont été acceptés. Il est question d'y apporter quelques modifications souhaitées par le pope.

Nous sommes arrivés à 7 heures 30 du matin devant le bâtiment pénitentiaire. À midi, Harilal n'était toujours pas là, ni dix heures plus tard. Finalement, un surveillant avec lequel Mohan avait sympathisé lors de sa détention eut la générosité de nous informer.

— Vous l'avez manqué de peu. Il a quitté la prison à 7 heures. Ne soyez pas déçus. Même si vous aviez été là, on ne vous aurait pas autorisés à l'approcher. On l'a mis dans le premier train pour le Natal.

— Il sera donc arrivé demain matin à Durban ?

— Absolument.

Mohan médita un instant avant de m'annoncer :

— Je vais au bureau de poste. Mais vous n'êtes pas obligé de m'accompagner. Je ne serai pas long. Je vous retrouverai ce soir au Kraal.

J'acquiesçai. Au fond, cela me permettait d'aller voir tout de même Kennedy. En dépit de ce que j'avais laissé croire à Mohan, ce rendez-vous était de la plus haute importance.

Une semaine plus tard, aux alentours du 23, alors que je devais retrouver Mohan à son cabinet, quelle ne fut pas ma surprise d'apprendre par la bouche de Sonja, que non seulement Harilal n'était jamais arrivé à Durban mais que la police de Charlestown l'avait interpellé et transféré à la prison de Volksrust.

J'étais consterné.

— Gandhi est-il au courant ?

Avec l'impertinence qui la caractérisait, elle m'a répondu d'un haussement d'épaules :

— Pourquoi ne lui demandes-tu pas ? Il t'attend.

— Je t'ai posé une question !

— Évidemment qu'il est au courant !

Je me suis rué dans le bureau.

— Est-ce vrai ? Harilal serait de nouveau derrière les barreaux ?

Occupé à rédiger une lettre, Mohan répondit sans lever la tête.

— Il l'était. On l'a libéré hier.

— C'est incroyable ! Aux dernières nouvelles, ne se trouvait-il pas dans un train en route pour Durban ? Que s'est-il passé ?

Le regard toujours fixé sur ses écrits, il a répondu :

— Vous n'avez pas oublié, n'est-ce pas, que lorsque nous nous sommes séparés devant la prison je me suis rendu à la poste. Je savais que le train ferait une halte à Charlestown. J'y ai donc envoyé un télégramme à l'attention de Harilal et je lui ai donné l'ordre de repasser la frontière.

— Sachant qu'il risquait de se faire arrêter ?

— Parfaitement.

Abasourdi, je me suis laissé tomber dans le siège le plus proche.

Alors seulement, Mohan leva les yeux vers moi.

— Vous semblez catastrophé. Si cela peut vous rassurer, pour des raisons qui m'échappent, les poursuites ont été abandonnées. Il a été remis hier en liberté. À l'heure qu'il est, il a dû rentrer à Phoenix.

— Pourquoi, Mohan ? Pourquoi cet acharnement ? Est-ce Gandhi ou le père qui agit ainsi à l'égard de Harilal ?

— Je vous ai expliqué, Hermann. Tout ce que fait mon fils à mon instigation peut et *doit* être considéré comme ayant été fait par moi-même.

— Vous ne répondez pas : pourquoi ?

— Parce que Harilal doit donner l'exemple. Comme moi-même je m'apprête à le donner.

— C'est-à-dire ?

— Ne trouvez-vous pas étrange que l'on arrête mon fils, mes frères, mes amis, et que l'on me laisse en liberté ?

— Rien d'anormal. Smuts a pris conscience de votre influence, il a compris ce que vous représentez aux yeux des cent cinquante mille Indiens d'Afrique du Sud. Un politicien averti ne s'attaque jamais à un symbole.

— Eh bien, je vais l'y contraindre !

Je n'ai même pas essayé de le raisonner. Non parce que je savais que ce serait peine perdue, mais parce qu'au tréfonds de moi j'approuvais sa décision.

Le 10 octobre, il s'est présenté volontairement à Volksrust, à l'endroit même où Harilal avait été interpellé, et a déclaré aux policiers qu'il ne possédait aucun permis. Par conséquent, il exigeait l'application de la *Transvaal Immigration Restriction*. Emmené devant un juge, il demanda comme à l'accoutumée que lui soit infligée la peine la plus lourde.

— Vingt-cinq livres d'amende, Mr Gandhi.

— Je refuse de payer.

— Alors, je vous condamne à deux mois de travaux forcés.

Attitude pour le moins inhabituelle de la part d'un juge, celui-ci ajouta :

— Mr Gandhi, je regrette beaucoup de voir aujourd'hui dans cette position un officier de la cour et de la Cour suprême. Je sais que son attitude est inspirée par les souffrances que son pays endure. Mais la loi est la loi.

Avant qu'on ne l'emmène à la prison de Volksrust, Mohan prit tout de même le temps d'envoyer un télégramme à Kachalia et à ses compagnons dans lequel il les adjurait de rester fermes : « La souffrance est le seul remède. La victoire est certaine. »

J'étais infiniment triste. À peine le lieu de détention connu, j'ai déposé une demande auprès de la direction pénitentiaire pour que l'on m'accorde un droit de visite. Il me fut refusé sans explication. Pour me rassurer, je me répétais qu'il avait déjà connu la prison et que sa première expérience n'avait pas été aussi éprouvante qu'on aurait pu le craindre.

Privé de la présence de Mohan, le Kraal et son décor africain, les arbres et le ciel me parurent tout à coup sombres et sinistres, et les nuits interminables. Je faisais de longues marches au coucher du soleil, à l'heure où le paysage semble se resserrer. Le mois d'octobre était torride, balayé par un vent triste et sec et l'on aurait dit que toute la beauté et la grâce s'étaient retirées d'Afrique. Les couleurs palissaient, et les arbres ne dégageaient plus de parfum. Prisonnier d'un grand vide, les anciens questionnements du passé m'obsédèrent à nouveau, et je me retrouvais face à au néant, au rien qui se cache derrière le pourquoi des choses.

C'est dans cet état de morbidité que je vis arriver Henry Polak dans mon cabinet.

— Pardonnez mon intrusion, Hermann. Je suis mortellement inquiet. Avez-vous pu rendre visite à Gandhi ?

— Non, malheureusement, je n'ai toujours pas reçu l'autorisation.

— C'est insensé ! J'ai essuyé le même refus.

— Que voulez-vous, c'est la manière qu'ils ont trouvée pour nous faire payer notre soutien à la cause asiatique.

— Vous avez probablement raison. Que faire ?

— Rien pour l'instant, si ce n'est attendre.

— En revanche, j'ai eu des nouvelles de Harilal. Un rassemblement de protestation est prévu demain, 18 octobre, devant la mosquée. Figurez-vous qu'il a l'intention de prononcer un discours. Reconnaissons que c'est surprenant pour un garçon qui ne semblait pas habité par l'esprit du *satyagraha*.

— Il a beaucoup changé ces derniers temps.

— L'influence de son père évidemment.

J'acquiesçai.

— Je compte me rendre à la mosquée avec Millie. Vous joindrez-vous à nous ?

— Bien sûr. Ne fusse que pour écouter notre ami.

— Parfait ! À demain, donc.

Lorsque Polak se fut éclipsé, le visage de Harilal se présenta à mon esprit. La décision de s'exprimer en public ne devait rien à son père, puisque celui-ci était en prison. Cette fois, c'est en toute indépendance qu'il s'engageait. Je me serais donc trompé et Mohan aurait eu raison de se montrer si sévère ?

Le lendemain, en arrivant devant la mosquée Hamidia, j'eus l'impression qu'il y avait encore plus de monde que le 16 août, jour où l'on avait brûlé les certificats ; et j'en fus rassuré. La lutte ne faiblissait pas. Debout, entre Millie et Polak, je guettais comme tous l'intervention de Harilal lorsque soudain il apparut. Mais, avant d'entamer son discours, il fit une annonce qui me stupéfia :

— « Mes frères. Une amie de mon honorable père, Miss Sonja Schlesin, une Blanche, a insisté pour apporter sa contribution et son soutien. Elle a rédigé quelques mots qu'elle m'a prié de lire à sa place. Aussi, permettez-moi de le faire : « Maintenant que la lutte a atteint son point culminant, moi qui l'ai suivie avec la plus grande attention, presque depuis sa création, j'ai souhaité vous faire part de la sympathie, et de la compassion que j'éprouve pour les souffrances que vous avez déjà subies, et que vous subirez encore. Je vous supplie de ne pas reculer devant les difficultés qui vous attendent, et de poursuivre votre combat avec la détermination héroïque dont vous avez fait preuve jusque-là. Permettez-moi de vous rappeler qu'une croisade similaire est menée en ce moment par mes sœurs en Angleterre. Je veux parler des Suffragettes. Pour obtenir gain de cause, elles sont prêtes à tout perdre, tout sacrifier. Beaucoup ont déjà souffert d'emprisonnement, d'autres n'aspirent qu'à les imiter. Si des femmes, que l'on dit délicates, peuvent réaliser de pareilles choses, alors que ne feront des hommes robustes, endurcis aux fatigues ? Ne pas dévier du parcours, rester fidèle à son idéal, conquérir ou mourir ! Si vous y parvenez, si vous adhérez à l'alliance solennelle que Dieu vous propose, si vous affichez votre résolution, comme vous l'avez déjà fait, toujours sans violence, alors le succès est assuré, la victoire sera la vôtre, sera la nôtre ! »

J'étais sans voix. Sonja Schlesin ? Je savais que, depuis un an, sous la tutelle de Gandhi, elle bûchait assidûment pour devenir clerc d'avocat, mais qu'elle fût capable de rédiger un texte de cette envergure me dépassait.

— Incroyable, s'exclama Millie Polak en applaudissant à tout rompre.

— Incroyable en effet, répéta Henry.

Je leur ai demandé :

— Vous étiez au courant ?

— Pas du tout, Hermann, pas du tout !

Puis, ce fut au tour de Harilal de prendre la parole et mon cœur se serra. Il me fit penser à un adolescent (pourtant il avait un peu plus de vingt ans), s'appliquant à ne décevoir personne.

— En tant que sujets britanniques, commença-t-il, nous sommes tous les enfants de la Grande-Bretagne, mais depuis qu'elle a permis au gouvernement du Transvaal de promulguer l'Acte Noir, j'ai honte de faire partie de ses fils. À l'heure où je vous parle, mon père est en prison et j'en éprouve de la fierté. Quelle honte ! Oser demander ses empreintes digitales à un homme qui pratique le droit en Afrique du Sud depuis plus de treize ans ? Nous allons poursuivre le combat, mes frères, et nous battre jusqu'à ce que le droit triomphe. Certains Blancs voient les Indiens comme une menace pour l'Empire. D'autres affirment le contraire. En vérité, les Indiens sont bien une menace pour l'Empire, parce que le *satyagraha* représente toujours une menace pour le menteur. Il faut que l'Angleterre comprenne que la politique qu'elle soutient n'est pas bénéfique pour elle, et pourrait même conduire à son effondrement. Nous avons réclamé l'aide des politiciens de Londres. Qu'avons-nous obtenu d'eux ? Rien ! Les promesses de Sa Majesté furent balayées par le vent. Nous ne devrions plus demander l'aide de personne, sinon à Dieu ! Demain, bientôt, soyez-en convaincus, la vérité vaincra. En attendant ce jour, continuons de résister sans jamais faiblir !

Une salve d'applaudissements salua le discours avec autant de ferveur que si Mohan lui-même l'avait prononcé.

Quelqu'un près de moi murmura : « Le voilà, le jeune Gandhi. »

Ce soir-là, en rentrant au Kraal, j'ai pensé que le « vieux » aurait été fier.

24

Urgent – stop – Kasturba gravement malade – stop – prévenir Gandhi pour demande libération anticipée – stop – Gandhi actuellement transféré Fort Johannesburg. Albert West.

C'est le 30 novembre, 1908, que j'ai reçu le câble. Aussitôt, je me suis rué chez le superintendant Alexander.

— Ce Mr West a raison, dit-il, il faut avertir immédiatement les autorités pénitentiaires. Elles ne refuseront pas à Mr Gandhi de se rendre au chevet de sa femme. Je vais m'en occuper sur-le-champ et je ferai de mon mieux pour que vous obteniez un droit de visite.

Quelques heures plus tard, Alexander m'annonça que le procureur m'autorisait à voir Mohan et qu'il lui accordait la liberté en contrepartie d'une amende.

— À vous de jouer, monsieur Kallenbach.

Aux premières lueurs de l'aube, j'ai pris ma voiture, ce « monstre » que détestait Mohan, et me suis rendu à la prison du Fort, à Hillbrow. Quinze ans plus tôt, elle avait été construite par ceux-là mêmes qui poursuivaient la communauté asiatique et les Noirs de leur vindicte : Botha et Smuts. Auraient-ils pu imaginer qu'un jour ils y enfermeraient le futur Mahatma ?

Après avoir garé mon véhicule devant les bâtiments blancs aux toits lie de vin, je me suis laissé guider vers une salle où l'on me pria de patienter.

Quand Mohan apparut, ce fut un choc. Figure émaciée, pommettes saillantes sous les yeux, il vacillait sur ses jambes.

Je lui ai remis un petit paquet qui contenait du pain, du fromage, quelques tomates et des bananes.

— J'ai pensé que vous en auriez envie.

Il me remercia.

— Comment se fait-il que l'on vous ait transféré au Fort ?

— Parce qu'un juge a exigé mon témoignage dans une vieille affaire. Mais il est prévu que, dès demain, on me ramène à Volksrust. Un déplacement que j'appréhende.

— Pourquoi ?

— Parce qu'à l'aller, vêtu de ce sinistre uniforme, menottes aux poings, on m'a fait remonter à pied la route qui va de la prison de Volksrust à la gare, sous l'œil goguenard des Blancs. Ensuite, à la gare de Johannesburg, on m'a infligé la même humiliation en m'imposant de marcher jusqu'au Fort.

Il leva les bras au ciel et les laissa retomber sur ses cuisses dans un geste fataliste.

— J'ai choisi. Je ne regrette rien.

— C'est donc plus dur cette fois-ci...

— Je l'avoue. Je me suis retrouvé aux côtés d'assassins et de bandits à casser des cailloux, à creuser des puits, d'où je crains qu'il ne jaillisse jamais une goutte d'eau. Parfois, ils nous envoient travailler sur la place du marché de Volksrust, où je dois transporter des ballots sous les vociférations d'un gardien qui prend un malin plaisir à hurler dans mes oreilles : « Du nerf, Gandhi ! Du nerf, Gandhi ! » J'ai vu des hommes s'écrouler d'épuisement sous la chaleur. Le soir, de retour dans ma cellule, les membres raides, les poignets enflés, je suis incapable de m'endormir tellement mon corps est en souffrance. C'est vrai, Hermann, je souffre, mais de cette souffrance je tire un sentiment jubilatoire, puisque je l'offre à la cause.

Il soupira.

— Il y a trois jours, au beau milieu de la nuit, j'ai vu débarquer dans ma cellule un *kafir* et un Chinois, la lie de la société de Johannesburg. De vraies têtes d'assassins. Je me suis dit qu'ils n'hésiteraient pas à me faire la peau. Alors, pour surmonter mon angoisse, j'ai saisi la Bhagavad-Gita et me suis mis à lire quelques versets pour y puiser du réconfort. Au bout de quelques minutes, le *kafir* s'est approché de moi et m'a demandé, dans une langue qui ressemblait vaguement à de l'anglais, ce que je faisais ici. Je lui ai répondu brièvement. Il a hoché la tête. Ce fut tout. Le Chinois, quant à lui, ne cessait de me scruter de ses petits yeux. À un moment donné, les deux malfrats se sont allongés sur leur paillasse et ont rivalisé d'obscénités en exhibant leurs parties génitales. Bien évidemment, je n'ai pas fermé l'œil.

J'ai pris la main de Mohan et l'ai portée contre ma poitrine.

— Si seulement je pouvais échanger ma place contre la vôtre...

— Ce serait absurde. Vous briseriez tout ce à quoi je me consacre. Vous existez à mes côtés, cela suffit.

J'ai conservé le silence, avant d'annoncer :

— Mohan, je ne suis pas porteur de bonnes nouvelles. Kasturba...

Je lui ai remis le télégramme de West. Il l'a lu, et me l'a rendu sans un mot.

— Le superintendant Alexander a tout arrangé. Le procureur est disposé à vous accorder la liberté.

Vous aurez seulement à vous acquitter d'une amende, que je prendrai en charge, bien sûr.

— Impossible.

— Comment ?

— Je ne peux pas, Hermann. Un soldat ne déserte pas le front.

— Kasturba est peut-être mourante !

— C'est triste, mais entre mon épouse et mon devoir, le choix ne se discute pas. Recouvrir la liberté, alors que je n'ai pas accompli la totalité de ma peine, serait une forme de trahison. Moi qui cherche à convaincre mon propre fils de la nécessité de prendre ses distances vis-à-vis de sa propre épouse, j'adopterais une attitude contraire vis-à-vis de la mienne ? Impensable ! Et puis, ma présence ici est un symbole aux yeux de la communauté. Je ne peux le briser. Non, Hermann. Je n'irai pas à Phoenix. Avez-vous de quoi écrire ?

— Un stylo-plume, oui, mais je n'ai pas de papier.

— Pouvez-vous en demander au surveillant ?

J'obtempérai.

Lorsque j'ai posé la feuille sur la table, il m'a montré son poignet. Un poignet boursouflé, meurtri.

— J'aurais du mal à aligner ne fût-ce qu'un mot. Je vais vous dicter le texte.

Kasturba bien-aimée,

Je viens de prendre connaissance du télégramme de Mr West au sujet de votre maladie. Cela me fend mon cœur. Je suis profondément attristé, mais je ne suis pas en mesure de me rendre à votre chevet pour vous soigner. J'ai décidé de vouer toute mon existence au *satyagraha*. Venir auprès de vous est donc hors de question. J'aurais pu, si j'acceptais de payer l'amende, mais je ne le ferai pas. Si vous gardez courage et si vous

vous nourrissez comme il se doit, vous récupérerez. Cependant, si par malheur vous décédiez, dites-vous que me quitter, alors que moi je suis encore vivant, n'a rien de tragique. Je vous aime tellement, que même si vous mourez, vous continuerez à vivre en moi. Comme je vous l'ai souvent répété, si vous succombiez à la maladie, je ne me marierai jamais plus. Maintes et maintes fois, je vous ai dit aussi que vous deviez conserver la foi en Dieu jusqu'à votre dernier souffle. Si vous mourez, alors votre mort sera offerte en sacrifice au *satyagraha*. Mon combat n'est pas seulement politique, il est aussi religieux, donc empreint de pureté. Qu'importe alors que l'on vive ou meure. Je veux espérer que vous partagerez ma vision et que vous ne serez pas malheureuse. Je vous le demande.

Mohandas.

— Voilà... À présent, j'aimerais que vous rédigiez une autre lettre, mais à l'intention d'Albert West.

Mon cher West,

J'ai bien reçu votre télégramme. Il m'a bouleversé, mais ne m'a pas surpris, car Mrs Gandhi a toujours été de santé fragile. Déjà en Inde, j'ai failli la perdre des suites d'une bronchite et elle a toujours été sujette à de fréquentes hémorragies. Je pourrais payer l'amende en échange de ma liberté, mais il n'en est pas question. Le jour où j'ai décidé d'entreprendre mon combat, je savais d'avance le prix qu'il m'en coûterait. Si Mrs Gandhi doit nous quitter sans le réconfort de ma présence, qu'il en soit ainsi. Je vous prie de faire tout ce qui est en votre pouvoir pour l'aider. Je vais envoyer un câble à Harilal pour qu'il se rende au plus vite au chevet de sa mère. Je suppose que vous avez sollicité l'aide du Dr Archer. Qu'il me téléphone rapidement pour m'expliquer l'origine du mal et me tienne au courant de son évolution. J'espère qu'elle sera encore en vie et pleinement consciente lorsqu'elle recevra la lettre que je confie à son intention aux bons soins de Mr Kallenbach. Si elle n'est pas en état de la lire, que Harilal le fasse pour elle.

Sincèrement vôtre,

M. K. Gandhi.

— Merci, Hermann. Je compte sur vous pour que ces courriers arrivent à bon port.

J'aurais pu être outré, révolté devant tant de rigueur, mais je ne le fus pas. Les années passées près de Mohan m'avaient appris à comprendre ce qui paraissait incompréhensible pour la majorité des gens. Depuis le jour où il avait décidé de vouer sa vie au service de ses frères, l'homme avait cessé de s'appartenir. Ne s'appartenant plus, tout ce qui n'était pas directement lié à son combat cessait d'exister. Il n'était pas loin de ressembler en cela au Jésus dont il conservait le portrait dans son bureau, et comme lui, il aurait pu dire : « Le disciple n'est pas plus que le maître, ni le serviteur plus que son seigneur. »

Sa peine accomplie, Mohan quitta Volksrust le 12 décembre.

Le 14, il revint chez nous, au Kraal.

— Vous voyez, furent ses premiers mots, Kasturba n'est pas morte. Dieu ne l'a pas permis.

— Avez-vous pu parler au médecin ?

— Oui, il m'a téléphoné régulièrement.

— Alors ? Comment va-t-elle ?

— Elle souffre d'hémorragie utérine. Elle a déjà connu ce genre de problème par le passé. Généralement, cela durait deux ou trois jours. Cette fois, c'est plus grave. Le docteur Archer pense l'opérer.

— Vous allez donc partir pour Phoenix.

— Non. J'ai du courrier en souffrance.

— Mais... Kasturba...

— En temps et en heure, Hermann.

Finalement, il ne prit le train pour Durban que douze jours plus tard, lorsque le médecin lui annonça qu'une intervention devenait incontournable et sa présence absolument indispensable.

Je n'ai jamais su précisément en quoi consista l'opération. Mohan m'a seulement expliqué qu'on avait dû la pratiquer sans chloroforme et que la pauvre Kasturba avait horriblement souffert. Il est resté là-bas jusqu'à ce la malade soit définitivement sortie d'affaire.

Mais, une semaine après son retour au Kraal, une lettre l'informait que Kasturba était à nouveau au plus mal et dans un état de faiblesse tel qu'elle ne pouvait même plus s'asseoir dans son lit. Le docteur priait Mohan de l'appeler dans les plus brefs délais pour discuter d'une question majeure.

Nous nous sommes donc rendus à mon cabinet où, depuis peu, à l'instigation d'Eliot Kennedy, on avait installé une ligne téléphonique.

— Il faut qu'elle se nourrisse de manière plus consistante, insista le médecin. M'autorisez-vous à lui donner du bouillon de bœuf ?

— Je regrette, mais je ne peux pas. Si ma femme est en état de s'exprimer, le mieux serait que vous lui posiez directement la question.

— Votre épouse n'est pas en mesure de décider. Elle est trop fragile. De plus, l'environnement de Phoenix ne lui est pas propice. Je vais devoir la prendre sous mon toit pour mieux la surveiller. Il serait nécessaire que vous reveniez au plus vite.

Le lendemain, Mohan partit pour Durban.

Voici les événements tels qu'il me les décrivit...

*

Je suis arrivé à Durban dans le petit jour et je me suis rendu immédiatement chez le Dr Archer où m'attendait Harilal. À peine arrivé, le médecin m'annonça :

— Je regrette, mais le temps pressait. J'ai pris la liberté de faire boire du bouillon à votre épouse.

Profondément choqué, je lui ai rétorqué :

— Voyons, docteur ! J'appelle ce genre de comportement de la malhonnêteté !

— Il n'est pas question de malhonnêteté lorsqu'il s'agit de vie ou de mort. Nous, les médecins, tenons pour une vertu de donner parfois le change aux malades ou à leur famille, si par ce biais, nous pouvons sauver le patient.

Bien que je fusse extrêmement peiné, je me suis efforcé de garder mon sang-froid. Archer était non seulement un ami, mais je lui étais redevable de l'admirable dévouement dont il avait fait preuve au cours des dernières semaines.

— Très bien, docteur, lui dis-je, que proposez-vous de faire, maintenant ? Vous lui avez administré du bouillon, alors que j'étais absent. Mais je suis ici à présent, et sachez que je m'oppose totalement à ce que vous récidiviez. Jamais je ne laisserai servir à ma femme de nourriture à base de viande.

— Même si ce refus devait signer son arrêt de mort ?

— Parfaitement.

— Faites de votre philosophie tout ce que vous voudrez, mais moi je vous dis que, aussi longtemps que votre femme sera sous ma surveillance, je lui prescrirai ce que je considère le plus bénéfique à sa santé. Si vous m'approuvez, ma femme et moi nous ferons tout notre possible pour votre épouse, et vous pourrez repartir à Johannesburg sans la moindre inquiétude à son sujet. Mais si vous refusez, alors, à ma grande tristesse, vous devrez l'emmener loin d'ici. Je ne supporterai pas l'idée qu'elle meure sous mon toit.

J'ai demandé son avis à Harilal. Il m'a répondu qu'il partageait totalement mon point de vue. Bien qu'elle fût très faible, j'ai ensuite interrogé Kasturba. Sa réponse fut catégorique :

— Jamais ! C'est un bien précieux que d'avoir vu le jour en ce monde sous forme de créature humaine, et j'aimerais mieux, et de loin, mourir entre vos bras, que de me souiller en absorbant ces choses abominables.

J'étais inquiet, mais fier de sa réponse. Non sans angoisse, j'ai décidé de la ramener à Phoenix.

— Quel être insensible vous faites ! m'a lancé Archer. Insensible et inconscient ! Vous auriez dû avoir honte d'aborder ce sujet avec elle dans l'état où elle se trouve. Ce voyage risque de l'achever ! Je ne serais pas surpris qu'elle vienne à mourir durant le transfert.

Je n'ai pas répliqué. Harilal a soulevé Kasturba et nous sommes partis. Il bruinait et la gare se trouvait assez distante. Un long périple nous attendait. Nous devions prendre le train de Durban à Phœnix, et, de là, parcourir les six miles de route jusqu'à la colonie.

Harilal a installé Kasturba dans un rickshaw, et nous avons suivi à pied.

Comme le rickshaw ne pouvait pénétrer à l'intérieur de la gare, nous avons été obligés de marcher jusqu'au train en portant la malheureuse. Ce furent des moments terribles. Durant tout le trajet, j'étais obsédé par la peur qu'elle ne décède dans mes bras.

Comme à l'époque de la maladie de Manilal, je priais : « Seigneur, mon honneur est entre tes mains en cette heure terrible d'épreuve. »

Une fois à la colonie, je me suis empressé de lui appliquer mon traitement hydropathique, inspiré par Kuhne. Puis nous l'avons veillée jour et nuit.

Un matin, à notre grande surprise, nous vîmes arriver un maître spirituel, un Svami. Il avait entendu parler de la détermination dont nous avions fait preuve à l'égard du docteur Archer et, dans un élan fraternel, souhaitait plaider la cause de la médecine traditionnelle. Mes enfants se trouvaient présents lors de cette visite. Le Svami nous délivra tout un discours sur le fait que prendre de la viande n'était nullement blasphématoire du point de vue religieux et, pour soutenir ses propos, nous abreuva des versets de Manu[1]. Qu'il se lance dans cette discussion en présence de ma femme me déplut fortement, mais je ne l'en laissai pas moins discourir, par courtoisie. Je connaissais les versets de la *Manusmriti*, qui est la plus importante et la plus ancienne œuvre de la tradition hindouiste, et n'en avais pas besoin pour me convaincre. De plus, le Svami ignorait que mon choix du végétarisme était indépendant de tout contexte religieux. Quant à Kasturba, rien n'aurait pu l'ébranler. Mes enfants eux-mêmes ne juraient que par la foi de leur père, et les discours du maître n'eurent aucun effet sur eux. Finalement, ce fut Kasturba elle-même qui coupa court à la discussion :

— Quoi que vous puissiez dire, *Svamiji*, intervint-elle, je ne veux pas devoir ma guérison au bouillon

---

1. Dans l'hindouisme, Manu est le géniteur de l'humanité. À l'instar de Noé, il échappa au déluge en construisant un bateau. La fin du déluge arrivée, il façonna une femme avec qui il eut des enfants, sauvant ainsi l'humanité de la disparition.

de bœuf ni à quoi que ce soit qui contienne de la viande. Je vous en prie, cessez de me tourmenter. Libre à vous d'en discuter avec mon mari et mes enfants, si le cœur vous en dit. Pour moi, ma décision est prise.

L'homme se retira, non sans amertume, et nous ne l'avons jamais plus revu

Deux semaines plus tard, Kasturba était guérie.

25

— Est-ce vrai ce qu'on raconte, monsieur Kallenbach ? Vous seriez un fervent défenseur de la cause asiatique ?

— Je le suis, en effet.

— Et cet homme, Gandhi, je me suis laissé dire qu'il était votre ami.

Ce n'était pas la première fois que je dînais chez Eliot Kennedy, mais jamais, avant ce soir, Alex, son épouse, ne m'avait interrogé à ce sujet.

— C'est mon ami.

Et j'ai ajouté, sciemment provocateur :

— Nous vivons ensemble.

— Vous voulez dire *sous le même toit* ?

Elle avait posé la question comme on demande si un arbre pouvait marcher.

— Sous le même toit. Oui, Alex.

Elle loucha vers son mari.

— Je sais, il n'est pas courant, à Johannesburg de voir deux personnes du même sexe vivre ensemble et pourtant, je vous assure que cela n'a rien d'extra-ordinaire. Vous êtes choquée ?

— Non, non ! Pas le moins du monde, Hermann, mais enfin... *c'est un Indien*.

— Qui me tolère pourtant, alors que moi je suis blanc. Ce qui prouve chez lui une grande tolérance, vous ne trouvez pas ?

— Ma chère, intervint Eliot, il est temps que quelqu'un donne un grand coup de balai dans ce bordel puritain. Pour ma part, ce n'est pas le fait que notre ami vive avec un Indien qui m'étonne, mais qu'il soit végétarien. Par-dessus le marché, il ne boit pas. Voilà de quoi faire la une dans un pays où la majorité des habitants n'utilisent de l'eau que pour se laver.

— Moi je trouve ce régime intéressant, répliqua Alex contre toute attente. Il dénote chez celui qui le pratique un vrai sens de la discipline.

Elle plongea ses prunelles bleues dans les miennes.

— N'est-ce pas, Hermann ?

La première fois que je l'avais rencontrée, je lui avais trouvé un visage de madone, un rien ingénue. Et là, je voyais une belle coquette.

— Au risque de vous étonner une fois de plus, je vous répondrai que je ne crois pas beaucoup à la discipline. L'idée même d'être contraint ou de se contraindre à accomplir quelque chose m'a toujours insupporté. À mes yeux, la discipline se réduit à une seule chose : savoir ce que l'on souhaite pour soi et ne jamais l'oublier.

— Facile à dire, protesta Eliot, pas à réaliser. Revenons à ce Mr Gandhi. Où veut-il en venir ? Amener la race indienne à supplanter les Blancs ?

— Certainement pas. Il souhaite seulement que son peuple ne vive plus à genoux. Et à travers son peuple, l'humanité tout entière.

— Un projet bien ambitieux, observa Alex. Croyez-vous que ce gentleman en ait les moyens ? Et même s'il les a, une telle entreprise nécessite du temps. Le monde ne s'est pas fait en vingt-quatre heures, il en faudra bien plus pour le défaire.

— Je vous répondrai en citant la maxime favorite du gentleman : « Le buffle est lent, mais la terre est patiente. » Il n'abandonnera jamais, pas tant qu'il n'aura pas atteint son but.

Je n'avais pas tort.

Un mois plus tard, le 16 janvier 1909, Mohan se laissa appréhender pour la troisième fois. Constatant que Smuts restait intraitable, malgré toutes les pressions, il était reparti pour la frontière et avait défié la police. Hélas, à sa grande déception, on refusa de le condamner et il revint au Kraal, frustré.

— On dirait que je suis porteur d'une maladie contagieuse !

— Ne voyez-vous pas que Smuts fait de son mieux pour ne pas vous transformer en martyr ?

Il fut d'humeur maussade durant toute la semaine, passant ses journées à rédiger des lettres, encore et encore, adressées à la planète entière. Politiciens, secrétaires, journalistes, présidents d'associations, aucun individu susceptible de faire bouger la ligne dans le sens qu'il souhaitait n'était épargné.

Finalement, le 28 janvier, un visiteur l'arracha à sa frénésie épistolaire et l'aida à recouvrir sa bonne humeur.

Je me trouvais dans le jardin du Kraal lorsque le révérend Doke a franchi le petit portail. Il tenait un manuscrit à la main. Après un bref échange, il s'enquit :

— *Gandhibhai* est-il là ? J'ai une surprise pour lui.

Je l'ai interrogé du regard.

— Ne m'étais-je pas engagé à écrire sa biographie ?

Doke brandit le manuscrit.

— La voilà ! Finie !

Je l'ai accompagné à l'intérieur où Mohan l'a accueilli les bras ouverts.

Aussitôt, Doke lui a remis les feuillets. Sur la première page, on pouvait lire :

M. K. GANDHI
Un patriote indien en Afrique du Sud
par Joseph J. Doke

— C'est extraordinaire. Vous y êtes donc arrivé !

Il se mit à rire de bon cœur. Apparemment, que le récit de sa vie s'arrête alors qu'il venait tout juste d'avoir quarante ans ne le choquait pas.

— À présent, dit Doke, nous devons nous mettre en quête d'un préfacier. Je ne parle pas de n'importe quel préfacier. Pour appuyer votre histoire, qui est aussi le reflet de votre combat acharné contre l'injustice, il serait bien d'obtenir le soutien d'un Britannique. Ainsi, son implication démontrera que, non seulement tous les Anglais ne sont pas des monstres, mais que certains d'entre eux reconnaissent votre légitimité.

— Comme vous y allez ! protesta Mohan. Quelle personnalité anglaise prendrait le risque d'afficher son soutien à un ancien bagnard ?

Je lui fis remarquer :

— Lors de votre dernier voyage à Londres, vous avez pu vérifier que de nombreux hommes politiques et pas des moindres s'étaient rangés de votre côté.

Mohan passa sa paume à plusieurs reprises le long de son crâne.

— Il y aurait quelqu'un, en effet. Je n'ai pas eu l'opportunité de le rencontrer. Néanmoins, je sais qu'il se bat comme un lion pour défendre notre cause. Il s'appelle lord Ampthill.

— Vous m'avez parlé de lui dans l'une de vos lettres. Quelqu'un de hautement respectable, disiez-vous.

— Il l'est.

— Merveilleux ! s'enthousiasma Doke. Il ne vous reste plus qu'à lui expédier le manuscrit et le prier de bien vouloir nous faire l'honneur de sa préface.

— Il ne me connaît pas, il ne m'a jamais vu !

— Allons, *Gandhibhai*, soyons sérieux : comment pouvez-vous imaginer un seul instant qu'un défenseur de la cause indienne ignore qui est Mohandas Karamchand Gandhi ? Peu importe qu'il ne vous ait jamais vu en personne ; votre action, elle, est visible et se suffit.

Si finalement il a cédé, je crois que ce fut surtout pour faire plaisir au révérend.

— D'accord. Je lirai votre manuscrit, puis j'écrirai à lord Ampthill. Cependant, je vous préviens : ne soyez pas déçu s'il ne répond pas.

Le 22 février, alors que nous étions allongés dans la pénombre et que les premiers rayons du jour s'insinuaient dans la chambre, il m'a chuchoté tout à coup :

— Hermann, que diriez-vous si, à partir de ce jour, nous adoptions des surnoms ?

Il me dévisagea longuement, puis :

— Je serai votre Chambre haute et vous ma Chambre basse.

— Chambre haute et Chambre basse ?

— Vous n'êtes pas sans savoir que, dans la législature anglaise, existent la Chambre des communes qui est la Chambre basse du Parlement, et la Chambre des Lords, qui est la Chambre haute.

— Bien sûr. Mais je ne vois vraiment pas le rapport avec nous deux !

— Réfléchissez. La Chambre haute a pour mission d'examiner les projets de loi que lui soumet la Chambre basse, et elle a le pouvoir de les modifier si elle estime qu'ils ne lui conviennent pas.

— Ah ! Vous voudriez donc tenir ce rôle... Celui de *ma* Chambre haute.

— Ce serait une bonne chose.

Un éclair traversa ses pupilles.

— Ainsi, par exemple, il me sera possible de vous freiner chaque fois que vous vous lancerez dans des dépenses irraisonnées.

— Vous oubliez un détail. Sauf erreur, la Chambre haute a la charge d'examiner les lois, elle peut chercher à les modifier, en retarder même l'exécution, mais en aucun cas elle ne peut empêcher une loi de passer. Ce qui signifie, mon cher Mohan, Chambre basse ou non, que je conserverai toujours la liberté d'agir comme il me plaît.

— Je vous l'accorde. Mais qui sait ? Peut-être vous aurai-je à l'usure.

— Très bien, chère Chambre haute. Je suis d'accord.

Il resta un moment silencieux, puis, adoptant un air grave, il m'annonça :

— Je repars demain pour la frontière.

Il se leva d'un coup et marcha vers la fenêtre.

— Je ne peux pas continuer à vivre en liberté alors que plus de trois mille Indiens croupissent en prison !

— Vous n'avez pas oublié combien votre second enfermement fut pénible. Le prochain risque d'être plus dur encore.

— Peu m'importe ! Je subirai ce que mes frères subissent.

Le lendemain, il prit la route pour Volksrust.

Le 25 février, il força la frontière. On l'arrêta et il fut condamné à trois mois de travaux forcés.

Confiné, seul, dans une cellule de six mètres de long sur deux mètres de large, son travail consista à récurer le sol asphalté et les portes de fer. La lumière était si pâle, qu'elle rendait toute lecture impossible à moins de se placer directement sous le faisceau. Arpenter la cellule était formellement interdit, sous le prétexte que ses pas auraient pu rayer le sol.

Après dix jours passés à récurer le plancher et la porte, on lui ordonna de coudre des couvertures ; une tâche qui nécessitait de rester accroupi sur le sol, des heures durant, le corps voûté. Ni chaise, ni tabouret, ni lit n'étaient autorisés. Il couchait sur une paillasse.

Un dérivatif, aussi original qu'inattendu, vint tout de même éclaircir un peu son séjour : une dizaine d'ouvrages, expédiés par le général Smuts. Mohan interpréta ce geste comme un signal : le dialogue entre les deux hommes n'était pas rompu.

Il avait le droit de ne recevoir qu'une seule lettre par semaine, de n'en écrire qu'une seule par mois, et uniquement en anglais car les gardiens étaient incapables de déchiffrer le gujarati.

Dans cette situation éprouvante, une nouvelle lui procura un peu de réconfort : celle de l'arrestation de Harilal. Il en éprouva, me dit-il, fierté et soulagement. Ironie du sort, Harilal fut enfermé à Volksrust dans le même bâtiment que Mohan. Père et fils se trouvèrent ainsi, du moins virtuellement, réunis.

Le 24 mai 1909, à 7 heures 30 du matin, il fut libéré. Un horaire peu courant. Habituellement, l'élargissement des détenus avait toujours lieu à partir de 9 heures. En le relâchant plus tôt, le gouvernement espérait sans doute éviter des désordres. Mais, l'information avait dû transpirer car, lorsque je suis arrivé devant la prison, plus d'une centaine d'Indiens étaient déjà rassemblés et – j'en fus assez surpris – Sonja Schlesin se trouvait parmi eux.

— Que fais-tu ici ?

— La même chose que toi. J'attends *Gandhidji*.

C'était la première fois qu'elle ne me répondait pas avec insolence ; je notai même dans sa voix une pointe de tristesse.

— Tout va bien ?

En guise de réponse elle me tendit un exemplaire du *Transvaal Leader*.

— Page 2.

Une demande a été faite par Mr Liechtenstein auprès du juge Bristowe devant la haute Cour de Pretoria, vendredi après-midi, au nom d'une jeune dame du nom de Sonja Schlesin, pour obtenir une ordonnance de la Cour qui reconnaîtrait sa qualité de clerc d'avocat. Mr Justice Searle a rejeté la demande, refusant de s'écarter de l'usage universel qui interdit l'admission des femmes au barreau. Miss Schlesin, qui est russe de naissance, désirait que la Cour prenne en compte le stage qu'elle a effectué auprès de M. K. Gandhi de Johannesburg. Le libellé exact du refus est : « Une femme stagiaire est tout à fait sans précédent en Afrique du Sud et n'a donc jamais été envisagée par la loi[1]. »

J'ai ironisé.

— Il s'appelle Justice ? Ce juge ne fait pas honneur à son prénom. Je suis désolé, Sonja. Sincèrement.

— Nous vivons dans un monde d'attardés !

Elle énuméra sur ses doigts :

— 1849, en Amérique, Elizabeth Blackwell, première femme à obtenir son diplôme de médecine. En 1863, en Angleterre, c'est au tour d'Elizabeth

---

1. Sonja Schlesin fut la première femme d'Afrique du Sud à déposer ce type de candidature.

Garrett Anderson. 1896, Maria Montessori, en Italie, fut unanimement reconnue pour le travail qu'elle a accompli dans le milieu de l'éducation. Par charité chrétienne je ne jetterai pas à la figure de la cour de Pretoria le nom de Mme Marie Curie, prix Nobel de physique ! Mais étant juive, je n'ai que faire de la charité chrétienne !

Elle secoua la tête à plusieurs reprises.

— Je suis écœurée ! Je...

Des exclamations couvrirent la suite de sa phrase. Gandhi venait de franchir la porte de la prison.

On se précipita vers lui, on le salua, on l'entoura. Lui freina les ardeurs par ces mots : « Je ne suis pas soulagé par ma libération. J'en suis même attristé. En ce moment, d'autres personnes sont toujours sous les verrous et, si vous me permettez une allusion personnelle, parmi elles mon propre fils. C'est pour lui, et pour ses compagnons, que je vous adjure de ne pas baisser les bras. »

Il prit le temps d'échanger quelques mots avec Sonja, et la réconforta du mieux qu'il put. Avant de la quitter, il lui dit :

— Si nombreux que soient les méandres de la rivière, tôt ou tard elle finira par se jeter à la mer. Un jour viendra où l'on vous reconnaîtra.

Le soir même, au Kraal, assis dans la cuisine, il laissa tomber, non sans une pointe de lassitude :

— Smuts vient encore de resserrer l'étau. Jusque-là, les Indiens en situation irrégulière étaient déportés vers l'État d'Orange ou le Natal. Comme si cette mesure ne s'avérait pas suffisamment radicale, les autorités ont annoncé que, dorénavant, on les renverrait en Inde. Ces expulsions sont non seulement illégales, mais cruelles. Je vais porter l'affaire devant la Cour suprême.

— Vous donnera-t-elle gain de cause ?

— J'en suis convaincu. Mais de toute façon, la solution n'est plus ici, en Afrique.

— Y en aurait-il une autre ?

— Londres. Dans quelques semaines s'y dérouleront les pourparlers sur l'unification de l'Afrique du Sud. Smuts et Botha seront sur place. Que va-t-il en sortir ? Sinon une extension du *Black Act* à tous les États sud-africains. Même s'il n'existe qu'une chance, une seule, je dois m'efforcer de convaincre le gouvernement britannique de faire pression sur le général et son acolyte.

— Vous avez déjà essayé, Mohan. Ce fut un échec.

Il ne releva pas.

— Le temps travaille pour le gouvernement, et l'on peut craindre que la faim et les privations ne finissent par avoir raison des *satyagrahi*. De plus, nos finances sont au plus bas. Nous devons absolument les renflouer, tant pour venir en aide aux familles de détenus que pour maintenir à flot l'*Indian Opinion*. Henry Polak se chargera de cette mission. Je lui ai demandé de partir pour l'Inde. Il y a là-bas de riches hommes d'affaires qui ne peuvent rester indifférents devant le sort de leurs frères.

Je l'ai regardé en silence. Où puisait-il cette énergie ? Après trois mois de réclusion et de privation, sa puissance de volonté demeurait intacte. Tout à coup, me revint un passage de *Macbeth* que Mohan avait cité un jour au cours d'une réunion : « *Who can be wise, amaz'd temperate and furious, loyal and neutral in a moment ? No man.* » « Qui peut être sage, stupéfait et furieux, tempéré, fidèle et neutre dans le même instant ? Aucun homme. »

Aucun homme, sauf Mohan

Je lui ai demandé :

— Vous ne désespérerez donc jamais ?

— Bien sûr que si. Seulement, lorsque cela m'arrive, je me souviens que, tout au long de l'histoire de l'humanité, le chemin de la vérité a toujours fini par triompher. Le monde a connu des tyrans, des assassins, et pendant un certain temps, on les a crus invincibles. Mais, en fin de compte, ils se sont toujours écroulés. Je ne l'oublie pas. Et vous, Hermann, ne l'oubliez jamais.

26

Londres, S. W., Westminster Palace Hotel,
4, Victoria Street,
13 juillet 1909

Chère Chambre basse,

Je suis catastrophé ! Nous n'aurions pu choisir
moment plus désastreux pour défendre nos intérêts. Il y a neuf jours, un Indien, du nom de
Madan Lal Dhingra a assassiné Sir Curzon Wyllie,
le secrétaire d'État pour l'Inde, alors que le malheureux se trouvait à l'Institut impérial de South
Kensington. Ce meurtre fut particulièrement cho-
quant, car il s'est déroulé en présence de l'épouse
du secrétaire, lady Wyllie. Elle se trouvait debout
au sommet d'un escalier, quand elle a vu son
mari tomber sous les balles. Le meurtrier, qui a
été immédiatement arrêté, s'est présenté comme
étant un patriote indien. Par son geste, il a
déclaré vouloir venger les crimes commis en Inde
par les Britanniques. Folie ! Folie ! Un homme
capable de verser le sang n'est pas un patriote,
mais un assassin. J'ai entendu des Indiens oser
me dire que le meurtre de sir Curzon Wyllie
n'avait rien de plus outrageant qu'un Anglais qui
tuerait les Allemands si ceux-ci envahissaient
l'Angleterre. La comparaison est fallacieuse. Si les
Allemands envahissaient l'Angleterre, les Anglais

ne tueraient *que* les envahisseurs, et non les Allemands innocents.

Sous l'emprise d'assassins, l'Inde ira à sa perte et sera dévastée.

Je suis bouleversé par cette affaire. Aussi ne soyez pas peiné si ma lettre est brève.

Affectueusement,

Chambre haute.

Lorsque j'ai reçu ces mots, je ployais déjà sous le poids des immenses responsabilités que Mohan m'avait confiées avant son départ. J'avais hérité en quelque sorte des « clefs de la maison ». Une semaine auparavant, il m'avait désigné secrétaire par intérim de l'Indian British Association, le quartier général de la dissidence. De là partaient les pétitions et les appels à l'aide que nous lancions régulièrement aux personnalités indiennes et aux Anglais. En prenant cette décision, a-t-il eu conscience qu'il faisait de moi l'unique responsable ou presque du mouvement de résistance ? Je devais veiller à ce que la lutte ne faiblisse pas, à ce que ne survienne aucun acte de violence, tout en me préoccupant de Kasturba, des enfants et du bon fonctionnement de Phoenix. Heureusement, grâce à l'omniprésence de West, la gestion de l'*Indian Opinion* me fut épargnée. Le révérend Doke aussi se révéla d'un grand secours. Toutefois, j'entrevoyais quelque chose d'irréel dans cette situation. Moi, Hermann Kallenbach, un Blanc, un Allemand, je me retrouvais gardien du *satyagraha*, et au moment le plus critique de son histoire.

Le 17 juillet, une bonne nouvelle m'apporta un peu de baume au cœur. La Cour suprême avait donné raison à Mohan et jugé les déportations illégales. Malheureusement, notre joie fut de courte durée. À peine l'information connue, les créanciers blancs se sont concertés pour exiger le remboursement immédiat de toutes les dettes des commerçants qui soutenaient le *satyagraha*. C'est ainsi que le pauvre Kachalia, le « héros », fut déclaré insolvable du jour au lendemain. Ce cauchemar finirait-il un jour ? Je commençais à en douter.

Londres, Westminster Palace Hotel,
25 juillet 1909

Chère Chambre basse,

Demain, nous avons rendez-vous avec lord Ampthill. Vous n'avez pas oublié. C'est à lui que nous avons réclamé la préface de la biographie du révérend Doke. Je vous tiendrai au courant de sa décision. J'ai bon espoir qu'il jouera un rôle déterminant auprès de Smuts et qu'il parviendra à lui faire entendre raison, d'autant que je suis prêt à faire quelques concessions, comme de restreindre le nombre annuel d'immigrants et d'accepter un examen rigoureux de leurs connaissances.

Cette semaine, j'ai l'intention d'aller à la rencontre des Indiens qui ont soutenu l'acte criminel de Lal Dhingra, car il y en a beaucoup à Londres, figurez-vous. Je compte leur parler ouvertement. Il faut qu'ils comprennent ceci : même si les Anglais devaient se retirer de notre pays à la suite d'actions terroristes, qui gouvernerait à leur place ? L'Anglais est-il du côté du mal pour la seule raison qu'il est anglais ? Doit-on croire que tous les Indiens sont du côté du bien ? Si c'est le cas, alors aucune protestation ne devrait s'élever contre l'oppression que font subir au peuple nos princes.

Dès que vous le pourrez, donnez-moi des nouvelles de Harilal. Est-il toujours en prison ?

Affectueusement,

Chambre haute.

Oui, Harilal se trouvait toujours à Volksrust et ne serait pas libéré avant les premiers jours de septembre. Je m'inquiétais pour lui. Tout à son désir farouche de se rapprocher de son père, je craignais qu'il ne persiste dans son action et, qu'une fois sorti de prison, il s'ingénie à y retourner. Au fond, de quel autre atout disposait-il pour attirer sur lui le regard bienveillant de Mohan, sinon de s'offrir en sacrifice ? C'est un sujet dont nous devrions débattre après la parenthèse londonienne.

Londres, Westminster Palace Hotel,
30 juillet 1909

Chère Chambre basse,

Contre toute attente, lord Ampthill a lu la biographie du révérend Doke et m'a annoncé qu'il comptait bien la préfacer. Il nous fait là un grand honneur[1].

Je consacre tout mon temps à la préparation de la conférence qui doit réunir les membres les plus influents du gouvernement. Le général Smuts, qui est actuellement à Londres, a refusé d'y participer. En revanche, il a bien voulu que lord Ampthill serve d'intermédiaire. Il a exigé que nous gardions le silence absolu sur les négociations en cours et nous a vivement conseillé d'éviter toute déclaration intempestive à la presse ou ailleurs. Il estime que c'est en ménageant les susceptibilités des Boers que nous aurons une chance d'aboutir à un accord. Je n'ai pu qu'abonder dans son sens dans l'espoir que Smuts accepterait l'offre que je lui ai faite : l'abolition du « code de couleur », et des discriminations qu'il entraîne,

---

1. Effectivement, lord Ampthill rédigea une préface qu'il fit parvenir à Joseph Doke en septembre 1909 et la biographie fut publiée un mois plus tard.

en échange de l'arrêt du flot migratoire pendant une durée de six ans et l'approbation des tests de connaissances imposés aux Indiens désireux de venir s'installer en Afrique du Sud. Je trouve que je fais là une belle concession.

Affectueusement,

Chambre haute.

La crainte que toute cette dépense d'énergie ne débouche sur un échec me hantait. J'étais d'autant plus angoissé que je voyais jour après jour fondre nos finances sans qu'aucune solution ne se profile à l'horizon. Bien sûr, les riches Indiens d'Afrique du Sud nous avaient apporté leur aide, mais l'on ne pouvait décemment continuer d'abuser de leur générosité. De mon côté, je n'avais eu de cesse de soutenir Mohan et les siens avec mes propres deniers et de financer les besoins les plus pressants de Phoenix. Mais pour combien de temps encore ? Un mois ? Dix ans ? Entre-temps, des commerces continueraient de glisser vers la faillite et de nombreuses familles se retrouveraient sans ressources. De plus, je sentais une torpeur envahir la communauté, surtout la fraction aisée. Beaucoup en avaient assez de se battre, et l'aspect spectaculaire de la lutte s'estompait. Et si se profilait la fin du rêve ?

Londres, Westminster Palace Hotel,
30 août 1909

Chère Chambre basse,

Je continue de recevoir vos tendres mots. Vous exigez que je détruise vos lettres. C'est bien triste. Mais je me plie à votre souhait. Que vous évoquiez Mrs Gandhi comme s'il s'agissait de votre mère prouve la grande considération dans laquelle vous me tenez. Je dois vous dire que vous avez atteint un stade amoureux qui fait abstraction de mes propres limites. Pourrai-je jamais être à la hauteur d'un tel sentiment ? Est-ce que je mérite cette affection ? Suis-je capable de m'en montrer digne ? Je ne tenterai pas de freiner cet amour. Je ne le peux pas. Et il pourrait vous être bénéfique. En ce qui me concerne, il risquerait de m'entraîner vers le bas, s'il n'existait en moi une once d'égoïsme. Que vous puissiez vous sentir à l'aise dans ma maison (en ai-je une ?) en mon absence, et malgré les maladresses de Mrs Gandhi et celles des enfants, montre la hauteur que vous avez atteinte. Vous me faites penser à ces amitiés de légende qui n'existent que dans les contes de fées et les romans. Je vous promets ceci : je prierai toujours pour que vous me conserviez la place que j'ai trouvée dans votre cœur, et pour que jamais je ne me retrouve dans une situation qui me forcerait à renoncer à cet amour qui est presque surhumain.

Affectueusement,

Chambre haute.

J'ai relu plusieurs fois la phrase : « En ce qui me concerne, il (cet amour) risquerait de m'entraîner vers le bas, s'il n'existait en moi une once d'égoïsme. » Je ne pouvais qu'y déceler la peur d'être trop aimé ou de n'être plus capable de maîtriser son propre amour.

Londres, Westminster Palace Hotel,
24 septembre 1909

Chère Chambre basse,

Votre photo (la seule que je possède) repose sur le manteau de la cheminée de ma chambre. La cheminée est face à mon lit. Les cure-dents, les peignes, le coton et la vaseline[1], tous ces objets que nous chérissons, me ramènent constamment à votre souvenir. J'aurais voulu vous chasser de mes pensées. Je n'y arrive point. C'est vous dire combien vous avez pris possession de mon être. C'est un esclavage vengeur. Mais la récompense, que sera-t-elle ? Le contrat non écrit qui nous lie voudrait que l'on dénoue les liens de la chair pour ne conserver que ceux de l'esprit. Vous ne pouvez pas vous limiter à répondre « non ». Je ne considérerais pas ce mot comme une réponse.

Affectueusement,

Chambre haute.

Je ne me suis pas limité à répondre « non ». L'union de deux corps a quelque chose de lourd et de sinistre qui nous rapproche de la mort, car la convulsion de la chair dans cet instant ressemble à la convulsion de la vie dans la mort. Je préférais de loin l'osmose spirituelle qui nous reliait Mohan et moi et qui nous sublimait, nous élevait vers des sommets que peu de gens sont capables d'entrevoir. L'amour physique relève du leurre. Un éclair stérile et éphémère qui ne peut aller qu'en s'altérant, jusqu'au jour où il n'éclaire plus que deux ombres mornes et sans désir. Les rares fois où j'ai fait l'amour avec des femmes, j'ai éprouvé une sensation de pouvoir, la griserie du créateur et de l'artiste. Mais sitôt l'ivresse retombée, venait la solitude, une incommensurable solitude. Le néant.

---

1. Gandhi souffrait de constipation chronique et Hermann devait lui prodiguer régulièrement des clystères ; ce qui explique l'évocation de la vaseline.

Chère Chambre basse,

Il est minuit. Je ne dors pas tant je suis ému par
la lecture d'un pur chef-d'œuvre. C'est un texte
magnifique, non d'un point de vue strictement lit-
téraire, mais par la force du message qu'il contient.
Savez-vous qui en est l'auteur ? Notre cher comte
Tolstoï. Figurez-vous qu'il y a environ un an, le
facteur a apporté à notre ami la lettre d'un hindou
qui vivait alors en Amérique, Tarakuatta Das. C'est
un intellectuel, qui édite là-bas une revue révolutionnaire intitulée *The free Hindustan*. Il s'adressait
à Tolstoï pour obtenir de lui un mot de sympathie.
Tarakuatta estimait (comme de nombreux autres)
que seul un soulèvement violent pouvait libérer
l'Inde du joug britannique. Alors, Tolstoï lui a
répondu magistralement quant au rôle immoral et
inefficace de la violence. C'est cette réponse poly-
copiée que j'ai depuis ce matin entre les mains.
Elle a pour titre : *Lettre à un Hindou*. Vingt pages.
Vingt pages qui m'ont tiré des larmes de bonheur.
Je vous les posterai après les avoir polycopiées à
mon tour. J'ai hâte que vous les receviez.
En tout cas, sous le coup de l'émotion, j'ai fait
ce que nous avions pensé faire lorsque nous
étions à Mountain View : j'ai écrit à Tolstoï. Me
répondra-t-il ? Je ne sais et cela m'importe peu.
Je lui ai écrit et c'est l'essentiel.

Affectueusement,

Chambre haute.

Le comte Tolstoï lui a répondu. Il l'a même fait
par retour du courrier. Je n'étais pas présent auprès
de Mohan, puisqu'il se trouvait encore à Londres,
mais j'ai conservé une copie de la lettre.

Comte Lev Tolstoï[1]
Iasnaïa Poliana

Russie,
Le 7 octobre 1909

J'ai lu avec beaucoup de plaisir votre lettre si intéressante que je viens de recevoir. Que Dieu vienne en aide à nos frères, à vos chers collaborateurs du Transvaal. Nous menons, ici, la même lutte que vous, là-bas : celle de la douceur contre la grossièreté, de la mansuétude et de l'amour contre l'orgueil et la violence. Nous voyons, chez nous, ce combat grandir chaque jour et se manifester sous sa forme la plus aiguë, dans les conflits entre la loi religieuse et la loi civile, dans les refus du service militaire qui ne cessent de se multiplier. J'ai écrit cette *Lettre à un Hindou* et sa traduction me satisfait pleinement. On vous communiquera de Moscou le titre du livre sur Krishna. J'aurais pu ajouter quelques lignes sur la « réincarnation ». Je pense, en effet, que la foi dans la réincarnation ne peut être aussi ferme que la foi dans l'immortalité de l'âme et dans l'amour divin. Cependant, agissez selon votre désir pour ce qui concerne ce passage. Je serais très heureux de pouvoir collaborer à l'édition que vous projetez. La traduction et la diffusion de ma lettre ne peuvent que m'être agréables. Il ne peut être question de rémunération pécuniaire lorsqu'il s'agit d'un travail religieux. Je serais heureux de garder contact avec vous.

Avec mes salutations fraternelles,

Lev Tolstoï.

---

1. La lettre de Gandhi est arrivée à Lasnaïa Poliana une semaine après avoir été postée de Londres. Tolstoï note dans son Journal : « Reçu une lettre agréable d'un hindou du Transvaal. » Il a répondu par retour du courrier.

Union-Castle Line,
25 novembre 1909

Ma chère Chambre basse,

Je vous écris du navire qui me ramène en Afrique du Sud. Vos lettres sont, comme toujours, une admirable étude de la nature humaine. La dernière l'est plus encore. Je les appelle « une admirable étude de la nature humaine », car vous y mettez votre cœur à nu pour moi, et je peux vous assurer que c'est un privilège qui me touche infiniment.

Si je devais vous décrire ici tout ce que j'ai vu et vécu au cours de ces dernières semaines, il me faudrait remplir des pages sans pour autant être sûr de vous transmettre le sens profond de cette expérience.

Je comprends très bien les difficultés morales que vous éprouvez depuis mon départ. Acceptez qu'elles soient saines et qu'elles nourrissent votre esprit, et vous trouverez alors bientôt un moyen de les résoudre. À la lumière du passé, et lorsque je porte mon regard vers le futur, j'aimerais n'être qu'à vos côtés pour affronter les problèmes de la vie. Mais soyons patients. En attendant, de nobles choses doivent occuper votre esprit, parmi lesquelles, et non des moindres, la lutte que nous livrons au Transvaal.

Vous vous demandez quand vous et moi serons enfin libérés de ce combat ? Je sais combien jusqu'à ce jour vous vous êtes sacrifié. Vous avez plus que donné de vous-même, mais c'est malheureusement le prix à payer lorsque l'on décide de marcher à mes côtés. Au-delà des sentiments que j'éprouve pour vous, je ne vois pas où est l'urgence. Quel que soit le tour que prendra le *satyagraha*, nous devons nous guérir de l'impatience. J'œuvre de mon mieux pour que la lutte se termine le plus rapidement possible, mais je me comporte aussi comme si elle devait durer toute une vie. Et il devrait en être de même pour vous, dans la joie et la sérénité.

Je vous accorde qu'en partant pour Londres, je vous ai imposé de très lourdes charges. Mais il faut accepter la vérité en face : il en sera ainsi tant que nous n'aurons pas obtenu gain de cause. Imaginer un instant que vous pourriez tout quitter serait vous faire injure et mettre en doute votre capacité à supporter l'effort. Non, chère Chambre basse, je peux seulement vous conseiller de rester calme, et de vider votre esprit de tout ce qui ne serait pas notre combat.

[...]

En me relisant, je m'aperçois que c'est une lettre très insatisfaisante. Au lieu de vous apaiser, de vous soulager du fardeau que je fais peser sur vos épaules, ma lettre vous invite à supporter plus encore. Je veux seulement espérer que je serais capable de vous apporter un peu de sérénité, bien que notre combat soit loin d'être terminé.

Quand je pense à vous et à ce qui attend aussi Mr Doke, je suis pris de vertige. Puis je me ressaisis et je me dis : pourquoi s'inquiéter ? Vous et lui ne pourriez être capables que du meilleur. Pardonnez-moi pour cette lettre, et faites-le avec amour,

Chambre haute.

P.-S. : Je travaille sans relâche sur ce bateau. J'ai écrit en dix jours un essai d'environ soixante-dix pages que j'ai intitulé *Hind Swaraj*. J'y décris les problèmes auxquels l'humanité des temps modernes est confrontée. J'en explique les causes et je propose des remèdes. Je vous en dirai plus lorsque nous nous verrons. J'ai aussi traduit en gujarati la *Lettre à un Hindou* de Tolstoï. Il est 8 heures du soir et je suis loin d'avoir fini mon travail.

Il rentrait. Et le bilan de son séjour était catastrophique. Les Anglais (sans doute désireux de conserver la mainmise sur les immenses richesses minières africaines) répugnaient à intervenir en faveur des Indiens et le gouvernement sud-africain restait ferme sur ses positions. Même la concession offerte par leur adversaire concernant le flot migratoire avait été rejetée d'un seul bloc. Jamais les mots de Mohan ne me parurent aussi justes : « Quel que soit le tour que prendra la lutte, nous devons nous guérir de l'impatience. J'œuvre de mon mieux pour qu'elle se termine le plus rapidement possible, mais je me comporte aussi comme si elle devait durer une vie. »

À présent, ce n'était plus une éventualité, mais une certitude : elle durerait une vie.

27

— Vous voulez la vérité, Hermann ? Je suis épuisé d'ennui et de fatigue.

— Nous le sommes tous les deux, je crois.

J'ai proposé spontanément :

— Que diriez-vous si nous partions quelques jours à Mountain View ? Les travaux de la maison sont pratiquement terminés, mais nous dormirons sous la tente comme la dernière fois.

— C'est une excellente idée. Je dois prendre du recul, réfléchir. Dans cette perspective, Mountain View sera parfait. Mais avant notre départ, je dois écrire à Harilal. Voilà des mois que nous n'avons pas échangé le moindre mot.

— Et pour cause, il n'a cessé de faire des va-et-vient entre Phoenix et la prison. Sa dernière arrestation remonte à quinze jours. Il ne recouvrera pas la liberté avant six mois.

— Je sais, Hermann. Et lorsque j'ai reçu votre télégramme, je n'ai pas pu retenir un cri de joie.

— De joie ?

— Évidemment ! Alors qu'il ne se passe pas un jour sans qu'un Indien ne se fasse arrêter, je trouvais indécent que mon fils et moi restions en liberté. Mrs Polak m'a d'ailleurs envoyé un câble pour me féliciter.

— Vous imaginez bien que je ne partage ni votre enthousiasme ni celui de Mrs Polak. Harilal va continuer à souffrir.

— Oui, et j'en suis comblé. Sa souffrance ne pourra que lui faire du bien, et à travers elle, c'est toute la communauté qui en bénéficiera.

J'eus du mal à ne pas exploser.

— Mohan, je vous ai souvent, la plupart du temps même, donné raison. Mais là, je considère votre attitude à l'égard de votre fils malsaine. Je la trouve même dangereuse. À ce jour, ce pauvre garçon aura passé plus d'un an de sa vie derrière des barreaux. Quelle sorte d'homme voudriez-vous qu'il devienne ? Il a tout juste vingt et un ans et ressemble déjà à un vieillard !

Il m'observa, plusieurs expressions se succédant sur son visage, puis il mit un terme à la discussion avec l'un de ses aphorismes dont il avait le secret.

— Un désaccord honnête est souvent un excellent signe de progrès. À présent, pardonnez-moi de vous quitter. Je vais écrire à Harilal.

*

Nous avons passé une quinzaine de jours à Mountain View, ponctuée d'allers et retours à Johannesburg. Quinze jours durant lesquels, comme lors de notre dernier séjour, il n'a cessé de pleuvoir. Le dernier matin seulement, le ciel s'est éclairci et un bleu magnifique a remplacé la grisaille.

Nous étions assis devant les braises qui se consumaient. Mohan tenait une note que Sonja Schlesin avait élaborée à son intention.

— Finalement, tel Moïse, nous avons été sauvés des eaux. L'argent que Polak a récolté en Inde va nous permettre de tenir encore un certain temps. Les hommes d'affaires indiens se sont montrés plus que généreux.

— C'est vrai. Et tout particulièrement ce philanthrope multimillionnaire. Vingt-cinq mille roupies ! Une jolie somme.

— Jamshed Tata. Pourtant de tous les dons ce n'est pas celui qui m'a le plus réjoui. Ce monsieur doit sa fortune aux milliers d'ouvriers indiens sous-payés qui travaillent comme esclaves dans ses aciéries. Il représente l'opposé de tous les principes que je défends. Mais refuser un tel montant eût été suicidaire. Cela étant, vous savez comme moi, Hermann, que cette situation ne peut s'éterniser. Beaucoup de commerçants à bout de patience ont renoncé à la lutte. Il reste encore, Dieu merci, un noyau dur de *satyagrahi* qui continuent à braver l'emprisonnement. En échange, nous versons à leurs familles des allocations en fonction de leur besoin. Mais ce système est ruineux. Nous devons absolument y mettre fin.

— J'y ai pensé, figurez-vous. Mais je ne vois pas d'issue, sinon placer dans une situation dramatique des centaines de foyers.

— Non. Il existe une solution. Réunir en autarcie les familles concernées, en tout cas le plus grand nombre d'entre elles, dans un lieu où chacun travaillerait pour soutenir l'autre. Il...

— Mohan, je vous rappelle que ce lieu existe. Il s'appelle Phoenix !

— Phoenix est à dix heures de train de Johannesburg. Personne ne viendra habiter si loin. Et les billets coûtent cher. L'idéal serait un endroit qui ne soit ni trop éloigné ni trop proche de la ville.

— La perle rare.

— En cherchant bien, je suis sûr que nous le trouverons. Pourriez-vous vous en occuper ?

— J'en parlerai à Kennedy. Il est généralement assez bien informé. Il saura s'il existe un terrain à vendre aux alentours de Johannesburg.

Mohan me prit spontanément la main.

— Il y a quelque chose que je voulais vous dire depuis mon retour. Promettez-moi, Hermann, promettez-moi de ne plus jamais m'écrire de lettre aussi pessimiste que celle que vous m'avez envoyée à Londres. Le monde est beau. La vie, un miracle. Notre amitié, un trésor. Pensez un peu à nous. Qu'un Bania[1] du Kathiawar et un juif allemand se soient rencontrés en Afrique du Sud et qu'ils aient chacun comblé l'attente de l'autre est un sujet d'émerveillement. Ne recouvrez pas ces bienfaits d'un linceul.

*

Cinq mois plus tard, le 30 mai 1910, alors que je cherchais toujours ma perle rare, la nouvelle éclata : le parlement britannique venait d'adopter la formation d'un dominion, baptisé « Union sud-africaine ». Dorénavant, les colonies du Transvaal, du Cap, d'Orange et du Natal seraient réunies en un seul et même bloc, avec Pretoria comme capitale administrative. La langue officielle serait l'anglais et le néerlandais à parts égales. La question asiatique fut peu abordée. Seuls deux articles mentionnaient explicitement les non-blancs. Le *Black Act* se voyait maintenu et le droit de vote accordé uniquement aux Blancs. Louis Botha était sacré Premier ministre, et Smuts ministre de l'Intérieur.

Jamais l'avenir du *satyagraha* ne parut plus sombre, et la création de cette ferme si pressante.

---

1. Les Banias, auxquels Gandhi appartenait, faisaient partie des nombreuses castes indiennes constituées en général de prêteurs ou de commerçants, regroupée principalement dans le nord et l'ouest de l'Inde.

Je présume que, dans des moments comme celui-ci, il doit exister un Dieu pour les opprimés. Le 25 juin 1910, j'ai découvert Roodeport Farm. Plus de mille hectares boisés, à une vingtaine de miles au sud de Johannesburg et à un peu moins de deux miles de la gare de Lawley. Un endroit absolument parfait. Une grande bâtisse, entourée de centaines d'arbres fruitiers, occupait le centre du terrain. Il y avait même deux puits et une magnifique source.

Lorsque j'ai fait part de ma découverte à Mohan, il fut à la fois ravi et contrarié.

— C'est merveilleux, Hermann, mais vous n'êtes pas sans savoir que les Indiens n'ont pas le droit d'acheter des propriétés en dehors de certains périmètres. Or, votre jardin d'Éden est situé dans une zone interdite.

— Interdite pour un Indien. Pas pour un Allemand. Hermann Kallenbach est l'acquéreur officiel de Roodeport Farm. Le propriétaire m'a donné son accord. Je verserai un tiers de la somme à la signature et le reste en mensualités. Il vous incombera – comme avocat –, d'établir les actes. Vous voudrez bien ?

— Hermann, là vous dépassez les limites !

— Pourquoi ?

— Vous avez déjà tant donné.

— S'il me souvient bien vous m'avez dit un jour : « Et si vous ne cherchiez plus à gagner *davantage* d'argent, mais à *faire plus et mieux* avec celui que vous possédez ? » Je ne fais que suivre votre conseil. En affaires, car il s'agit là d'affaires, j'aime que tout soit clair. Voici ce à quoi je m'engage.

Je lui ai remis un texte rédigé la veille.

Cher monsieur Gandhi,

En accord avec notre conversation, je me propose d'accueillir dans ma ferme, située près de Lawley, les résistants passifs et leurs familles. Ils y vivront librement, ne payeront ni charges ni loyer, aussi longtemps que durera la lutte qui les oppose au gouvernement du Transvaal. Ils pourront utiliser comme bon leur semble la maison que je n'occupe pas actuellement. Tout nouvel apport structurel restera votre propriété, et vous aurez tout loisir d'en faire usage comme vous le voudrez le jour de votre départ. Je dédommagerai aussi les colons des plantations qu'ils auront semées.

Hermann Kallenbach.

— Quels mots pour louer tant de générosité ?
J'ai souri.
— Tolstoï.
— Tolstoï ?
— Si vous êtes d'accord, c'est le nom que nous donnerons à notre ferme. La ferme Tolstoï.
— La ferme Tolstoï ?
— Oui. J'écrirai moi-même au comte pour lui annoncer la nouvelle. Autre chose... J'ai décidé de ne plus vivre à Johannesburg. Je m'installerai dans la ferme. Avec vous. Avec vous tous.
J'ai ajouté en feignant la tristesse :
— Et je vendrai ma voiture.

*

L'aventure Tolstoï commença le 30 juin 1910.
Je m'y suis consacré, corps et âme, « avec maîtrise et précision » pour reprendre les termes de Mohan. N'étais-je pas dans mon élément ? Construire, dresser des plans. Entre le mois de juillet et le mois de novembre 1910, aidé par les *satyagrahi* et leurs familles, nous avons construit les deux principaux édifices. Harilal, enfin libéré, s'était spontanément

joint à nous. Gulab, son épouse, était à nouveau enceinte ; ce qui n'avait pas apaisé les rapports entre le père et le fils.

À la différence de Phoenix, Gandhi jugea préférable que les familles ne vivent pas dans des maisons particulières, mais en totale immersion ; les hommes coucheraient dans un bâtiment et les femmes dans un autre.

Tout manquait et nous devions tout fabriquer nous-mêmes. Des petites choses aux grandes, qu'il se fût agi de bancs, de tables ou d'étagères de rangement. Harilal et Manilal allaient souvent nous chercher d'une colline lointaine les pierres dont nous avions besoin pour les fondations des édifices. Début novembre, la colonie compta près d'une centaine de personnes. Musulmans et chrétiens avaient donné leur accord pour s'en tenir à une cuisine strictement végétarienne. Tous les hommes portaient la même tenue : des pantalons et des chemises, cousus par les femmes, calqués, comme une sorte de pied de nez, sur l'uniforme des prisonniers.

Le petit déjeuner (du pain de la ferme et des fruits) était servi à 6 heures. À 11 heures, nous déjeunions de riz et de légumes. Le repas du soir se composait de bouillie de blé, de lait et de pain. Nous mangions dans des écuelles, et avec des cuillères en bois, que nous fabriquions aussi nous-mêmes. Après le dîner venait le moment des prières multiconfessionnelles où l'on chantait aussi bien des hymnes en tamoul, qu'en gujarati ou en hindi.

« Celui qui ne recouvre pas ses immondices mérite un châtiment sévère, même s'il vit dans les bois ! » recommandait Mohan. Ce principe était rigoureusement appliqué par la communauté. Parallèlement, nous utilisions les eaux usées pour arroser les arbres, tandis que les épluchures de légumes étaient rassemblées en tas. Une fois transformés en humus, nous en nourrissions la terre. Évidemment, les voyages en train pour Johannesburg s'effectuaient toujours en troisième classe. Certains, dont Gandhi et moi, faisaient le parcours à pied, soit dix-huit miles à l'aller, et autant au retour et c'était à qui arriverait le premier en ville. Pour éviter d'acheter des chaussures, j'ai transmis aux hommes la technique de fabrication de sandales apprises lors de mon séjour à Mariannhill.

Le maillon faible de l'organisation était l'éducation des jeunes. La nécessité d'assurer l'instruction en trois langues (le gujarati, le tamoul et le télougou) et d'enseigner quatre religions (l'hindouisme, l'islam, le zoroastrisme et le christianisme) constituait un problème difficile à régler. Cette forme d'enseignement a permis aux enfants d'apprendre la tolérance, à respecter les religions et les coutumes de leurs camarades et à vivre ensemble comme des frères de sang.

*

Les tout premiers feux de l'aube rougissaient l'horizon et les dernières étoiles s'étaient retirées. Comme la plupart des occupants de la ferme, j'avais dormi à la belle étoile. Dans la fraîcheur et la pénombre qui régnaient encore, difficile d'imaginer que, dans moins de deux heures, le soleil et sa lumière seraient intolérables.

J'ai cherché Mohan et, ne le trouvant pas, j'ai conclu qu'il devait déjà être en train de préparer le petit déjeuner. Je l'ai cherché dans le local qui nous servait de cuisine, sans succès. Je suis parti vers l'un des puits. Vers la source.

Je l'ai trouvé là où je ne l'imaginais pas.

Il dormait.

Il dormait allongé dans l'une des vérandas, entouré d'un essaim de jeunes filles et de jeunes gens. Comme ils étaient nombreux et l'espace limité, quelques centimètres à peine séparaient les corps les uns des autres.

J'étais atterré.

Je l'ai réveillé.

— Venez. Nous devons parler !

Il m'a suivi, étonné de mon empressement et du ton de ma voix.

Une fois à l'écart, je lui ai demandé :

— À quoi jouez-vous ? Avez-vous perdu toute raison ?

— Je ne vois pas de quoi vous parlez.

— Ces gamins ! Ces filles, ces garçons ! Qu'est-ce qui vous a pris de les faire coucher dans un même endroit ?

Il m'a répondu le plus innocemment du monde :

— Les parents m'ont donné leur permission. Ainsi, je leur apprends à se maîtriser et, s'ils se maîtrisent, je n'aurai plus à les surveiller.

Car il les épiait, les suivait comme une mère suit sa progéniture. Sa peur que l'un d'entre eux se rende coupable d'un égarement sexuel tournait à l'obsession.

Je me suis écrié :

— Êtes-vous conscient de ce que vous exigez de ces jeunes ? Croyez-vous qu'il soit sain de les encourager à se baigner nus tous ensemble à la source et...

— Toujours sous ma surveillance ! Et le fait même qu'ils se baignent ensemble n'est-il pas un gage de sécurité ?

— Vous ne vous demandez pas à quoi pensent ces gamins, quelles émotions traversent leur corps au contact ou à la vue de corps dénudés ? C'est inhumain ! Comme est inhumaine l'épreuve que vous leur avez fait subir. Obliger des filles et des garçons à passer toute une nuit ensemble, séparés par un fil ? Qu'espériez-vous ? Qu'ils en sortent sanctifiés ?

— J'avais la conviction que Dieu sauvegarderait l'honneur de ces garçons et de ces filles. D'ailleurs, j'ai eu raison. Aucun d'entre eux n'a failli.

— Prenez garde, Mohan. À trop jouer avec le feu, quelqu'un finira par se brûler et, tôt ou tard, ce que vous redoutez le plus se produira.

Et j'avais raison.

Une semaine après cette conversation, je le vis arriver dans l'école où j'étais en train d'installer un tableau noir, au bord des larmes. Il avait même dû pleurer.

— C'est horrible, Hermann. Je suis brisé. Je suis à l'agonie.

— Qu'est-il arrivé ?

Il hoqueta.

— Un garçon... et deux jeunes filles.

Il articula avec peine :

— Le garçon s'est permis des... (Il chercha ses mots) libertés de langage, il a fait des avances aux filles. Je crains même qu'il ait pratiqué sur elles des attouchements...

— Ce sont peut-être de simples ragots.

— Non, je me suis renseigné. J'ai interrogé les coupables. Ils ont reconnu les faits.

Il se laissa choir sur un banc, la tête entre les mains. L'avènement de la fin du monde ne l'aurait pas autant secoué. J'ai failli lui rappeler ma mise en garde, mais c'eût été faire preuve de cruauté.

— Je vous le dis d'emblée : sévissez, si tel est votre bon vouloir, mais avec pondération.

— Je les ai déjà sermonnés, mais ce n'est pas suffisant. Je vais réfléchir.

Le lendemain, il convoqua les deux jeunes filles dans la salle de classe en ma présence.

Madhur, la première, avait entre quinze et dix-sept ans. Sa compagne, Rani, paraissait à peine plus âgée.

— Pour ne plus qu'une pareille tragédie se reproduise, commença-t-il, pour éviter qu'un jeune homme ne jette un regard trouble sur vous, je propose que dorénavant vous portiez un signe distinctif. Il sera comme un avertissement à qui voudrait s'en prendre à votre pureté.

Les deux jeunes filles restaient silencieuses, les yeux rivés sur le sol.

— J'ai passé la nuit à réfléchir et j'ai trouvé la solution la moins contraignante.

Il s'approcha de Madhur, caressa sa chevelure et fit de même avec Rani.

— Je vais vous couper les cheveux.

— Non !

Les deux jeunes filles s'étaient récriées en même temps.

— Non, pas nos cheveux, *bapou* ! Je vous en prie.

— Croyez-moi, c'est le meilleur moyen pour que plus personne ne vous importune.

Elles éclatèrent en sanglots, mais il demeura inflexible.

Je lui fis tout de même remarquer en aparté qu'il était injuste de punir seulement les filles. À quoi il m'a rétorqué, sans pour autant me convaincre : « La punition des filles servira d'avertissement aux garçons. »

Deux mois plus tard, vers la fin d'août, survint un nouvel incident, mais à Phoenix cette fois. Mohan étant à Johannesburg, c'est moi qu'Albert West informa. Il ne s'agissait plus de simples avances, ni d'attouchements. Deux garçons et une fille étaient allés au bout de l'acte tant redouté par Mohan. J'ai pensé un moment taire l'affaire, mais c'eût été aggraver les choses et Mohan aurait interprété mon silence comme une trahison. Le jour même, j'ai pris le train pour Johannesburg et je me suis rendu directement à son bureau.

— Hermann ? Que faites-vous ici ?

— Je suis porteur de nouvelles qui ne vont pas vous plaire.

Et je lui ai tout raconté.

À mesure que je parlais, je pouvais voir ses traits se décomposer, et ses lèvres se serrer jusqu'à former un rictus. Il laissa tomber d'une voix lasse.

— Je vais me rendre immédiatement à Phoenix.

— Je vous accompagne.

— Non, Hermann. Inutile. Vous avez déjà fait tout ce qu'il fallait.

— Je vous accompagne, Mohan. N'insistez pas.

Il dut prendre appui sur la surface du bureau pour se lever. On eût dit un vieillard.

Tout le long du parcours, il se fustigea. À l'instar du maître vis-à-vis de son élève, il se sentait responsable, au moins dans une certaine mesure, de la défaillance de ces jeunes gens.

— Tout comme vous, avoua-t-il, Kasturba m'avait mis en garde. Malheureusement, ma nature trop confiante m'a poussé à ne pas tenir compte de vos cris d'alarme. Étant responsable, je dois me punir.

— Vous punir ?

— Oui. Le seul moyen de faire toucher du doigt aux coupables ma détresse et la gravité de leur faute est de m'imposer à moi-même pénitence. Je jeûnerai pendant une semaine. Ensuite, durant quatre mois, je ne prendrai qu'un repas par jour.

— Allons. Ce n'est pas raisonnable !

— Je vous en prie. N'essayez pas de me convaincre. Je suis déterminé.

Dans l'instant, je me suis demandé si cette souffrance qu'il s'infligeait ne blessait pas les jeunes d'une manière bien plus vindicative et profonde que la colère d'un père furieux.

Je me suis entendu répliquer :

— Dans ce cas, je jeûnerai avec vous.

— Hermann ! Rien ne vous y oblige.

— Faux. Ne vous ai-je pas dit un jour que, si le monde entier vous abandonnait, je ne vous quitterais pas ? J'ai l'impression qu'en ce moment, c'est le cas. Le *satyagraha* piétine. Ce cher Jan Christiaan Smuts se montre plus rigide que jamais. C'est la nuit autour de vous. Je ne vous laisserai pas seul.

Il exhala un soupir et joignit les mains.

— Oh, Hermann, Hermann, vous me torturez. Votre amour est trop grand, trop immense. Il est aussi sublime que dévorant. J'avais bien raison lorsque je vous ai écrit cette lettre de Londres. Comment puis-je être à la hauteur d'un tel sentiment ? Suis-je capable de m'en montrer digne ?

— Rassurez-vous, vous en êtes digne, tellement digne que ce que j'éprouve est bien misérable en comparaison avec ce que j'aimerais vous donner.

Son regard se porta vers le paysage qui défilait, et il resta silencieux jusqu'à notre arrivée. Une fois à Phoenix, sa colère l'avait déserté. Et lorsqu'il interrogea les « pécheurs », on sentit qu'il n'éprouvait plus que de la compassion.

Il leur fit part de sa décision et expliqua d'une voix calme :

— Il n'est pas dans mon dessein de conclure que le devoir du maître est de recourir au jeûne chaque fois que l'un de ses disciples commet une faute grave. J'estime cependant que certains cas exigent le recours à ce remède draconien. Ce qui s'est passé ici en fait partie. Il ne s'agit pas d'une décision stérile. Elle présuppose une affection profonde et véritable entre maître et disciple.

Dès le lendemain, fidèle à ma promesse, j'ai entamé une semaine de jeûne. Contre toute attente, ce fut moins éprouvant que je ne l'avais craint. En revanche, la seconde phase au cours de laquelle nous nous limitions à un repas par jour me fut extrêmement pénible.

Ne buvant pas suffisamment d'eau, ma gorge se dessécha, je fus pris de vertiges, et durant les dernières semaines je ne pouvais plus parler qu'à voix basse. Qu'importe, j'étais allé au bout de mon engagement.

Ce fut au cours de cette période que j'ai informé Tolstoï de l'existence d'une ferme qui portait son nom. Il ne tarda pas à me répondre par l'intermédiaire de Tchertkoff, son secrétaire.

Lev Tolstoï m'a prié de répondre à votre lettre. Il éprouve le plus grand intérêt pour le mouvement initié par Mr Gandhi, auquel vous vous êtes associé de la manière la plus généreuse qui soit. Tolstoï a été très touché par les sentiments amicaux que vous exprimez à son égard. Il m'a chargé de vous assurer de leur réciprocité et vous adresse ses vœux les plus chaleureux.

Lorsque j'ai montré le courrier à Mohan, il a souri et m'a dit :
— Au fond, votre vie et celle du comte sont très similaires.
Sur le moment, j'ai cru qu'il plaisantait et n'ai pas cherché à approfondir. Et puis, les mots ont voyagé dans ma tête et je suis arrivé à la conclusion que la remarque n'était pas aussi absurde que je l'avais cru. En repensant aux résolutions prises, année après année, depuis ma plus tendre enfance, à mon incapacité à les mettre en œuvre, à mes périodes d'autoflagellation et à mon éternelle insatisfaction. À cette perpétuelle sensation de me sentir inutile et au non-sens de ma vie. Oui. Mohan avait raison, je retrouvais un peu de Tolstoï en moi, et nous devions être des millions dans ce cas. En revanche, la comparaison s'arrêtait là. Qui suis-je, lorsque je compare son destin et le mien ? Pas grand-chose.

28

Harilal hoquetait, sans parvenir à maîtriser le tremblement de ses membres et répétait comme une litanie : « Comment ? Comment mon père a-t-il pu se montrer si injuste ? Comment ? »

J'ai emprisonné ses mains.

— Arrête ! Calme-toi.

Le visage contracté par le chagrin, il balbutia :

— Il ne m'aime pas. Il ne m'a jamais aimé.

— Harilal, ton père t'aime. Peut-être ne sait-il pas manifester son amour, mais je peux t'assurer qu'il t'aime.

— Alors comment expliquez-vous l'odieuse décision qu'il a prise ?

— Quelle décision ?

Il respira profondément et libéra ses mains.

— Avez-vous entendu parler du Dr Pranjivan Mehta ? C'est un médecin. Un brillant médecin, mais aussi un homme d'une grande générosité. Mon père a fait sa connaissance lors du premier voyage politique qu'il a effectué en Angleterre. À Londres, Pranjivan s'est proposé très généreusement de financer les études de droit de l'un d'entre nous. Il a laissé *bapou* choisir le plus méritant, de moi ou de mes trois frères. Ramdas et Devdas étant encore trop jeunes, le choix ne pouvait se faire qu'entre Manilal ou moi. Savez-vous qui il a choisi ?

Un éclair furieux traversa ses prunelles.

— Manilal !

— Il...

— Manilal ! Alors qu'il sait combien j'aime les études, et combien il m'en a coûté de venir en Afrique du Sud, uniquement pour lui plaire !

— Manilal ? Pourtant, il est toujours parmi nous que je sache.

— Oui. Parce qu'en fin de compte, et je ne sais pour quelle raison, son choix s'est porté sur mon cousin, Chhaganlal.

Il disait vrai. Le jeune homme s'était embarqué pour l'Angleterre deux mois plutôt.

— Comment as-tu appris cette histoire ?

— Par Chhaganlal. Il me l'a confiée en toute ingénuité, ne sachant pas que j'ignorais tout.

— Écoute-moi. Nous ignorons les détails de l'affaire, comme les raisons de la décision de ton père, mais il doit certainement en exister une.

— Elle existe : il n'a jamais voulu que ses enfants s'instruisent. Il a toujours tenu à nous garder dans l'ignorance. Un jour Manilal lui a posé cette question : « Si on me demande dans quelle classe je suis, que dois-je répondre ? » Père lui a fait cette réponse incroyable : « Tu répondras : Je suis dans la classe de *bapou* ! » Même ma mère n'a jamais admis son attitude. Il n'y a pas si longtemps encore, elle a pris ma défense, et en ma présence : « Qu'avez-vous dans la tête, lui a-t-elle lancé ? Vous voulez donc que vos enfants soient des illettrés ? Qu'ils vivent en pagne ? Qu'ils deviennent des mendiants ? » Il n'a même pas daigné répondre. De toute façon, ma mère n'a jamais été considérée comme elle le méritait. Lorsque je le lui ai fait remarquer, il ne trouva rien de plus méchant à répliquer que : « Ta mère est une vieille femme incompétente. Elle ne sait pas ce qu'elle dit. »

Il conclut fermement :

— À partir de maintenant, je compte reprendre mon destin en mains.

— Attention, Harilal, la colère n'est jamais bonne conseillère. Attends que la tempête qui gronde en toi s'apaise avant de décider quoi que ce soit.

— C'est trop tard. Mon épouse est enceinte. Elle doit accoucher dans deux mois. Je n'ai aucune envie que cette nouvelle naissance devienne prétexte à de nouveaux conflits. Je ferai ce qui me semble le mieux pour elle, pour nous.

Cette conversation se déroula le 21 décembre 1910.

Dans l'heure qui a suivi, je suis allé trouver Mohan. Il était avec Henry Polak, de passage à la ferme.

— Puis-je vous parler en privé ? C'est...

Il me coupa.

— Je sais qu'il s'agit de Harilal. Je vous ai aperçu tout à l'heure et j'ai entendu des bribes de votre conversation. Il posa sa main sur l'épaule de Polak : Henry est au courant de l'affaire. Je lui ai écrit de Londres lorsque le Dr Mehta m'a fait sa proposition. Par conséquent, nous pouvons en discuter librement tous les trois.

— Très bien. Alors, vous devez savoir que Harilal a été profondément blessé de voir que son frère, puis son cousin, Chhaganlal, lui ont été préférés.

— Il est important que vous sachiez très précisément en quoi consistait la généreuse proposition du Dr Mehta.

Il suggéra à Polak :

— Dites-lui, Henry.

— Après avoir fait don de quinze livres sterling à l'école, le Dr Mehta s'est proposé de prendre en charge les frais scolaires d'un jeune résident de Phoenix. Il a aussi exprimé le souhait d'offrir une bourse d'étude à l'un des fils de *Gandhidji*. *Gandhidji* lui a répondu que ses enfants passaient au second plan, qu'il valait mieux proposer cette bourse à la personne la plus méritante de Phoenix et si, en toute objectivité, il estimait que Manilal était cette personne, alors il n'hésiterait pas à lui en faire profiter.

J'ai regardé Mohan.

— Donc, Harilal avait raison. Votre choix s'est bien porté en priorité sur son frère.

— Ce fut ma première idée, en effet. Mais j'ai aussitôt changé d'avis et opté pour leur cousin, Chhaganlal. Pourquoi ? Parce que j'estime qu'aucun de mes enfants ne doit bénéficier d'un traitement de faveur. Je l'ai clairement expliqué à Harilal qui n'a rien voulu entendre. C'est la stricte vérité.

— Je comprends mieux maintenant. Cependant, le mal a été fait. Harilal s'est senti rejeté, j'allais dire une fois de plus. Que vous ayez songé en premier à son frère l'a profondément meurtri.

— Parce qu'il ne me comprend pas. Il n'arrive pas à s'oublier. Il est allé en prison, mais de nombreuses personnes aussi. Harilal ne voit pas les tragédies du monde. Il s'apitoie sur son sort et néglige la douleur des autres.

Il avait prononcé ces mots avec une infinie tristesse.

Et tout à coup, il m'annonça :

— Tolstoï est mort.

Je n'ai pu réprimer un sursaut.

— Tolstoï ? Mort ? Quand est-ce arrivé ?

— Il y a quarante-huit heures. Il s'est éteint comme un vagabond, dans le dépôt d'une gare quelque part en Russie. Heureusement, il semble que sa fille, Aleksandra, se trouvait près de lui.

Je me suis laissé tomber sur un tabouret.

— Quelle tristesse ! Quelle perte !

— Quand je pense que son dernier courrier remonte à deux mois à peine. Ai-je pressenti que ce serait sa dernière lettre ? Elle ne m'a jamais quitté.

Il fouilla dans sa poche, en sortit une feuille qu'il déplia.

— « Plus je vis, et plus je veux, la mort approchant, faire connaître à autrui mes sentiments les plus profonds. Il s'agit de ce qui pour moi prend une importance immense, de ce mouvement que l'on appelle la "non-résistance". En réalité, cette non-résistance n'est rien d'autre que l'enseignement de l'amour, non faussé par des interprétations mensongères. L'amour c'est-à-dire l'aspiration vers l'harmonie des âmes humaines et l'action qui résulte de cette aspiration. L'amour est la loi supérieure et unique de la vie humaine. »

Il se tut.

Il avait les yeux pleins de larmes.

Et je partageais totalement sa tristesse.

*

Quatre jours plus tard, nous sommes partis pour Johannesburg. Je devais me rendre avec Eliot Kennedy dans Woburn Avenue inspecter les travaux en cours de l'église grecque orthodoxe. Mohan, lui, devait rencontrer Smuts, qui en avait exprimé le souhait. On voulait croire que cette demande augurait (enfin) la fin du conflit.

C'est au moment où nous descendions du train que le sujet de Harilal revint sur la table.

— Je lui ai parlé. J'ai tenté d'aller vers lui. Mais il a persisté dans son enfermement et continué à m'accabler de reproches. Il a même osé me dire qu'il ne supportait plus la ferme, qu'elle puait.

— Que lui avez-vous répondu ?

— Que si elle puait, il ne tenait qu'à lui d'y apporter son parfum, ainsi il adoucirait peut-être la mauvaise odeur. Je suis infiniment malheureux de cette situation, mais je n'accepterai pas qu'il déserte. Je le lui ai clairement fait savoir. En revanche, je ne me suis pas opposé au départ de Gulab. Apparemment, elle est de nouveau enceinte et souhaite rentrer en Inde. Elle partira donc dès cette semaine. Et voulez-vous que je vous dise la vérité : c'est mieux ainsi. De la sorte, Harilal, débarrassé de toutes tentations, pourra se concentrer sur l'essentiel : le *satyagraha*.

— Elle partirait donc sans lui ?

— Il m'a demandé l'autorisation de l'accompagner. J'ai refusé. Que penseraient tous les malheureux qui, depuis bientôt quatre ans, se sacrifient, perdent leur commerce, ont du mal à nourrir leur famille ? Que penseraient-ils si mon propre fils fuyait ? Non. Je ne le tolérerai pas. Harilal continuera de se battre à nos côtés. Je lui ai suggéré de retourner vivre à Phoenix puisque la ferme Tolstoï lui déplaît tant.

Depuis que le parlement britannique avait approuvé l'Union sud-africaine, la puissance de Smuts et de son compère Louis Botha atteignait son apogée. Pourtant, contre toute attente, Smuts se montra disposé à céder du terrain. Était-il lassé d'un bras de fer qui se prolongeait depuis tant d'années ? Avait-il pris soudain conscience que les Indiens méritaient plus de considération ? Préparait-il un autre mauvais coup ? Quoi qu'il en soit, lorsque Mohan ressortit de son bureau, il paraissait confiant.

— Je crois que nous approchons du dénouement. Smuts se dit prêt à répondre favorablement à toutes mes requêtes. Il s'engage à les faire accepter lors de la prochaine session du Parlement de l'Union et me reconnaît comme seul porte-parole de l'ensemble des Indiens d'Afrique du Sud.

— Sans condition ?

— À la condition que j'obtienne de la communauté qu'elle approuve le remplacement de l'ancienne loi sur l'immigration par une nouvelle loi qui, cette fois, concernerait l'ensemble des colonies puisque, depuis la proclamation de l'Union sud-africaine, nous sommes dans une configuration différente.

— C'est tout ?

— Non. Il souhaite que je mette fin au mouvement de résistance le temps que le parlement avalise notre accord.

J'ai dû afficher une moue dubitative, car il s'empressa de faire remarquer :

— Ce changement d'attitude ne semble pas vous réjouir.

— Je ne veux pas me montrer pessimiste, mais n'est-ce pas là une nouvelle façon de gagner du temps ?

— Non, Hermann. L'homme était vraiment sincère.

Je pris une profonde inspiration.

Un vent glacial soufflait sous un ciel bas et lourd, et pourtant j'étais envahi d'une douce chaleur. Nous approchions donc du dénouement ? Je peinais à m'en convaincre. Je me sentais un peu comme quelqu'un familier de la douleur et qui, tout à coup, n'éprouvant plus rien, se trouve confronté à un grand vide.

Sur le chemin du retour, j'ai repensé à ce voyage en Allemagne tant de fois reporté. Voilà onze ans que je n'avais pas revu les miens. Et la perspective d'un accord possible avec Smuts rendait ma présence moins essentielle. J'éprouvais le désir de me retremper dans mes racines, non pour y puiser un quelconque réconfort ou bien-être, mais pour mesurer combien j'étais en harmonie avec l'existence que j'avais choisie, et combien celle d'avant était si éloignée

335

de ma nouvelle vision du monde. Au cours de ces années vécues en Afrique du Sud, à aucun moment je ne me suis senti déraciné. J'ai toujours su que les seules racines qui comptaient sont celles que l'on tisse au jour le jour, au temps présent. Des racines qui n'attachent pas, qui ne vous séparent de personne. Rester noué à une terre, *sa* terre, *sa* maison, *sa* famille, voilà autant d'entraves qui vous empêchent d'aller vers les autres et vous rendent incapable de les accueillir pleinement. Je résolus d'en parler à Mohan dès que je me serais assuré que les propositions du général Smuts prenaient corps.

Les six mois suivants, j'ai continué à vivre à la ferme Tolstoï, me consacrant à son développement et à l'enseignement, tandis que Gandhi s'efforçait, une fois encore, de convaincre ses frères et sœurs que l'heure était au compromis. Tous exprimèrent leur méfiance voire leur réticence, mais finirent par donner leur accord.

Le 12 mai 1911, le texte fut publié dans l'*Indian Opinion* et la trêve proclamée.

Ce même jour, alors que j'étais en train de donner un cours d'anglais aux enfants, Mohan débarqua dans la classe. Sans un mot, le visage décomposé, il s'approcha de moi et me remit un pli.

Père,

Je viens de terminer la lecture de *Saraswatichandra*, le roman de Tripathi. Et mes yeux se sont ouverts.

Je ne veux plus vivre la vie que vous m'imposez. Je ne veux plus vivre à l'ombre de vos pas. Je ne peux plus vous entendre dire chaque fois que je mentionne mon manque d'éducation scolaire : « Il n'y a rien de honteux à ne pas maîtriser les mathématiques, à ne pas posséder de culture générale. » Ou affirmer que ce qui nourrit le savoir des jeunes Indiens ne provient pas de ce qu'ils apprennent dans les écoles, mais uniquement de la manière de vivre indienne et que leur savoir puise sa source dans les actes et les paroles de nos ancêtres et non dans l'éducation moderne ! Non, père. Je ne suis pas d'accord avec ce type de raisonnement.

Gulab a accouché. Je suis père d'un petit garçon : Kantilal. Il me manque. Comme me manque mon épouse, comme me manque une autre existence qui, elle, serait en accord avec mes pensées.

Je vous dis donc adieu.

Transmettez mon affection à maman,

Harilal.

— Il est parti ?

Mohan confirma d'un mouvement de la tête.

— Sans argent ?

— J'ai appris qu'il a emprunté vingt livres à un ami parsi. Mais cette somme ne lui permettra pas de prendre un billet pour l'Inde.

Je pointais mon index sur un passage de la lettre.

— Il mentionne la lecture d'un ouvrage : *Saraswati-chandra*. De quoi s'agit-il ?

— C'est un roman très célèbre, sans doute le plus fameux des romans écrits en gujarati. Je ne vais pas vous le raconter. Disons que le point culminant du récit est la rupture entre un père et son fils ; le fils décidant de s'émanciper et de quitter la maison familiale.

— Une coïncidence évidemment.

— Évidemment.

Brusquement, Mohan porta les deux mains à sa poitrine comme pour réprimer une violente douleur.

— Ah ! Hermann. J'ai mal, j'ai mal. Où est-il ? Je suis terrifié à l'idée qu'il commette un acte répréhensible. Je ne le supporterais pas. Où est-il ?

— Calmez-vous. Nous allons le retrouver. Il n'a pas pu aller bien loin.

— Il le faut, gémit Mohan. Il faut surtout que Kasturba ignore ce qui se passe. Elle en mourrait.

Quelques jours plus tard, arriva à Tolstoï une délégation de commerçants, musulmans pour la plupart. Ils venaient plaider la cause de Harilal. Sur le moment, je fus assez surpris. Pourquoi les musulmans s'intéressaient-ils tout à coup au fils de Gandhi, au demeurant toujours hindou ? Je ne devais obtenir la réponse à cette question que vingt ans plus tard. « Vous auriez dû l'envoyer poursuivre ses études, déclarèrent-ils, avec force. Nous aurions pris les frais à notre charge. » D'autres amis débarquèrent à leur tour, en plein désarroi, craignant même que Harilal n'attente à sa vie.

Le 13 mai, on nous apprit que le fuyard avait pris un billet de train pour Delagao Bay[1] et s'y était réfugié sous un nom d'emprunt. Que faisait-il dans cette ancienne capitale des possessions portugaises ? Sans doute espérait-il trouver un moyen de s'embarquer pour l'Angleterre, pour ensuite rejoindre Bombay.

Je me suis proposé de le ramener, mais Mohan m'a opposé un refus catégorique.

— Non, Hermann. C'est un problème qui concerne un père et son fils. À moi de le régler.

Ayant obtenu l'adresse de Harilal, il lui expédia un télégramme, l'adjurant de revenir, et l'assurant qu'il était disposé à écouter avec bienveillance toutes ses récriminations.

Le 15 mai, au grand soulagement de tous – et de Mohan en particulier –, Harilal arriva à la ferme.

---

1. Aujourd'hui, Maputo, sur l'océan Indien, capitale du Mozambique.

Il devait être sept heures du soir, mais le ciel était déjà noir ; un noir à peine tempéré par l'éclat de la lune. Une brise glaciale courait parmi les feuillages.

J'ai couru prévenir Mohan.

Il était en train d'écrire.

— Harilal est revenu.

Il n'y eut pas de réponse.

J'ai insisté :

— Il est revenu.

— Bien. Je le verrai tout à l'heure, quand j'aurai fini la rédaction de ce mémorandum à l'intention de Lewis Harcourt, le nouveau secrétaire d'État aux colonies.

Je fis mine de protester, mais il m'arrêta de la main.

— Je le verrai tout à l'heure.

Je suis allé à la rencontre de Harilal et j'ai essayé de le raisonner. En vain. Il était habité d'une colère sourde que rien au monde n'eût pu apaiser. Néanmoins, un détail me frappa dans ce furieux orage : de la poche de son veston une photo jaunie de son père dépassait.

Mohan apparut vers 8 heures du soir. Il s'approcha de nous et me pria de les laisser. Je ne sais pas qui parla en premier, je les ai seulement vus s'éloigner en direction des champs. Alors, je me suis assis au pied d'un arbre et je les ai guettés, les nerfs à vif. Est-ce que j'appréhendais le pire ? Un acte incontrôlé de la part de Harilal ? De leur conversation, je n'ai perçu que quelques bribes emportées par le vent.

— *Vous ne nous avez jamais aimés ! Vous avez ruiné ma vie et celle de mes frères en faisant de nous les seuls instruments de vos désirs, sauvagement indifférent à notre égard.*

— N'ai-je donc rien fait de bien pour vous ? Pour votre bien-être ? Ne vous ai-je pas aimé et chéri à ma manière ? Ne vous ai-je pas montré le vrai chemin de la perfection ?

— Je me moque de la perfection !

Alors que l'aube commençait à blanchir l'horizon, Mohan est revenu. Seul.

— Alors ?

— Alors, Harilal nous quittera, dès demain, puisque tel est son souhait. Il reprendra ses études en Inde. Je m'occuperai des dépenses. Je ne veux plus m'opposer, je ne veux plus qu'il souffre. Tout est de ma faute. Je suis le seul à blâmer pour les maladresses que j'ai pu commettre. Je ne veux plus mourir de la souffrance de mon fils.

Il leva vers moi une expression désespérée.

— Vraiment, Hermann, suis-je cet homme impitoyable décrit par lui ? Un despote ? Un personnage qui se sert des gens comme d'instruments ?

— Voulez-vous une réponse franche ?

— Bien sûr.

— Le jour où vous avez décidé de considérer que le monde, les gens étaient votre propre famille, ce jour-là vous en êtes devenu le père, le seigneur, le maître sans partage. Je ne connais pas de père, de seigneur ni de maître qui ait su régner sans douleur.

Le lendemain, Gandhi a tenu à accompagner Harilal à la gare. Je l'ai suivi avec une dizaine de personnes. Au moment où le jeune homme s'apprêtait à monter dans le train, Mohan l'a pris entre ses bras, l'a embrassé et lui a dit d'une voix qui se brisait :

— Si tu estimes que ton père t'a causé un tort quelconque, pardonne-lui.

Autour d'eux, les gens éclatèrent en sanglots.

Pendant les heures et les jours qui suivirent, Mohan est resté quasiment cloîtré, consacrant le plus clair de son temps à l'écriture.

Finalement, le 23 mai, il sortit de sa torpeur pour m'annoncer :

— Le général n'a pas réussi à convaincre le parlement. Les Blancs, notamment les représentants de l'État libre d'Orange, se sont formellement opposés à notre projet. Smuts me réclame un nouveau délai.

— Et vous avez accepté.

— Oui. L'intronisation de George V est prévue pour le mois prochain, le 22 juin exactement. Smuts m'a supplié d'éviter les troubles durant les fêtes du couronnement. Toutefois, j'ai conditionné ma collaboration à une nouvelle exigence : l'abolition de la taxe de trois livres. Évidemment, ma demande n'a pas eu l'heur de lui plaire et j'ai eu droit à son reproche habituel : « On vous donne le pouce, c'est une aune qu'il vous faut. » Je lui ai rétorqué que, pour l'instant, je n'avais même pas obtenu le pouce et que, par conséquent, sans un accord de principe, le *satyagraha* reprendrait avec plus de virulence qu'avant la trêve. Il a cédé.

— Donc, nous revoilà dans le statu quo.

— Je pense surtout à ceux qui souffrent depuis trop longtemps et qui ont besoin de revoir la lumière.

J'ai gardé le silence. J'aurais dû être inquiet, déçu, je ne le fus pas ; ce revirement et cette nouvelle trêve annoncée allaient me permettre de réaliser mon projet de voyage qui me tenait à cœur et que j'avais gardé tout ce temps sous le boisseau.

C'est bien, dis-je. Je vais donc pouvoir partir l'esprit libre.

— Où donc ?

— L'Allemagne, ma famille. Je n'ai que trop reporté ce pèlerinage.

J'avais à peine fini ma phrase que je vis son visage se métamorphoser, et son regard se remplir d'une immense tristesse.

— Partir... bredouilla-t-il. Combien de temps ?

— Six mois, un peu plus.

— Vous allez partir...

Il avait prononcé ces mots comme pour se convaincre de l'impossible.

Ses yeux s'attachèrent sur moi avec une fixité étrange, et j'eus peur de rompre son silence.

— D'accord, lâcha-t-il soudain. Mais je vais rédiger un contrat qui nous liera et que vous emporterez avec vous.

— Un contrat ?

— Parfaitement. Il ne devra jamais vous quitter. Vous m'en faites la promesse ?

Quelque peu perplexe, j'ai opiné.

— Je vous le promets.

Il m'a remis le « contrat » la veille de mon départ.

La Chambre basse a décidé de se rendre en Europe en pèlerinage sacré vers les membres de sa famille, à partir du mois d'août prochain.

Sont convenus les articles suivants :

1- La Chambre basse ne dépensera pas plus d'argent que pour les nécessités qui siéent au mode de vie d'un pauvre fermier.

2- La Chambre basse ne devra à aucun prix s'engager maritalement durant ce voyage.

3- La Chambre basse ne regardera aucune femme de manière lubrique.

4- La Chambre basse ne voyagera qu'en troisième classe, que ce soit par mer ou sur terre.

5- La Chambre basse pourra, si elle en a le temps, visiter l'Inde en compagnie du Dr Pranjivan

Mehta. Le cas échéant, elle devra voyager dans la même classe que celle du Dr Mehta[1].

6- La Chambre basse ne devra pas résider ailleurs que dans les demeures des membres de sa famille.

Les obligations énumérées ci-dessus et imposées à la Maison basse sont inspirées par de l'amour, et encore plus d'amour entre les deux Maisons. Un amour comme le monde n'en a jamais vu.

En témoignage de quoi, les parties ici présentes apposent solennellement à ce document leurs signatures en la présence de Celui qui fait tout, en ce jour du 29 juillet à la ferme Tolstoï.

---

1. Gandhi envisageait que Hermann le suive en Inde l'heure venue. Un voyage en compagnie du docteur Mehta lui aurait permis d'avoir un avant-goût de ce pays.

29

J'ai embarqué de Cape Town, le 31 juillet 1911, à bord de l'*Armada Castle*, en troisième classe comme je m'y étais engagé. Accoudé au bastingage, un flot d'émotion m'a envahi le cœur. Quinze années. Quinze années depuis ce jour d'été où, pour la première fois, j'ai vu se profiler cette baie de la Table qui s'éloignait à présent dans un bruit d'écume et d'eau. Le 1er mars j'ai eu quarante ans, un âge qui, dans ma jeunesse, me semblait infiniment lointain. Aujourd'hui, je l'ai rejoint et se dessine une autre étape, celle où les liens qui m'attachent au monde seront rompus. Toutefois, je n'éprouve aucune inquiétude. Je crois que l'on est effrayé de la vieillesse comme de tant d'autres choses dont l'imagination s'inquiète et s'alarme. On la redoute parce qu'elle nous semble l'avant-garde de la mort. Or, je ne crains pas la mort. J'ai trop longtemps craint la vie.

La plupart du temps, j'ai préféré dormir sur le pont plutôt que dans la cabine. Et l'équipage, merveilleusement dévoué, s'est organisé pour me servir dans une pièce séparée la nourriture particulière que Kasturba avait eu la bonté de préparer avant mon départ.

Je me souviens des premiers mots que j'ai couchés sur le papier à l'intention de Mohan : « Comme je vous suis reconnaissant de m'avoir aidé à me débarrasser de mes fâcheuses habitudes qui consistaient à boire jusqu'à plus soif et à manger comme un glouton. Que serais-je devenu si je ne vous avais pas connu ? Je sais d'avance votre réponse, mais j'aime à répéter ma question. »

À aucun moment de la traversée, je n'ai franchi la porte du bar. Et je n'ai participé à aucun des jeux ou autres divertissements proposés à bord ; ce qui a probablement dû susciter la curiosité, voire la méfiance de certains.

Peu de temps avant l'arrivée à Southampton, j'ai écrit à Mohan :

Armada Castle,
16 août 1911

Chère Chambre haute,

Si je devais résumer mon voyage, je dirais que, jusqu'ici, c'est un succès. À aucun moment je n'ai dérogé à nos règles de vie. J'ai beaucoup lu, beaucoup écrit et, alors que je ne m'en sentais pas capable, je me suis rendu très utile auprès de certains passagers en me mettant à leur écoute. Ce fut, si j'ose dire, un voyage « centripète » et non « centrifuge ». Reste à espérer qu'il en sera toujours ainsi.

Ai-je besoin de vous dire combien, à l'avenir, vos lettres m'aideront à respecter notre contrat ? Je les guetterai avec l'impatience et la fébrilité que vous imaginez. Je suis sûr que vous ne me décevrez pas. N'oubliez surtout pas de me donner des nouvelles de vous, de la famille et tout particulièrement des garçons.

Par ailleurs, il faut que je vous dise ceci : durant tout le temps que nous avons partagé à la ferme, jamais je n'ai éprouvé la moindre irritation à votre égard. Cependant, pourquoi vous mentir ? D'avoir à vous partager avec tout ce monde, d'être frustré d'une partie de votre affection m'a rendu malheureux. Et cependant, dès que j'étais absent de la ferme, mon cœur se gonflait à nouveau d'amour et de gratitude pour vous, exactement comme en cet instant. Je vous demande de me pardonner. J'ai toujours été convaincu de la pureté de vos sentiments et de leur désintéressement.

Affectueusement,

Chambre basse.

Je suis arrivé à Londres le 19 août.

Quel changement ! Quel choc ! Les premiers moments, mes yeux eurent du mal à décrypter toutes ces images, et mes oreilles cette débauche de sons. J'avais quitté un monde d'herbes humides, de brumes grises qui, à l'aube, flottaient sur les hauteurs avant de se dissiper mystérieusement et de dévoiler les contours d'un paysage se prolongeant jusqu'à l'infini. Un univers où les cimes captaient les premiers rayons du soleil. Où les herbages au pied des collines et les forêts prenaient à l'aurore une teinte dorée. Ici, le ciel grisâtre avait pour miroir aveugle des chemins asphaltés. Mais je m'y suis assez vite habitué.

À mon arrivée, un courrier m'attendait. Il était daté du 6 août. Le post-scriptum m'a rappelé combien, parfois, une simple remarque de Mohan, un mot, une phrase, pouvait me perturber :

P.-S. : Je ne vais pas me relire, car il se fait tard. J'ai oublié de mentionner les deux points les plus importants de votre lettre écrite de l'*Armada Castle*. Bien qu'il soit plus de 10 heures du soir, je me dois de les traiter. Sachez que, dans le télégramme que je vous ai envoyé il y a quelques jours, le mot « bravo » n'était pas une pique ironique liée à l'oubli de votre chéquier. Il signifiait seulement que je vous félicitais spontanément d'avoir résisté avec honneur aux diverses tentations rencontrées à bord du navire.

L'oubli de votre chéquier est parfaitement compréhensible étant donné le tourbillon dans lequel votre départ vous avait plongé. Le miracle est que vous n'ayez oublié *que* votre chéquier. Souvenez-vous de notre maxime : « Ne jamais juger défavorablement les propos de quelqu'un ou son action, aussi longtemps qu'un jugement favorable est plausible. »

Vous vous êtes aussi senti blessé lorsque, sur le quai de gare, je vous ai dit que sans moi vous n'étiez plus le même homme. Il n'y avait pas l'ombre d'une arrière-pensée dans cette remarque. Croyez-moi. Dans mes pires cauchemars, je n'ai imaginé qu'en mon absence vous pourriez vous comporter autrement qu'avec fidélité à nos principes. En effet, l'un des aspects fondamentaux qui sublime notre relation est que j'ai une foi aveugle dans votre sincérité. Ce que ma remarque sous-entendait se résume à ceci : si de nombreuses personnes portent sur nous une accusation, alors il est bien de nous demander si cette accusation n'est pas fondée, au lieu de la rejeter d'emblée. Nos amis nous connaissent souvent mieux que nous-mêmes. Il nous arrive parfois de commettre des actes qui nous échappent, mais qui n'échappent pas à nos amis.

Dans mes propos, en tout cas, nulle réprimande et encore moins de méfiance à votre égard. J'espère que je me suis bien fait comprendre ! J'ai mal de penser que j'ai pu vous blesser, ne fût-ce qu'involontairement, le jour de votre départ.

Chambre haute.

Je suis resté en Angleterre vingt-deux jours. J'en ai profité pour revoir des parents perdus de vue, aller au théâtre et rencontrer de nombreux réformistes britanniques et des adeptes de Tolstoï qui, comme moi, aspiraient à transformer la société capitaliste et réduire les tristes inégalités qui rendaient ce monde moderne tellement insupportable.

Mohan et moi, nous nous écrivions immanquablement une fois par semaine. Il ne pouvait en être autrement, Mohan ayant décrété que la régularité de cette correspondance était une obligation *grave*. « Je me fais un devoir religieux de vous écrire », m'avait-il confié. De mon côté, je lui postais un compte rendu méticuleux et régulier de mon emploi du temps.

Le point culminant de mon séjour londonien fut certainement ma rencontre avec Aylmer Maude, le traducteur anglais de Tolstoï et aussi son biographe. Il m'a accueilli chaleureusement, sachant les liens que Mohan et moi entretenions avec le célèbre auteur. Bien qu'amoureux inconditionnel de l'œuvre du comte, Maude n'approuvait pas du tout sa théorie de la non-violence. Le soir même j'ai transmis à Gandhi : « Maude est persuadé que Tolstoï a fait plus que n'importe quel réformateur au cours de ce siècle, mais il considère que sa doctrine fondée sur la résistance passive et sa condamnation sans appel de tous les gouvernements, quels qu'ils soient, et de toutes les institutions n'est pas justifiée. Selon lui, un individu a parfaitement le droit de refuser de faire son service militaire, mais pas de traiter tous les soldats de meurtriers. En outre, il a affirmé que lui n'hésiterait pas à utiliser la violence dans des situations spécifiques si cela devait prévenir plus de violence et de destruction. »

Ce que je n'ai pas précisé, c'est le pessimisme de Maude concernant le devenir de la ferme Tolstoï ou de toute autre organisation de ce type. Il est convaincu que, tôt ou tard, ces « coopératives » sombreront misérablement parce que les êtres humains sont incapables de travailler durablement en communauté, ou de créer quoi que ce soit hors d'un carcan réglementaire.

Après l'Angleterre, j'ai choisi de me rendre en Belgique pour rencontrer notre bienfaiteur, le Dr Pranjivan Mehta, l'homme ayant si généreusement offert de payer leurs études aux enfants de Mohan. Je ne fus pas surpris d'y retrouver Henry Polak. Je le savais de passage. Au cours d'une longue promenade, nous avons longuement discuté tous les trois du futur de Phoenix et de la ferme Tolstoï. L'atmosphère était plaisante, détendue, jusqu'au moment où, sur le chemin du retour, Polak souleva une question des plus absurdes : « Qui de nous trois écrirait à Gandhi pour lui rapporter notre discussion ? » Il voulait ainsi se placer sans doute au premier rang. Se mettre en valeur. Et lorsque le Dr Pranjivan s'est proposé de le faire, il a piqué une véritable crise de nerfs.

De mon côté, je reconnais avoir perdu mon sang-froid. La situation se révélait tellement ridicule ! Le soir, j'ai couché ma colère sur une lettre postée le lendemain à Mohan : « Je n'ai certainement pas agi au mieux. Mais Polak me semble encore plus déséquilibré que par le passé. Jamais je ne me suis senti aussi énervé depuis mon départ d'Afrique du Sud. »

Un courrier du Dr Pranjivan a, par ailleurs, confirmé la véracité de la scène.

Au départ de Bruxelles, le 4 septembre 1911, j'ai pris le train pour l'Allemagne. Enfin !

Comme nous en étions convenus, mes deux frères, Samuel et Max, m'attendaient sur le quai de la gare, à Berlin. Nous sommes tombés littéralement dans les bras les uns des autres en riant aux éclats comme des gamins. J'ai tout de suite constaté que Max avait pris énormément de poids et ne semblait pas très heureux. Un peu plus tard, dans la soirée, j'ai eu envie de faire quelque chose qui m'avait manqué cruellement durant toutes ces années : du patin sur glace ! Samuel étant pris, Max a bien voulu m'accompagner. Ce fut un moment sublime. Il est étonnant comme des émotions d'enfance peuvent vous revenir d'un seul coup, ressuscitées par une odeur, une musique, un rien. J'étais pleinement heureux. En revanche, Max paraissait totalement blasé. Lui qui, du temps de notre jeunesse, partageait la même passion que moi pour ce sport, n'éprouvait aucun plaisir. Il m'a très vite abandonné pour aller boire.

Le lendemain, je suis parti vers Dresde où vit une partie de ma famille. Naturellement, tous furent frappés par ma maigreur et me pressèrent de questions sur ma santé. J'eus beau les rassurer, ils me firent promettre de consulter un médecin avant mon retour en Afrique du Sud.

Le moment le plus émouvant du séjour fut le déplacement que nous avons fait à Rusné, le village de mon enfance, et au cimetière juif où mes parents sont enterrés. Alors que j'étais recueilli devant leurs tombes et que, de temps à autre, mon regard se portait vers les centaines de sépultures alignées, ma vieille judéité a resurgi en moi. Oui. J'étais juif. J'appartenais à tous ces êtres qui dormaient sous terre, j'étais de leur sang. Weiss, Gross, Klein, Roth... nous avions en partage le même héritage, lourd de souffrances millénaires. Ainsi que l'exigeait notre tradition, j'ai déposé une pierre au pied de la stèle et nous sommes repartis.

Coïncidence peut-être ? Je ne crois guère aux coïncidences. Mon frère Max m'a fait remarquer que nous étions le 10 septembre 1911. Veille de l'anniversaire de la mort de mon père. Le lendemain, j'ai décidé de passer cette journée commémorative, seul, en prière, dans la vieille synagogue de Rusné.

Quelques jours plus tard, nous fêtions Yom Kippour. Le jour le plus saint de l'année juive. Et moi qui avais négligé pendant toutes ces années ces rites religieux, j'ai ressenti le besoin d'observer à la lettre les recommandations des sages, m'abstenant de toute nourriture et de boisson une demi-heure avant le coucher du soleil et jusqu'à l'orée de la nuit suivante.

Cela faisait une vingtaine de jours que j'évoluais dans cette atmosphère familiale sans qu'un nuage n'assombrisse ces instants. Et puis, insensiblement, une certaine tension a commencé à se faire sentir et j'ai dû affronter le feu roulant des critiques. Mon frère Simon se montra de loin le plus sévère. À ses yeux, la vie que je menais aux côtés de Gandhi, l'attachement que je portais à la cause indienne, cette existence marginale, ma carrière d'architecte négligée, toutes mes décisions étaient sinon absurdes, du moins irrationnelles, ce qui revenait au même. Un soir, irrité par mes réponses, il a coupé court à notre discussion, s'est levé furieux et quitté la maison en claquant la porte.

Mes proches ne comprenaient pas non plus ma façon de me nourrir et qualifiaient mon régime sans sel de suicidaire.

Lassé, le 26 septembre, j'ai plié bagages pour me rendre auprès de ma sœur, Janet. Elle vivait à Königsberg avec son mari, le Dr Isaac Sammel, et ses deux filles : Hanna, dix-neuf ans, et Judith, dix-sept.

Lorsqu'elle m'a ouvert la porte, Janet s'est effondrée en larmes devant ma maigreur.

— Mon Dieu, mon Hermann, que t'est-il arrivé ?

À son tour, elle me pria de me laisser examiner par son époux. À mon corps défendant, j'ai suivi son conseil. Après m'avoir ausculté, mon beau-frère a exprimé des doutes sur ma santé mentale, me considérant comme une sorte « d'étrange espèce biologique ». Il m'a vivement recommandé de recommencer à manger de la viande et de saler mes aliments. Évidemment j'ai refusé, et la pauvre Janet fut quitte pour me préparer des repas uniquement à base de fruits et de légumes.

Lorsque j'ai rapporté les commentaires d'Isaac à Mohan, il m'a répondu : « Je n'accorde aucun crédit aux examens médicaux. Nous devons être les seuls maîtres de notre organisme. Pour preuve, je constate que vous et moi sommes en bien meilleure forme depuis que nous avons abandonné le sel et tous les autres aliments néfastes. »

À Königsberg, j'ai fait la connaissance d'un jeune homme de vingt-trois ans, Louis Lewin. Un être brillant. Nous avons passé toute une journée dans la bibliothèque sioniste locale où il m'a communiqué son enthousiasme et sa passion pour la Palestine. Il s'apprêtait d'ailleurs à s'y rendre. Lorsque je lui ai décrit la vie à Phoenix et à la ferme Tolstoï, il a souri.

— Mais, monsieur Kallenbach, ce que vous me racontez là, c'est le quotidien des pionniers juifs de Palestine !

Il me proposa :

— Vous devriez m'y rejoindre. Je suis sûr que vous serez bien plus heureux là-bas qu'en Afrique du Sud. En Europe ne nous guettent que des malheurs, croyez-moi. Que des malheurs...

J'avoue avoir été plus que séduit par sa proposition. Une nouvelle expérience n'était pas pour me déplaire. D'ailleurs, qu'adviendrait-il de moi une fois le *satyagraha* terminé, lorsque Mohan déciderait de rentrer en Inde ? Car, je n'en doutais pas, tôt ou tard, ce jour viendrait. Ce qu'il avait accompli en Afrique du Sud figurait le prologue de ce qui l'attendait dans son pays. Je devais y réfléchir.

Alors arriva Judith... Judith, un soleil prêt à me consumer.

En vérité, ma nièce avait toujours été là, mais pris par les retrouvailles avec sa mère, et mille autres occupations, je ne lui avais pas prêté grande attention. Après tout, elle n'avait que dix-sept ans et c'était surtout sa sœur aînée, Hanna, qui m'impressionnait par sa maturité et la justesse de ses réflexions. De plus, cette dernière me vouait une admiration sans bornes. Judith, elle, était à l'opposé : vive, passionné, fiévreuse, imprévisible et surtout dotée d'une sensualité animale. À quel moment le choc émotionnel s'est-il produit ? Aujourd'hui, trente-trois ans plus tard, je suis incapable de le préciser avec certitude. Il me souvient seulement qu'à un moment donné, quelque chose dans son attitude m'a parlé. Je crois que c'est le jour où elle est venue se blottir contre moi, comme le ferait une femme. Et, ce jour-là, son souffle m'a brûlé.

« Le comportement de Judith est singulier, et me trouble fortement », ai-je écrit dans mon journal intime.

Peu à peu la brûlure s'est transformée en brasier.

Je m'endormais avec la vision de ses seins, de ses hanches, de ses lèvres. Mon corps entrait en fusion. D'entre mes deux nièces, elle était la moins équilibrée et je me demande si ce n'est pas dans ce déséquilibre que je me retrouvais.

J'ai écrit à Mohan : « Elle est amoureuse de moi. Dans ma volonté de l'influencer, il s'est produit l'inverse. Compte tenu de l'écart d'âge, rien n'est possible. Il est inimaginable qu'un oncle épouse sa nièce. Je n'ai pas oublié notre contrat. »

Il a réagi immédiatement :

30 septembre 1911,

Ferme Tolstoï
Lawley station
Transvaal

Ma chère Chambre basse,

Votre expérience avec votre cousine est très déconcertante. En me la décrivant, vous faites honneur à votre cœur. Si j'ai bien saisi, vous êtes au milieu de la plus subtile des tentations. Les gens que vous voulez aider peuvent devenir inconsciemment vos pièges les plus mortels. Et c'est le cas. Il se peut que l'abstinence de sel, vos privations de toutes sortes aient déclenché chez vous un besoin de romance, et vous aient enveloppé d'un halo tentateur. Oui, le chemin est rude pour ceux qui veulent s'imposer une discipline, penser et vivre avec rectitude. Ils avancent sur le fil d'une épée et ne doivent en aucun cas dévier d'un pouce. Sous aucun prétexte ils ne doivent détacher, ne fût-ce qu'un instant, leur regard de l'objectif qu'ils poursuivent. J'ai souvent vu des funambules en Inde. Ils avancent sur une corde tendue entre deux poteaux, à vingt pieds du sol. Une longue tige de bambou leur sert de balancier. À aucun moment leurs yeux ne quittent le point d'arrivée. S'écarter d'un cheveu, et c'est la chute assurée.

Eh bien, sachez que la marche d'un funambule spirituel est un million de fois plus difficile, et les obstacles semés sur sa corde bien plus nombreux.

Vous, Hermann, êtes de ces funambules spirituels. Dans la chanson céleste, Krishna dit : « Un homme bien doit penser à MOI alors que je suis en train de créer la vie. » Et c'est vrai. En l'absence d'un œil qui nous surveille, il est plus facile de faillir et nos prouesses ne sont saluées par personne.

Méfiez-vous alors, pensez sans cesse aux articles de notre accord, et si Dieu le veut vous serez en sécurité et vous ne tomberez pas.

Affectueusement,

Chambre haute.

Un matin, Judith m'a proposé :

— Apprends-moi l'anglais, oncle Hermann, en échange je t'enseignerai le français.

Je fus incapable de refuser. Ne nous offrait-elle pas là une merveilleuse opportunité de nous retrouver seuls ?

Je luttais pourtant, oh oui, je luttais ! Me répétant sans cesse l'article trois du contrat qui me liait à Mohan : *La Chambre basse ne regardera aucune femme de manière lubrique. La Chambre basse ne regardera aucune femme de manière lubrique… La Chambre basse ne regardera aucune femme de manière lubrique.*

Au milieu du mois d'août, j'ai noté dans mon journal : « Où cela finira-t-il ? » Et deux jours plus tard : « Je passe trop de temps avec Judith. Je dois me protéger. »

— Alors, oncle Hermann, quand partons-nous pour Dresde ?

J'ai fait mine de ne pas comprendre la question.

— Tu n'as pas oublié ? Tu m'avais promis de m'emmener visiter l'exposition consacrée à l'hygiène internationale. Elle a été inaugurée hier. Alors ?

Et de réitérer sa demande :

— Quand partons-nous ?

J'ai tenté de gagner du temps.

— Nous verrons. Rien ne presse.

Judith leva un index sous forme de mise en garde :

— Attention, tu m'as promis !

— Oui, dis-je faiblement, j'ai promis.

Le 2 octobre nous sommes partis pour Dresde.

Si je devais décrire les onze jours que nous avons passés là-bas, j'en serais incapable. Un homme de quarante ans, sous l'emprise d'une fille de dix-sept ans, sauvage, incontrôlable, mais tellement attachante. Elle, yeux brillants, discrets balancements de hanches, et moi cherchant à décrypter les hypothétiques secrets d'un cœur d'enfant dans un corps de femme.

— Je t'aime, Hermann.

Lorsqu'elle prononça ces mots pour la première fois, j'ai senti qu'elle me dévorait le cœur tout entier.

— Je t'aime. Épouse-moi. Je t'aime.

J'ai tenté de la raisonner, mais ai-je vraiment tenté ? Alors que grondaient dans ma tête les recommandations de Mohan : *La Chambre basse ne devra à aucun prix s'engager maritalement durant ce voyage. La Chambre basse ne devra à aucun prix s'engager maritalement durant ce voyage.*

Nous sommes revenus à Königsberg le 13 octobre. Un télégramme m'attendait.

Impossible prêter somme d'argent demandée – stop – situation financière critique – stop – désolé. E. Kennedy.

Ainsi, j'étais dos au mur. Mes dernières réserves épuisées, j'avais compté sur ce prêt afin de poursuivre mon voyage. Je ne pouvais pas en tenir rigueur à mon associé, lequel m'avait plus d'une fois renfloué. Il devait aussi certainement m'en vouloir d'avoir laissé passer, par ma négligence, le projet de construction d'une synagogue avec pour conséquence une perte de vingt mille livres. Au cours des derniers mois, j'avais accumulé plus de quatorze mille livres de dettes. Une somme vertigineuse, engloutie en sa presque totalité dans la ferme Tolstoï. Il ne me restait plus qu'à repartir pour Londres à la recherche de nouveaux emprunts.

Comment Judith réagirait-elle ?

Un cirque avait dressé son chapiteau aux portes de la ville. J'ai proposé de l'y emmener. Après le spectacle, nous sommes allés patiner. Et sur le chemin du retour, je lui ai parlé. Je lui ai tenu les mêmes propos qu'à Dresde, mais avec plus de conviction. Je lui ai expliqué combien notre histoire appartenait aux histoires d'amour impossibles. J'étais son oncle, elle ma nièce. Elle avait dix-sept ans, et moi quarante. Elle m'a écouté jusqu'au bout et, quand je me suis tu, a levé son visage vers moi et demandé :

— Qu'est-ce qu'un amour impossible ?

— Le nôtre. Et tous ceux qui lui ressemblent.

— Non. Je t'aime. Je ne te quitterai jamais.

— Il le faut pourtant. Nous n'avons pas le choix.

Elle se jeta contre moi, me couvrit de baisers, m'entourant, m'enveloppant avec une désespérance qui me fendit le cœur.

Au prix d'un effort surhumain, je l'ai repoussée doucement et j'ai répété avec une fermeté dont je ne me serais jamais cru capable :

— Non, Judith. C'est fini.

— Alors, au moins laisse-moi t'accompagner jusqu'à Berlin. Je t'en supplie. Accorde-moi cette dernière faveur.

J'ai accepté.

Jamais je n'aurais dû. Au cours du voyage, à mesure que nous nous rapprochions du terminus, mes bonnes résolutions s'éloignaient une à une et lorsque le train entra en gare, il n'en restait plus rien. Au moment de nous séparer, j'ai promis à Judith que je reviendrai. Entre-temps, une idée folle avait germé dans ma tête : m'installer à Londres, remonter un nouveau cabinet d'architecte, mettre un terme à mes déboires financiers. Et dans ce projet, j'avais éludé ma relation avec Mohan. Comment était-ce possible ?

Sitôt à Londres, je lui ai confié mon plan.

Sa réaction fut évidemment lapidaire :

[...] Je suis déçu d'apprendre que vous envisagez de vous lancer dans de nouvelles affaires commerciales. Vous n'êtes pas allé en Europe dans ce but ! Nous avons déjà discuté de ces questions ici, et vous sembliez penser au contraire que le mieux serait de vous libérer de toute contrainte matérielle. Ce qui serait la meilleure chose à faire. Comme dans les maladies, nos difficultés financières sont une variante des maladies mentales. Et pour les guérir, il ne faudrait surtout pas ajouter de nouveaux facteurs qui ne feraient qu'aggraver la maladie.
[...] Personnellement, je pense qu'il est plus que temps que vous rentriez !

À Londres, je suis parvenu à obtenir de nouveaux prêts. Que faire ? Suivre la recommandation de Mohan ou respecter la promesse faite à Judith ?

Le 28 octobre, je suis reparti pour Berlin.

Judith m'y attendait.

Je l'ai ramenée à Königsberg où j'ai trouvé ses parents en plein désarroi. J'ai d'abord cru qu'ils avaient percé à jour les sentiments qui me liaient à leur fille. Je me trompais. Seul l'avenir de Judith les tourmentait. Son caractère, son indiscipline, ses études qui partaient à vau-l'eau, tout un ensemble d'éléments les avaient amenés à prendre une décision radicale : leur fille partirait pour Londres où elle entrerait dans un internat. Par conséquent, à moins que je ne m'installe en Angleterre, Judith et moi serions séparés de manière définitive.

C'est alors qu'ils me demandèrent :

— Hermann, pourrais-tu l'accompagner à Londres le jour où tu repartiras ? Tu nous rendrais un immense service.

Cette requête me comblait et terrorisait à la fois. Elle et moi, seuls dans un pays étranger, avec toute la promiscuité qu'un tel séjour impliquait ? Cette nuit-là, j'ai couché quelques mots à l'intention de Mohan, espérant sans doute puiser des forces dans mon aveu.

[...] Je n'ai pas failli physiquement, bien que je sois forcé de reconnaître que les circonstances extérieures m'y ont beaucoup aidé. Je ne pense pas que je succomberai sexuellement, mais j'aimerais tellement pouvoir mieux maîtriser mon désir. Cela me semble très très difficile ! Les feux de la chair ont eu raison de ma spiritualité et de ma force mentale. Je souffre, je souffre *vraiment*. Je n'ai plus dormi depuis je ne sais combien de temps, et l'homme que j'étais il y a quelques mois encore n'est plus. Oui, j'ai pleinement conscience d'être aux prises avec la plus ardente des tentations, et je ne peux que me répéter : pars, fuis, rentre immédiatement en Afrique du Sud. Mais Dieu que c'est difficile !

Jour après jour, les occasions de conflit avec ma famille se sont multipliées. Les critiques des premiers temps se muèrent en procès et j'occupais la place du prévenu. Combien vrais m'apparurent alors les propos tenus quelques années auparavant : « La famille est un accessoire non essentiel dans l'évolution d'un être. Elle peut même se révéler un handicap, elle peut même vous tuer. » Je refusais de mourir.

De son côté, Judith dérivait dans un désespoir infini. Elle se voyait enfermée dans un établissement scolaire, en terre étrangère, et surtout, elle se voyait séparée de moi.

Au moment de boucler mes valises, j'ai fait cette folle proposition à Janet :

— Pourquoi ta fille ne m'accompagnerait-elle pas en Afrique du Sud ? Après tout, la ferme Tolstoï lui apprendra bien mieux la vie que tous les établissements scolaires.

Judith laissa exploser sa joie.

Étais-je conscient de ce que ma proposition impliquait ? J'en doute.

Finalement, après des heures de débats et de larmes, il fut convenu que Judith achèverait d'abord ses études en Angleterre, puis me rejoindrait à Johannesburg.

Nous avons pris la route pour Londres la veille de Noël et sommes arrivés dans la capitale anglaise le 28.

Judith et moi, seuls au monde[1].

---

1. Dès cette date, et jusqu'au 1er mars 1912, les entrées du journal intime de Kallenbach sont absentes. Deux chercheurs, James D. Hunt et Surendra Bhana, évoquent l'hypothèse de leur destruction par Hanna Lazar, la sœur de Judith, en raison de leur caractère trop intime.

30

Les nuages dessinaient dans le ciel de longues traînées noirâtres.

Nous étions le 12 août 1912. L'hiver n'avait jamais été aussi triste.

Lentement, la nuit glissait au-dessus de la ferme Tolstoï.

Je m'échinais à réparer la porte de la remise lorsque Mohan arriva, haletant, brandissant un télégramme.

— 22 octobre ! s'écria-t-il. 22 octobre ! Il arrive ! Gokhale arrive !

Son visage irradiait de joie.

Il reprit :

— N'est-ce pas merveilleux ? J'ai eu si peur qu'il ne change d'avis.

Il se laissa choir par terre, comme assommé.

— Gokhale arrive.

Je comprenais son bonheur. Voilà six mois, depuis mon retour de Londres, qu'il cherchait à convaincre Gopal Krishna Gokhale, la figure de proue du mouvement d'indépendance et l'un des plus hauts dirigeants du Congrès national indien, de venir en Afrique du Sud. Respecté et admiré par ses frères, Gokhale l'était aussi par les dirigeants britanniques. Très proche du vice-roi des Indes, président des Serviteurs de la Société indienne, l'homme occupait en outre une place prépondérante dans le cœur de deux hommes : Muhammad Ali Jinnah, chef de la communauté musulmane et... Mohan. Leur mentor s'imaginait-il qu'un jour ses deux disciples s'opposeraient[1] ?

Depuis six mois, rien n'avait bougé et le statu quo s'éternisait. Smuts s'efforçait toujours de convaincre ses pairs d'abroger l'Acte Noir sans le moindre succès. Gandhi espérait donc que la venue d'un personnage aussi prestigieux ferait enfin bouger les lignes. Il parlerait aux ministres sud-africains, non seulement au nom du gouvernement indien, mais aussi, indirectement, au nom de l'Empire.

— Vous avez réussi. Bravo, Mohan.

— Nous avons deux mois pour nous préparer. Je veux que nous lui réservions un accueil que même les princes pourraient envier. Il a une santé fragile, et nous devrons veiller à ce qu'il se déplace dans les meilleures conditions. Plus que jamais j'aurais besoin de votre aide. Puis-je y compter ?

— Comme toujours.

Brusquement, il changea de sujet.

— Avez-vous *vraiment* l'intention d'inviter votre nièce à vivre parmi nous ?

— Je vous ai déjà répondu, Mohan : oui. Mais pas avant un an. Lorsqu'elle aura achevé ses études. Judith est un être fragile qui se cherche. Je suis certain que la vie à la ferme Tolstoï lui fera le plus grand bien. Seriez-vous opposé à sa présence ?

— Je ne le suis pas. Néanmoins, je pose une condition.

— Je vous écoute.

— Votre nièce sera la bienvenue, mais uniquement si votre cœur est libéré de toute intention impure.

— Rassurez-vous. Il l'est.

---

1. Jinnah sera à l'origine de la scission des Indes britanniques et de la fondation du Pakistan le 14 août 1947.

Pour la première fois, je lui mentais. Du moins partiellement. Partiellement, car, même s'il brûlait, je pressentais que l'incendie allumé par Judith était sur le point de céder la place à un feu moins vif, bienveillant.

Il dit à voix basse :

— J'ai eu très peur pour vous, pour nous.

— J'en suis conscient. J'errais en plein naufrage. Tout va bien à présent.

Eût-il été imaginable que je lui confie combien ce retour aux sources m'avait marqué ? Que j'énumère les marques qui s'étaient imprimées dans ma chair et mon esprit ? Certes, l'empreinte laissée par Judith se révélait de loin la plus profonde, mais il y avait eu aussi la soudaine prise de conscience de mes racines juives, de cette hérédité dont je percevais désormais l'entière richesse et la force.

Il me prit la main et la porta à ses lèvres.

— J'ai beaucoup réfléchi, Hermann. Je suis désolé que votre séjour en famille se soit mal terminé. Cependant, je n'en suis pas surpris, je m'y attendais même. Vous et moi ne vivons pas comme ils vivent, ni comme personne d'ailleurs. Nous sommes en marge du monde.

Ses traits se détendirent et il se releva.

— Allons retrouver Kasturba. Elle a préparé à dîner et doit s'impatienter.

Alors que nous remontions le chemin, nous sommes passés devant l'endroit où, quelques mois auparavant, Harilal avait épanché sa désespérance. J'ai demandé :

— Depuis sa dernière lettre, avez-vous eu des nouvelles de votre fils rebelle ?

— Oui. Il étudie toujours, ou du moins il fait semblant, à la New English School de Bombay et espère passer son brevet[1].

---

1. En réalité, le terme anglais est *matriculation*, le brevet en tant que tel n'existant pas dans les pays anglo-saxons.

Il poussa un grand soupir.

— Vous l'imaginez assis avec des gamins de quinze ans, alors qu'il en a presque vingt-quatre ! De plus, grossière erreur, il a opté pour le français en seconde langue. Encore de l'argent et du temps gaspillé. Combien plus profitable eût été de choisir le sanskrit ! Vous avez raison de le qualifier de rebelle. Il n'en fera jamais qu'à sa tête.

— Pourquoi affirmez-vous qu'il fait *semblant* d'étudier ?

— Parce que je me suis renseigné, figurez-vous. Il passe le plus clair de son temps à boire du thé, à bavarder avec ses amis et à jouer aux échecs ! Savez-vous ce qui se raconte là-bas ? « Son père est un brillant avocat, tandis que lui est un raté. » Croyez-vous qu'entendre semblables propos sur mon fils me réjouisse ?

Il balaya l'air d'un revers de la main.

— N'en parlons plus. Harilal sera toujours une blessure ouverte dans mon cœur.

*

Le 22 octobre, l'*Armada Castle* qui amenait Gopal Krishna Gokhale se rangea le long du quai.

Nous étions plus d'une centaine à le guetter, brandissant des calicots et des banderoles sur lesquels des artisans avaient inscrit des mots de bienvenue et le nom de notre hôte en lettres rouge et or. Le cœur des Indiens battait. Il cognait si fort qu'on pouvait l'entendre à Pretoria, à Johannesburg, par-delà la baie de la Table et les montagnes du Drakensberg.

À notre grande surprise, sans doute tout aussi impressionné que nous par le personnage, le gouvernement sud-africain avait mis à sa disposition le wagon-salon habituellement réservé aux ministres et chefs d'État.

Le programme élaboré par mes soins avec Gandhi prévoyait que Gokhale ferait halte dans chaque ville, chaque village où vivaient des familles indiennes et y prononcerait un discours. Aujourd'hui je réalise combien nous fûmes inconscients. Nous savions que la santé de notre illustre hôte était chancelante, que le diabète le rongeait, et nous n'en avons pas tenu compte. Quelle stupidité !

— Le voici ! s'écria Mohan. Le voici !

Il pointa son doigt vers une silhouette un peu courbée qui descendait la passerelle d'un pas incertain. Le visiteur n'avait que trois ans de plus que Gandhi, mais paraissait nettement plus vieux.

Des acclamations fusèrent, des bénédictions, des vivats. On eût juré que toute l'Inde en cet instant frémissait d'orgueil.

Il arriva bientôt devant nous et je fus frappé par l'extrême mélancolie émanant de ses traits.

Mohan, ému, s'inclina respectueusement, mains jointes devant sa poitrine, Gokhale fit de même.

Après qu'ils eurent échangé quelques mots, Mohan me présenta.

— Monsieur Kallenbach. Un ami, un frère et un grand défenseur de notre cause.

Gokhale me salua avec un sourire.

— Honoré, monsieur.

Quelques minutes plus tard, nous montions dans le train pour Johannesburg. Et ce fut le début d'une épopée dont Gokhale ne sortit pas indemne.

Ainsi que nous l'avions prévu, le convoi fit halte partout où résidait une communauté indienne. Et, à chaque arrêt, Gokhale devait descendre pour aller à la rencontre de ces familles qui, toutes, tenaient à recevoir le *Darshan*, sa bénédiction. C'est ainsi que le parcours du Cape à Johannesburg dura plus de vingt-quatre heures, alors qu'habituellement quinze heures auraient suffi.

Une fois à Johannesburg, le maire en personne accueillit l'illustre visiteur à la gare sous un dais de velours rouge. Et comme la ville était célèbre pour son or, on lui offrit une plaque sur laquelle des orfèvres avaient gravé une carte de l'Inde et le Taj Mahal.

Les meetings ont succédé aux banquets et les banquets aux soirées de fête. Comme Gokhale parlait seulement l'anglais et le marathi, Mohan lui suggéra de s'exprimer en anglais, tandis que lui traduirait ses propos en hindoustani, l'une des trois langues les plus parlées de l'Inde. Gokhale devait douter des compétences en hindoustani de Mohan, puisqu'il lui fit remarquer :

— Pardonnez-moi, mon frère, j'apprécie votre proposition, cependant je tiens à ce que mes paroles soient fidèlement transmises.

— Elles le seront, n'ayez aucune crainte. Je maîtrise parfaitement les deux langues.

Gokhale insista.

Mohan lui tint tête.

— Comme vous voudrez, finit par lâcher notre hôte. Vous ne changerez jamais et ferez toujours à votre gré. Je ne peux pas lutter. Je suis ici à votre merci.

Il s'était exprimé avec affection, mais on devinait qu'il eût préféré que Gandhi ne cherche pas à avoir raison dans un domaine où il était loin d'exceller.

Et c'est vrai que le pauvre se retrouvait à notre merci.

Arrivé à la gare de Lawley, quelqu'un lui assura qu'il n'y avait pas plus de deux miles à parcourir jusqu'à la ferme Tolstoï. Aussi, il accepta volontiers de faire le chemin à pied. Tout à son plaisir de marcher à ses côtés, Mohan omit totalement de se préoccuper de l'épuisement dans lequel se trouvait notre infortuné hôte, affligé de surcroît d'un mauvais rhume. Comble de malchance, il se mit à pleuvoir et ce fut trempé des pieds à la tête, que Gokhale arriva à la ferme.

Habitué à avoir son propre serviteur, il ne supportait l'assistance de personne d'autre. Mais Mohan insista exagérément pour lui masser les pieds. Il le fit avec tant de vigueur que le visiteur finit par pousser un cri de dépit et laissa éclater sa colère :

— Vous croyez être né pour souffrir et vivre dans l'inconfort, tout en étant persuadé que des gens comme moi ont besoin d'être dorlotés par vous. À quoi rime cet extrémisme ! À partir de maintenant, je vous interdis formellement de me toucher ! Il est temps que vous cessiez de brandir votre spiritualité comme un trophée et deveniez enfin humble.

Je glissai un regard en coin sur Mohan. Il était pâle, bouche bée. Lui, toujours habitué à donner des ordres, et qui se faisait un point d'honneur de rester maître de toutes les situations, parut totalement décontenancé.

Nous nous sommes retirés et nous avons laissé Gokhale seul.

En sortant, Gandhi m'a chuchoté :

— Quel coup de foudre que cette tirade. J'en suis terriblement peiné. Je ne vois vraiment pas où j'ai péché. Quelle faute ai-je pu commettre qui méritât des propos aussi durs ?

En vérité, mais je n'ai pas osé le lui dire tant il était meurtri, la réaction de Gokhale contenait un message : « Cessez donc de vouloir constamment interférer dans la vie de ceux qui vous entourent, arrêtez de vouloir leur donner des ordres. »

Le soir même, comme à son habitude, Mohan écrivit une lettre à l'intention de son hôte afin de lui exprimer son désarroi. Lettre à laquelle Gokhale répondit de vive voix :

— Vous ne savez rien de ma manière de vivre. Je déteste faire les choses à la hâte. Je réfléchis, je pèse le pour et le contre et ensuite seulement j'agis. Si tout le monde faisait comme moi, on économiserait beaucoup de temps et notre pays serait épargné par l'avalanche d'idées bancales qui menacent aujourd'hui de l'accabler !

Et l'affaire en resta là.

Après un bref séjour à la ferme, Gokhale poursuivit sa marche triomphale à travers l'Afrique du Sud. Noyé de fleurs, couvert de présents, il dut endurer d'interminables discours de bienvenue. En résumé, nous lui avons fait vivre tout ce qu'il haïssait le plus au monde et la modestie, trait essentiel de son caractère, eut à en souffrir terriblement. Il me fit aussi l'honneur de venir habiter quelques jours au Kraal, et s'émerveilla devant son architecture.

Vint le moment crucial de son séjour, la raison première : défendre la cause indienne auprès des responsables sud-africains.

Une réunion fut fixée le lundi 10 novembre à 9 heures 30 avec les généraux Botha et Smuts. Gokhale estima qu'il valait mieux que Mohan n'y participe pas afin de préserver la sérénité de la discussion. En revanche, il le pria de l'instruire, et de lui fournir toutes les informations qui lui permettraient de répondre aux objections de ses interlocuteurs. Durant toute la nuit précédant la réunion, il harcela Gandhi de questions. Ce fut une longue série d'interrogatoires et de contre-interrogatoires jusqu'à ce qu'enfin Gokhale se montrât totalement maître du sujet. À l'aube il se déclara satisfait : « Je suis prêt à combattre les dragons dans leur tanière et à revenir porteur de la victoire. »

Nous l'avons accompagné à Pretoria la veille de son rendez-vous afin qu'il puisse être à l'heure et nous sommes descendus à l'hôtel Victoria où les autorités avaient pris la précaution de nous réserver deux chambres. Sans quoi, ni Gokhale ni Mohan n'eussent été admis. Durant une partie de la nuit, les deux hommes révisèrent une fois encore les points sensibles et, le lendemain, nous avons conduit notre « ambassadeur » jusqu'au bâtiment ministériel où l'attendaient les « dragons ».

Quand il en ressortit en fin d'après-midi, il laissa éclater sa joie.

— Nous avons gagné sur toute la ligne ! Le *Black Act* sera abrogé ainsi que la taxe de trois livres !

Gandhi accueillit la nouvelle avec un certain pessimisme. Il me chuchota même à l'oreille : « C'est une victoire trop facile pour être vraie. »

À Gokhale, il s'autorisa à faire remarquer :

— Permettez-moi de douter de la sincérité de ces gens. Vous ne les connaissez pas comme je les connais. J'ai bien peur que vous parti, ils renient leur parole comme à leur habitude.

Gokhale balaya ses craintes.

— Non. J'ai pu les tester. Botha et Smuts sont des gens honorables.

Et s'empressa d'ajouter :

— C'est fini, mon frère, votre combat est terminé. Il est temps de songer à rentrer en Inde où l'on a grandement besoin de vous. Je vous laisse un an. Ce délai écoulé, je ne vous accorderai aucune excuse.

À nouveau, j'eus l'impression de voir un maître tancer un élève récalcitrant.

Mohan secoua la tête.

— Pardonnez-moi, mais cela me paraît impossible. Je ne pense pas que, d'ici un an, je pourrai quitter l'Afrique du Sud. J'ai bien peur qu'avant que les promesses faites soient tenues, nombre de nos

compatriotes ne grossissent les rangs des prisonniers.

Bien que peu convaincu, Gokhale garda le silence.

La veille de son départ, le 15 novembre 1912, sur
le quai il réitéra sa requête, mais sans plus de succès.
Le soir, Mohan lui écrivit :

Me pardonnerez-vous tous mes imperfections ? Je
n'aspire qu'à être votre humble élève. Il ne s'agit
pas là de fausse modestie. Je veux savoir que j'ai
un maître. Nous ne partageons pas les mêmes
points de vue, mais vous serez toujours et quoi
qu'il arrive mon modèle en politique.

Lorsqu'il me fit lire ce mot, j'ai souri. S'il avait
rêvé trouver en Gokhale un gourou, Gandhi se trompait. Toute sa vie, il aura cherché un homme capable
de l'inspirer, de le conduire, de lui prodiguer des
conseils, mais cette quête se révélait impossible, personne au monde n'en eût été capable. Mohan aurait
bien voulu appeler quelqu'un « maître », or le maître
c'était lui.

31

— Je regrette, Hermann, mais je ne reviendrai pas sur ma décision. Soit tu te remets sérieusement au travail, et à temps complet, soit nous nous séparons. Mais je te préviens : je garderai le cabinet. J'estime que l'argent que tu me dois représente très largement le montant de tes parts.

Eliot Kennedy sortit son paquet de cigarettes de sa poche, des Lucky Strike, ma marque de prédilection, et m'en proposa une que je refusai stoïquement.

— Je regrette d'avoir à retourner le couteau dans la plaie, mais ton inconscience nous a fait passer sous le nez le contrat de la synagogue de Wolmarans Street.

Je me tournai vers son épouse comme pour chercher un réconfort, elle m'offrit juste un sourire triste.

— Eliot a raison, dit-elle doucement. Ton implication aux côtés de Mr Gandhi est louable, mais pense aussi à tout ce que tu perds. Allons, Hermann, un peu de sagesse.

— Tu as quarante ans, me rappela Eliot.

— Quarante et un…

— Tu comptes passer le restant de ta vie dans une ferme à cultiver des légumes et jouer au charpentier ?

Alex quitta son fauteuil et se pencha sur moi.

— Nous ne voulons pas te perdre.

Elle avait murmuré et, je ne sais pas pourquoi, j'ai cru entendre : « *Je* ne veux pas te perdre. » Sans doute un effet de mon imagination ou de ma lassitude.

Je me suis levé à mon tour.

— C'est tout réfléchi, mes amis. Je t'abandonne mes parts, Eliot. J'espère que tu trouveras un autre qui saura se montrer plus à la hauteur que je ne l'ai été.

— Non, Hermann, ne fais pas ça ! protesta Alex. Ce serait un gâchis absolu !

— Je n'ai plus envie de cette vie ni de cette course à l'argent. Bâtir des maisons, des églises ou des synagogues ne m'inspire plus. Je préfère continuer à *me* construire.

J'ai tendu la main à Eliot, déposé un baiser sur la joue d'Alex et je suis parti.

En me dirigeant vers la gare, je me sentais incroyablement plus léger. Voilà des années que je me partageais entre deux mondes dissemblables. Maintenant la situation devenait enfin claire. Quant à mon avenir financier, je ne m'en préoccupais pas trop. En vendant les quelques pièces d'antiquité que je possédais, j'aurais largement les moyens de subvenir à mes besoins, de bien maigres besoins en vérité. Et, si la situation l'exigeait, je pouvais aussi me défaire du Kraal et de Mountain View.

J'ai pris la direction de Wolmarans Street. En passant devant la synagogue, j'ai ressenti, comme à chaque fois, un petit goût amer au bord des lèvres. Kennedy avait raison, j'étais grandement responsable si le chantier avait été remporté par Schaerer, notre concurrent direct.

Parvenu devant le numéro 6, j'ai franchi le seuil, gravi les trois étages et sonné à la porte de Shimon Landau. Depuis mon retour d'Allemagne, j'avais décidé de me mettre à l'hébreu. Sans doute était-ce le fruit de mes discussions avec le jeune Louis Lewin à Königsberg. À moins que ce fût simplement le besoin de combler l'absence de mes parents. Voire les deux à la fois. De même, j'avais jugé important de me rapprocher du mouvement sioniste. Pour l'heure, si j'admirais le projet tel que me l'avait décrit Lewin, je souhaitais mieux le comprendre, mieux cerner vers quoi il tendait. Pionnier en Afrique du Sud, pourquoi ne le deviendrais-je pas un jour en Palestine ?

*

J'arrivai en début de soirée à la ferme Tolstoï. Il régnait une effervescence inhabituelle.

Un petit groupe s'était formé au centre de la cour : quelqu'un pleurait. Je me suis frayé un passage. Mohan, agenouillé près d'une femme, tentait de la consoler. J'ai reconnu Miriam, l'épouse de Mohammad Hassan, le cuisinier.

— Que se passe-t-il ?

— Ce qui se passe ? se récria Mohammad. Il se passe que je n'ai plus de femme et ma femme plus de mari. Par la grâce du gouvernement nous voilà devenus un couple illégitime !

— Il a raison, confirma Mohan. Depuis ce matin, par la voix de son président, Justice Searle, la Cour suprême a décrété que seuls les mariages célébrés selon le rite chrétien seront reconnus ; ce qui signifie que les milliers de couples hindous, musulmans ou zoroastriens n'existent plus au regard de la loi.

Il écarta les bras avec une expression ironique.

— Et je ne suis donc plus marié à Kasturba.

Gandhi m'entraîna à l'écart du groupe.

— Il y a tout aussi grave. Ce matin, j'ai reçu un câble de notre ami Smuts. Sous prétexte que la majorité des Européens s'opposent farouchement à l'abolition de la taxe de trois livres, il baisse les bras. L'impôt est maintenu. Nous sommes de retour à la case départ.

Il me fixa, les yeux brillants.

— Quand je pense aux mots de Gokhale : « Botha et Smuts sont des gens honorables », me vient l'envie de pleurer.

J'étais assommé. Quatre mois plus tard, non seulement aucune des promesses n'avait été tenue, mais voilà que s'ajoutait un décret nauséabond.

Justice Searle... pourquoi ce nom m'était-il familier ? Je me suis souvenu : il s'agissait du juge qui avait rejeté la demande d'admission au barreau de Sonja Schlesin.

Je devais avoir l'air effondré, car Mohan s'exclama :

— Ressaisissez-vous, Hermann ! Tout va bien. Cet ultime affront nous libère de tout engagement et met fin à la trêve.

— Vous n'envisagez tout de même pas de relancer le *satyagraha*. Nous n'avons presque plus d'argent. Et je viens d'abandonner mon cabinet. Une nouvelle campagne exigerait...

— Ne vous inquiétez pas, je vais envoyer un câble à Gokhale, il récoltera des fonds.

Il répéta :

— Tout va bien. Pendant ces mois où nous rongions notre frein, Dieu préparait les ingrédients de notre victoire.

Connaissant Mohan depuis dix ans, je m'étais accoutumé à le voir résister aux coups durs et je savais sa capacité à faire face avec un incroyable courage aux pires situations. Mais là, il m'éblouissait. À genoux, cerné comme jamais, voilà qu'il s'exprimait en futur vainqueur.

— Allons ! s'exclama-t-il gaiement. Au travail !

Le 16 août, nous apprîmes la mort du révérend Joseph Doke à Umtali, à l'est de la Rhodésie, victime de la typhoïde. Un jour, il nous avait fait part de son désir de se rendre dans cette région pour, selon ses propres termes, « évangéliser le cœur de l'Afrique ». Aujourd'hui après plus de quarante ans, sa jovialité, la lumière de ses traits demeurent ancrées dans mon souvenir et je sais que Mohan, lui non plus, ne l'a pas oublié.

Durant six mois, Gandhi s'est battu pour trouver une solution qui éviterait de relancer le *satyagraha*. Combien de lettres ? Combien de suppliques a-t-il envoyées ? Cent ? Deux cents ? Il n'épargna aucune personnalité, pas même lord Hardinge, le vice-roi des Indes, et n'obtint rien. À la fin de l'hiver, force fut de constater que tout espoir d'accord était définitivement perdu. Je me souviens de la tension qui habitait son visage lorsque, à l'aube du 10 septembre 1913 il m'annonça :

— J'ai longuement réfléchi, Hermann. À mon corps défendant, me voilà obligé de prendre une décision longtemps repoussée, conscient des graves répercussions qu'elle ne manquerait d'avoir sur mes frères et sœurs. Seulement, on ne me laisse plus le choix.

Il prit une brève inspiration.

— J'ai décidé de sacrifier les colons de Phoenix et de la ferme Tolstoï. Ce sera ma dernière offrande au Dieu de vérité.

Je l'ai dévisagé, bouche bée.

— Que voulez-vous dire par « sacrifier » ?

— Je vais faire en sorte qu'ils aillent tous en prison, à l'exception des plus fragiles, de ceux qui sont indispensables à la publication de l'*Indian Opinion*, et des enfants de moins de seize ans, dans lesquels j'inclus mon fils Devdas qui en a treize. Ramdas, lui,

vient d'entrer dans sa seizième année et, par conséquent, fera partie de cette armée de la paix. Cet acte
sacrificiel terrible, croyez-moi, m'est insupportable.
Néanmoins, comme je viens de vous le confier : on
ne me laisse plus le choix.

— C'est une décision bien grave, en effet. Comment
comptez-vous vous y prendre ?

— Vous le saurez une fois à Phoenix.

Durant tout le trajet, il ne prononça aucune
parole, l'œil sombre, perdu dans ses pensées.

Un troupeau d'antilopes filait le long de la steppe
dans un espace immobile, parsemé de tons rouge et
ocre. Voilà vingt ans que je côtoyais ces décors sans
commencement ni fin, ces contours brûlés, riches de
secrets chuchotés, et je ne m'en lassais pas. Je son-
geais à ces tribus qui, depuis l'aube des temps, peuplaient cette terre, ces *kafirs* comme les qualifiait
Mohan, les Xhosa, les Zoulous, les Sothos, les
Venda, les Tswana, les San, tous ces gens dépossé-
dés. Et je me dis qu'il faudrait du temps, beaucoup
de temps avant qu'ils nous pardonnent à nous, les
Blancs.

Dès que nous sommes arrivés, le premier geste de
Gandhi fut d'aller saluer Kasturba et leurs trois fils.
Pendant quelques instants, en les voyant ainsi réunis,
j'eus l'impression que la souffrance et l'injustice
n'existaient plus. Ramdas et Devdas paraissaient épa-
nouis. Manilal, qui venait d'avoir vingt et un ans,
s'occupait à plein temps de l'*Indian Opinion*. Après
avoir longuement bavardé avec eux, Mohan convoqua les colons.

Il commença par leur tenir les mêmes propos que
ceux qu'il m'avait confiés, parla sans détour de la
prison qui les attendait, puis exposa son plan :

— Le 15 septembre, un premier groupe partira
d'ici, de Phoenix ; le second, de la ferme Tolstoï. Les
deux convergeront vers la frontière et la franchiront.

Vous devinez quelles seront les conséquences : la prison. C'est pourquoi je vous ai parlé d'acte sacrificiel. Le groupe de Phoenix sera composé d'hommes et de femmes ; celui de Tolstoï comportera uniquement des femmes. Nous accepterons seulement les personnes en parfaite condition physique. Pour vous ou pour ceux de Tolstoï, la distance à parcourir sera quasiment la même : environ deux cent cinquante miles.

Deux cent cinquante miles ! Je calculais. À raison de vingt-trois miles quotidiens, il leur faudrait un peu plus dix jours pour atteindre leur destination.

— Pardonnez-moi, Mohan, mais vous êtes conscient, n'est-ce pas, que ces marcheurs devront être alimentés.

— Bien sûr. Ils emporteront suffisamment de pain et de sucre jusqu'à la première halte, et ensuite ils devront compter sur la générosité de leurs frères indiens qu'ils rencontreront le long du parcours.

Parsi Rustomji intervint :

— *Gandhibhai*, pourquoi le second groupe sera-t-il composé exclusivement de femmes ?

— Parce que j'ai la faiblesse de croire qu'elles ne seront pas arrêtées par les gardes-frontières.

— Dans ce cas, où est l'intérêt de faire subir une telle épreuve à ces malheureuses ?

Mohan répondit en affichant une expression sibylline.

— Qui sait ? Le destin leur réserve peut-être un rôle plus important. À présent, qui se porte volontaire ?

Tous levèrent la main. C'est alors que la voix de Kasturba s'éleva. Depuis combien de temps était-elle là ?

— *Bapou*, pourriez-vous m'expliquer pourquoi suis-je tenue à l'écart de ce projet ? Quels défauts me disqualifient à vos yeux ? Ne suis-je pas assez vertueuse pour aller en prison ?

Pas déstabilisé le moins du monde, Mohan répliqua :

— Pardonnez-moi si je vous ai peinée. Vous êtes la dernière personne au monde que j'aurais voulu offenser. Je ne doute pas de vos qualités, et je serais comblé si vous deviez être arrêtée. Cependant, en aucune manière je n'aurais voulu vous contraindre. Dans un tel cas, chacun doit agir en toute liberté et en fonction de son courage comme de sa force. Si je vous avais demandé de participer à cette marche, vous n'auriez pas hésité un seul instant à répondre favorablement, mais uniquement pour ne pas me déplaire. Et à l'idée de vous savoir ensuite tremblante de peur dans un tribunal, ou terrifiée par l'enfermement, comment aurais-je pu me regarder en face ?

— Ce que j'éprouverai ne vous regarde pas ! Si je constatais, une fois en prison, que l'épreuve s'avérait au-dessus de mes forces, alors je présenterais mes excuses aux autorités et on me libérerait. Répondez plutôt à cette question : si vous êtes capable d'endurer tous ces maux, si mon fils de seize ans l'est aussi, en quoi serais-je moins résistante que vous ?

Elle asséna :

— Je suis déterminée à me joindre à cette marche !

Mohan sourit.

— Et je suis déterminé à vous accepter. Néanmoins, je vous conseille de réfléchir encore.

— C'est tout réfléchi ! Rien au monde ne me fera changer d'avis !

Une salve d'applaudissements salua son propos.

Il y avait du merveilleux chez cette femme. Aujourd'hui encore, après toutes ces années, je me demande si Mohan ne l'a pas constamment sous-estimée.

En fin de journée, le premier groupe était formé. Douze hommes, quatre femmes. J'ai conservé leurs noms :

1- Mrs Kasturba Gandhi
2- Mrs Jayakunvar Manilal Doctor
3- Mrs Kashi Chhaganlal Gandhi
4- Mrs Santok Maganlal Gandhi
5- Parsi Rustomji
6- Chhaganlal Khushalchand Gandhi
7- Ravjibhai Manibhai Patel
8- Maganbhai Haribhai Patel
9- Solomon Royeppen
10- Raju Govindu
11- Ramdas Mohandas Gandhi
12- Shivpujan Badari
13- Govindarajulu
14- Kuppuswami Mudaliar
15- Gokuldas Hansraj
16- Revashankar Ratansi Sodha

Comme on peut le constater, parmi les seize membres, cinq appartenaient à la famille de Mohan.

Le lendemain, nous nous sommes rendus à la ferme Tolstoï où onze femmes furent sélectionnées.

Henry Polak fit observer, sceptique :

— Vingt-sept personnes au total. Vous pensez vraiment pouvoir vaincre avec si peu de monde les parlementaires, les ministres, Smuts et Botha ?

— Ce ne sont ni le nombre ni la force qui comptent, mais la détermination et l'intelligence. Connaissez-vous la parabole du grain de riz et de l'échiquier ?

Polak fit non de la tête.

— C'est une jolie histoire. Il était une fois en Inde un roi qui s'ennuyait comme s'ennuient tous les rois. Il promit une récompense exceptionnelle à qui lui proposerait une distraction capable de le distraire.

Un matin, un sage du nom de Sissa lui présenta le jeu d'échecs. Le souverain en fut émerveillé. Il demanda aussitôt au sage ce qu'il souhaitait en échange de ce cadeau extraordinaire. Humblement, Sissa répondit : « Du riz, Seigneur, des grains de riz. — Des grains de riz ? s'étonna le roi. — Oui, Seigneur, mais en déposant un grain de riz sur la première case, deux sur la deuxième, quatre sur la troisième, et ainsi de suite jusqu'à remplir l'échiquier en doublant la quantité de riz à chaque case. » Le roi s'esclaffa devant une requête en apparence si modeste. Il ordonna aussitôt à ses serviteurs de mettre en pratique les instructions de Sissa. Savez-vous comment l'histoire s'acheva ? Les serviteurs furent incapables de recouvrir toutes les cases : les récoltes de l'année n'auraient pas suffi.

*

Le récit que je vais vous livrer à présent est sans doute le passage le plus important de ces mémoires. C'est le moment où j'ai compris combien l'inaccessible est un leurre, que l'erreur, le mal, le laid, l'injustice, la médiocrité se brisent comme des cristaux devant un être en qui souffle l'inspiration divine.

Le 15 septembre, le premier groupe, composé de quatre femmes et douze hommes, quitta Phoenix et prit la direction de la frontière. Kasturba en faisait partie. Vêtue d'un sari safran, menton levé, incroyablement digne, elle assumait sereinement le destin que son époux avait tracé pour elle. Kashi, Chhaganlal et Ramdas lui emboîtaient le pas. Et ils marchaient. Droit vers le nord. Mpumalanga, Mool River, Charlestown. Deux cent cinquante miles à travers des morceaux de steppes, des hameaux, des éclats de savane et des champs inconnus accompagnés par les cris d'oiseaux fous et l'affolement des impalas. Heureusement, l'hiver touchait à sa fin et le temps n'était ni bon ni mauvais. D'ailleurs pour ces marcheurs, il n'y avait plus de temps.

Une fois atteinte la ligne de démarcation entre le Natal et le Transvaal, malgré ce qu'avait imaginé Mohan, tous furent arrêtés, les femmes incluses, et condamnés à trois mois d'emprisonnement. Ils n'offrirent aucune résistance. On les plaça dans un fourgon et on les enferma dans les geôles de Pietermaritzburg. En apprenant l'interpellation de son épouse, Mohan n'éprouva aucune tristesse, juste de la fierté. En revanche l'ensemble de la communauté eut un haut-le-cœur. L'image de Kasturba et de ses compagnes innocentes côtoyant des criminels ordinaires dans une prison sud-africaine leur fut insupportable. Nous étions le 23 septembre. Un feu invisible commençait à couver.

À quarante-huit heures d'écart, les onze femmes parties de la ferme Tolstoï mais descendant vers le sud, se présentèrent à leur tour à la frontière. Cette fois, Mohan avait vu juste. La police se borna à les refouler. Grave erreur. Elle allait produire – mais personne à ce moment ne pouvait l'envisager – les mêmes conséquences que le grain de riz de Sissa.

Suivant les instructions que Gandhi avait pris soin de leur donner (et dont je n'avais rien su jusque-là), les femmes firent demi-tour et se dirigèrent vers Newcastle et ses mines de charbon.

Newcastle ressemblait à tous les gisements miniers du monde : triste, lugubre et noir. À perte de vue, s'étendait une plaine rase, bosselée par des terrils, parsemée de constructions primaires et de lanternes tristes qui pendaient à des charpentes noircies. Arrivées sur place, les femmes haranguèrent les mineurs, en majorité des Indiens. Elles leur rappelèrent qu'ils disposaient d'un moyen puissant pour faire abolir la taxe de trois livres : la grève. Troublés et admiratifs du courage de leurs sœurs, les hommes s'exécutèrent, sachant qu'ils s'attiraient la foudre. Comme on devait s'y attendre, la réaction des propriétaires fut impitoyable. Ils en appelèrent aux forces de l'ordre. Coups de matraque, fouets, cris, hurlements. Ne pouvant embarquer plusieurs centaines d'individus, la police jeta son dévolu sur les onze femmes. Elles furent embarquées dans des fourgons et, comme leurs sœurs de Phoenix, envoyées à Maritzburg. Après leur départ, les mineurs refusant toujours de reprendre le travail, les propriétaires firent couper l'eau et l'électricité dans leurs habitations et jetèrent leurs meubles dans la rue.

Informés des événements, accompagnés par Polak et Thambi Naidoo, nous avons pris sur-le-champ la route de Newcastle.

Mohan y fut accueilli par des cris de joie et, pour la première fois, j'entendis qu'on l'appelait d'un nouveau surnom : *Gandhi Raja*, Gandhi Roi.

Un homme marcha vers lui et, soulevant sa chemise, montra les traces violacées qui striaient son dos.

— Je suis un Pathan, lança-t-il rageur. Un Pathan ne prend pas de coups, il les donne ! Mais j'ai accepté de rester passif par respect pour vous.

— Eh bien, mon frère, je considère que tu as fait preuve d'un immense courage. C'est grâce à des êtres comme toi que nous remporterons la victoire.

Très vite, nous avons dû nous rendre à l'évidence : ces hommes et leurs familles ne pourraient tenir longtemps sans eau ni lumière. Ils étaient déjà plus de mille et nous ne doutions pas que leur nombre irait croissant. Que faire ?

Nous étions là à débattre lorsqu'un couple se présenta à nous : Mr et Mrs Lazarus, des Tamouls chrétiens. Ils expliquèrent qu'ils possédaient à quelques minutes de Newcastle un petit lopin de terre et une maison. Ils proposèrent de les mettre à notre disposition.

Mohan les mit en garde :

— Vous serez durement châtiés pour ce geste. En êtes-vous conscients ?

— Parfaitement.

Dans l'heure qui suivit, la maison des Lazarus fut transformée en un grand caravansérail. Jour et nuit, ce fut un constant va-et-vient, et durant les trois jours que nous avons passés dans la propriété, il ne me souvient pas avoir vu le feu de la cuisine s'éteindre. Le mari et son épouse se donnaient un mal fou pour répondre aux constantes requêtes de leurs hôtes, sans jamais se départir de leur sourire.

Trois semaines plus tard, la situation devint critique. Le nombre de grévistes avait doublé, il approchait les deux mille. Comment continuer à subvenir à leurs besoins ? Jusque-là, les familles indiennes de Newcastle avaient fait preuve d'une formidable générosité, nous fournissant de la nourriture et des ustensiles de cuisine, mais ensuite ?

Le 1er novembre, Mohan nous convoqua, Naidoo, Polak et moi.

— Ces gens ne peuvent plus s'éterniser ici, d'autant que commencent à se poser de graves problèmes d'hygiène ; la propreté hélas n'a jamais été le point fort de mes frères. Il faut mettre un terme à cette situation.

— Tu ne vas tout de même pas les renvoyer chez eux ! protesta Naidoo.

— Certainement pas.

— Mais alors ?

— Je vais les envoyer chez notre ami Smuts. À lui de les prendre en charge.

Il rassembla les grévistes, monta sur une table et, après avoir dressé un tableau critique de la situation, leur expliqua :

— Une quarantaine de miles nous sépare de Volksrust, le village frontière. Je vous propose, de nous y rendre pour nous faire arrêter par la police. La prison est une épreuve difficile. Aussi, je ne veux contraindre personne. Que ceux qui souhaitent reprendre le travail repartent. Nul ne les blâmera. Que les indécis abandonnent. En revanche, ceux qui déci-deront de rester devront me suivre jusqu'au bout.

Pas un seul mineur n'accepta de retourner sur les gisements. Mais la majorité des femmes jugea plus sage de demeurer à Newcastle avec leurs enfants.

Le 3 novembre, le cortège s'ébranla.

Treize heures plus tard, à la nuit tombée, les deux mille marcheurs entraient dans Charlestown, situé à cinq miles de Volksrust.

J'étais arrivé la veille par le train et j'avais tout organisé pour les accueillir.

Ce soir-là, Mohan nous avertit :

— Demain matin, j'appellerai le général. Soit il annule la taxe et légalise les mariages non chrétiens, soit nous traversons la frontière.

— Je ne veux pas être pessimiste, soupira Henry Polak, mais je n'imagine pas qu'il cède.

— Alors Dieu l'y contraindra.

Le lendemain, comme prévu, il téléphona à Smuts.

Ce fut son secrétaire qui répondit : « Le général ne veut plus rien à voir avec vous, faites ce que bon vous semble. »

Et il raccrocha.

— Quel goujat ! s'écria Polak.

— Je n'ai jamais été particulièrement touché par sa courtoisie, pourquoi me vexerais-je de son incivilité ?

32

Un petit ruisseau sépare Charlestown de Volksrust. À peine l'a-t-on franchi qu'on entre dans le Transvaal. Un détachement de la police montée nous attendait sur l'autre rive.

J'ai chuchoté à Mohan :

— Que faisons-nous ?

— Nous avançons.

Il ne se passa rien.

Lorsque nous sommes arrivés à leur hauteur, les cavaliers s'écartèrent, certains nous saluant même au passage.

— Mr Smuts est plus subtil que je ne l'imaginais. Il a compris que je m'apprêtais à lui faire un cadeau empoisonné. Peu importe !

— C'est ennuyeux, *Gandhidji*, observa Thambi Naidoo. Nous ne pouvons quand même pas frapper aux portes des prisons et supplier qu'on nous y enferme.

— Non. Bien sûr.

— Alors ?

Mohan médita brièvement.

— Un choix s'impose : poursuivre notre marche jusqu'à Johannesburg et la ferme Tolstoï.

Polak faillit s'étrangler.

— Cent cinquante miles !

— Cent cinquante miles.

— Et s'il m'arrivait quoi que ce soit, si je venais à être arrêté, vous devrez continuer.

S'adressant à moi, il enchaîna :

— Cher Hermann, à vous incombe la mission de trouver de quoi nourrir notre monde durant le voyage. Prochaine étape : Palmford.

Palmford se trouvait à une vingtaine de miles. Ensuite, il y aurait Standerton, Heidelberg, Balfour, autant de villes que le train ne desservait pas. Je devais imaginer une autre solution.

Le 6 novembre, à 5 heures de l'après-midi, nous sommes arrivés à Palmford. Quelques femmes, obligées de porter leurs enfants, furent incapables d'aller plus avant. Heureusement, des familles se proposèrent de les accueillir. Les hommes campèrent dans les jardins.

J'ai suggéré à Mohan :

— *Nach getaner arbeit ist gut ruhn*.

Il m'a dévisagé avec de grands yeux.

— Quand le travail est fait, il est bien de se reposer. Beaucoup sont exténués. Arrêtons-nous pour la nuit.

Il accepta.

Vers 10 heures du soir, je fus réveillé par des éclats de voix. Trois policiers nous entouraient.

L'un d'entre eux, qui tenait une lanterne, ordonna :

— Mohandas Gandhi, je vous arrête !

J'ai fait mine de m'interposer.

— Restez calme, Hermann.

Il interrogea l'officier :

— Dois-je vous suivre sur-le-champ ?

— Sur-le-champ.

— Où comptez-vous m'emmener ?

— À la gare et ensuite à Volksrust, où vous serez jugé.

— Très bien. Mais autorisez-moi à prévenir mon bras droit.

— D'accord.

Il s'en alla réveiller Thambi Naidoo :

— À toi la relève, mon frère. Demain, dès l'aube, reprenez la marche. Ne révèle mon arrestation qu'à l'heure du déjeuner. Et si, à ton tour, tu venais à être interpellé, Hermann te succéderait.

Lorsque, le lendemain, Gandhi fut présenté devant le procureur de Volksrust, celui-ci considéra qu'il n'existait pas suffisamment de preuves à charge. On le libéra donc sous caution et l'on reporta le jugement au 14 novembre.

Je l'attendais à la sortie du tribunal.

En m'apercevant, je crus qu'il allait défaillir. J'étais assis au volant d'une voiture. Une Pontiac.

— Comment... Où avez-vous trouvé cet engin ?

— Je l'ai acheté au pharmacien de Palmford.

— Acheté ?

— Oui, mais rassurez-vous, pour presque rien. Et je le revendrai sitôt à Johannesburg.

J'ouvris la portière.

— Vous montez ?

Il hésita.

— Allons ! L'heure n'est plus à la rigidité, montez ! Deux mille hommes vous attendent.

Il obtempéra, mais jamais je ne lui ai vu un air aussi dégoûté.

Nous avons rejoint les marcheurs à quatre miles au nord de Palmford. Je l'ai déposé et me suis rendu immédiatement à Standerton afin de réunir des vivres. En entrant dans la ville, j'ai *vu* passer la diligence qui avait transporté Mohan autrefois. J'ai *entendu* la voix haineuse de l'agent qui hurlait : « Attends seulement que nous soyons à Standerton et je te montrerai de quel bois je me chauffe ! » Où était ce mufle aujourd'hui ? Aurait-il pu se douter que, vingt ans plus tard, l'Indien qu'il avait humilié, frappé, marcherait à la tête d'un peuple ?

Le 8 novembre, la caravane pénétra dans Slanderton.

Une fois encore, la générosité des familles indiennes avait fait des miracles. J'avais même pu récolter des dizaines de pots de confiture.

Alors que nous entreprenions la distribution, je vis un Blanc en civil nous observer curieusement. Après avoir attendu patiemment que nous ayons terminé, il s'approcha de Mohan.

— Je me présente : juge Branden.

— Enchanté, monsieur le juge. Que puis-je pour vous ?

— Rien. Vous êtes mon prisonnier.

Gandhi afficha un faux air admiratif :

— Décidément, je suis promu. Ce ne sont plus de simples policiers qui m'arrêtent, mais des magistrats !

— Allons, suivez-moi.

Il pointa son doigt sur Thambi Naidoo.

— Vous aussi !

Et il choisit quatre autres marcheurs au hasard.

— Et vous aussi !

Tous furent embarqués. Et, pour la deuxième fois, Mohan fut libéré sous caution. En revanche, bizarrerie de la justice, Thambi et les quatre autres compagnons restèrent derrière les barreaux. Je ne pouvais que m'interroger sur ces arrestations qui débouchaient systématiquement sur des libérations sous caution. Smuts avait-il donné des instructions ?

Mohan nous retrouva à Teakworth. Nous en avons profité pour faire une pause. Comme il était 3 heures de l'après-midi, il fut décidé que Polak rentrerait à Johannesburg et partirait aussi vite que possible vers l'Inde, afin d'œuvrer auprès de Gokhale pour que des manifestations de soutien se déclenchent à travers le pays.

Nous étions en pleine discussion lorsque, soudain, un panier à salade apparut sur la route et stoppa à quelques mètres de nous.

— Encore ! s'exclama Polak.

J'ai surenchéri :

— Je ne peux pas le croire !

Et pourtant...

Un officier venait dans notre direction. Un policier lui emboîtait le pas.

— Mr Chamney ! s'exclama Mohan.

Il précisa pour Polak et moi :

— C'est une vieille connaissance. Mr Chamney est le directeur de l'immigration du Transvaal.

Il s'inclina devant ce dernier.

— Comment allez-vous, Mr Chamney ?

— Bien, Mr Gandhi.

— Je suis arrêté...

— Eh oui !

— Savez-vous que c'est la troisième fois en quatre jours ?

Chamney haussa les épaules.

— Ce sont les ordres.

— Et que va-t-il advenir des marcheurs ?

— Nous verrons plus tard. Pour l'instant, c'est de vous qu'il s'agit.

Mohan se tourna vers nous.

— Je vous confie nos frères. Menez-les à bon port.

Et le panier à salade l'emporta.

Il nous restait à parcourir encore une soixantaine de miles jusqu'à Johannesburg. Nous sommes repartis.

Deux jours plus tard, le 11 novembre, une cinquantaine de policiers, Mr Chamney en tête, nous attendait à Balfour.

J'ai dit à Polak :

— Cette fois, je crois que c'est la fin.

Des voix s'élevèrent.

— *Gandhi Raja, Gandhi Raja !*

Le directeur de l'immigration s'approcha.

— *Gentlemen...*

Il désigna la gare.

— Trois trains attendent vos marcheurs. Expliquez-leur qu'ils doivent impérativement monter à bord. S'ils n'offrent pas de résistance, il ne leur sera fait aucun mal. Sinon, nous sévirons et il y aura beaucoup de sang versé.

— Où comptez-vous les conduire ?

— Derrière les barreaux, bien entendu.

J'ai échangé un regard avec Polak. La proposition nous convenait parfaitement. N'était-ce pas le but que Mohan poursuivait ? Contraindre le gouvernement à arrêter ces deux mille hommes et les prendre en charge ?

— Parfait !

Polak s'est adressé aux marcheurs et, après leur avoir expliqué la situation, conclut par ces mots :

— Vous avez gagné, *Gandhidji* peut être fier de vous !

Nous ne nous doutions pas, à ce moment, qu'ils partaient pour l'enfer.

Pour donner un aperçu du chemin que ces malheureux avaient parcouru depuis des semaines, j'ai jugé utile de le retracer sur une carte.

J'ai questionné Chamney :

— Et nous ? Sommes-nous aussi aux arrêts ?

— Parfaitement. Mais vous ne prendrez pas le même train. Vous serez jugés à Volksrust.

J'aurais du mal à décrire ce que j'ai éprouvé à cet instant. Était-ce du soulagement ? De la fierté ? Ou le sentiment d'être considéré enfin l'égal de Mohan et de Kasturba, et de tous ces malheureux à qui le royaume des cieux n'appartiendrait jamais.

Polak grommela :

— Voilà mon voyage en Inde définitivement compromis.

Trois jours plus tard, lorsque nous avons pénétré dans l'enceinte du tribunal, une surprise nous attendait : Mohan était là.

J'ai chuchoté :

— Que faites-vous ici ? On ne vous a pas condamné ?

Une expression désabusée traversa son visage.

— Si, à neuf mois de travaux forcés par le tribunal de Dundee. Sans caution possible. Et ce matin, on

391

m'a ramené ici pour un second procès. Je suis accusé d'avoir encouragé l'émigration clandestine vers le Transvaal. J'ai plaidé coupable, mais cela ne suffit pas, la législation de cet État ne permettant pas de condamner un homme qui s'accuse. Un témoin à charge est indispensable. Or...

Il s'arrêta soudain, et ses traits s'illuminèrent :

— J'y pense ! Vous !

Il se dressa et interpella le juge :

— Mr Jooste, vous cherchiez des témoins à charge... Les voici : Mr Hermann Kallenbach et Mr Henry Polak.

Le juge loucha sur nous par-dessus ses lunettes et grommela :

— Je vous écoute, messieurs. Mais à chacun son tour.

Je ne sais plus de quels maux nous avons accusé Gandhi, mais ce devait être suffisamment grave pour que le juge décrète :

— Trois mois de prison ferme.

Polak fut convoqué à son tour.

— De quoi êtes-vous accusé ?

— Des mêmes infractions que Mr Gandhi.

Il demanda aux policiers :

— Où sont les témoins à charge ?

Les gardes furent contraints de reconnaître qu'il n'y en avait pas non plus. Alors Mohan m'adressa un signe complice et, le plus sérieusement du monde, lança au magistrat :

— Mr Kallenbach et moi-même sommes disposés à témoigner.

Polak fut condamné à trois mois de prison.

L'aspect tragi-comique de la situation atteignit un sommet au moment où le juge s'adressa à moi.

— Qui vous envoie ici ?

— Ma conscience et mon sens du devoir.

Et je me suis permis d'ajouter :

— J'ai la ferme conviction que cette procédure est fondée sur des motivations strictement politiques. En temps normal, jamais nous ne devrions être ici !

S'adressant à Polak et Mohan, le président déclara :

— Messieurs, je vous écoute.

Et il m'infligea la même peine qu'à mes compagnons.

En quittant le tribunal, j'ai demandé au policier qui m'escortait :

— Quel jour sommes-nous ?

J'avais en effet perdu toute notion du temps.

— Le 17 novembre.

On nous emmena tous les trois à la prison de Volksrust.

33

Il était 8 heures 30 du soir. Le directeur de l'établissement pénitentiaire, Mr Verwoerd, me tomba littéralement dans les bras. J'avais dessiné les plans de sa villa dans la banlieue de Johannesburg ! Quelque peu confus de me voir là, il me signala, penaud, qu'il n'existait pas de cellule individuelle et que je devrais cohabiter avec quatre détenus : « Mais rassurez-vous, crut-il bon de préciser, ce sont des Blancs. »

Partager ma cellule ne me gênait pas outre mesure, mais après une journée exténuante, je souhaitais savourer une nuit tranquille.

— M'autoriseriez-vous à dormir dans la cour ?

— Bien sûr !

Et c'est ainsi que j'ai passé ma première nuit en prison, allongé à même le sol, les yeux rivés sur les étoiles. Il ne me souvient pas avoir vu un ciel nocturne aussi magnifique que ce soir-là.

J'ai prié. J'ai remercié l'Éternel de m'avoir jugé assez digne de vivre des heures aussi exceptionnelles. À 5 heures du matin, je me suis réveillé. Au fond de la cour, il y avait une douche. Je m'y suis précipité.

Au cours de la deuxième nuit, j'ai réussi à me rendre jusqu'à la cellule où Mohan était détenu et nous avons longuement bavardé à travers le judas.

Le lendemain, à la demande de Henry, j'ai rasé sa chevelure avec une tondeuse. Je me suis toujours demandé ce qui avait pu le motiver, lui qui avait toujours été si fier de sa toison, épaisse et bouclée. Était-ce par coquetterie ? À trente-deux ans, il avait déjà les cheveux gris. Ou par solidarité avec Mohan qui depuis quelque temps déjà portait le crâne nu ?

Malheureusement, le gouvernement dut juger dangereux de nous garder dans le même bâtiment pénitentiaire. Le 25 novembre, on nous sépara. Mohan fut expédié à Bloemfontein, la capitale de l'État d'Orange. Quant à Polak et Moi, on nous envoya à Johannesburg, à la prison de Krugersdorp.

Dès mon arrivée, j'ai décidé d'écrire à Judith. Cela faisait des mois que je n'avais plus pris de ses nouvelles. Dans sa dernière lettre, elle m'indiquait qu'elle avait trouvé la sérénité et connaissait un certain succès dans ses études. Elle ne me l'avoua pas clairement, mais j'ai cru comprendre qu'elle avait fait la connaissance d'un jeune homme et qu'une idylle s'était nouée entre eux. J'en fus heureux et soulagé. Il était prévisible, dès le début, que notre histoire ne pouvait finir autrement. Un homme de mon âge et une gamine de dix-sept ans ! Et pourtant, je garde toujours l'empreinte de son corps et son odeur au tréfonds de moi.

La lettre de Judith achevée, j'en ai entamé une seconde, mais cette fois à l'intention de ma sœur Janet.

En prison, Krugersdorp,
21 novembre 1913

Tu es l'aînée de la famille Kallenbach, si je t'écris, ce n'est pas pour cette raison, mais parce que j'estime que tu es la meilleure d'entre nous.
Bien que les défauts de la vie moderne aient envahi la plupart des membres de notre famille, je sais qu'ils n'ont pas pris racine en toi, qu'ils

ne t'ont pas polluée et que ton âme demeure pure et emplie d'amour.

Plus tard, j'ai l'intention de te transmettre le récit de ma vie, une vie extraordinaire. Je te décrirai les événements qui ont précédé mon emprisonnement en Afrique du Sud. Je le ferai sous la forme d'un journal intime. Libre à toi de le soumettre par la suite à ceux qui se montreraient intéressés.

Mais avant il est indispensable que je t'explique la raison pour laquelle les Indiens, citoyens britanniques, se sont révoltés contre le gouvernement du Transvaal dans un premier temps et contre l'Union sud-africaine ensuite. Je t'éclairerai aussi sur la méthode qu'ils ont utilisée.

[...]

Je t'expliquerai aussi ce qu'est la résistance passive. C'est une doctrine que l'on retrouve dans presque toutes les religions. Dans la religion juive, à travers les enseignements de Baal Shem Tov[1] ; dans la religion chrétienne, essentiellement dans le « Sermon sur la montagne » ; et certainement plus fortement que partout ailleurs, au sein de l'hindouisme.

Ma lettre faisait plus de dix pages et consistait, comme je l'ai indiqué en préalable, à décrire à l'intention de Janet le cheminement de ces années. Elle la diffuserait comme bon lui semblerait.

Alors que nous étions enfermés, de tristes échos en provenance de Newcastle envahirent nos cellules.

---

1. De son vrai nom : Israël Ben Eliezer. Rabin, fondateur charismatique (vers 1750) du hassidisme, un mouvement spirituel juif caractérisé par le mysticisme et l'opposition aux études profanes et au rationalisme. Il a suscité la controverse en côtoyant des gens de tous les milieux, en renonçant à la mortification de la chair, et en insistant sur la sainteté d'une vie ordinaire.

En réalité, Mr Chamney avait menti en assurant que les marcheurs iraient en prison. Ce ne fut pas le cas. Smuts, ayant estimé qu'emprisonner deux mille hommes faisait le jeu de l'adversaire, avait ordonné que les marcheurs soient renvoyés à leur point de départ : Newcastle...

Une fois sur les gisements miniers, on avait sommé les grévistes de se remettre au travail. Ils avaient refusé. Alors, à coups de fouet et de matraque, on les força à entrer dans les puits et l'on dressa autour des houillères un mur de barbelés, les transformant ainsi en grand centre pénitentiaire. En quelques heures, des Blancs avaient ressuscité le temps de l'esclavage.

Dès que le sort des grévistes fut connu, la communauté indienne s'embrasa à travers le pays. Les planteurs de canne à sucre, les employés des chemins de fer, ceux des hôtels, des restaurants cessèrent le travail. Ils furent bientôt plus de soixante mille à se lever, de Maritzburg à Tongaat, d'Umzito à Pretoria.

Le 22 novembre, à Durban, sous prétexte de jets de pierre, la police ouvrit le feu. Bilan quatre morts et des dizaines de blessés.

John Dube, le fondateur de l'*Ohlange Institute*, le centre voisin de Phoenix, était présent ce jour-là. Il nous raconta : « J'ai vu cinq cents Indiens assis par terre, entourés d'intendants blancs, de femmes et de policiers. Les Indiens ont été battus à coups de lanière de cuir. On leur cria : "Debout ! Au travail !" À quoi ils répondaient : "Aussi longtemps que *Gandhi Raja* sera en prison, nous ne travaillerons pas !" Des femmes et des enfants furent frappés indistinctement. Beaucoup pleuraient à fendre l'âme. Alors, des cavaliers leur foncèrent dessus. Un policier africain qui avait saisi un Indien par le col s'entendit ordonner par son supérieur blanc : "Tue-le !" Et le policier noir tira. »

Comme s'il avait fallu atteindre ces sommets d'horreur pour que le monde bouge, le récit de la tragédie de Durban déclencha une énorme vague d'indignation, non seulement en Inde, mais aussi en Angleterre et dans le monde. Le gouvernement britannique parla de « bévues qui mettaient l'empire en danger ». Le vice-roi, lord Hardinge, convoqua une session extraordinaire de son conseil. Le 27 novembre, depuis Madras, il critiqua publiquement l'attitude du gouvernement sud-africain en déclarant : « Les résistants indiens d'Afrique ont toute la sympathie de l'Inde et de ceux qui, comme moi, sans être indiens, aiment ce peuple. Les derniers événements sont d'une gravité extrême, et l'on sait maintenant que les mesures que l'on a prises contre ce mouvement de résistance passive sont de celles qui ne seraient pas tolérées un seul instant par un pays qui se dit civilisé. Le gouvernement sud-africain dément ces accusations, mais j'entends un aveu dans ce démenti. »

Hardinge exigea que l'on nomme immédiatement une commission d'enquête qui inclurait des défenseurs de la cause indienne. Smuts s'exécuta mais, comme à son habitude, chercha à louvoyer en nommant des « enquêteurs » acquis à sa cause. Au fond, coincé entre sa conscience et l'intransigeance de ses coreligionnaires blancs, il se trouvait dans la fâcheuse position du serpent qui vient d'engloutir un rat, mais ne peut ni l'avaler ni le rejeter.

Le 18 décembre, dans un geste d'apaisement, il ordonna notre libération, celle de Kasturba et celle de ses compagnes.

Lorsque Henry et moi avons retrouvé Mohan devant la porte de la prison, il affichait un visage sombre.

— Tous ces malheurs, par la faute de la bêtise et de l'aveuglement d'une poignée ! Tous ces malheurs.

— C'est vrai, dis-je. Mais pour la première fois, la victoire semble à portée de main. Ne le pressentez-vous pas ? Cette commission d'enquête...

Il me coupa :

— Cette commission d'enquête est une farce ! J'ai bien vu qui sont les membres désignés par Smuts : deux sur trois n'ont jamais caché leur hostilité à notre égard. Comment imaginer qu'ils se montreront impartiaux ? Non, c'est une farce, Hermann, une triste farce. En tout cas, j'ai la ferme intention de boycotter les négociations. Et s'il le faut, j'organiserai une nouvelle marche !

— Vous n'y pensez pas ! se récria Henry.

Gandhi nous fixa tour à tour avec gravité.

— Mes frères, il existe sept péchés dans ce bas monde : gagner de l'argent sans travailler ; prendre du plaisir sans en être conscient ; posséder la connaissance, mais sans partage ; faire du commerce sans moralité ; une science sans humanité ; aimer sans sacrifices et... peut-être le pire de tous : pratiquer une politique dépourvue de principes. Ce péché-là, je ne peux le pardonner.

34

14 janvier 1914

Gardez votre calme – stop – boycott à ce stade serait dommageable – stop – lord Hardinge exige de vous plus de retenue – stop – faites confiance à Andrew et à sir Benjamin – stop – indispensable poursuivre négociation. Gokhale.

Sonja Schlesin récupéra le câble des mains de Mohan.

— Gokhale a raison, *bapou*, vous devez faire preuve de plus de souplesse. En outre, ces messieurs venus spécialement des Indes ne sont pas n'importe qui ! Vous connaissez le père Andrews, c'est votre ami et celui de Gokhale et il est totalement acquis à votre cause. Quant à sir Benjamin, en tant que commissaire en chef des provinces centrales de l'Inde, il représente un appui de taille. Voilà des années que vous livrez bataille. L'heure est au dialogue.

Gandhi sourit vaguement. Il rectifia la longue bande de fine toile blanche enroulée sur ses reins et ramenée entre ses cuisses, jeta un châle sur son épaule, s'assura que ses sandales étaient bien lacées et s'enquit :

— Suis-je présentable ?

— Oui, dis-je.

Il se tourna vers Sonja.

— Vous l'avez ?

Elle lui remit un paquet rectangulaire soigneusement ficelé.

— Croyez-vous qu'il appréciera ? questionna-t-elle non sans une moue sceptique.

— Nous le saurons peut-être un jour. Ou jamais.

J'ai demandé :

— De quoi s'agit-il ?

— D'un cadeau pour le général Smuts.

Je n'ai pas cherché à en savoir plus.

— La réunion est prévue pour 3 heures. Il est bientôt midi et nous avons une heure de train jusqu'à Pretoria. Il serait dommage que vous arriviez en retard.

Comme à l'accoutumée, il refusa de prendre un rickshaw pour se rendre à la gare, aussi nous avons effectué le chemin à pied.

Comme la dernière fois avec Gokhale, nous sommes descendus à l'hôtel Victoria où nous attendaient le père Andrews et sir Benjamin. Andrews était connu pour son intelligence, sa rectitude morale et sa vénération pour Mohan. Sir Benjamin Robertson, lui, incarnait la puissance de l'Empire. Une pensée me traversa l'esprit : et si, enfin, un accord était conclu ? Si l'heure avait sonné de la fin du *satyagraha* ? Que deviendrait Mohan ? Plus rien ne le retiendrait ici d'autant que, depuis quelques mois, Gokhale ne cachait plus son impatience de le voir rentrer en Inde.

Nous nous sommes rendus au ministère de l'Intérieur. Une fois le trio dans le bâtiment, je me suis assis sur les marches de l'entrée avec la nette impression que les milliers de Jacarandas qui peuplaient la cité n'attendaient qu'un signe pour s'embraser dans un torrent bleu-violet.

Ils sont ressortis en fin d'après-midi. À l'expression de leurs visages, j'ai compris combien la partie était loin d'être gagnée. Malgré les pressions britanniques, les critiques de nombreux pays européens, malgré la colère de l'Inde tout entière, les parlementaires sud-africains continuaient de s'accrocher furieusement à leurs lois raciales.

Tandis que nous marchions vers l'hôtel en compagnie de Mr Andrews et sir Robertson, ce dernier questionna :

— *Gandhidji*, vous croyez vraiment aux théories de Smuts ? L'Est et l'Ouest sont-ils voués à ne jamais se comprendre ?

— L'Est et l'Ouest ne pourront se rencontrer que lorsque l'Ouest se sera débarrassé d'une grande partie de son obsession matérialiste et que l'Est aura adopté une certaine forme de modernité. Mais, en vérité, je crains fort que cette réunion ne soit qu'une trêve armée, pareille à celle qui existe entre l'Allemagne et l'Angleterre ; deux nations qui cohabitent dans le hall de la mort, l'une cherchant à éviter de se faire dévorer par l'autre.

— Vous n'êtes pas très optimiste, fit remarquer Andrews.

— Réaliste, Mr Andrews, réaliste.

À la réception de l'hôtel, un télégramme posté de Durban nous attendait. Il était signé de Ramdas.

Maman gravement malade – stop – venez vite – stop.

Mohan secoua la tête à plusieurs reprises.

— Décidément... Quand les hommes rouleront devant eux l'espace comme une peau, il y aura un terme à la souffrance.

À cinq ans d'écart se reposait le même dilemme : choisir entre sa famille ou sa mission. Il prit exactement la même décision :

— Au point où en sont les négociations, je ne peux en aucun cas quitter Pretoria. Serait-ce trop vous demander que de vous rendre à Phoenix et...

— Je partirai dès demain. Ne vous inquiétez pas. Il me dévisagea avec gratitude.

— Savez-vous pourquoi rien, jamais, ne me séparera de vous et pourquoi je vous aime tant ? Parce que vous voyez ce que je suis et ne me jugez pas. Parce que vous avez accepté que j'aille où je dois aller, au risque de me perdre. Parce que l'amour et l'amitié en nous se sont tellement entrelacés que ni vous ni moi ni Dieu lui-même ne pourrions les différencier.

Dès l'aube, je partis pour Phoenix.

Kasturba souffrait d'une bronchite et le médecin convoqué ne me cacha pas son inquiétude. Non seulement il n'existait pas de traitement vraiment efficace, mais le régime sans viande et sans sel que *Bha* continuait de s'imposer réduisait grandement les chances de guérison. J'ai aussitôt envoyé un télégramme à Mohan.

Le 19, il m'écrivait :

Pretoria, boîte postale 6522,
Samedi 17 janvier 1914

Ma chère Chambre basse,

J'ai votre télégramme. L'entrevue avec Smuts et sir Benjamin s'est bien déroulée. J'ai évoqué pleinement toutes les raisons de la résistance passive. Je n'ai malheureusement pas beaucoup de temps de les détailler ici, mais j'essaierai de le faire dans ma prochaine lettre. Mr Andrews doit accueillir lundi une députation indienne. Maintenant, nous sommes réduits à patienter. Mr Andrews est un homme merveilleux plein de délicatesse et de tact. J'aurais aimé venir au chevet de Mrs Gandhi. Je sais qu'elle a besoin de ma présence, mais je suis toujours prisonnier ici et je suis dans l'incapacité d'accorder à mon épouse l'attention nécessaire. [...]

Affectueusement,

Chambre haute.

Pretoria, boîte postale 6522,
Dimanche 18 janvier 1914

Ma chère Chambre basse,

J'ai bien reçu vos deux lettres. Tout ce que j'aimerais vous dire, c'est que j'ai parfaitement compris votre peur. Mais vous ne devriez pas. Votre peur ne fera que provoquer ce que vous redoutez le plus. Sachez que tout ira bien pour vous et moi. Je suis convaincu que les difficultés qui nous attendent en Inde seront probablement moins importantes que celles que nous imaginons. Mais comme vous le suggérez, il vaudrait mieux que nous en parlions de vive voix, aussi j'en resterai là.

[...] Je me languis de venir soigner Mrs Gandhi, mais je suis toujours obligé de rester ici, où j'affronte des discussions de la première importance.

Le général Smuts sait parfaitement quelle position j'occupe désormais aux yeux des Indiens et de l'Inde. Il ne tient qu'à lui de mettre un terme à cette négociation.

En attendant, Mr Andrews va de l'avant. Il occupe avec une grande maîtrise une position centrale et la défend avec toute la force spirituelle qui est la sienne. Mais rassurez-vous ! Bien que j'aime, que j'adore Andrews, je ne vous échangerais jamais pour lui. Vous restez l'être le plus cher et le plus proche de moi.

Avec amour,

Chambre haute.

Pretoria, boîte postale 1156,
19 janvier 1914

Chère Chambre basse,

Je reçois très régulièrement vos lettres. Si l'état de Mrs Gandhi continue de s'améliorer, alors j'en profiterai pour aller visiter la communauté indienne de Johannesburg pour tenter d'apaiser ses inquiétudes.

[...] Maintenez-vous en forme votre âme et votre corps ? J'espère que vous ne dépensez pas d'argent inutilement. Gardez en mémoire que le but final que vous poursuivez est la pauvreté.

Avec amour,

Chambre haute.

Le 25 arriva la lettre tant espérée :

Pretoria, boîte postale 1156,
21 janvier 1914

Chère Chambre basse,

Aujourd'hui s'achèvent vingt ans de lutte. Nous sommes tombés d'accord sur un texte. Il ne reste plus qu'à y apposer nos signatures.

La taxe de trois livres est abolie ; le *Black Act*, adouci. Désormais, un certificat de domicile portant l'empreinte du pouce suffira pour être légalement admis dans l'Union sud-africaine. Les mariages indiens sont officiellement reconnus et les droits de tous les anciens émigrés garantis. L'exemption spéciale permettant aux Indiens éduqués d'entrer dans le pays est accordée. Smuts s'est engagé également à administrer toutes les lois en vigueur, de manière, je le cite, « équitable et en tenant compte des droits acquis ». Toutes ces années de lutte voient enfin leur aboutissement. Bien évidemment, les Indiens resteront claquemurés dans leurs provinces, ils ne pourront toujours pas acheter de l'or ni posséder des terres au Transvaal, et ils auront toujours toutes les peines du monde à obtenir des licences de commerce. Mais je me console en me disant que cet accord entrouvre une porte. D'autres que moi réussiront un jour à l'ouvrir tout à fait.

En quittant le bureau du général, Mr Andrew m'a lancé : « Mission accomplie, *Gandhi Raja* ! Maintenant, l'heure est venue de rentrer chez vous. L'Inde vous attend. » Oui. Andrew a raison, il serait temps que je rentre.

Que *nous* rentrions.

   Avec Amour,

                              Chambre haute.

P.-S. : La nouvelle de la guérison de Mrs Gandhi m'a comblé. Merci de l'avoir soutenue.

                    *

— On raconte l'histoire d'une lionne qui était sur le point de mettre bas et qui cherchait une proie ; elle aperçut un troupeau de moutons et elle bondit. Mais cet effort la tua et un petit lion naquit, orphelin. Les moutons en prirent soin, l'élevèrent ; il grandit avec eux, mangea de l'herbe, bêla comme les moutons. Avec le temps il devint un grand lion adulte, mais il se croyait toujours mouton. Un jour, un autre lion s'approcha en quête d'une proie, et il fut stupéfait de voir au milieu de ce troupeau de moutons un lion qui fuyait comme les moutons à l'approche du danger. Il essaya de s'approcher du mouton-lion, pour lui dire qu'il était un lion et non pas un mouton, mais à son approche le malheureux animal s'enfuyait. Il chercha pourtant une occasion et un jour, le trouvant endormi, il s'approcha de lui et lui dit : « Tu es un lion. » L'autre pleurnicha : « Je suis un mouton » ; il ne pouvait croire le contraire et il bêlait. Le premier lion l'entraîna alors vers un lac et lui dit : « Regarde, voici mon image et voilà la tienne. » Alors le soi-disant mouton compara, il regarda le lion, puis regarda sa propre image et, en un instant, se rendit compte qu'il était lion et se mit à rugir.

Mohan s'interrompit, but une lampée de thé et ajouta, pensif :

— Je me demande si, à l'instar des Indiens d'Afrique du Sud, mes frères en Inde comprendront qu'ils sont eux aussi des lions capables de rugir.

Il enchaîna avec une pointe de mélancolie dans la voix :

— Je me demande aussi si les souffrances de mes compatriotes ont servi à quelque chose. Si vraiment leur sort va connaître une amélioration au cours des années à venir.

Gandhi s'interrompit pour me scruter.

— Je vous sens soucieux, Hermann. Qu'est-ce qui vous tourmente ? Non, ne dites rien. C'est la perspective de notre départ. Vous appréhendez notre vie là-bas, en Inde. C'est bien cela ? Il ne faut pas. Je vous l'ai écrit de Pretoria : je suis convaincu que les difficultés qui nous attendent seront moins importantes que celles que nous imaginons. Vous verrez. Ayez confiance. Nous allons mettre un terme à la ferme Tolstoï qui n'a plus de raison d'être. Nous vivrons ensuite quelques mois à Phoenix, le temps que je règle les derniers problèmes et puis nous partirons pour l'Inde. De toute façon, avons-nous le choix ?

— On a toujours le choix. La sagesse voudrait que nous nous séparions. Vous rentrez chez vous. Je reste en Afrique. Ou bien...

— Oui ?

— Vous vous souvenez du jeune homme dont j'ai fait la connaissance à Königsberg lors de mon pèlerinage allemand ? Louis Lewin.

— Je m'en souviens. Il vous avait charmé.

— Nous sommes restés en contact. Il y a quelques semaines, il m'a envoyé un mot de Jaffa. Il insiste beaucoup pour que je le rejoigne en Palestine. Selon lui, je devrais faire ce voyage ne fût-ce que pour voir, je le cite, « comment se bâtit une nation ». Vo.us savez, ce qu'ils entreprennent n'est pas inintéressant. Figurez-vous qu'ils ont créé une ferme très similaire à Tolstoï. Ils lui ont donné le nom de kibboutz[1], qui veut dire « assemblée ». Comme l'Afrique du Sud, la Palestine peut se révéler un laboratoire d'idées passionnant.

— Vous songez donc à partir là-bas, plutôt que de me suivre en Inde.

— Je...

— Je ne crois pas que ce soit la bonne solution. Une fois en Palestine, vous vivrez une vie tranquille et banale. Cela ne marchera pas.

— Pour quelle raison ?

— Parce que vous n'êtes pas prêt à supporter ce genre de vie. Vous devez voir le bonheur dans le malheur, être en contact avec l'indicible misère qui domine le monde et qui, tel un sculpteur, donne une forme à notre âme. Et puis, pour être sincère jusqu'au bout, je ne crois pas beaucoup à ce projet sioniste.

J'ai souri et sorti une enveloppe non scellée de ma poche.

— Voici ma réponse à Lewin.

---

1. Il s'agit de Degania, fondé en 1909.

Cher Louis,

Je suis désolé de n'avoir pas répondu à votre chère lettre aussi rapidement que je l'eus souhaité. Je m'empresse de préciser que la présence de Mr Kretschmar Israeli de Constantinople-Palestine m'a fait forte impression. Mais je ne puis vaciller. Je ne dois pas sous-estimer ma propre faiblesse, mon inclination à la facilité, mon ignorance sur nombre de sujets et tout particulièrement à l'égard de Dieu.

C'est uniquement lorsque j'aurai atteint un certain niveau de perfection que je serai capable de servir mon pays et mon peuple. Le jour où je parviendrai à me débarrasser des défauts que je viens de vous énumérer, alors, la Palestine sera mon idéal dans le futur. Mais tant que mon caractère ne se sera pas affermi, tant que mes motivations ne seront pas clairement définies dans ma tête, je ne viendrai pas en Palestine. Je suis né juif et je mourrai juif. Ce n'est pas un hasard qu'il en soit ainsi. Par conséquent, mon soutien va à ce peuple.

Léon Tolstoï a écrit : « Nous ne sommes pas ici dans ce monde pour transformer les autres, mais pour nous transformer nous-mêmes. » Ainsi, une fois que j'aurai accompli cette transformation, alors je mettrai toute ma vie à la disposition de la Palestine et de son peuple.

Sachez néanmoins que je ne veux à aucun prix participer à l'édification d'un état moderne, avec des armées, des bateaux, une police, des industries et des légions de travailleurs exploités dominés par une poignée de capitalistes. À mon avis, vouloir faire de la Palestine un État industriel, à l'instar de l'Angleterre, de l'Allemagne, de la France ou d'autres est une insanité. La vocation de la Palestine est de devenir une grande communauté agricole.

Sincèrement vôtre,

Hermann Kallenbach.

Mohan m'a rendu la lettre.

— Vous ne pouviez faire preuve de plus de sagesse. Je vous félicite, Hermann.

— Il n'empêche que vous avez un destin à accomplir. J'ai accompli le mien. À quoi me servirait de vous suivre en Inde ?

— C'est vous, vous Hermann, qui tenez ces propos ? Vous qui m'avez juré un jour : si le monde entier vous abandonne...

— Et j'ai respecté mon serment. Mais aujourd'hui, personne ne vous abandonne. Vous n'avez jamais été aussi haut, aussi vénéré ni entouré. Quelle ma place aurais-je auprès de *Gandhi Raja* ? À quoi serai-je utile ? Ce qui vous attend me dépasse.

— Vous ne comprenez pas. Il ne s'agit pas de *place*, mais de *vie*. Je vivrai sans vous et vous vivrez sans moi, bien sûr. Mais comme deux orphelins. Je n'ai pas envie d'exister endeuillé de vous.

Nous avons couché à la belle étoile, allongés l'un près de l'autre. Jamais je n'avais vu le ciel comme cette nuit-là. On eût dit rideau de velours tendu devant une formidable lumière, comme si les étoiles n'étaient que des lucarnes au travers desquelles passait cette indescriptible clarté.

35

Le Cap, 18 juillet 1914

— Mes frères, j'aimerais trouver les mots pour vous exprimer tout ce que vous avez représenté au cours de ces années et tout ce que j'ai reçu de vous. Avant que mon destin ne croise celui de mon guide et ami Mr Gandhi – vous n'imaginez pas le privilège qui est le mien de pouvoir l'appeler ainsi – j'avais des yeux qui ne voyaient pas, des oreilles qui n'entendaient pas et un cœur et une âme qui ignoraient quelle était leur fonction véritable. L'un d'entre vous, quelqu'un de votre chair et de votre sang, m'a appris à utiliser ces fonctions telles que Dieu les a voulues pour nous.

Grâce à vous, j'ai mieux compris ma propre religion ; grâce à vous, j'aime mieux mon peuple. Vous m'avez aidé à être moins arrogant, moins paresseux, et vous m'avez enseigné comment devenir vrai. Et maintenant, je sens dans mon cœur que votre pays et vos frères vont me combler plus encore. Le peu que vous m'avez autorisé à accomplir pour vous fut vécu comme un cadeau de votre part. Merci. Merci, mes frères.

À la fin de mon discours, de vifs d'applaudissements éclatèrent et j'eus beaucoup de mal à contenir mon émotion.

Mohan salua longuement la foule, puis se rendit auprès de Kasturba qui, vêtue d'un sari blanc orné de riches dessins floraux, patientait discrètement. Près d'elle, Devdas frétillait d'impatience. Je présumais que ce n'était pas la perspective de rentrer en Inde qui l'excitait tant – il avait vu le jour en Afrique et ne savait rien de ce pays –, mais plutôt l'idée de faire un voyage sur un grand navire. Ramdas avait décidé de rester à Phoenix, comme Manilal qui tenait à continuer à diriger l'*Indian Opinion*. D'ailleurs, à l'heure où j'écris ces lignes, il occupe toujours cette fonction[1].

Alors que je me dirigeais vers la passerelle, j'ai senti une main se refermer sur mon bras. Je me suis retourné. C'était Sonja Schlesin.

— Voilà, balbutia-t-elle. Je... je voulais te dire merci. Sans toi, jamais je n'aurais vécu une expérience aussi extraordinaire.

— Tu t'es montrée exceptionnelle. Je suis fier de toi.

Et je l'ai prise dans mes bras.

— Bravo. As-tu des projets ?

— C'est encore imprécis dans ma tête. J'essaierai de reprendre des études. Peut-être m'inscrire à l'University College de Johannesburg. Ou alors, qui sait ? je viendrai vous retrouver en Inde.

Elle déposa un baiser furtif sur ma joue et, de peur que je ne voie ses larmes, elle s'éloigna d'un pas rapide.

Le *R.M.S Kinfauns Castle* largua les amarres à 11 heures précises.

Accoudés au bastingage, le cœur lourd, nous avions du mal à détacher nos regards de la côte qui s'éloignait insensiblement. Cette terre d'Afrique allait

---

1. Il l'occupera jusqu'à ce qu'en 1956, date à laquelle il est décédé, victime d'un accident vasculaire cérébral.

certainement me manquer, elle me manquait déjà. Pourtant je n'y laissais personne à qui j'étais attaché, pas une âme qui m'eût donné le désir de rester. La terre seulement. Les odeurs aussi, les couleurs. Autant de choses qui tissent des liens invisibles entre l'homme et, ce qu'il y a de plus précieux, la nature. J'appréhendais aussi l'avenir qui m'attendait là-bas, dans ce pays que je connaissais sans le connaître, dont je ne parlais pas la langue, sinon des bribes.

Je glissai un regard en coin vers Mohan. Il semblait lointain. Sans doute songeait-il au chemin parcouru en vingt ans par un petit avocat anonyme, engagé au salaire de cent cinq livres par an et qui, victime de sa timidité, était incapable de mener un contre-interrogatoire dans une affaire civile d'importance mineure. Ou à cet Indien, vêtu de costumes trois-pièces, chaussé de guêtres, s'efforçant de danser la polka et de jouer du violon. Deux décennies plus tard, l'avocat anonyme était parvenu à gagner plus de cinq mille livres par an, et le dandy, drapé dans un dhoti, une écharpe jetée sur l'épaule, les pieds dans des sandales, faisait frissonner l'Empire britannique.

Notre voyage s'est écoulé à discuter et à débattre sur tous les sujets comme nous en avions l'habitude. La religion, Dieu, l'hygiène. Et, une heure par jour, j'avais droit à mon cours de gujarati.

Et puis, un matin, survint un incident extrêmement désagréable.

Mohan venait d'entrer dans ma cabine.

Apercevant deux paires de jumelles posées sur la couchette, il poussa un cri horrifié.

— Qu'est-ce que c'est ?

— Quelle question ! Des jumelles.

— Quand les avez-vous achetées ?

— L'une m'a été offerte par mon oncle Henry à l'occasion de mon trentième anniversaire ; l'autre est un souvenir de mon dernier voyage en Allemagne.

— C'est effroyable, Hermann ! Vous ne pouvez pas emmener ces objets en Inde !

— Pour quelle raison ?

— N'avions-nous pas décidé de nous débarrasser de tous les symboles inutiles et onéreux ?

— Je ne considère pas ces jumelles comme des objets inutiles.

— Très bien ! Quelle est leur utilité ?

— Le plaisir de voir ce que l'œil ne verrait pas et jouir de ce plaisir.

— Pourquoi croyez-vous que Dieu a instauré des limites à notre vision ?

— Je...

— Parce qu'il a estimé qu'il n'était d'aucune utilité à l'homme de voir à l'infini. Rompre cet équilibre s'apparente à de la perversité. Tel le voyeur, vous cherchez à voir ce dont vous êtes exclu.

— Sincèrement, je crois que vous dépassez les bornes ! Parler de perversité à propos de jumelles ? Vous ne me convaincrez pas.

La discussion s'éternisa jusqu'au moment du dîner.

Je pensais l'incident clos. C'était sans compter avec le caractère tenace de Mohan. Le sujet revint sur le tapis dès le lendemain, et le surlendemain, et durant dix jours. À chaque fois, inlassablement, il lançait des arguments auxquels j'opposais des points de vue contraires. La traversée virait au cauchemar.

— Si nous mettions un terme à ce débat ? me proposa Mohan un après-midi, après ma leçon de gujarati.

— Je ne demande pas mieux. Que proposez-vous ?

— Que vous jetiez ces jumelles à la mer. Et c'en sera fini de ce litige.

— Que je les jette à la mer ? Les deux paires ?

— Absolument.

J'ai lancé comme un défi :

— Dans ce cas, faites-le. Jetez-les !

— Je suis sérieux.

— Jetez-les !

Il me toisa un moment, puis, s'emparant des jumelles, il les balança par-dessus bord.

— Voilà, dit-il avec un sourire. C'est la fin du conflit.

J'ai pivoté sur les talons et suis allé ruminer ma fureur à l'autre extrémité du pont. Il ne changerait jamais. Toujours cette volonté d'imposer, de dicter, d'entraîner les autres dans le sillage de sa propre souffrance. J'avoue que cet incident laissa en moi un triste goût d'amertume.

Aujourd'hui quand j'y repense, je me dis qu'il reflétait parfaitement le fonctionnement de l'esprit de Mohan. Dans un premier temps, il ouvre le débat, tente d'imposer ses vues, assène ses arguments, non sans talent d'ailleurs et avec une certaine éloquence. Ensuite, quel que soit l'objet de la discussion, il le transforme en une idée philosophique. Étape par étape, il sape une à une les objections qu'on lui oppose, revenant encore et encore à la charge jusqu'à ce que l'adversaire, épuisé et lassé, lâche prise. Les centaines, voire les milliers de lettres envoyées à travers le monde à ses compagnons ou à ses adversaires témoignent de cette stratégie. Le Mahatma remportait ses victoires à l'usure.

Depuis ce jour en tout cas, le cadeau de l'oncle Henry gît par quelques centaines de mètres de fond dans l'océan Indien. Et je n'ai pas oublié.

Le 4 août au matin, le ronronnement familier des machines qui nous accompagnait depuis dix-sept jours s'était tu et une effervescence inhabituelle régnait sur le pont. Je crus un instant que nous entrions dans la Manche. Je me trompais, il s'agissait d'autre chose.

J'interrogeais un marin.

— La guerre a éclaté, monsieur.

Un frisson glacial me parcourut. Depuis qu'en juin l'archiduc d'Autriche était tombé sous les balles d'un assassin, nous pressentions l'Europe sur le point de s'embraser. C'était fait.

Le marin poursuivit :

— Nous avons été prévenus cette nuit. Les Anglais ont miné la Manche pour se protéger d'une éventuelle invasion allemande. Nous voilà forcés d'attendre le remorqueur que nous envoie Southampton avant de nous engager plus loin.

Je fonçai dans la cabine de Mohan.

— Êtes-vous au courant ?

— Oui. Le commandant vient de me l'apprendre. La guerre ! Quelle catastrophe !

— Croyez-vous que nous pourrons poursuivre notre voyage jusqu'à Bombay ?

— Je ne vois pas ce qui s'y opposerait. En revanche, comme pour la guerre des Zoulous, une fois à Londres, je proposerai au gouvernement britannique de lever un corps de brancardiers, composé cette fois-ci de compatriotes qui résident ou étudient en Angleterre.

— Je ne crois pas que ce soit très judicieux. Vous allez vous attirer des critiques de tous bords. Vos frères indiens vous reprocheront de collaborer avec l'oppresseur anglais et les autres ne comprendront pas que l'apôtre de la non-violence puisse soutenir une guerre, même de façon indirecte.

— Les étudiants britanniques ne vont-ils pas s'engager dans l'armée ? Les Indiens ne peuvent faire moins.

— Pardonnez-moi, mais c'est inepte ! Les Anglais sont les maîtres de l'Inde et les Indiens leurs esclaves. Comment l'esclave peut-il collaborer avec le maître ?

— Lorsque le maître affronte une situation critique, il n'est pas louable que l'esclave en profite. J'irai même plus loin : tant que durera cette guerre, j'exigerai que nous taisions nos revendications. C'est une affaire de dignité.

— Décidément, le passé ne vous a pas servi de leçon. Vous continuez à croire au fair-play de vos ennemis. Vous vous trompez. Vos ennemis vous remercieront comme ils l'ont fait lors de la guerre des Zoulous et, une fois la paix revenue, ils redeviendront amnésiques.

*

Traîné par le remorqueur, le *R.M.S Kilfauns Castle* est entré dans le port de Southampton le 6 août à midi quinze.

Nous avions réservé des chambres dans une pension de famille tenue par des Indiens au 4, Phillimore Walk. Tout au long du trajet, je fus assez étonné de constater le calme qui régnait dans la capitale londonienne. Nulle panique. Comme il faisait un temps superbe, des promeneurs envahissaient les parcs, et rien au monde n'eût laissé présager que l'Europe était proche de basculer dans l'horreur.

Nous n'étions pas installés dans notre chambre depuis dix minutes que Mohan se précipita vers le téléphone, et commença à rameuter toutes les personnalités politiques londoniennes qu'il connaissait afin de les informer de son projet de corps d'ambulanciers. Pour ma part, je n'aspirais qu'à une seule chose : dormir.

Avant de le quitter, je lui ai posé une question qui me taraudait depuis des mois.

— Lorsque je vous ai accompagné chez Smuts, en janvier, Sonja vous a remis un paquet pour lui. De quoi s'agissait-il ?

— D'une paire de sandales.

— Une paire de sandales ?

— Je l'avais fabriquée spécialement à son intention lors de mon dernier séjour en prison.

— Et quel fut le commentaire du général ?

— Il m'a remercié, c'est tout[1].

---

1. Avant d'en faire don au National Museum d'Afrique du Sud (où elles sont toujours exposées), Smuts aurait déclaré : « Je les ai portées tous les étés, bien que conscient de n'en être pas digne. »

36

Il était à peine 5 heures du matin quand on frappa à ma porte.

Kasturba se tenait sur le seuil.

— Pardonnez-moi frère Hermann, mais *bapou* ne va pas très bien. Il a passé toute la nuit à frissonner. Il râle quand il respire et il a très mal à la poitrine.

— J'arrive tout de suite.

Quelques minutes plus tard, je découvris Mohan dans un état pitoyable. Il était blême, les yeux enfoncés dans leurs orbites, le front brûlant de fièvre.

J'ai suggéré :

— Il serait sage d'appeler un médecin.

— Oui... bredouilla-t-il, mais... trouvez Allison.

— Qui est-ce ?

Il haleta :

— Un... excellent docteur. Je l'ai connu... ici... lors de mon premier séjour.

Renseignements pris auprès du concierge de l'hôtel, le Dr Allison était un défenseur acharné des traitements paramédicaux, un végétarien convaincu, chassé de la *Vegetarian Society* après avoir préconisé le contrôle des naissances. Pas étonnant que Mohan fît appel à lui.

L'homme se présenta à la pension vers midi. Après avoir examiné longuement le malade, il diagnostiqua une pleurésie, et prescrit sur un ton qui ne souffrait aucune contradiction, un traitement conforme à ses convictions et à celles de son patient : pain complet, légumes crus, betteraves, radis, oignons et fruits frais, essentiellement des oranges.

Il recommanda :

— Je vous conseille aussi de laisser toutes les fenêtres de votre chambre grandes ouvertes pendant vingt-quatre heures, de prendre des bains tièdes, de vous faire masser le thorax à l'huile, et de marcher quinze à trente minutes par jour quel que soit le temps.

J'intervins :

— Ce sont des fenêtres à la française. Si nous ouvrons les deux battants, la pluie risque de se déverser dans la pièce.

— Qu'à cela ne tienne. Brisez les vitres !

Je ne sais si ce fut grâce au traitement du Dr Allison, mais la santé de Gandhi s'améliora sensiblement.

Du fond de son lit, ce dernier communiqua au gouvernement britannique son offre de créer un corps d'ambulanciers, expliquant que ses compatriotes indiens étaient désireux de se montrer « responsables à l'égard de ce grand empire, puisqu'ils en partageaient les privilèges ». Aussitôt, les critiques fusèrent au sein de la communauté indienne de Londres. Polak s'y joignit en adressant à Mohan un câble de protestation, dans lequel il utilisait mot pour mot les mêmes arguments que moi : « Comment l'apôtre de la non-violence peut-il soutenir une guerre ? »

À tous, Mohan répondait invariablement : « Je n'ai jamais rien tenté pour mettre l'Empire britannique en péril. Comment pourrais-je accepter qu'il fût détruit ? »

Vers la fin août, il fut enfin totalement remis.

— Je pense qu'à présent l'heure est venue de partir. Je n'ai plus rien à faire ici. Il serait temps que vous alliez chercher votre visa pour l'Inde.

J'ai accueilli la suggestion avec un soupir de soulagement. J'étais las de cette ville, comme du froid
mordant et de la bruine.

Nous étions le 9 septembre 1914. Je suis parti pour
le consulat britannique, loin d'imaginer qu'un pan
de ma vie se fracasserait ce jour-là.

*

Le fonctionnaire examina mon passeport et commenta d'un air grave :

— *Deutsches Reich*…

— Oui.

— Impossible.

— Pardon ?

— Nous ne pouvons vous délivrer de visa pour
l'Inde. L'Inde fait partie de l'Empire britannique.

— Mais vous m'avez bien laissé entrer en
Angleterre !

— Exact. Mais c'était avant que nous n'entrions
en guerre contre votre pays.

— Ce n'est pas possible ! Je dois partir !

— Je ne peux rien pour vous, monsieur. Je vous
conseille plutôt vivement de vous rendre dans le
commissariat de police le plus proche, si vous ne
voulez pas avoir d'ennui.

— Pour quelle raison ?

— Parce que depuis le mois d'août, le gouvernement a promulgué le *Status of Aliens Act* qui oblige
tout citoyen germanique à se faire enregistrer. S'il
ne le fait pas, les conséquences peuvent être très
graves.

— Puisque je vous dis qu'il…

— N'insistez pas.

Je vivais un cauchemar éveillé. Je venais de quitter un pays où ce type d'obligation incombait aux

Asiatiques et ici c'était à moi, un Allemand, qu'on imposait cette humiliation.

J'ai quitté le consulat, brisé.

Lorsque, de retour à la pension, j'ai expliqué la situation à Mohan, il commença par refuser de me croire.

— Impossible ! Il doit y avoir une erreur !

— Vous n'avez qu'à vérifier.

— Bien sûr. Je vais appeler sur-le-champ lord Ampthill !

Lord Ampthill lui confirma l'information : plus aucun visa n'était accordé à un citoyen allemand. Néanmoins, devant le désarroi de son interlocuteur, il suggéra : « Je vais câbler à lord Hardinge, après tout, il est vice-roi des Indes. Il a le pouvoir d'intervenir. Je vous rappellerai dès que j'aurai sa réponse. »

Nous étions effondrés. Dévastés.

Ni lui ni moi n'avons fermé l'œil de la nuit essayant d'envisager tous les recours possibles en cas de refus. Il n'y en avait aucun.

Le lendemain, lord Ampthill nous dicta au téléphone la réponse du vice-roi : « Regrettons, mais le gouvernement de l'Inde n'est pas prêt à courir un risque de ce genre. »

C'était fini. Un mur infranchissable se dressait entre Mohan et moi.

Assis l'un en face de l'autre dans ma chambre, nous ressemblions à deux naufragés séparés inexorablement par le courant. Comment décrire ce moment ? Certaines douleurs sont si profondes qu'elles appellent le silence.

— Qu'allez-vous devenir ? murmura Mohan.

Il y avait dans l'interrogation quelque chose d'implorant.

Je n'ai pas eu à lui répondre.

Je n'en ai pas eu le temps.

On frappa à la porte.

Je suis allé ouvrir.

Deux policiers se tenaient devant moi.

— Mr Hermann Kallenbach ?

J'ai confirmé.

— Suivez-nous, je vous prie. Vous êtes en état d'arrestation.

Mohan se précipita, pétrifié.

— Que se passe-t-il ? Où l'emmenez-vous ?

— À Stanford, dans un camp de détention.

Je me suis écrié :

— Mais de quoi m'accuse-t-on ?

— Vous n'êtes accusé de rien, monsieur. C'est une mesure de précaution. Vous êtes un sujet allemand. Nous sommes en guerre.

Gandhi courut vers le téléphone et appela sir Benjamin Robertson, le commissaire en chef des provinces centrales de l'Inde. Après l'avoir écouté, lui aussi avoua son impuissance.

Mohan raccrocha.

— Mon ami, mon frère, je crois que nous n'avons plus le choix. Vous me rejoindrez dès que tout cela sera terminé. Cette guerre ne durera que quelques mois. Vous verrez. Nous serons très vite réunis à nouveau.

J'ai opiné mollement. Je me sentais au bord d'une falaise qui surplombait un abîme de ténèbres. Je voyais mille flots, mille tourbillons, j'entendais le vent hurler.

37

S.S Arabia,
23 décembre 1914

Mon cher ami,

C'est ma cinquième lettre en cinq jours. J'ai écrit la première avant d'atteindre Sheerness. En la rédigeant, j'étais d'une humeur sombre. Mais, étrangement, cette morosité s'est évanouie en même temps que je voyais se refermer les portes de l'Europe. Peut-être me suis-je senti vaincu par un sentiment de fatalité.

[...] Nous vous avons abandonné malheureux et solitaire et je me sens comme un animal qui a abandonné son petit. Quel misérable ! Mais je me console en me répétant que nous n'avions guère le choix. J'ai espéré pendant trois mois. Mais, là je ne pouvais plus repousser indéfiniment la date de mon départ et la santé déclinante de Kasturba me pressait tous les jours un peu plus de rentrer en Inde.

Je serais infiniment malheureux si vous me laissiez sans nouvelles. J'attends au moins un télégramme avant mon arrivée à Bombay. Nous arriverons à Aden demain. Je me risque à espérer que j'y trouverai un mot de vous.

[...] J'ai souvent été dur avec vous, voire cruel. Mais je vous assure que mon attitude n'était dictée que par l'amour le plus pur. Si j'ai mal agi à votre égard, ce n'est pas parce que je vous aimais moins, mais trop. J'étais impatient de vous voir grandir, avancer, accomplir ce que je pensais être bien pour vous. Pardonnez-moi si je vous ai blessé, car je sais que je vous ai blessé. D'ailleurs, vous me l'avez plus d'une fois fait remarquer ; malheureusement, je n'en ai pas tenu compte. Je prie pour que cet amour continue à nous garder l'un à l'autre, et à avancer sur la voie choisie pour nous. C'est un chemin ardu, semé d'embûches, mais nous réussirons.

Mrs Gandhi, qui est assise près de moi, me charge de vous envoyer toute son affection. Si vous étiez à nos côtés, notre bonheur serait complet.

Toujours à vous.

Votre vieil ami,

L'ancienne Chambre haute.

J'ai replié la lettre dans ma poche et laissé mon regard vagabonder le long de la mer d'Irlande qui s'étirait à l'infini, pleine d'écume et de rêves éclatés.

Dix jours déjà. Dix jours que j'étais interné, ici, dans ce camp de Knockaloe, sur l'île de Man, isolé, coupé du monde. On nous autorisait à écrire et à recevoir du courrier ; maigre consolation. Écrire ? Écrire à qui ? Pourquoi ? Quand tout se brise comme cristal, que l'espérance est en cendres, lorsque le découragement a envahi chaque pore de votre peau, à quoi sert de se confier ? Nous étions ici plus de cinq mille ; tous frappés par la malédiction d'être allemands. J'aurais pu trouver quelque consolation à côtoyer mes coreligionnaires, mais je n'éprouvais rien. Le vide dans ma tête. J'aurais tant donné pour cesser de penser !

Les anciens philosophes entendaient par *destin*, l'ordre, la série, l'enchaînement des causes qui, en agissant les unes sur les autres, produisent des effets inévitables. Il emporte une idée de fatalité, de nécessité, de prédestination absolue. Les anciens en avaient fait un dieu. Je n'ai jamais détesté autant cette divinité-là.

S.S Arabia,
26 décembre 1914

Mon ami,

À ma grande surprise, toujours aucune nouvelle de vous. Je m'attendais à un télégramme en arrivant à Gibraltar : hélas, rien.
Nous atteindrons Malte demain. J'espère y trouver un mot de vous. [...] Je ne peux que vous répéter inlassablement ce que je vous ai toujours conseillé : ne permettez pas aux événements de vous dominer. Si vous le faites, alors ils feront de vous leur esclave. [...]

Affectueusement,

Votre vieil ami.

Les crêtes des vagues zébraient la nuit de tremblements d'écume et me criaient de me ressaisir. Demain. Oui, demain. Demain, je répondrai à Mohan.

S.S Arabia,
30 décembre 1914

Mon cher ami,

Toujours rien de vous. Je commence à m'inquiéter. J'espérais vraiment que je trouverais un câble à Port-Saïd en y arrivant. Toujours rien. [...] Mrs Gandhi ne va pas bien. Elle est allongée sur une chaise longue et souffre de maux de tête effroyables. Que de bouleversements dans nos vies ! Que d'illusions et de désillusions ! Mon séjour à Londres m'a vidé et abattu. Mon esprit vagabonde et se languit de choses que je croyais avoir écartées. Comme on se trompe soi-même ! On imagine s'être débarrassés de certains désirs et on découvre soudain qu'ils n'avaient pas disparu, mais qu'ils étaient tout simplement assoupis. Au lieu de me rendre en Inde le cœur léger, je m'y rends tel un homme brisé, qui s'interroge sur son avenir, sur l'utilité de ce retour.

[…] Méfiez-vous de Londres, vous êtes dans la cité des ténèbres. J'ai quitté cette ville et pourtant elle me hante encore.

Affectueusement,

Votre vieil ami.

Bombay,
12 janvier 1915

Chère Chambre basse,

Nous sommes arrivés il y a trois jours à Bombay, où nous avons eu la joie de découvrir que Harilal nous attendait sur le quai. Je vous laisse imaginer notre bonheur.

Mon cœur est près de vous.

J'ai défait mes valises et nos objets personnels. Et pour ne jamais perdre votre souvenir, je dors la nuit la tête posée sur votre coussin favori : celui auquel vous teniez tellement et que vous ne vouliez abandonner à aucun prix. J'ai beau m'occuper, mettre de l'ordre, vous ne quittez pas mon esprit, pas un seul instant. Et vous me manquez terriblement. J'ai même commencé à préparer la maison où je sais que vous viendrez me retrouver. Vous êtes avec moi partout, même quand je fais le ménage. Votre absence ne fait que me rapprocher encore plus de vous, plus encore que lorsque je vous sentais à mes côtés.

Avec mon affection,

Chambre haute.

Les lettres de Mohan se suivaient jour après jour, elles défilaient comme les grains dans un sablier, mais n'éveillant en moi qu'une lointaine émotion et me rappelant surtout que le temps passait.

Quelle maladie m'avait soudain frappé ? Quel magicien occulte avait jeté un sort à notre histoire pour que, tout à coup, les mots ne pénètrent plus dans ma chair, roulent sur ma peau comme des perles avant de s'écraser sur le sol. Étais-je devenu insensible, le cœur éteint ?

Il est indispensable que je trouve une occupation dans ce camp. Je ne peux tout de même pas passer mon internement à me ronger les sangs, à me consumer. Et je vais répondre à Mohan. Il serait temps.

Bombay,
6 février 1915

Mon cher ami,

J'ai enfin reçu vos lettres. Trois d'un seul coup. Quel bonheur ! Je m'empresse de vous répondre. Je souffre terriblement de douleurs intercostales. Je pars pour Poona dans l'heure puis j'irai à Bolpur. Je vous écrirai plus longuement la semaine prochaine, j'espère.

Affectueusement,

Votre vieil ami.

Bombay,
12 février 1915

Mon cher ami,

Votre projet de partir pour la Californie me semble incongru. Mais je ne veux pas interférer dans votre choix. Si vous pensez que vous pourriez vous reconstruire financièrement là-bas et que Londres ne vous offre pas cette opportunité, alors partez. En tout cas, votre lettre indique combien vous êtes malheureux. Je vous en prie, ce n'est qu'un passage. Luttez, luttez, encore et encore. Tous mes efforts tendent à vous faire venir ici. L'Inde est le pays de la spiritualité. Ce pays m'a apporté la paix intérieure. Vous y serez heureux.

Mon cœur est avec vous. Mon bonheur ne sera pas complet tant que je n'aurai pas tenté toutes les solutions pour que vous obteniez un passeport. Je retournerai chaque pierre ! Si j'échoue, je ne sais pas ce qu'il adviendra.

Affectueusement,

Votre vieil ami.

La Californie. Il est vrai que j'y pense. En Amérique, à coup sûr, il me sera possible de refaire ma vie. Je n'ai plus rien. J'ai tout perdu. Plus la moindre ressource. L'Amérique est le pays du possible. L'Europe ne m'attire plus. Où irais-je ? Je hais Londres, cette cité qui nous a séparés, Mohan et moi. L'Allemagne ? Pour quoi faire ? Subir les sermons et les remontrances de ma famille ?

Ce soir, j'écrirai à Judith.

Bombay,
15 février 1915

Chère Chambre basse,

Combien j'aimerais vous serrer contre moi ! Notre amitié serait finalement bien fragile si elle est incapable de résister au temps, alors qu'au contraire elle devrait puiser dans la séparation plus de force et de pureté. Hier, je me promenais en regardant les arbres ; j'ai constaté que, malgré tous les changements qu'ils subissent au quotidien, une constante demeure : chaque feuille vit sa propre vie. Chaque arbre meurt quand son heure est venue ou sous les coups mortels de la hache. Mais la forêt, elle, reste immuable. Je crois qu'il en est ainsi de l'homme.

Nous pouvons dépérir, mais quelque chose en nous continue et continuera de vivre éternellement. Je me suis senti beaucoup mieux hier soir en réfléchissant à tout cela. Je me languissais de vous et j'ai repris confiance en me disant : je connais mon ami non pour son apparence changeante, mais pour ce qui vit inchangé au fond de lui.

Affectueusement,

Chambre haute.

Hier, je me suis porté volontaire pour servir d'assistant au médecin du camp, et j'ai proposé de donner des cours d'anglais à ceux de mes compatriotes qui ne maîtrisaient pas la langue. Certains officiers ici pensent que cette guerre se prolongera au moins un an ou deux. Deux ans ! Des pans de ma vie brisés. Stériles.

Bolpur,
20 février 1915

Express
Notre frère Gokhale est mort hier soir – stop – une lumière s'est éteinte – stop – Gandhi.

Ahmedabad,
4 juin 1915

Mon cher ami,

J'ai envie de vous crier : « Venez ! Aidez-moi ! » Mrs Gandhi est de nouveau en prise avec ses saignements. Elle a perdu toute résistance. Elle pleure comme une enfant et elle est furieuse contre moi comme si j'étais responsable de sa maladie. Je suis submergé de travail. J'aurais aimé avoir le temps de vous décrire tous les ennuis que je dois affronter. Je ne suis pas abattu, mais comme je me sens seul ! Vous savez ce que je veux dire. [...] Préparez-vous à affronter tout cela quand vous viendrez. [...]

Affectueusement,

Votre vieil ami.

Mes compagnons et moi-même avions sous-évalué la folie meurtrière des hommes. La guerre devrait durer jusqu'en 1918.

Mais voilà qu'au début janvier 1917, j'ai été convoqué par l'officier responsable du camp.

— Mr Kallenbach, je vous annonce une bonne nouvelle : vous allez nous quitter. Un accord d'échange de prisonniers a été conclu hier soir entre l'Angleterre et l'Allemagne.

Je n'en revenais pas.

— On m'envoie donc en Allemagne ?

— Non. L'échange se fera à Genève. C'est votre prochaine destination.

— Et... ensuite ?

L'officier haussa les épaules.

— Ensuite, vous irez où bon vous semble.

Où bon me semble ?

Au ciel ? En enfer ? Je ne connaissais personne en Suisse.

— Je n'ai pas le moindre shilling. Que ferais-je là-bas ?

— Ne vous inquiétez pas. Une fois sur place, la Croix-Rouge y pourvoira.

J'ai acquiescé.

À l'extérieur du baraquement, la neige avait recouvert le paysage mais aussi trois ans de ma vie.

38

Königsberg, mars 1917

— Tu ne veux vraiment pas un verre de vin ?
J'ai souri.

— Je t'adore, Simon. Tu es mon frère préféré.
Mais je n'y tiens guère.

— Tu as tort. Depuis ton arrivée, je te vois dépérir
de jour en jour. Tu n'as plus goût à rien. L'alcool a
parfois le mérite d'embrouiller nos angoisses...

J'ai hésité quelques secondes.

— D'accord. Un verre.

Il me versa une coupe.

— Est-ce vrai que Hanna, la sœur de Judith, a
l'intention d'aller vivre en Palestine ?

— Oui. Depuis qu'elle s'est inscrite dans une
yeshiva et fréquente un jeune rabbin, Mordechai
Lazar. Je reconnais qu'il m'arrive moi-même d'y penser. Quel avenir pour nous, les juifs, en Europe ?

— Bien trouble, je le crains. L'idée de la Palestine
m'a aussi traversé l'esprit. Mais je ne me sens pas
prêt. Ma vie est un chaos, Simon. Un désastre. Je
dois repartir de zéro. Tout reconstruire.

— Je ne m'inquiète pas trop. Je suis sûr que tu
réussiras à remonter la pente. Tu es un grand architecte. Il est indispensable cependant que tu
t'arraches à cet état dépressif. Tu me fais peur.

Je n'ai pas commenté.

— As-tu des nouvelles de Judith ? Je lui ai écrit à plusieurs reprises de l'île de Man, mais elle ne m'a jamais répondu. Est-elle toujours en Angleterre ?

— Oui ? Tu n'as peut-être plus la bonne adresse. Je te la donnerai.

Il enchaîna à brûle-pourpoint :

— Je ne veux pas me montrer indiscret, mais où en es-tu de ta relation avec ce Mr Gandhi ? Tu comptes partir le retrouver ?

— Non. Pas pour l'instant.

— Vous continuez à vous écrire tout de même...

— Je suppose *qu'il* m'écrit. Mais ne sachant pas où je suis, difficile que ses lettres m'atteignent.

— Tu ne l'as donc pas informé de ta venue ici ?

— Non, Simon. Puis-je te demander une faveur ? N'essaie pas d'approfondir.

D'ailleurs, s'il avait insisté, que lui aurais-je répondu, sinon que je tentais de me réincarner ? J'avais vécu dix années auprès de Gandhi dans un état second. Dix années, plongé dans un maelström géant. Qui était Hermann Kallenbach ? Rien qu'un double imparfait de Gandhi ? Et aujourd'hui ?

Vers la mi-avril, j'ai trouvé un modeste emploi dans un cabinet d'architecte à Berlin et loué une modeste chambre, dans un modeste quartier.

*

Le 11 novembre 1918, après neuf millions de morts, les chefs de guerre décidèrent de mettre fin au massacre et l'armistice fut signé.

Je n'avais aucune nouvelle de Gandhi sinon celles que je découvrais dans la presse. Ainsi j'avais appris que, peu de temps après son arrivée en Inde, il avait fondé un ashram, une sorte de jumeau de la ferme

Tolstoï, sur la rive ouest du fleuve Sabarmati. J'ai souri en découvrant qu'il l'avait baptisé Satyagraha Ashram.

En avril 1917, un article du *Berliner Tageblatt* expliquait qu'il s'était lancé dans la défense des paysans de Champaran maltraités par les planteurs d'indigo anglais. Des milliers d'Indiens venus de partout entouraient le palais de justice où il avait été cité à comparaître. Pour la première fois de leur vie les humbles s'étaient libérés de la peur des Britanniques. Devant l'ampleur de la manifestation, le ministère public avait demandé au juge de reporter l'audience. Comme à l'accoutumée, Gandhi avait refusé et insisté pour plaider coupable, contraignant le vice-gouverneur à laisser tomber l'affaire. La désobéissance civile venait de gagner sa première cause dans l'Inde moderne.

Au fond, Mohan appliquait à la lettre, dans son pays, ce qu'il avait expérimenté en Afrique du Sud. Sauf qu'il n'était plus Mohan, mais le Mahatma. Plus me parvenaient les échos de ses actions, plus je réalisais l'immense chance d'avoir vécu auprès de lui. Néanmoins, la page était tournée. Partir le retrouver eût été m'inscrire dans son ombre.

En avril 1920, ma décision fut prise : Je suis retourné en Afrique du Sud. Mes deux maisons, le Kraal et Mountain View n'existaient plus, puisque je les avais vendues avant mon départ. Je me suis donc replié sur un petit appartement situé dans Wolmarans Street, non loin de la synagogue. Que d'émotions en revoyant les lieux partagés jadis avec Mohan ! Je le voyais partout. J'entendais sa voix. Comme pour exorciser le passé, je me suis rendu devant Rissik Street, j'ai fait les cent pas devant l'immeuble. Allait-il apparaître ? Ensuite, je suis allé déjeuner chez Ziegler, assis à la table où nous nous étions connus, seize ans plus tôt.

— *Vous rêvez beaucoup, monsieur Kallenbach ?*

— *Pas suffisamment à mon gré. Depuis quelques années, hélas, l'enfant se fait grignoter par l'homme.*

— *Je vois. Peut-être serait-il intéressant que vous appreniez à rêver en adulte. Vous découvririez alors que la réalité est une illusion et le rêve, une réalité.*

Malgré moi, j'ai éclaté en sanglots.

La première personne que j'ai tenté de retrouver fut Sonja. Par chance, elle habitait toujours le même appartement.

En m'ouvrant la porte, elle poussa un cri, mélange de frayeur et de joie.

— Hermann ! Mais où étais-tu passé ? Nous t'avons cru mort !

— Je l'étais, en quelque sorte. Tout va bien maintenant.

Elle se jeta dans mes bras et me serra contre elle comme si elle redoutait de me voir disparaître de nouveau. Tandis que je me glissais dans un fauteuil, elle se précipita vers un secrétaire d'où elle récupéra une liasse de lettres qu'elle brandit sous mon nez.

— Elles sont toutes de *Gandhidji* ! Il est au bord de la folie ! Il a écrit à tout le monde : Manilal, Ramdas, Polak. Depuis trois ans, il remue ciel et terre pour te retrouver !

Elle prit un courrier au hasard et me le remit.

— Tiens ! Lis !

Godhra,
Février 1920

Ma sœur Sonja,

Comme j'aurais souhaité que vous soyez à mes côtés ! Mais je dois assumer ma solitude. Je suis envahi d'une immense mélancolie quand je pense à vous, à tous ceux qui m'ont secondé en Afrique du Sud. Je n'ai plus Kallenbach. Je ne sais rien de lui, ni dans quel coin du monde il est. Aussi singulier que cela puisse paraître, je me sens infiniment plus seul qu'en Afrique du Sud. Ce qui ne signifie pas que je ne suis pas entouré de gens qui me soutiennent, mais rien de comparable avec ceux que j'ai connus en Afrique du Sud. Je me sens beaucoup moins rassuré que lorsque j'étais auprès de vous tous. Mes seuls moments de bonheur sont ceux que je consacre à vous écrire.

À plus tard,

Mohandas.

Elle enchaîna :

— Pourquoi as-tu disparu sans laisser de trace ?

— Tout ce que je peux dire, c'est qu'il n'est pas simple, pour un homme arrivé à mon âge, de constater que là où se porte son regard, il ne découvre que dévastation. Parlons plutôt de toi. Le jour où nous nous sommes quittés, tu avais l'intention de t'inscrire à l'University College de Johannesburg...

— Oui, mais je ne l'ai pas fait. J'étais trop lasse. Trop épuisée. Envahie par un sentiment de vide terrible. Dans un premier temps, j'ai pensé rejoindre *Gandhidji*. Mais à la veille de faire mes valises, j'ai obtenu une bourse que je n'espérais plus. Alors, j'ai entrepris une licence de latin.

— De latin ?

— Oui. Il n'existe pratiquement personne qui enseigne cette matière en Afrique du Sud. Après la licence, j'ai réussi à décrocher un doctorat et, pas plus tard que la semaine passée, on m'a proposé un poste d'enseignante à la High School de Krugersdorp.

— La ville minière ?

— Oui, je sais, ce n'est pas l'endroit rêvé. Toutefois, l'école est fréquentée en majorité par des étudiants juifs. Et je m'y sentirai plus à l'aise que face à des Afrikaners plus odieux et plus racistes que jamais. Cela étant, je n'ai pas l'intention de m'arrêter là. Plus tard je m'inscrirai à Johannesburg, à l'université de Witwatersrand pour obtenir mon *BA* et mon *MA*[1].

J'ai sorti de ma poche un paquet de Lucky Strike. Elle a sourcillé.

— Tu t'es remis à fumer ?

J'ai éludé la question et allumé ma cigarette.

— Décidément, ma petite Sonja, tu m'émerveilles. Je reconnais m'être bien trompé sur ton compte. Ton parcours est impressionnant.

— Tu ne t'es pas trompé, Hermann. On change c'est tout. Et toi ? Des projets ?

— Tout rebâtir. Je vais appeler mon ancien associé, Eliot Kennedy et lui proposer mes services en espérant qu'il les accepte. Et une fois remis d'aplomb, j'essaierai de convaincre ma sœur Janet et ses filles, Judith et Hanna, de venir me rejoindre ici. J'ai besoin de me retrouver en famille et, surtout je m'inquiète pour eux. Je n'ai pas du tout aimé ce que j'ai appris lors de mon séjour en Allemagne : pendant la guerre, les soldats juifs ont été régulièrement humiliés et traités de lâches. Lorsqu'il est devenu évident que le conflit se prolongerait, on a incombé la faute aux marchands d'armes juifs bien entendu, qui, prétendait-on, n'avaient pas encore gagné suffisamment d'argent. Par la suite, l'extrême droite allemande a mis en accusation la prédominance des juifs – encore eux – dans l'économie et la politique pour expliquer la défaite. Non, je n'aime vraiment pas ce qui se trame là-bas. Je serai plus serein si les miens quittaient ce pays.

---

1. *Bachelor of Arts* et *Master of Arts*. Généralement, c'est au bout des quatre premières années que l'on obtient son BA et deux ou trois ans plus tard son MA.

Sonja opina doucement.

— Que sont devenus Polak et West ?

— Polak a ouvert un cabinet d'avocat et continue de défendre les travailleurs indiens, plus brimés que jamais. Quant à West, il vit à Londres avec son épouse.

— Et Phoenix ? La colonie existe toujours ?

— Oui. Et Manilal dirige encore l'*Indian Opinion*.

— J'irai lui rendre visite. As-tu les coordonnées de Polak ?

— Son téléphone. Il serait bien que tu lui fasses signe.

Nous avons bavardé ainsi jusqu'aux aurores.

À l'instant où je repartais, elle m'a interrogé :

— Tu ne crois pas que tu devrais écrire à *Gandhidji* ?

— En temps et en heure, sans doute.

— Non, Hermann, tu ne peux conserver le silence indéfiniment. Ce n'est pas juste. Tu *dois* lui écrire !

— Je le ferai. J'ai encore besoin de temps.

— Je ne comprends pas ! Que lui reproches-tu ?

Après quelques instants de réflexion, je lui ai répondu :

— L'image obsédante des années passées près de lui.

*

À ma grande surprise, Eliot Kennedy m'accueillit avec un enthousiasme touchant.

— Je te croyais parti en Inde sur les traces de ton gourou ! C'est Alex qui sera enchantée de te savoir de retour parmi nous. Pas plus tard qu'hier nous parlions de toi.

En quelques mots, je lui ai décrit ma situation et fait part de mon désir de réintégrer le cabinet, non plus comme un associé (je n'en avais pas les moyens), mais comme simple architecte intégré dans son équipe.

Il a éclaté de rire.

— Mon cher Hermann, je crois que ton internement t'a affecté plus que je ne l'eus imaginé ! Un simple architecte, toi ? Hermann Kallenbach ? Non, mon ami, pas question. Associé ou rien. Tu...

— Eliot, je n'ai plus un sou. Je suis incapable de mettre des fonds dans l'affaire.

— Et ton talent ? Que fais-tu de ton talent ? Tu as de l'or dans les mains, Hermann. Une fois les premiers chantiers signés, nous envisagerons les détails financiers. En attendant, je n'exigerai que tes idées et ta présence.

Il précisa l'œil malicieux :

— Constante !

Et il me tendit la main.

— Tope là ?

— Tope là.

— J'oubliais un détail important... Pour ton information, le cabinet s'appelle toujours Kallenbach & Kennedy. Je n'ai pas jugé utile de le modifier depuis notre séparation.

J'ai pensé en le quittant que, finalement, les preuves d'amitié ne venaient jamais de ceux dont on les attendait.

Dans l'après-midi, j'ai passé un coup de fil à Polak. Ce fut Millie qui me répondit ; son époux plaidait au tribunal. Nous avons parlé un long moment. Elle semblait heureuse, sa fille venait de fêter ses quatorze ans et Henry n'avait jamais été aussi épanoui que dans son nouvel habit d'avocat. Il s'était spécialisé dans la défense des Indiens lésés et le faisait avec dévouement. J'ai communiqué à Millie mes coordonnées au cabinet et nous nous sommes promis de nous revoir.

Cette nuit-là, pour la première fois depuis bien longtemps, je m'endormis le cœur plus léger. Ma dernière pensée fut pour Mohan. Je lui écrirai. Demain.

*

20 juin 1920

— Mr Kallenbach ?

J'ai levé un œil interrogateur vers ma secrétaire.

— Un monsieur insiste pour vous parler. Un Indien. Il n'avait pas rendez-vous et...

— Son nom ?

— Gandhi. Ramdas Gandhi.

— Ramdas ? Faites-le entrer, je vous prie.

Quelques secondes plus tard apparaissait devant moi un gaillard moustachu que j'ai eu du mal à reconnaître. La dernière fois que j'avais vu Ramdas, il avait dix-sept ans.

J'ai quitté mon bureau pour lui donner l'accolade.

— Quelle heureuse surprise, mon ami ! Après toutes ces années !

— Six ans. Le temps passe.

Je l'ai invité à s'asseoir.

— Tu vis toujours à Phoenix ?

— Non. J'ai quitté la colonie voici deux ans et je travaille chez un tailleur de Johannesburg.

— Marié ?

— J'attends la perle !

— Et ton frère, Manilal ?

— Toujours fidèle au poste. L'*Indian Opinion* survit grâce à lui. Je crois qu'il mourra au pied de la Linotype ! En vérité, il a sauvé le journal, mais je crois que le journal l'a sauvé aussi. C'est bien, car il aurait eu du mal à vivre en Inde, auprès de *bapou*.

Vous savez l'emprise de mon père sur lui, sur nous tous. D'ailleurs...

Il écarta les mains.

— C'est *bapou* qui m'envoie. Il se fait beaucoup de soucis. Il dit que cela fait plus de trois ans que vous ne lui avez pas écrit. Seriez-vous fâché ?

J'ai répliqué, un peu mal à l'aise.

— J'ai été très pris en Allemagne auprès de ma famille. Et depuis que je suis rentré, je suis submergé de travail. Comment as-tu su que j'étais revenu en Afrique du Sud ?

— Par Mr Polak. Vous l'avez appelé, je crois, et il a prévenu *bapou*. Et *bapou* m'a aussitôt envoyé un télégramme pour que je vienne vous voir. Il a bien reçu votre lettre, mais il était très embêté parce que vous n'aviez pas indiqué d'adresse pour la réponse. Alors...

— C'est un oubli. Je vais la lui envoyer.

— Je suis sûr qu'un mot de vous lui fera le plus grand bien. Il traverse des moments très difficiles. Les autorités britanniques se montrent encore plus cruelles envers lui que ne l'ont été Smuts ou Botha.

Il inclina doucement la tête et chuchota presque :

— Et il y a Harilal. Je crois qu'il a tenté de cohabiter avec notre père, mais l'atmosphère s'est très vite tendue et ils se sont séparés, brouillés une fois de plus. Alors Harilal a commis un acte effroyable...

La gravité avec laquelle il venait de prononcer cette dernière phrase me fit craindre le pire.

— Figurez-vous qu'il a rédigé une lettre ouverte adressée à *bapou*. En vérité, il s'agissait plutôt d'un opuscule de trente-deux pages qu'il avait l'intention de publier dans la presse, intitulé : « Ma lettre ouverte à mon père, M. K. Gandhi, avocat. » Heureusement, des proches réussirent à l'en dissuader.

— Que contenait cet opuscule ?

— Des propos d'une dureté incroyable. Des passages tels que : « Un ver pénètre dans le corps d'une guêpe et finit un jour par s'envoler après être devenu la guêpe. Je crois que c'est ce qui me serait arrivé si j'avais eu la patience et l'endurance du ver. Heureusement, j'ai eu la sagesse de fuir avant qu'il ne soit trop tard et que je ne devienne guêpe à mon tour. » Il écrit aussi : « Pendant des années, je vous ai appelé au secours, je vous ai supplié. Mais aux yeux de la guêpe, le ver est insignifiant. Je crois que vous nous avez toujours utilisés comme des armes, mes frères et moi. »

Ramdas s'éclaircit la voix avant de poursuivre :

— Il y a d'autres remarques plus impitoyables encore. À un moment donné, il dit : « Vous avez traité vos enfants comme un M. Loyal traite ses animaux dans un cirque. Vous avez instillé la peur en nous, même quand nous nous promenions à vos côtés, même quand nous mangions, quand nous buvions, quand nous dormions, quand nous lisions. Votre cœur est pareil au vajra. »

— Vajra ?

— Le vajra est l'arme du dieu Indra, l'équivalent de la foudre.

Je suis resté silencieux.

— Et toi, Ramdas, partages-tu l'opinion de ton frère ?

— Mon frère a exigé de *bapou* ce que *bapou* était incapable de lui donner puisqu'il ne le possédait pas. Moi, je n'ai rien demandé. Et n'ayant rien demandé, je n'ai rien attendu.

39

10 août 1920

Ma chère Chambre basse,

Enfin ! Enfin ! Après combien de temps il m'est donné enfin de vous écrire ? Maintenant, j'ai votre adresse. Je n'ai cessé de penser à vous. Tous les jours. La première information que j'ai reçue vous concernant m'a été transmise par une habitante de Johannesburg. Sinon, ni Polak ni personne n'a été capable de me dire où vous étiez. Thambi Naidoo non plus. J'ai aussi prié un lointain cousin, Jamnadas, de vous rechercher à Berlin. En vain. Oh ! Comme j'aimerais venir vous retrouver et vous prendre dans mes bras ! Vous êtes revenu du monde des morts. Vous voilà ressuscité. Je m'étais fait à l'idée que vous étiez décédé, ne pouvant croire un seul instant que vous m'auriez laissé volontairement aussi longtemps sans nouvelles. Je me suis consolé en me répétant que vous m'écriviez mais que, pour une raison inconnue, vos lettres ne me parvenaient pas. J'ai écrit au camp de l'île de Man, toujours sans réponse. Oui, je continue à croire que vos lettres ont dû s'égarer.
[...]
Que dirai-je de moi ? Sinon que je me suis pris d'une grande affection pour une dame qui m'accompagne dans la plupart de mes déplacements. J'aurais du

mal à vous décrire notre relation. Disons qu'elle est
« indéfinissable ». Je l'ai surnommée « mon épouse
spirituelle ». Un ami qualifie nos liens de « mariage
intellectuel ». J'ai habité avec elle pendant plusieurs
mois, dans sa maison à Lahore, dans le Pendjab.
J'aimerais bien vous la présenter.

Harilal travaille à Calcutta. Le pauvre a perdu
son épouse.

[...]

Affectueusement, et dans l'attente de vous voir
ou de vous lire,

Chambre haute.

Aujourd'hui, cette lettre me fait sourire. Mais je
reconnais qu'à l'époque où je l'ai reçue, j'ai ressenti
un certain agacement.

Je sais que la dame dont il ne cite pas le nom
s'appelle Sarla Devi Chaudhrani. Il l'a rencontrée pour
la première fois en décembre 1901, aux assises d'un
Congrès à Calcutta, alors qu'elle dirigeait l'orchestre
chargé de jouer l'hymne inaugural. Elle avait vingt-neuf
ans. Nationaliste acharnée, fondatrice du premier mouvement féministe indien, et nièce de l'immense poète
Rabindranath Tagore. On la dit assez belle. Je ne trouvais pas surprenant de voir Mohan succomber à son
charme, et je n'imagine pas qu'il y eut entre eux autre
chose qu'une amitié amoureuse. À vrai dire, ce qui me
choqua, c'est plutôt de constater qu'il continuait encore
et toujours à vouloir charmer et séduire, les hommes
comme les femmes, jusqu'aux limites de la décence[1].

---

1. Les pressentiments de Hermann n'étaient pas totalement dépla-
cés, puisque dans une de ses lettres ambiguës dont il avait le secret,
Gandhi écrivait à Sarla, le 2 mai 1920 : « Vous continuez toujours
de me hanter même dans mon sommeil. Pas étonnant que Panditji
(l'époux de Sarla) vous appelle la plus grande shakti de toute l'Inde.
Vous lui avez jeté un sort. Et vous avez fait pareil avec moi. » Shakti
est un terme védique qui désigne la puissance, l'énergie féminine.
C'est aussi le symbole de la mère divine, source de tout pouvoir.

Quoi qu'il en soit, dès ce jour, nos échanges épistolaires se sont beaucoup espacés. J'étais de plus en plus accaparé par mon travail, et lui totalement investi dans la bataille acharnée qu'il livrait contre les Anglais. Il semblait définitivement décidé à leur arracher l'indépendance de l'Inde.

Bien sûr, il insistait régulièrement pour que je vienne le retrouver. Je n'en éprouvais plus le désir. En tout cas, pas dans l'immédiat. Pendant mon internement à l'île de Man, quelque chose en moi s'était cassé que j'avais du mal à définir. Je ressemblais à un coureur de fond qui s'étonne tout à coup de franchir une ligne d'arrivée où plus personne ne l'attend.

De surcroît, mes affaires connaissaient un magnifique essor au point que nous commencions à envisager sérieusement de fusionner avec un autre cabinet.

Le 12 janvier 1923, alors que Gandhi était enfermé à la prison de Yerwada, à Maharashtra, Judith et Hanna ont répondu à mon insistance et sont venues me retrouver. Janet ne se sentait pas encore prête. Hanna était accompagné de son époux Mordechai et de leur fille Isa, alors âgée de deux ans.

Judith avait bien changé. Sa chevelure avait la blondeur que je lui avais connue, mais elle couvrait à présent ses épaules. Ses hanches avaient quelque peu forci et la silhouette, jadis élancée, s'était épaissie. Malgré moi, je me suis senti quelque peu honteux en repensant à nos émois passés, aux miens surtout.

J'ai installé tout ce monde à la ferme Inanda, au nord-est de Durban, acquise en prévision de ce jour. Si Mordechai Lazar se montra réticent à la perspective de vivre en fermier, Hanna fut en revanche enchantée et n'eut aucun mal à s'adapter. En peu de temps, elle aménagea un élevage de poulets et une plantation de bananes qui se révélèrent suffisamment lucratifs pour permettre à la famille de subvenir à ses besoins. Je les ai convaincus d'adhérer au végétarisme (auquel je restais très attaché), sauf Mordechai qui ne jurait que par la viande. Un jour, lassé, il fit ses valises et alla vivre à Durban où il dispensait des cours d'hébreu.

Dans le courant du mois de septembre 1924, j'appris qu'à Delhi, Gandhi avait entamé un jeûne en faveur de la réconciliation entre hindous et musulmans. Et me revint la même question qu'autrefois : où puisait-il sa formidable énergie ?

En novembre, nous avons eu la joie de voir débarquer Janet qui s'était finalement décidée à quitter l'Allemagne. Ce furent des moments rares pendant lesquels j'ai pu mesurer combien les miens m'avaient manqué, et combien j'avais eu tort de déclarer un jour que la famille était un accessoire non essentiel à l'évolution d'un être. Hélas, l'union se brisa assez rapidement. Constatant qu'elle ne pouvait plus vivre séparée de son mari sous peine de voir son mariage faire naufrage (il tanguait déjà beaucoup), Hanna décida de quitter la ferme afin de rejoindre Mordechai à Durban. Et Judith aussi, mais pour la bonne cause : elle avait fait la connaissance d'un jeune juif, natif de Kimberley, dans l'État d'Orange, et ils allaient se marier.

Quant à moi, devrais-je le confesser ? j'ai trahi mon vœu de chasteté. Peu de temps après mon retour en Afrique du Sud, Alex, l'épouse d'Eliot, était parvenue à ranimer en moi, et de façon tout à fait impromptue, des feux que j'avais crus éteints à jamais. Je ne me souvenais plus de ce qu'était le désir, et qui plus est celui de désirer une femme. Ce fut sans tendresse, violent, bestial, et sans doute salutaire. Notre liaison dura un peu plus de quatre ans et s'acheva le jour de mon anniversaire, le 1er mars 1928.

Trois mois plus tard, je partais pour Londres m'informer sur la conception des salles de cinéma. Depuis le triomphe du *Chanteur de jazz*, Kennedy et moi pensions que s'ouvrait un marché, d'autant qu'il n'existait à ce moment-là aucun cinéma en Afrique du Sud. Je ne soupçonnais pas alors combien ce voyage me bouleverserait. En débarquant à Londres je nous ai revus, Mohan et moi, quatorze ans auparavant, marchant dans cette ville, le cœur gonflé d'espoir et imaginant tous les détails de notre future vie en Inde. Tout l'amour que j'avais eu pour lui et qui, peut-être, sommeillait en moi me submergea. Je lui ai écrit le soir même une longue lettre dont j'ai gardé la conclusion en mémoire.

Je me fourvoie peut-être, encore et encore, mais grâce à vous je n'ai pas totalement repris ma vie d'avant. Un jour, si vous le voulez bien, j'aimerais que vous m'accordiez un modeste petit coin dans votre ashram, si vous pensez que je peux être d'une quelconque utilité et que ma présence ne vous dérangera pas.
Je veux mourir près de chez vous.

Mais dès mon retour de Londres, mes vieux démons m'accueillirent. J'ai racheté une voiture, une garde-robe, une nouvelle montre, une paire de jumelles.

Ashram, Sabarmati,
29 juillet 1928

Bien sûr vous ne m'écrivez pas souvent, et inversement. Néanmoins, j'espère toujours vous voir arriver « en personne », car, ici et là, on ne cesse de me dire que vous avez l'intention de venir. Alors, j'attends que vous fassiez mentir le dicton : « Nuages menaçants n'apportent jamais la pluie. »

Sur les huit années suivantes, je ne vois rien qui vaille vraiment la peine d'être rapporté, sinon que le cabinet Kallenbach & Kennedy changea de nom pour s'appeler Kallenbach, Kennedy & Furner, et que nous avons ajouté à notre palmarès le premier gratte-ciel de Johannesburg : le *Lewis and Marks building*. L'immeuble nous fut commandé par deux cousins (Isaac Lewis et Senator Marks), des juifs russes originaires de Neustadt ayant fait fortune dans les diamants. Cet édifice appartient aux constructions dont je suis le plus fier[1], et pourtant la liste est longue de ce que j'ai bâti ! Des bibliothèques, deux cinémas, le *Plaza Kinema* et le *Plaza theater*, un hôpital, le *Bridgeman Memorial Hospital*, des écoles, des églises, des synagogues, des palais de justice… ! J'ai la faiblesse de croire qu'il en demeurera quelques traces après ma mort[2].

Tout au long de ces années, je dois préciser qu'à aucun moment je n'ai cessé de suivre le parcours de Mohan. Chez moi, les coupures de presse le concernant s'accumulaient. Je les gardais précieusement. Et lorsque, en 1930, il a entamé sa formidable marche du sel en vue d'arracher l'indépendance de l'Inde aux Britanniques, j'ai tout naturellement fait le rapprochement avec notre « marche épique » et, une fois de plus, pensé que ses vingt ans passés en Afrique du Sud, ne furent qu'une répétition générale.

En tout cas, son impatience à me voir auprès de lui ne faiblissait pas. Toutes ses lettres ou presque

---

1. Il est situé au 63-65, President Street, à Johannesburg.
2. La presque totalité des constructions de Kallenbach sont toujours visibles et certaines sont inscrites au patrimoine national.

se terminaient invariablement par : « Vous êtes toujours dans mes pensées, et je ne désespère pas de vous accueillir. Quand viendrez-vous ? »

Vers la mi-juillet 1936, alors que je m'apprêtais à prendre quelques mois de vacances en Europe, je trouvai dans mon courrier une lettre signée Moshe Shertok[1]. Bien entendu, le nom ne m'était pas étranger. Originaire d'Ukraine, sioniste actif, Shertok était le secrétaire du département politique de l'Agence juive chargé d'intercéder auprès des autorités mandataires britanniques, en vue de la création d'un foyer juif en Palestine. Je n'avais jamais rencontré ce personnage et je n'imaginais pas une seconde qu'il pût m'écrire.

Je dois préciser que, depuis mon retour d'Allemagne, je m'étais inscrit à l'organisation sioniste *Keren Hayesod*, et faisais partie du comité exécutif[2]. Si j'avais eu le moindre doute quant à mes motivations, les nouvelles en provenance du Reich eurent vite fait de les balayer. À l'instar de tous les juifs d'Afrique du Sud, j'avais suivi avec une angoisse grandissante l'ascension d'Adolf Hitler et la montée du nazisme, que rien, semblait-il, ne parvenait à enrayer. En 1933, comme toute la communauté juive, je me suis effondré en apprenant la promulgation des lois dites de Nuremberg.

---

1. Qui optera pour le nom de Moshe Sharett, après 1948. Il fut ministre des Affaires étrangères du premier gouvernement israélien et Premier ministre en 1954.
2. Le *Keren Hayesod*, ou « Collecte pour la Fondation », fut créé à Londres le 7 juillet 1920, lors de la conférence mondiale sioniste. Son histoire est inextricablement liée à celle d'Israël. Dans les premières années, grâce aux dons récoltés, il a permis à des dizaines de milliers de juifs fuyant l'Europe d'émigrer en Palestine. Et depuis 1948, le Keren finance l'implantation humaine, la sécurité des personnes, les stages de formation professionnelle, l'aménagement des ressources d'eau, les travaux publics, l'aide aux chômeurs, les constructions, etc. Il est actif dans une soixantaine de pays.

La lettre de Moshe Shertok était longue de cinq pages. Mais l'essentiel se trouve dans ce passage :

[...] C'est l'Inde qui m'amène à vous écrire. Il est évident que notre avenir politique, en tant que nation désireuse de retourner sur sa terre d'origine, dépend dans une large mesure de la bonne volonté et de l'appui des grandes civilisations asiatiques. [...] Nous souhaitons ardemment que vous vous rendiez en Inde pour convaincre Mr Gandhi de nous apporter son soutien. Notre mouvement traverse une phase dangereuse et tout son avenir est en jeu. Dans cette circonstance, seule une personne exceptionnelle serait capable d'accomplir pareille mission. Je me suis laissé dire que vous êtes cette personne. [...] La position absolument unique que vous occupez vous permet d'aider le sionisme dans un domaine où les ressources du peuple juif sont bien maigres pour ne pas dire pratiquement inexistantes. Ce que vous avez sans doute considéré comme une partie de votre passé strictement privé, n'ayant rien à voir avec les affaires sionistes ou juives, peut nous être aujourd'hui d'une utilité inestimable. [...]
Le mouvement nationaliste indien que dirige Mr Gandhi ne pourrait qu'éprouver de la sympathie à l'égard du mouvement nationaliste sioniste. [...]
Je vous demande de garder cette démarche secrète. Il ne faut absolument pas que la presse soit mise au courant. Les télégrammes que vous m'enverrez, si vous acceptez de partir, devront me parvenir via Le Caire, sans qu'il y soit fait allusion à l'Inde. [...]

À dire vrai, la demande de Moshe Shertok ne me surprit pas. Quelques années auparavant, en 1928, alors que je me trouvais à Londres, une requête similaire m'avait été adressée par Haim Weizmann[1], le président de l'Organisation sioniste mondiale.

J'ai répondu à Shertok :

[...] En ces heures périlleuses que doit affronter notre peuple, aucun d'entre nous ne peut refuser de le servir. J'accepte donc. Néanmoins, sachez que je ne suis qu'un homme ordinaire, âgé de soixante-cinq ans, qui a consacré les vingt dernières années presque entièrement à des activités techniques et commerciales. Je crains que mon aide ne soit pas à la hauteur de vos espérances. Par ailleurs, ayant planifié de longue date un long voyage en Europe à partir du mois de septembre, il me sera impossible de me rendre en Inde avant le mois de mars de l'année prochaine. Entretemps, je souhaite visiter aussi la Palestine pour obtenir des informations plus détaillées sur ce que vous attendez de moi. Peut-être le ferai-je au cours du mois d'avril 1937.

Cher monsieur Kallenbach,

Je comprends vos obligations. Il se fait que je serai à Londres durant le mois de mars de l'année prochaine avec le Dr Immanuel Olsvanger. Olsvanger est un éminent linguiste et un éminent expert en sanskrit. Il est aussi membre de *Keren Hayesod*. L'idéal serait que vous vous rendiez ensemble auprès de Mr Gandhi. Il profitera de l'occasion pour rencontrer Nehru[2] qui, lui aussi, joue désormais un rôle politique essentiel.

---

1. Futur premier président de l'État d'Israël entre 1949 et 1952.
2. Militant pour l'émancipation de l'Inde, il appuya Gandhi, participa à des actes de désobéissance civile et fut emprisonné à de nombreuses reprises. Il devint Premier ministre lorsque l'indépendance fut proclamée, en 1947.

J'étais très honoré de servir mon peuple, mais en mon for intérieur, je craignais que notre démarche auprès de Gandhi ne soit vouée à l'échec. Nous avions souvent discuté du sujet et, à chaque fois, j'avais ressenti son peu d'enthousiasme envers le projet sioniste. Je donnai néanmoins mon accord, en songeant que, de toute façon, le destin m'offrait une merveilleuse occasion de revoir Mohan, après toutes ces années de séparation.

Le 12 octobre 1936, je suis parti pour l'Europe. Mon périple devait durer jusqu'en mars 1937.

40

Londres, mars 1937

Moshe Shertok lança un coup d'œil désabusé vers Immanuel Olsvanger, avant de s'adresser à moi :

— Je crois, Hermann, que nous avons commis une erreur impardonnable.

Il se hâta de poursuivre :

— Que voulez-vous, nous sommes tellement préoccupés par ce qui se déroule en Allemagne avec ce fou au pouvoir ! Nous avons l'impression de livrer une course contre la montre.

Il posa sa main sur l'épaule d'Olsvanger et dit :

— Explique-lui.

Olsvanger ajusta ses lunettes.

— Je n'ai malheureusement pas attendu que vous soyez rentré de votre périple européen. Vous nous proposiez de patienter un peu plus de huit mois. Une éternité, lorsque l'on sait la situation tragique qu'endurent les cinq cent mille juifs d'Allemagne. Aussi, après réception de votre réponse j'ai décidé, en accord avec Moshe, de me rendre tout seul à Bombay où je me suis arrangé pour rencontrer Jawaharlal Nehru. Et... ce fut une catastrophe...

— Je présume qu'il n'a rien voulu savoir.

Olsvanger leva les bras au ciel.

— Pire ! Il m'a déclaré qu'il était farouchement opposé à tous les impérialismes et que, selon lui, le sionisme entrait dans cette catégorie. Vouloir fonder un État sur des critères religieux lui paraissait hautement dangereux. J'ai eu beau essayer de le convaincre, je me suis heurté à un mur. Alors j'ai tenté ma chance auprès de votre ami, Gandhi. Je ne pouvais tomber plus mal. Il était malade, couché au fond de son lit, dans un état lamentable et notre entretien n'a pas duré plus d'une vingtaine de minutes. Vingt minutes qui furent constamment perturbées par les allées et venues de ses disciples. Pour commencer, il s'est montré moins drastique que son coreligionnaire et m'a confié très aimablement : « Mes sympathies vont entièrement aux juifs. Je les ai intimement connus en Afrique du Sud. Quelques-uns d'entre eux sont devenus des compagnons de longue date. Ces amitiés m'ont permis d'apprendre beaucoup sur leurs persécutions millénaires. Ils ont été les Intouchables du christianisme. Le parallèle entre leur traitement par les chrétiens et le traitement des Intouchables est très significatif. Des sanctions religieuses ont été infligées dans les deux cas, pour justifier le traitement inhumain qu'ils ont subi. Cette raison fait qu'à part cette amitié toute ma sympathie se tourne vers les juifs. »

Quelques-uns d'entre eux sont devenus des compagnons de longue date... La phrase m'a fait sourire.

— Cependant, malgré cet aveu amical, il a refusé catégoriquement de nous appuyer. En partant, je me suis permis de lui annoncer votre prochaine visite. C'est le seul instant où il a paru s'animer un peu. Alors, j'en ai profité pour lui rappeler que vous étiez sioniste, imaginant que cela le toucherait. Savez-vous ce qu'il m'a répondu ?

— Oui, je sais. Mais, voyez-vous, il a une famille si pauvre.

J'ai cillé.

— C'est tout ?

Olsvanger confirma.

— Je suppose qu'il voulait dire que seule la peur éprouvée pour l'avenir financier de votre famille face au nazisme vous avait poussé à adhérer à la cause sioniste. Ce qui est, reconnaissons-le, absurde. En me retirant, j'ai pensé, dépité : « Voici comment Gandhi comprend le sionisme[1]. »

Moshe effleura sa petite moustache et poussa un grand soupir.

— Vous comprenez pourquoi je vous disais que nous avons commis une erreur...

Puis, se ressaisissant, il me demanda avec empressement :

— Vous comptez toujours vous rendre en Inde, n'est-ce pas ?

— Oui. Je vous l'ai promis. Il n'est pas question que je renonce. Mais je vous avais aussi confié que je tenais préalablement à me rendre en Palestine.

— Bien entendu, Hermann, bien entendu. Ainsi vous jugerez sur place. Mon épouse et moi nous ferons un plaisir de vous faire visiter le pays. Nous y serons dès la semaine prochaine.

*

Le 10 avril, j'arrivais à Haïfa.

Comme convenu, Moshe Shertok m'attendait sur le port. Immédiatement, il me conduisit chez lui, à Jérusalem. Comment exprimer ce que j'ai ressenti devant la vieille ville ? Une phrase lue quelque part a jailli aussitôt : *On ne vit pas à Jérusalem, Jérusalem vit en nous.* Et j'ai mesuré une évidence contenue

---

1. Dans son journal intime, Olsvanger qualifie Gandhi de *lemmel*, terme yiddish à connotation très péjorative, qui signifie « mouton ».

dans ces simples mots : durant ces longues années en Afrique du Sud, consciemment ou non, jamais Yerushalaïm n'avait déserté mon âme. Ici, tout me parut immuable, hors des remparts comme à l'intérieur. Comment fixer longuement mes impressions dans une atmosphère si bouleversante ?

Dès le lendemain, Moshe m'a guidé à travers le pays, et j'ai pu m'émerveiller devant les miracles que les pionniers, venus de Russie, d'Europe centrale et d'ailleurs accomplissaient avec une ferveur incomparable. Ils semaient les graines de notre avenir, et portaient en eux la volonté acharnée de refuser la mort.

Quelques jours plus tard, j'ai écrit à Hanna :

Ma visite ici occupe toutes mes journées. Je me suis rendu dans différents kibboutzim qui m'ont évidemment rappelé la ferme Tolstoï. Les gens que je rencontre, grâce à Moshe Shertok et son épouse, sont absolument merveilleux. J'assiste ici au rajeunissement de notre peuple. L'expérience qui est en train de se dérouler est exemplaire. Si elle réussit, elle servira d'exemple à d'autres nations.
Partout où je me suis rendu, on m'a réservé un accueil des plus chaleureux. J'ai profité de mon séjour pour faire quelques investissements et j'ai acheté un terrain.
Cette Palestine, terre de mes ancêtres, qui vibre des efforts acharnés de mon peuple, m'éblouit. Mais grandes sont les difficultés qui nous attendent et nous ne les surmonterons que si nos valeurs morales ne se laissent pas dominer par des valeurs matérielles. C'est à ce seul prix que nous transmettrons un message au monde. Nous devons tout donner à la Palestine : argent, travail, propagande. En tout cas, je suis de plus en plus

tenté de venir m'installer ici et de vivre la vie d'un simple fermier.

Hayyim.

C'était la première fois que je signais un courrier du prénom hébreu que je m'étais choisi.

Le 23 avril 1937, ayant chargé Hanna de gérer mes affaires en Afrique du Sud, j'ai pris le bateau pour l'Inde. Trois semaines plus tôt, j'avais prévenu Mohan de mon arrivée. Il s'était aussitôt manifesté en m'informant que Ramdas m'attendrait à Bombay pour m'emmener auprès de lui.

Bulsar[1],

Ma chère Chambre basse,

Après une si longue attente, vous arrivez enfin ! Soyez le bienvenu. Si rien ne vous retient à Bombay, prenez le premier train pour Bulsar.
Tout le monde ici vous envoie son affection,

Chambre haute.

Vingt-trois ans s'étaient écoulés.

---

1. Aujourd'hui Valsad, sur la mer d'Arabie, à environ deux cents kilomètres au nord de Bombay.

41

Je suis arrivé à 4 heures du matin. *Bapou* était assis par terre sur une véranda face à la mer, au milieu d'un petit groupe. C'était l'heure de la prière. Mahadev Desai[1] et moi nous sommes glissés près de lui en silence. Aucun des visages ne m'était familier. Lorsque la prière fut terminée, tout le monde s'est levé. J'ai éprouvé quelque difficulté à me remettre sur pied, ayant perdu l'habitude d'être assis longtemps à même le sol. Alors, *bapou* est venu vers moi. Il m'a pris dans ses bras en murmurant : « Combien d'années, combien d'années ? » J'ai répondu : « Vingt-trois. » Il a dit : « Je désespérais de ne jamais vous revoir. Venez dans la lumière que je vous regarde. »

Il m'a entraîné dans une pièce, a saisi une lanterne et l'a soulevée devant mon visage. Caressant ma joue, il a dit : « Vos cheveux ont blanchi, comme les miens. »

Alors nous nous sommes installés et nous avons parlé[2].

L'émotion m'étreignait le cœur. Les visions du passé revenaient par vagues et cognaient dans ma

---

1. Grand militant, il fut le secrétaire dévoué de Gandhi de 1917 à 1942, date de sa mort.
2. Extrait du journal intime de Kallenbach.

mémoire. Lorsque Mohan et moi nous sommes rencontrés pour la première fois, nous abordions depuis peu la trentaine. Hier, deux hommes dans la gloire de la jeunesse ; ce soir, des vieillards en devenir. Saisissant ma main tendrement, il l'a portée contre sa joue. Et nos rides se trouvèrent mêlées.

Dès le lendemain, j'ai troqué mon costume pour un dhoti et me suis immergé dans la vie de l'ashram, respectant à la lettre les règles imposées par Gandhi :

4 heures Réveil.

4 h 20 Prière sur la véranda.

6 h 30 Marche pieds nus sur la plage.

10 h 30 Déjeuner.

5 h 30 Dîner.

6 h 30 Marche pieds nus sur la plage.

7 h 30 Prière. Elle réunissait plusieurs centaines d'hommes et de femmes sur un court de tennis.

Entre 9 heures et 10 heures. Coucher.

Nos chambres étaient contiguës, mais il nous arrivait de dormir l'un près de l'autre comme par le passé.

J'ai profité de nos promenades sur la plage pour plaider inlassablement la cause sioniste, raison principale de ma venue.

Un soir que je ramenais le sujet sur la table, Mohan me fit observer :

— C'est curieux, Hermann, mais je crois me souvenir que vous avez écrit un jour à un jeune homme rencontré lors de votre voyage que vouloir faire de la Palestine un État, à l'instar des autres pays occidentaux, était une insanité.

— C'est exact. J'ai écrit ces mots alors que le nazisme n'existait pas, ni Adolf Hitler. Les choses ont changé. Il s'agit maintenant de sauver des centaines de milliers de vies. Étant donné qu'aucun pays ne se presse pour accueillir les juifs d'Allemagne, la création d'un foyer en Palestine me semble désormais incontournable. Nous n'avons plus le choix. Après tout, cela équivaudrait à un retour légitime sur la terre de nos ancêtres.

— Oui. Je comprends bien. Mais deux mille ans se sont écoulés. Et des Arabes vivent désormais sur cette terre. De plus, le sionisme ne devrait pas être un mouvement politique, puisqu'il se fonde sur une aspiration spirituelle. Or, introduire des juifs en Palestine sous la protection de l'armée britannique ou d'une autre troupe me semble un acte totalement dépourvu de spiritualité. Ni le mandat britannique ni la Déclaration Balfour ne doivent servir de prétextes à permettre aux juifs d'émigrer contre la volonté des Arabes[1].

J'ai protesté :

— Il n'est pas question de léser les Arabes, mais de vivre en bonne entente à leurs côtés. Et puis, que faites-vous du droit légitime de mon peuple à revenir dans ce qui fut son pays ?

— Je le reconnais, bien évidemment. Et je n'y suis absolument pas opposé. Mais pour que ce retour se déroule dans la justice et la paix, vous devez

---

1. Le 2 novembre 1917, la Déclaration Balfour stipulait que « le gouvernement de Sa Majesté (britannique) envisageait favorablement l'établissement en Palestine d'un foyer national pour le peuple juif, et emploierait tous ses efforts pour faciliter la réalisation de cet objectif, étant clairement entendu que rien ne sera fait qui puisse porter atteinte ni aux droits civils et religieux des collectivités non juives existant en Palestine, ni aux droits et au statut politique dont les juifs jouissent dans tout autre pays ». Le 24 juillet 1922, un mandat était accordé par la Société des Nations à la Grande-Bretagne pour « l'administration du territoire de la Palestine, qui faisait autrefois partie de l'Empire ottoman, dans des frontières à fixer par lesdites puissances en vue de mettre à exécution la Déclaration Balfour, considérant que cette déclaration comportait la reconnaissance des liens historiques du peuple juif avec la Palestine et des raisons de la reconstitution de son foyer national en ce pays ».

convaincre les Arabes, pas les contraindre. Patientez. Négociez.

— Le temps presse, Mohan. Mon peuple est menacé d'extinction. Vous soulevez la question de l'éthique et de la morale... Vous paraît-il juste et moral de confier le destin de femmes et d'enfants à la seule bonne volonté des Arabes ?

Il médita un moment avant de suggérer :

— Voici ce que je vous propose : si les leaders sionistes l'acceptent, je suis disposé à servir d'intermédiaire entre vous et les Arabes, mais à une condition : que les Anglais ne s'immiscent pas dans nos discussions. Je veux que ce soit des conversations directes entre les deux parties. Et je me fais fort de convaincre Nehru d'y participer.

Jugeant la proposition excellente, j'ai promis d'en référer à Moshe Shertok et Weizmann.

Le 5 juillet 1937, alors que Mohan, pris par ses obligations, se trouvait à Shegaon[1], je suis reparti pour l'Afrique du Sud, lesté de neufs kilos, en promettant de revenir sans faute dans le courant du mois de décembre.

Ce jour même, Mohan m'écrivait :

Shegaon,
Juillet 1937

Ma chère Chambre basse,

Votre départ fut pour moi une souffrance. Je vivrai désormais dans l'espoir que vous reviendrez en décembre ou même au milieu du mois de novembre.

Très affectueusement,

Chambre haute.

---

1. Ville située à environ cinq cents kilomètres à l'ouest de Bombay.

Première étape : Bombay. Ayant refusé de me faire vacciner contre la varicelle, j'ai dû emprunter une autre compagnie de navigation qui, elle, n'imposait pas cette obligation. Son navire faisait escale à Port-Saïd, alors j'en ai profité pour me rendre au Caire et ensuite à Jérusalem pour faire mon rapport à Sharet et Olsvanger. Leur réaction fut radicale : « La proposition de votre ami est non seulement irréaliste, mais inapplicable. » Weizmann remarqua toutefois : « En tout cas, son comportement semble avoir évolué. À présent, il reconnaît le droit légitime du peuple juif d'instaurer une Jérusalem terrestre et non spirituelle. »

J'ai suggéré l'envoi à Mohan d'une monographie expliquant le mouvement sioniste dans l'espoir de mieux l'éclairer et repris un bateau à Haïfa, la tête pleine de pensées contradictoires. Pourquoi Gandhi – ne fût-ce qu'au nom de notre amitié – refusait-il de nous soutenir, lui qui avait souvent comparé les juifs aux Intouchables ? Je ne trouvais qu'une seule explication : en prenant position en notre faveur, il craignait de s'attirer les foudres de la communauté musulmane et de voir se briser l'unité (déjà fragile) entre hindous et musulmans. Mais était-ce acceptable alors qu'une tragédie se préparait qui serait – tout portait à le croire – la pire que l'humanité ait connue ?

Comme j'étais en mer, une commission, dite Peel, publia un rapport sur la situation en Palestine. Elle recommandait que le mandat britannique soit à terme aboli et les territoires sous son autorité répartis entre un État arabe et un État juif.

En arrivant à Johannesburg, Hanna me remit un courrier de Mohan.

Chère Chambre basse,

Votre place est vide, elle est triste et je suis triste. J'ai lu le rapport Peel sur la Palestine. Que dire, sinon que j'en ai éprouvé du chagrin. C'est une erreur que cette promesse implicite faite aux Arabes et aux juifs, et la violation de cette promesse est inévitable. Je suis plus que jamais convaincu que la seule solution correcte et digne est celle que j'ai proposée. Elle est encore plus valable aujourd'hui qu'avant. Ma solution n'admet pas de demi-mesures. Si les juifs veulent s'appuyer entièrement sur la bonne volonté arabe, ils doivent renoncer à la protection britannique. Je doute qu'ils adoptent ce choix héroïque. Plus j'observe les événements qui se déroulent, plus je me sens convaincu de la justesse de mes conseils. J'ai bien peur, hélas, de prêcher dans le désert. Si vous êtes aussi conscient que moi qu'il faut adopter une attitude juste, alors vous l'adopterez, sinon il n'y aura jamais de foyer heureux pour les juifs en Palestine.

Affectueusement,

Chambre haute.

Quelques jours plus tard, il accusait réception de la monographie expédiée par Sharet et Olsvanger.

Je viens de lire la monographie de vingt-cinq pages qui m'a été envoyée à votre demande. Elle est très intéressante, et si ce qu'elle expose est vrai, alors un règlement entre juifs et Arabes ne devrait pas être impossible à trouver. Si vous êtes disposé à jouer un rôle dans cette affaire, alors votre place réside essentiellement en Inde. Vous serez parfois contraint de passer du temps en Afrique du Sud et en Palestine, mais l'essentiel de votre travail se trouvera en Inde, puisque c'est d'ici que nous organiserons les pourparlers de paix. Je renouvelle ma promesse de servir d'intermédiaire.

Je me suis aussitôt empressé de rappeler à Shertok et Weizmann l'offre de Gandhi en y ajoutant mes propres réflexions : « La population musulmane en Inde est forte d'environ soixante-dix millions d'âmes, elle est de loin la plus importante au monde. Gandhi se doit d'en tenir compte. Son rôle de médiateur lui permettrait d'adopter une position qui n'offenserait pas la communauté musulmane. Et elle aurait un grand impact. Qu'en pensez-vous ? »

Je n'obtins aucune réponse.

La promesse de revenir en Inde dès décembre fit long feu. À peine de retour au cabinet, je fus débordé par une masse de travail difficilement contournable. De surcroît, je me voyais mal déserter Kennedy comme par le passé. J'ai donc repoussé mon retour à une date ultérieure. En revanche, Hanna, dont le mariage s'était brisé, exprima le désir de connaître ce Gandhi qui me fascinait tant. Je l'ai donc encouragée à entreprendre le voyage. Hélas, en raison des occupations de Mohan, elle n'a pu partir qu'au mois de juin 1938, c'est-à-dire au moment le moins agréable de l'année. Quand elle arriva à l'ashram, la mousson d'été s'activait et elle dut affronter des pluies diluviennes, les moustiques, une gastrite, une épidémie de choléra, autant de désagréments qui affectèrent grandement la qualité de son séjour. En prévision de sa rencontre avec Gandhi, et sachant par moi combien il était féru de massages, elle avait pris des cours de massages suédois.

Le 17 juillet, Mohan m'adressait un compte rendu :

Shegaon,
17 juillet 1938

Chère Chambre basse,

Je n'ai pas eu le temps de vous écrire plus tôt. Hanna supporte très mal le mauvais temps qui sévit en ce moment. Elle se bat avec un grand courage, mais il serait absurde qu'elle tente l'impossible. Elle est d'une constitution très fragile, délicate. Par conséquent, nous avons décidé d'un commun accord qu'elle abrégerait son séjour et rentrerait plus tôt en Afrique du Sud. Elle embarquera le 3 août à bord du *S.S Kenya*, en espérant qu'il y aura de la place. J'ai écrit à Bombay pour me renseigner.

Elle est très motivée et cherche à tout prix à nous aider. Mais le sort est contre elle. Hier, elle m'a massé. De toute évidence, c'est un art qu'elle maîtrise parfaitement. Dans les premières minutes, je me suis assoupi, mais ses mains se sont révélées tout à coup aussi dynamiques que celles de Sushila Nayar, qui est non seulement mon médecin, mais une masseuse émérite. Sushila va apprendre de Hanna une part de sa technique qu'elle m'appliquera.

Ma seule inquiétude est que sa santé décline avant son départ. Ce n'était vraiment pas la bonne saison pour venir en Inde. Néanmoins, je suis heureux qu'elle soit parmi nous. Elle a pu tout voir de ses propres yeux, et elle est entrée en rapport avec de nombreuses personnes.

Les nouvelles qui me viennent de Palestine ne sont pas bonnes. Quelle tragédie. C'est un véritable brise-cœur ! Si la paix entre Arabes et juifs devait se faire, j'ai bien peur qu'elle ne se fasse dans la tombe. Nous ne pouvons que supporter ce que nous sommes incapables de guérir.

Affectueusement,

Chambre haute.

Hanna est rentrée le 23 août 1938, totalement chamboulée.

— Oncle Hermann, je ne trouve aucun mot pour expliquer les émotions que j'ai partagées auprès de cet homme. Avoir eu le privilège de le côtoyer, de l'appeler *bapou*, de ressentir son amour paternel à chaque heure, chaque jour, dépasse de loin ce que j'aurais pu imaginer. Il n'existe qu'un mot pour le qualifier : « unique ». Unique sous tous les aspects. Quelle chance est la tienne d'être son ami. Mon Dieu ! Quelle chance d'avoir partagé avec lui onze années de ta vie, jour et nuit. D'avoir eu le privilège d'observer sa métamorphose. À présent, je dois te confier quelque chose qui devrait te faire immensément plaisir, mais qui te chagrinera aussi : tu as manqué à *bapou* au-delà de tout ce que tu peux imaginer. Pyarelal, le frère de son médecin, m'a révélé que jamais, jamais, en dix-huit ans, il ne l'a vu aussi heureux que lorsque tu te trouvais à ses côtés et que, si tu revenais, tu prolongerais sa vie de dix ans[1].

Comment rester insensible à pareil aveu ? Non seulement il m'allait droit au cœur, mais il éveillait en moi un sentiment de culpabilité et m'amenait à m'interroger sur la profondeur de l'amour qui me lia à Mohan. M'a-t-il aimé plus que je ne l'ai aimé ? M'a-t-il aimé plus durablement ? Ou n'a-t-il aimé que lui à travers moi ? Si cette dernière hypothèse se révélait la vraie, alors nul étonnement qu'il continuât de m'aimer.

---

1. Extrait du journal intime de Hanna.

Trois mois plus tard, au lendemain de l'horrible nuit dite de Cristal[1], à ma grande stupéfaction, Gandhi publiait un article intitulé : « Les juifs. »

Je ne peux m'empêcher d'en révéler des extraits :

Shegaon,
2 novembre 1938

Je reçois régulièrement de nombreuses lettres me demandant de clarifier ma position sur la question qui oppose les Arabes et les juifs en Palestine et la persécution dont les juifs sont victimes en Allemagne. Ce n'est pas sans hésitation que j'ai décidé de me prononcer sur cette question extrêmement complexe.

Mes sympathies vont aux juifs. Je les ai connus intimement en Afrique du Sud. Certains d'entre eux sont devenus des compagnons de route tout au long de ma vie. À travers eux, j'ai appris les persécutions séculaires dont ils furent victimes. Ils ont été les Intouchables de la chrétienté. Le parallèle entre ce que les chrétiens leur ont infligé et ce que les hindous font subir aux Intouchables n'est pas si différent. Dans les deux cas, la religion sert et a servi de prétexte.

Mais ma sympathie ne m'aveugle pas devant les exigences de la justice. Le projet d'installation d'un foyer national pour les juifs ne me séduit guère. [...] Pourquoi, les juifs, ne devraient-ils pas, comme tous les autres peuples de la terre faire de leur foyer le pays où ils sont nés et où ils gagnent leur vie ?

La Palestine appartient aux Arabes, de même que l'Angleterre appartient aux Anglais ou la France

---

1. Nom donné au violent pogrom qui eut lieu les 9 et 10 novembre 1938, dans toute l'Allemagne et les territoires annexés (Autriche et Sudètes), à l'initiative des dirigeants du parti nazi et des S.A. (sections d'assaut).

aux Français. Il est erroné et inhumain de vouloir imposer les juifs aux Arabes. Aucun code moral de conduite ne peut justifier ce qui se passe aujourd'hui en Palestine. [...] Ce serait un crime contre l'humanité d'humilier les fiers Arabes pour que la Palestine soit restituée aux juifs partiellement ou totalement.

[...]

Mais la persécution des juifs en Allemagne semble n'avoir aucun précédent dans l'Histoire. Les tyrans de jadis, même les plus fous, ne sont jamais allés aussi loin que Hitler. [...] S'il devait exister une guerre justifiable pour éviter la persécution délibérée d'une race tout entière, alors celle contre l'Allemagne serait tout à fait justifiée. [...] Les juifs d'Allemagne peuvent appliquer le *satyagraha* sous d'infiniment meilleurs auspices que les Indiens d'Afrique du Sud. Les juifs sont une communauté compacte, homogène en Allemagne. Ils sont beaucoup plus doués que les Indiens d'Afrique du Sud. Et ils ont pour eux l'opinion mondiale. Je suis convaincu que si, parmi eux, quelqu'un en avait le courage il les conduirait à adopter une action non violente et, en un clin d'œil, l'hiver de leur désespoir se transformerait en un été de l'espérance. Ce sera alors une résistance vraiment religieuse offerte contre la fureur athée d'un homme déshumanisé.

[...] Et maintenant, un mot à propos des juifs de Palestine. Je n'ai aucun doute qu'ils sont en train de se fourvoyer. La Palestine de la Bible ne peut en aucun cas être un alibi géographique. Elle est dans leur cœur. [...] Un acte religieux ne peut pas être accompli à l'aide de la baïonnette ou des bombes. Les juifs ne doivent s'installer en Palestine que par la bonne volonté des Arabes. Ils devraient chercher à convertir le cœur arabe. Le même

Dieu gouverne le cœur arabe qui règne sur le cœur juif. [...]

Que les juifs, qui prétendent être le peuple élu, prouvent qu'ils le sont en optant pour la voie de la non-violence pour revendiquer leur existence sur terre. Chaque pays est leur maison, y compris la Palestine, mais sans pour cela user de la force, uniquement avec de l'amour. Un ami juif m'a envoyé un livre intitulé *La Contribution juive à la civilisation* par Cecil Roth. Il énumère tout ce que les juifs ont fait pour enrichir le monde à travers la littérature, l'art, la musique, le théâtre, la science, la médecine, l'agriculture, etc. Par sa volonté, le juif peut refuser d'être traité comme un paria de l'Ouest. Il doit éveiller l'attention et le respect du monde en se comportant comme la création choisie de Dieu, au lieu d'être l'homme qui est en passe de sombrer dans la brutalité et abandonné par Dieu. Les juifs doivent ajouter à leurs nombreuses contributions celle de l'action non violente.

M. K. Gandhi.

Je reçois régulièrement de nombreuses lettres me demandant de clarifier ma position sur la question qui oppose les Arabes et les juifs en Palestine.

Évidemment, je faisais partie de ceux qui l'adjuraient de s'exprimer. Mais jamais je n'imaginais qu'il l'eût fait de cette manière ! J'étais abasourdi. Ignorait-il les conditions atroces dans lesquelles vivaient les juifs d'Allemagne ? Oubliait-il que les quotas mis en place par de nombreuses nations ne laissaient plus d'autre choix aux juifs que d'émigrer en Palestine ? User de la non-violence face à la folie meurtrière de Hitler ? Quelle inanité !

Gandhi ne devait sûrement pas être très à l'aise avec son texte, puisque, dès le lendemain de la parution, il m'écrivit :

Vous avez dû lire mon article sur les juifs. J'ai fait un plongeon dans des eaux inconnues. Comme je souhaite que vous soyez ici en ce moment, dégagé des obligations qui vous retiennent en Afrique du Sud. Mais c'est ainsi. Si vous pouvez venir sans que votre absence ne nuise à vos affaires, venez.

Et comme pour m'envoyer un signe, il a ajouté :

Comment est la situation des juifs en Afrique du Sud ? La vague antijuive vous a-t-elle atteint ?

Dès lors, j'ai estimé indispensable de faire une nouvelle tentative auprès de Mohan. Mais, avant de repartir pour l'Inde, j'ai pris l'initiative d'expédier un courrier à Nehru le suppliant de faire tout ce qui était en son pouvoir afin d'éviter que la propagande nazie n'envahisse à son tour l'Inde. J'ai conclu ma lettre par : « Aidez-nous ! »

Vers la fin de novembre, on annonça qu'une conférence s'ouvrirait à Londres pour planifier la future gouvernance de la Palestine et la fin du mandat. J'ai aussitôt envoyé un télégramme à Gandhi suggérant que lui et Nehru y participent et n'ai obtenu qu'une réponse dans laquelle il ne me parlait que de mon arrivée prochaine en Inde : « Le plus rapidement serait le mieux. Je vous attends à Bardoli[1]. »

---

1. Dans le district du Gujarat. En 1928, la ville fut le centre d'un épisode majeur de la désobéissance civile.

J'accostai à Bombay le 21 janvier 1939. Le lendemain, je me rendais auprès de Mohan. Ces nouvelles retrouvailles se révélèrent sinon moins émouvantes, en tout cas tout aussi chaleureuses que la précédente. À peine sur place, Gandhi me présenta celle qui – de toute évidence – occupait désormais le rôle de favorite dans sa vie : sa nièce Manu, âgée de dix-sept ans. C'était une jeune fille au visage d'ange, qui dégageait une exceptionnelle douceur. Paradoxalement, au lieu de l'altérer, les lunettes qu'elle portait amplifiaient la beauté de ses grands yeux en amande. Mohan me confia que Manu lui administrait son bain quotidien, le massait, et que, toutes les nuits, elle et le Dr Sushila partageaient sa couche. Toutes deux dormant nues, à sa gauche et à sa droite. Comme je m'étonnais de cette étrange promiscuité, il m'expliqua que, depuis quelque temps, il lui arrivait d'être pris de tremblements qui n'étaient apaisés que par la présence de ces femmes serrées contre lui. Je dus afficher un certain scepticisme, ou du moins de l'incompréhension car il s'empressa d'ajouter :

— N'y voyez aucun mal, Hermann. Ma relation avec Manu, et celle d'une mère pour sa fille.

— Je veux bien. Mais pourquoi faut-il qu'elle et Sushila soient nues ?

— Parce que leur nudité me permet de tester ma résistance. Un homme capable de partager ses nuits avec deux femmes nues, sans rapports sexuels, cet homme se forge un caractère dépourvu de colère et de malice. Vous comprenez ?

Je fis mine d'opiner. En vérité, Manu et Sushila appartenaient à la longue liste de jeunes femmes (parmi lesquelles Sucheta, l'épouse du président du Congrès national Indien) que Mohan conviait régulièrement dans son lit afin de « tester sa résistance ». Je me suis gardé de tout commentaire. Après tout, nous ne vivions plus ensemble et ses choix lui appartenaient.

Ce voyage, j'avais décidé de le faire de ma propre initiative, n'en informant ni Weizmann ni Shertok. Une fois de plus, la Palestine fut le thème central de nos échanges. Hélas, Mohan continuait de camper sur ses positions. Tous mes efforts furent vains. De surcroît, quelques jours après mon arrivée, la malaria m'a terrassé et je me suis retrouvé dans l'incapacité de suivre Gandhi dans ses constants déplacements autant que je l'eus souhaité.

Aux alentours du 15 mars, alors que je m'apprêtais à repartir pour l'Afrique du Sud, le représentant du département politique de l'Agence juive, Yosef Nedivi, de passage à Bombay, me pria d'organiser une rencontre entre lui et Gandhi. Ce dernier accepta volontiers et la réunion se déroula le 22 mars. Bien que l'atmosphère fût des plus cordiales, l'échange entre les deux hommes ne modifia en rien les points de vue de Mohan. Nedivi s'efforça de convaincre Gandhi de faire une déclaration publique sur le conflit judéo-palestinien, sans succès. Il exprima sa préoccupation devant l'animosité de la communauté musulmane indienne à l'égard des juifs et pria Mohan de jouer de son influence pour apaiser les esprits : « L'animosité que vous évoquez est purement superficielle, lui rétorqua ce dernier. Les juifs n'ont rien à craindre de mes frères musulmans. D'ailleurs, toute condamnation venant de ma part ne ferait que desservir la cause sioniste. »

Le lendemain, du fond de mon lit, j'ai rédigé ces quelques mots à Hanna :

La Palestine reste l'objet de toutes mes préoccupations. L'agitation qui règne ici parmi les soixante-dix millions de musulmans en faveur des

Arabes est au-delà de toute description. Elle frise le fanatisme. Je fais tout ce que je peux pour essayer d'obtenir des visas pour les juifs allemands et autrichiens et suis en contact personnel avec Jawaharlal Nehru et quelques industriels.

Finalement, découragé, je décidai de plier bagages et, le 30 mars, aussi abattu par la malaria que par mon échec, je m'embarquais pour le Cap.

42

Wardha
C.P.
Inde

Herr Hitler
Berlin
Allemagne
23 juillet 1939

Cher ami,

Nombreux sont ceux qui m'ont supplié de vous
écrire au nom de la sauvegarde de l'humanité.
Mais j'ai résisté à leur requête. Je pensais que
vous me trouveriez impertinent. Néanmoins,
quelque chose me souffle que je dois passer outre
ce genre de considération et faire appel à vous
sans tenir compte des conséquences.

Aujourd'hui, il est clair que vous êtes la seule personne au monde capable d'empêcher que n'éclate
une guerre qui verrait l'humanité ramenée à l'état
sauvage. Croyez-vous vraiment, quel que soit le
but que vous cherchez à atteindre, que cela en
vaille le prix ?

Prêterez-vous l'oreille à l'appel de celui qui a délibérément rejeté le choix de la guerre, non sans
remporter un succès considérable ?

Quoi qu'il en soit, je vous prie de me pardonner si j'ai commis une erreur en vous écrivant.
Je reste votre ami sincère,

M. K. Gandhi.

Herr Hitler... J'avais sous les yeux la copie de la lettre.

Cher ami... ? Je reste votre ami sincère ?

La vie d'un homme est composée d'une multitude d'instants : bonheur, tristesse, deuils, naissances, ruptures, retrouvailles, fidélité, trahison. Je pense que la lecture de ce courrier s'inscrit dans mes pires instants d'amertume et de désillusion. Et pourtant, il n'effacera jamais les heures vécues grâce à Mohan et auprès de lui. D'aucuns me reprocheront d'avoir été trop tolérant à son égard, d'avoir subi souvent. C'est qu'ils n'auront pas vraiment saisi tout ce que cet homme a représenté pour moi : le père, le frère, le guide et, par-dessus tout, une raison de vivre et d'exister. Être aimé (car j'ai la faiblesse de croire que Mohan m'a aimé) est donné à tout le monde, mais que l'on vous offre de partager un destin universel, unique, que l'on vous permette de vous sublimer, de vous dépasser, voilà, me semble-t-il, qui autorise toutes les tolérances. Finalement, si j'en juge par mon attitude après notre séparation en 1914, je pense que Mohan m'aura aimé bien mieux que je ne l'ai aimé. Pourquoi ? Parce qu'à l'opposé de ce que j'ai longtemps cru, ce n'est pas l'intensité d'un sentiment qui compte, mais sa durée. Mon amour a faibli dès que Mohan ne fut plus à mes côtés pour le nourrir. Et mon amour est mort par manque d'amour. Au fond, toute ma vie, j'aurai cherché un maître, un gourou et, l'ayant trouvé, je n'ai pas su le garder. Une fois que nous avons été séparés, mes vieux démons reprirent le contrôle de mon existence et ils m'auront dominé jusqu'à ce soir.

J'ai passé les six années qui ont suivi cette lettre à Hitler entre deux eaux et, le plus souvent, dans la douleur. Douleur, car témoin impuissant des atrocités qui se déroulaient en Allemagne et dans le monde. Douleur, car Mohan n'avait rien entrevu de l'horreur qui se préparait. Sa foi en la non-violence l'avait aveuglé. J'aurais dû lui rappeler ses propos tenus un jour à Harilal : « Là où il n'y a le choix qu'entre lâcheté et violence, je conseillerais la violence. » Je suis triste aujourd'hui de le reconnaître, Mohan n'a rien compris au drame de mon peuple ou s'est refusé à le comprendre. L'Angleterre, la communauté musulmane, la crainte de la partition, ont certainement joué un rôle déterminant dans son aveuglement. Je comprends. Mais je ne puis adhérer.

Tout compte fait, si je devais retenir quelque chose de ma vie, l'essentiel n'est pas ce que j'ai *fait*, mais ce que j'ai *essayé* de faire : aider les miens du mieux possible dans la période la plus effroyable de leur histoire. Retiendra-t-on cela ? J'en doute, car le mal perpétré par les hommes leur survit. Le bien est souvent enterré avec leurs os...

Épilogue

Sevagram,
25 mars 1945

L'Afrique du Sud vient de perdre une de ses âmes les plus généreuses, et les Indiens, un véritable ami. Avec la mort de Hermann Kallenbach, je perds un ami très cher et très proche. Il me disait souvent : « Si le monde entier vous abandonne, je ne vous quitterai jamais, et nous continuerons d'avancer jusqu'aux extrémités de la terre, à la recherche de la vérité. » Lorsque je l'ai connu il dépensait soixante-quinze livres par mois pour sa seule personne. Mais il a révolutionné sa vie et ne dépensait plus que huit livres. Cela a duré pendant que nous vivions ensemble dans un chalet à sept miles de Johannesburg. Quand j'ai quitté l'Afrique du Sud, il a repris sa vie d'avant et les habitudes qu'il avait délibérément abandonnées. Il fut en contact étroit avec le défunt patriote Mr G. K. Gokhale, qui le tenait en haute estime. Il est intéressant de rappeler que lui et Henry Polak ont connu la prison lors de la marche du Natal au Transvaal.

M. K. Gandhi.

Hermann Kallenbach s'est éteint, le 25 mars 1945, à l'âge de soixante-quatorze ans, entouré des siens.

Ces derniers mots furent : « Un homme marié vit comme un chien, mais meurt comme un roi. Un célibataire vit comme un roi, mais meurt comme un chien. »

Selon sa volonté, il fut incinéré au crématorium de Johannesburg, au cours d'une cérémonie qui souleva une vive controverse au sein de la communauté juive locale[1]. Ironie du sort, ses amis indiens, qui se souvenaient du rôle important qu'il avait joué dans leur lutte, venus lui présenter leurs hommages, ne furent pas autorisés par les autorités sud-africaines à entrer dans l'édifice en raison de leur race. Ils durent rester debout devant l'entrée.

La majeure partie de sa fortune fut léguée à des Fonds sionistes sur les instances même de Gandhi.

Lorsque Hanna émigra en Israël en 1952, elle emporta avec elle les cendres de Kallenbach. Elles sont aujourd'hui enterrées dans le kibboutz Degania, sur les bords du lac de Galilée. Sur sa tombe est gravé :

Hayyim Hermann Kallenbach
Chercheur de bonté, demandeur de justice, avec candeur.

Le 22 février 1944, âgée de soixante-quatorze ans, Kasturba contracta une bronchite aiguë et décéda après que Gandhi eut refusé qu'on lui administre des injections de pénicilline.

Le 15 août 1947, Gandhi fit plier l'Empire britannique et l'Inde accéda à l'indépendance.

---

1. Les milieux juifs sont traditionnellement opposés à cette pratique.

Le 30 janvier 1948, en chemin vers une réunion de prière, il est assassiné à New Delhi par un hindou nationaliste qui le tenait pour responsable de la partition du pays.

En 1953, Sonja Schlesin s'inscrivit à l'Université du Natal pour étudier le droit, mais dut s'interrompre sans doute pour des raisons de santé. Elle est décédée en 1956, et ses cendres furent placées dans un mur du souvenir au cimetière Braamfontein à Johannesburg.

Harilal s'est converti à l'islam dans les années 1930, prenant le nom d'Abdullah Gandhi. Après la mort de son épouse, Gulab, il sombra dans l'alcoolisme. Il est mort de la tuberculose six mois après son père, le 18 juin 1948 à l'hôpital Shivari de Bombay. Les relations entre les deux hommes ne se sont jamais améliorées.

11108

Composition
NORD COMPO

Achevé d'imprimer en Espagne
par CPI (Barcelone)
le 6 avril 2015.

Dépôt légal avril 2015.
EAN 9782290095010
OTP L21EPLN001668N001

ÉDITIONS J'AI LU
87, quai Panhard-et-Levassor, 75013 Paris

Diffusion France et étranger : Flammarion